渔船渔港综合管理改革

——台州实践与探索

上　海　海　洋　大　学
台州市港航口岸和渔业管理局　编

中国农业出版社

北京

　　"台州地阔海冥冥，云水长和岛屿青。"台州地处中国"南北中心点、海陆交界处"，是长三角一体化27个中心区城市之一，是"一带一路"和长江经济带的重要节点城市。台州是中国主要渔区、浙江渔业大市，渔业为促进渔民增收、建设海洋强市、改善膳食营养、打造美丽台州、推进"一带一路"等作出了突出贡献。

　　然而，台州渔船多、作业全、渔场广，渔船管理难度极高。为破解渔船安全、渔业资源、渔港环境管理的瓶颈制约，台州积极争取农业农村部和浙江省农业农村厅支持，于2018年3月31日获批国家渔船渔港综合管理改革试验基地。近年来，台州以习近平新时代中国特色社会主义思想和党的十九大精神为指导，深入贯彻新发展理念，立足渔业高质高效、渔区宜业宜居、渔民富裕富贵，以"港长制"为统领，以渔船、渔港、渔民综合管控为核心，按照"顶层设计与基层探索并进、全面推进与局部试点并行、资源管理与安全管理并举、管港管船与治渔兴渔并重"的改革思路，形成了依港管船新体制、资源管理新机制、安全管理新方式、数字赋能新平台、从严执法新举措、渔船管理新基础的"六新"治理格局，初步完成改革设计的目标任务。在改革实践中，先行先试变成示范引领，探索创新成为创新引领，形成了领导重视、港长治港、数字赋能、依港管船、制度完善五方面显著优势，台州被誉为新时代中国渔业改革的"小岗村"，台州渔船渔港综合管理改革经验被《人民日报》（2020年04月03日18版）点赞。

　　"道固远，笃行可至；事虽巨，坚为必成。"在"十四五"开局之年，农业农村部赋予浙江全域开展渔业综合管理改革试点的重任，台州市委、市政府忠实践行"八八战略"、奋力打造"重要窗口"，提出争创社会主义现代化和共同富裕先行市的工作目标。紧紧抓住赋予浙江渔业改革的历史性机遇，紧扣"高质量、竞争力、现代化、共富裕"四大关键词，深化国家渔船渔港综合管理改革，推动试点"盆景"变为面上"风景"，助力渔业高质量发展和共同富裕示

1

范渔区建设，为建设社会主义现代化和共同富裕先行市作出更大贡献，为浙江、全国渔业管理贡献台州智慧、提供改革经验。

在此背景下，台州市港航口岸和渔业管理局与上海海洋大学合作，成立《渔船渔港综合管理改革——台州实践与探索》编写委员会，组织人员结合渔船渔港综合管理基础理论、国内外相关实践做法，对台州市建设国家渔船渔港综合管理改革试验基地过程中所进行的理论创新和获得的实践经验进行系统梳理和归纳提炼，汇集形成此书，为浙江、全国渔业管理和渔船渔港综合管理改革提供参考。

全书分为十六章。其中，第一章和第二章分析了渔船渔港综合管理改革的基础理论和时代背景，第三章阐述了渔船渔港综合管理改革的目标、内容，第四章梳理分析了美国、挪威、日本等有关国家和我国台湾地区的相关实践，第五章和第六章介绍了台州国家级渔船渔港综合管理改革的总体思路和方案、改革试验的实践历程，第七章至第十五章分别从港长制、船港通、渔获物定点上岸和溯源管理试点、浙北渔场梭子蟹限额捕捞试点、渔船安全管理改革、渔港污染治理改革、渔业执法体制机制改革、渔船基层管理组织改革、渔区渔港振兴等九个方面对台州渔船渔港综合管理改革试验取得的成果进行分析、提炼和总结，最后在第十六章概括了改革成效并对下一步工作进行了展望。

渔船渔港综合管理改革是中国渔业管理的一篇大文章，本书仅分析总结台州改革实践样本，尚存在内容不够全面、理论不够深入、实践不够鲜活等诸多不足，理论研究和实践深化任重道远，欢迎广大读者批评指正。

编　者

2021 年 12 月

第一章

渔船渔港综合管理改革基础理论

渔船渔港综合管理改革涵盖渔船管理、渔港建设与管理、渔港经济区建设、资源管理、安全管理、环境管理、产业发展等相关内容，有必要从基础理论入手对渔船渔港综合管理改革进行深入分析，准确把握相关概念、历史沿革、科学分类、制度框架、功能作用。

第一节 渔船概述

渔船是重要的渔业生产工具，可以说没有渔船就没有捕捞生产，渔船为渔业发展、渔民致富作出了不可磨灭的贡献。同样，渔船是渔业管理的重要对象，可以说没有渔船管理就没有渔业管理，养护资源、保障安全、保护生态、节约能源是渔船管理的目的和内容，渔船管理好坏是衡量渔业管理能力强弱和水平高低的重要标志。

一、渔船的概念

渔船（fishery vessels），即渔业船舶，一般是指从事捕捞、养殖、水产品加工、水产品运输、渔业生产服务以及渔业相关活动的船舶的统称。

国内关于渔船的法律定义，主要体现在《中华人民共和国船舶登记条例》《中华人民共和国渔业船舶登记办法》《中华人民共和国渔港水域交通安全管理条例》（以下分别简称《船舶登记条例》《渔业船舶登记办法》《渔港水域交通安全管理条例》）等规定中。其中，《船舶登记条例》第五十六条第二款规定："'渔业船舶'系指从事渔业生产的船舶以及属于水产系统为渔业生产服务的船舶。"《渔业船舶登记办法》第五十二条将渔船的定义指向《渔港水域交通安全管理条例》第四条。而《渔港水域交通安全管理条例》第四条第三款规定："渔业船舶是指从事渔业生产的船舶以及属于水产系统为渔业生产服务的船舶，包括捕捞船、养殖船、水产运销船、冷藏加工船、油船、供应船、渔业指导船、科研调查船、教学实习船、渔港工程船、拖轮、交通船、驳船、渔政船和渔监船。"

在国外，渔船通常被界定为与渔业捕捞活动相关的船舶，不同主管国际组织、不同国家的渔船具体定义也不相同。联合国粮食及农业组织（Food and Agriculture Organization of the United Nations，以下简称FAO）将渔船定义为：在淡水、淡盐水及海水作业的任何类型及尺寸的可移动漂浮物体，其通常用于捕捞、采捕、搜寻、运输、装载、保存、加工鱼类、贝类等水生动物及水生植物[①]。国际海事组织（International Maritime Organization，以下简称IMO）《实施关于〈1977年托雷莫利诺斯渔船安全国际公约〉的1993年议定书》（*the 1993 Protocol relating to the 1977 Torremolinos International Convention for the Safety of Fishing Vessels*）中将渔船定义为：商业上用于捕捞鱼类、鲸、海豹、海象或其他海洋生物资源的任何船舶。美国《马格努森-史蒂文斯渔业养护与管理法》（Magnuson‐Stevens Fishery Conservation and Management Act）将渔船定义为：用于捕捞或者协助一艘或多艘船只进行与捕捞鱼类有关的任何活动，包括但不限于准备、供应、储存、冷藏、运输或加工等的任何船只或航行器。新西兰《1996年渔业法》（*Fisheries Act 1996*）将渔船定义为用于捕捞的所有船只；将捕捞定义为捕获鱼类、海藻等水生生物的活动，以及支持或准备上述所有活动的任何操作。

由此可见，国内外对渔船的定义各有不同。我国对渔船的定义相对而言更为广泛，即广义上的渔船是对从事渔业生产以及为渔业生产、科研、管理等服务的船舶的总称，而狭义上的渔船则是指直接从事捕捞作业的船舶。

二、渔船的历史沿革

考古发现，最古老的渔船大约出现在公元前9000年—公元前7000年的新石器时期，大多为独木舟，其主体部分大多为针叶树的树干雕制而成，同时辅之以一些石器。而中国最早的渔船至少可追溯到公元前7500年。中国考古学家在浙江省杭州市萧山地区发现了一艘木船的残骸。据推断，该船约2 m长、70 cm宽，其最宽处为15 cm左右的深舱，两边各有一个木栓[②]。

现代意义上的渔船雏形出现在欧洲地区。1415年，荷兰渔民设计了第一艘捕捞鲱鱼用的漂网船。该船约20 m长，总吨位为60～100 t，使用漂流刺网来捕捞鲱鱼。17世纪，英国人设计出双桅渔船，即现代意义上的拖网渔船或延绳钓渔船的雏形。该船通常为15 m长，总吨位约为13 t，主要在北海水域捕捞鳕鱼[③]。而真正现代意义上的拖网渔船则于19世纪出现在英国西南部的布里克瑟姆渔港。当时由于德文郡南部水域鱼种的持续枯竭，当地渔民亟须扩大捕捞范围以获取更多渔业资源。他们对原有双桅渔船进行改造，使之具有更强的续航能力，从而使其能在深海水域捕捞作业。这一革新为英国渔民进军大西洋打下基础，也使得布里克瑟姆享有了"远洋渔业之母"的美誉。19世纪初，英国已有3 000多艘拖网渔船[④]。

渔船发展史上不得不提的是蒸汽渔船的出现。据考证，最早的蒸汽渔船出现在19世纪70年代。而有历史记载的第一艘经专业设计的渔船于1875年3月在英国苏格兰爱丁堡

---

① FAO：Handbook of Fishery Statistical Standards，2004，203.

② 中国网，访问网址：https：//web. archive. org/web/20090102183359/http：//lanzhou. china. com. cn/english/travel/50131. htm.

③ I. C. B Dear，Peter Kemp：The Oxford Companion to Ships and the Sea（2nd edition），Oxford University Press，2005，256.

④ J Kappeal：History of a Brixham trawler. 访问网址：http：//www. brixhamheritageregatta. uk/.

北部的利斯试水。设计师兼造船师 David Allan 将一艘漂网渔船改造成蒸汽渔船。此后 1877 年，David Allan 又建造了世界上第一艘螺旋桨驱动拖网渔船"LH854 先锋"号[①]。较之风帆渔船，蒸汽渔船体型更为巨大，通常长度为 24～27 m、宽度为 6 m，总吨位为 40～50 t，航速为 9～11 kn，可以容纳 12 名船员。蒸汽渔船的这一特性使其能航行得更快更远，捕捞和储存能力也更强。当然，其缺点也显而易见，如造价高、营运成本高等。而这也直接推动了捕捞作业的产业化和公司制，因为只有产业化才能维持高昂的营运费用。到 1890 年，约有 2 万名渔民在北海水域作业[②]。在此期间，渔船的建造材料也发生了革新，钢制渔船取代传统的木制渔船，成为当时的新宠。蒸汽渔船此后在第一次世界大战末期又被燃煤蒸汽渔船所取代，而在第二次世界大战末期，燃煤蒸汽渔船又被柴油机渔船所取代，而渔船的标准化时代也从此开启。

三、渔船的分类

渔船往往根据其长度、吨位、功率在不同水域作业或辅助作业，而在作业或辅助作业过程中，渔船所发挥的作用大不相同。因此按照不同的标准，渔船存在多种分类。

（一）按渔船动力分类

根据《2020 中国渔业统计年鉴》，我国渔业主管部门和相关科研单位在统计渔船数据时，根据渔船的动力来源将渔船分为机动渔船和非机动渔船[③]。顾名思义，机动渔船是指机器产生动力的渔船，即依靠本船的机器动力来航行的渔船。《1972 年国际海上避碰规则公约》第三条第二款就将机动船定义为"用机器推进的任何船舶"。反之，非机动渔船则是指无机器动力的渔船，即通常依靠人力、风力、水力或其他船只带动的渔船。

（二）按渔船是否直接从事生产作业分类

根据渔船是否直接从事渔业生产作业，可将其分为生产渔船和辅助渔船[④]。其中，生产渔船是指直接从事渔业生产作业的船舶，《2020 中国渔业统计年鉴》将生产渔船进一步分为捕捞渔船和养殖渔船[⑤]。可见，捕捞渔船是指从事捕捞作业的渔船，而养殖渔船是指用于鱼、虾、贝、藻等的养殖和养殖生产管理工作的船舶。辅助渔船则是指从事渔获物加工、贮藏、运输、渔需物资补给、资源调查、教学实习、渔业执法、渔业海事救助等非直接从事渔业生产的船舶的统称。因此，《渔港水域交通安全管理条例》第四条第三款列明的除捕捞船、养殖船之外的渔船，即水产运销船、冷藏加工船、油船、供应船、渔业指导船、科研调查船、教学实习船、渔港工程船、拖轮、交通船、驳船、渔政船和渔监船均属于辅助渔船。

（三）按渔船作业水域分类

根据捕捞渔船的作业水域，可将其分为内陆渔船和海洋渔船[⑥]。内陆渔船是指在江、河、湖泊、水库等捕捞淡水水生动植物的渔船。我国内陆渔船数量庞大，但相比海洋渔

---

①② 访问网址：http://grantontrawlers.com/steam%20trawler.html.
③④《2020 中国渔业统计年鉴》综述部分，第 3 页.
⑤《2020 中国渔业统计年鉴》，第 62 页.
⑥《2020 中国渔业统计年鉴》，第 63 页.

船，内陆渔船一般规模较小，船上设施设备简单，生产作业范围较小。海洋渔船是指在海洋中用于捕捞水产经济动植物的船舶。海洋渔船对适航性能要求较高，为增加海上作业时间，船上应有足够的鱼舱和燃油舱，除满足航行所需的设施外，还须有专门的捕捞机械设备和仪器。大型海洋渔船有冷冻和渔获物加工设施，航速较高，除主机功率较大外，还另配有适应捕捞作业的推进装置，如首尾侧推装置、导管桨、可变螺距螺旋桨等[1]。

根据是否在我国管辖水域从事作业，海洋渔船可分为近海渔船和远洋渔船。近海渔船是指在我国管辖海域从事捕捞活动的渔船。远洋渔船则是指在公海或他国管辖海域作业的渔船，前者又被称为公海渔船或大洋渔船，后者又被称为过洋渔船。

（四）按生产规模和产品用途分类

在国外，渔业行为可以分为商业渔业和生计渔业，这一般是按照生产规模和渔业捕捞产品用途对渔业进行的分类。据此，可将渔船分为商业渔船、生计渔船。商业渔船又称工业渔船，是指为商业目的而进行捕捞活动的渔船。生计渔船，有时又被称为手工渔船或小规模渔船，传统渔业中利用比较少量的资本和能源以及较小的渔船在近岸从事短途捕鱼航行且主要供当地消费[2]。

（五）按活动目的分类

根据渔船活动目的，可将渔船分为生产渔船、娱乐（休闲）渔船。生产渔船是指直接从事渔业捕捞和养殖活动的船舶的统称。从事捕捞业活动的渔船为捕捞船，从事养殖业活动的渔船为养殖船。休闲渔船是指主要用于休闲渔业活动的渔业船舶，而休闲渔业则是指渔业船舶搭载乘客在船上开展水上垂钓、体验式网具捕捞、渔业文化欣赏和其他渔业相关休闲体验活动。

（六）按渔船材质分类

按照船舶的材质，可以将渔船分为钢质渔船、玻璃钢渔船、木质渔船、钢木混合渔船、钢丝网水泥渔船和其他材质渔船。钢质渔船是指以各种型钢及钢板为造船材料的渔船；玻璃钢渔船是指船体主要部分以玻璃纤维增强剂和不饱和聚酯、环氧树脂与酚醛树脂黏合剂为基本组成的渔船；木质渔船是指船体主要部分是由木材建成，仅在连接处才用金属材料的渔船；钢木混合渔船是指船体固件用钢材，而外壳则用木材建成的渔船；钢丝网水泥渔船是指以钢盘为固件，钢丝网作壳板捣以水泥而成的渔船；其他材质渔船则是指除上述之外的其他一种或几种材质建造的渔船。

（七）按船长和主机功率分类

根据船长或主机功率的大小，渔业船舶可分为大型渔船、中型渔船和小型渔船。国际上，通常以船长对渔船进行分类，即船长<12 m 的为小型渔船，船长 12～<24 m 的为中型渔船，船长≥24 m 的为大型渔船。

在我国渔船管理的长期实践中，主要以渔船主机功率对渔船进行分类，即主机功率≥441 kW 的为大型渔船，主机功率 44.1～<441 kW 的为中型渔船，主机功率<44.1 kW的

---

[1] 访问网址：http://www.yunufo.org/shebei/221.html.
[2] 参见 FAO 渔业词汇表，访问网址：http://www.fao.org/fi/glossary/default.asp.

为小型渔船。值得一提的是，我国《渔业捕捞许可管理规定》已将船长作为标准的渔船分类方法，实现了与国际管理规则的接轨。

根据该规定，我国对海洋渔船实施分类分级分区管控，以机动渔船底拖网禁渔区线为界，国内海洋小型渔船捕捞许可证的作业场所应当核定在海洋机动渔船底拖网禁渔区线向陆地一侧的海域（海洋 A 类渔区[①]），不得跨省（区、市）管辖水域作业和买卖；国内海洋大中型渔船捕捞许可证的作业场所应当核定在海洋机动渔船底拖网禁渔区线向海洋一侧的海域（海洋 B 类、C 类渔区），不得跨海区作业和买卖，因传统作业习惯需要到禁渔区线内侧作业的，须经作业水域所在地审批机关批准。

（八）按捕捞渔船的作业类型和作业方式分类

捕捞渔船的作业类型和作业方式因捕捞对象、渔场条件等因素而不同，因此按捕捞作业类型和作业方式分类是常见的渔船分类方法，例如拖网渔船、围网渔船、张网渔船等。FAO 为统一渔船统计数据，就渔船分类标准化专门制定了《渔船国际标准统计分类》（International Standard Statistical Classification of Fishing Vessels，ISSCFV）。其中，根据渔船的总吨位，FAO 制定了《以船舶总吨位为分类标准的渔船国际标准统计分类》（International Standard Statistical Classification of Fishery Vessels by GRT Categories）[②]，根据渔船所使用的渔具类型制定了《以船型为分类标准的渔船国际标准统计分类》（International Standard Statistical Classification of Fishery Vessels by Vessel Types）[③]。

根据《以船型为分类标准的渔船国际标准统计分类》，捕捞渔船总体可以分为拖网渔船、围网渔船、刺网渔船、笼壶船、鱿钓船、使用水泵捕捞的渔船、多功能渔船、休闲渔船和其他捕捞渔船[④]；非捕捞渔船可以分为母船、运鱼船、医疗船、护航和调查船、科研船、实习船和其他非捕捞渔船[⑤]。

我国《渔业捕捞许可管理规定》把海洋捕捞作业类型分为刺网、围网、拖网、张网、钓具、耙刺、陷阱、笼壶、地拉网、敷网、抄网、掩罩共 12 种，规定海洋捕捞许可证核定的作业类型最多不得超过其中的 2 种，并应当明确每种作业类型中的具体作业方式。拖网、张网不得互换且不得与其他作业类型兼作，其他作业类型不得改为拖网、张网作业。根据这些规定，捕捞渔船可以按作业类型分为不同类型的渔船，其船型和结构、船舶布置、船上机械配备等往往也互不相同。

四、我国的渔船管理基本制度

渔船从其诞生到消亡，涉及准造、检验、登记、许可、安全、报废、定点拆解等诸多

---

① 根据《渔业捕捞许可管理规定》，我国渔业捕捞许可证核定的海洋捕捞作业场所分为以下四类：A 类渔区，指黄海、渤海、东海和南海等海域机动渔船底拖网禁渔区线向陆地一侧海域；B 类渔区，指我国与有关国家缔结的协定确定的共同管理渔区、南沙海域、黄岩岛海域及其他特定渔业资源渔场和水产种质资源保护区；C 类渔区，指渤海、黄海、东海、南海及其他我国管辖海域中除 A 类、B 类渔区之外的海域；D 类渔区，指公海。

② 该分类于 1977 年通过。

③ 该分类于 1984 年通过。

④ FAO：Handbook of Fishery Statistical Standards，2004，206.

⑤ FAO：Handbook of Fishery Statistical Standards，2004，207.

环节。就这些环节，我国确立了相应的渔船管理制度，归纳起来，主要有以下基本制度：

（一）渔业船网工具指标管理制度

船网工具控制指标，是指渔船的数量及其主机功率数值、网具或其他渔具的数量的限额。渔业船网工具指标管理制度，是指国家对海洋捕捞渔船的数量和主机功率、网具的种类及其数量实行控制和管理的一系列政策和管理规则措施的组合。它是我国捕捞业管理的一项基本管理制度，是国家确立的渔业捕捞许可法律制度的重要组成部分。国家实行船网工具指标管理制度的主要目的是：通过对海洋捕捞作业渔船的数量和主机总功率控制制度（以下简称渔船"双控"制度），防止海洋捕捞强度的盲目增长，促使海洋捕捞能力和捕捞产量与渔业资源承受能力相适应，促进海洋捕捞业和沿海渔业渔区经济健康可持续发展[1]。

（二）渔业船舶检验制度

渔业船舶检验是国家的一项强制措施，也是渔船获得有效合法证件的前提。早在20世纪50年代，我国渔业管理部门就承担并开展渔业船舶检验工作，并逐步形成较为完善的检验法律制度。为规范渔业船舶检验制度，1996年农业部以部门规章的形式颁布施行了《渔业船舶检验管理规定》。2003年国务院以行政法规形式颁布施行了《中华人民共和国渔业船舶检验条例》。2018年根据深化党和国家机构改革方案，农业部的渔船检验和监督管理职责划入交通运输部。2019年交通运输部颁布施行了《渔业船舶检验管理规定》。渔业船舶检验制度经过几十年的实践，目前已形成成熟的规范体系。

渔业船舶检验不仅属于行政许可，也是一项技术措施。船东在取得船网工具指标的批文和渔船准造证之后，渔船进入建造阶段。渔船的建造所涉及的建造厂的确定、船用产品的选用、建造图纸的审查、建造材料和工艺的监督等，都是渔船检验的内容。建造的渔业船舶必须经过船舶检验机构的检验并认定合格后才能航行和生产，这项制度是为了切实保障渔业船舶的建造质量，确保渔业船舶必须符合安全航行和安全生产的技术条件，同时要求建造的渔业船舶必须符合标准化、规范化、节能环保等要求。

（三）渔业船舶登记制度

渔业船舶登记是指国家授权的渔业船舶登记机关依渔业船舶所有人的申请，对船舶的权属、国籍、船籍港及其他有关法律关系予以登记确认或登记许可，并以国家名义签发相应证书的行政行为。国家对登记的渔业船舶行使船旗国管辖权，并承担国家和国际上规定的权利和义务。渔业船舶登记制度，是指一个国家制定或认可的以渔业船舶登记为调整对象的法律、法规和规章等一系列法律规则的组合[2]。

船舶登记是国际社会的普遍做法，渔业船舶只有经登记并获得相关合法证书后，才能申请捕捞许可等相关证书。根据《渔业船舶登记办法》，渔业船舶登记分为所有权登记、国籍登记、抵押权登记、光船租赁登记、变更登记和注销登记。县级以上地方人民政府渔业行政主管部门主管本行政区域内的渔业船舶登记工作，远洋渔业船舶登记则由渔业船舶所有人向所在地省级登记机关申请办理。

---

① 崔利锋：《渔业船舶管理概述》，上海交通大学出版社，2015年8月，第21页.
② 崔利锋：《渔业船舶管理概述》，上海交通大学出版社，2015年8月，第22页.

（四）渔业捕捞许可制度

渔业捕捞许可是指渔业行政主管部门根据公民、法人或其他组织的申请，经审查批准其所属渔船从事捕捞活动的行为。渔业捕捞许可制度是国家行政许可的有机组成，也是渔业管理的一项基本制度。1979 年 2 月国务院颁布《水产资源繁殖保护条例》首次确立渔业许可管理制度，开始对海洋捕捞业实行规范的许可证管理。1986 年 1 月 20 日颁布的《中华人民共和国渔业法》（以下简称《渔业法》）及 1987 年 10 月颁布的《中华人民共和国渔业法实施细则》（以下简称《渔业法实施细则》）进一步确立国家对捕捞业实行捕捞许可证制度的法律地位。2000 年《渔业法》第一次修订时，结合我国渔业资源日趋衰退，捕捞强度居高不下，以及新的海洋捕捞管理制度对我国海洋渔业带来的负面影响等实际情况，对捕捞许可管理制度又进行修改补充，使之更加完善[①]。

为更好贯彻执行修订后的《渔业法》确定的捕捞许可制度，规范捕捞许可管理，农业部在 2002 年颁布了《渔业捕捞许可管理规定》，并于 2004 年、2007 年、2013 年、2018 年和 2020 年多次进行修订，使捕捞许可管理制度更加科学完善和更具可操作性。

根据《渔业捕捞许可管理规定》的规定，渔业船舶在取得有效检验和国籍证书后，要加入捕捞生产，必须申请渔业捕捞许可证，并根据渔业捕捞许可证核定的作业时间、作业区域、捕捞对象进行生产，其目的是为了有效地控制捕捞强度，确保海洋渔业资源能够持续健康地开发利用，维护渔场生产作业秩序，保障渔业生产者合法权益等。

（五）渔业安全生产制度

渔业安全生产管理，是指依照法律、法规和规章及本级人民政府对其部门职责划分的规定，对渔业船舶安全生产负有监督管理职责的部门依法对渔业船舶实施监督管理的统称。渔业安全生产制度则是指适用于调整、规范渔业船舶安全生产监督管理的一系列法律规范以及行政规范的组合，包括《中华人民共和国安全生产法》（以下简称《安全生产法》）、《生产安全事故报告和调查处理条例》等综合立法及《中华人民共和国海上交通安全法》（以下简称《海上交通安全法》）、《渔港水域交通安全管理条例》等专门立法。

为切实保障人民群众生命财产安全，促进渔业经济安全发展和渔区社会的稳定，国家确定了渔业安全生产遵循"安全第一、预防为主、综合治理"方针，全面落实渔业安全生产责任制，努力构建渔业安全生产长效机制，并从提高渔船安全质量、强化从业人员安全培训、完善渔业安全应急预案、全面落实安全责任制等方面着手，提高渔业安全生产和管理水平。也就是说，渔业安全生产制度也是渔船管理的重要环节，渔船船东获得渔船检验、登记、捕捞许可证，并不是从事捕捞生产的充分条件，而是必要条件。只有既具有渔船检验、登记、捕捞许可证，同时又能符合安全生产和适航条件，按船只大小配备足额的职务船员、操作人员及救生设备后，方能出海捕捞生产。

综上所述，经过几十年的渔业管理实践和探索，以及 2013 年、2018 年两次机构改革后，我国形成了渔船管理的五项基本管理制度，各项制度既完整独立，又相互关联、互相衔接、环环相扣。渔船诞生到消亡流程总体可以概括为：船网审批（渔业部门）→图纸审

---

① 崔利锋：《渔业船舶管理概述》，上海交通大学出版社，2015 年 8 月，第 22 - 23 页.

核（海事部门）→开工建造（海事部门）→船舶检验（海事部门）→船舶登记（渔业部门）→捕捞许可（渔业部门）→生产监管（渔业、海警部门，以机动渔船底拖网禁渔区线为界）→报废拆解（渔业部门）。

第二节　渔港概述

渔港是沿海渔区十分重要的基础设施，既是沿海防灾减灾体系的重要组成部分，也是渔区经济社会发展的重要基础。研究渔港定义、功能、分类、作用，是渔船渔港综合管理改革的基础。

一、渔港的概念

渔港概念在各国和地区有不同的描述。日本《渔港渔村整备法》中的"渔港"，是指天然和人工渔业基地的水源和陆地及其设施的综合体，既有历来沿用的天然良港，也有经勘察、指定和修建而成的人工港。渔港（fishing port）通常是指为渔船停泊、鱼货装卸、鱼货冷藏加工、修补渔网和渔船生产及生活物资补给而设的港口，是渔船队的基地。

在中央层面，《中华人民共和国港口法》（以下简称《港口法》）、《渔港监督管理规则（试行）》、《渔港水域交通安全管理条例》、《全国沿海渔港建设规划（2018—2025年）》等对渔港予以明确界定。其中，《港口法》第六十条规定："渔业港口，是指专门为渔业生产服务和供渔业船舶停泊、避风、装卸渔获物、补充渔需物资的人工港口或者自然港湾，包括综合性港口中渔业专用的码头、渔业专用的水域和渔船专用的锚地。"《渔港监督管理规则（试行）》第三条规定："渔港：系指国家为水产投资建设的渔港；地方自筹资金建设的渔港；军、商、渔合用港口中渔业专用港口、港区、码头、渔业船舶停泊区；历史自然形成的渔港。"而《渔港水域交通安全管理条例》第四条第一款规定："渔港是指主要为渔业生产服务和供渔业船舶停泊、避风、装卸渔获物和补充渔需物资的人工港口或者自然港湾。"《全国沿海渔港建设规划（2018—2025年）》则将渔港界定为"主要为海洋渔业生产服务和供渔业船舶停泊、避风、装卸渔获物、补给渔需物资的人工港口、自然港湾以及综合港的渔业港区，包括水域、岸线、陆域等"。

在地方层面，一类是单独就渔港管理进行立法，例如辽宁省分别通过了《辽宁省渔港管理条例》[①]。另一类是就渔港渔船进行综合立法，如浙江省、湖北省、四川省、福建省分别通过了《浙江省渔港渔业船舶管理条例》《湖北省渔港渔船管理条例》《四川省渔船渔港管理办法》《福建省渔港和渔业船舶管理条例》[②]。由于地方立法对渔港的界定与中央立

---

① 《辽宁省渔港管理条例》第二十四条第一款将渔港界定为："主要为渔业生产服务和供渔业船舶停泊、避风、装卸渔获物和补充渔需物资的人工港口或自然港湾的水域及其与岸线相连的渔业后勤用地。"

② 《浙江省渔港渔业船舶管理条例》第四十八条第一款其将渔港界定为："主要为渔业生产服务和供渔业船舶停泊、避风、装卸渔获物、补给渔需物资的人工港口、自然港湾以及综合港的渔业港区，包括陆域、水域、岸线等。"《湖北省渔港渔船管理条例》第三十条第一款将渔港界定为："主要为渔业生产服务和供渔船停泊、避风、装卸渔获物和补充渔需物资的人工港口和自然港湾。"《四川省渔船渔港管理办法》第二十九条第一款将渔港界定为："主要为渔业生产服务和供渔船停泊、避风、装卸渔获物和补充渔需物资的人工港口或自然港湾。"

法大致相同，此处不再赘述。

超强台风"桑美"登陆福鼎沙埕港，也给浙江渔民的生命财产造成极大损失，浙江首提建设标准渔港，随着沿海经济社会发展，不断加大渔船避风锚地建设。标准渔港是指四至范围清晰、建设管理和维护主体明确、以防台避风功能为主、兼顾服务保障的公益性渔业港口。渔船避风锚地是指利用天然掩护或人工设施，降低水域内的风速和浪高，使渔船利用锚泊设备或系船设施等控制船位，抵御风、浪、流作用，安全躲避强台风等级以上的水域，或者能使渔船直接坐滩而躲避强台风等级以上的滩涂，保障强台风等级以上天气条件下渔船停泊的安全性，并满足渔业安全管理、渔民临时安置等功能。

由此可见，渔港是渔船出海、捕捞生产、鱼货保鲜、冷藏加工、渔船停泊、修船补网、渔获物交易、渔船生产、生活补给和避风的基地，是渔船、渔民的家园、栖息地和休整所，是渔业生产的重要基础设施和后勤基地，是沿海渔业经济发展的重要组成部分，也是保障渔业安全生产的基础条件。

二、渔港的功能

根据上述定义，渔港是渔业生产港口的水域、岸域、陆域及其各种设施的集合，是为渔获物装卸、渔获物运输加工、生活物资补给、渔船维修及防风避灾等而设置的港口。渔港一般由水域、岸域和陆域三个部分组成，水域包括防波堤、港池、航道、锚地等设施，岸域包括码头、护岸等设施，陆域包括淡水供应、渔船维修、渔获物储运加工等为渔业生产经营直接服务的商业设施和保障渔船安全的管理设施[①]。与商业性港口或综合性港口相比，渔港具有服务对象相对单一、渔船进出渔港具有季节性和集中性等特点，也决定了渔港具有以下功能：

（1）防灾减灾功能。渔港有防波堤、港池、航道等基础设施，渔港航标、通信、消防、环保等配套设施，海洋水文、气象观测设施和渔港安全监控网络等，是渔船安全锚泊避风的"家"，可以为渔民群众生命和财产安全提供重要保障，对于沿海渔民群众抵御自然灾害具有不可或缺的作用。

（2）服务保障功能。渔港建有不同用途的码头泊位，方便渔获物的装卸、加工保鲜、中转外调，便于市场鱼货供应，也便于捕捞生产和生活物资的补给。渔港还肩负着渔船修理、网具修补、船员休息、生产生活物资供给等责任，对渔船具有综合服务保障的作用。

（3）产业拓展功能。渔港陆域大多有完善的配套设施，是捕捞业和养殖业的后方基地，有利于水产品分类、保鲜、冷冻、储藏、加工，可延伸渔业产业链条，促进渔业产业结构不断优化。

（4）要素集聚功能。某些综合型渔港或服务渔港，特别是渔港经济区，兼顾了渔业、商业、旅游业的综合功能，可带动地域二三产业的发展，促进渔业产业转型升级和区域经济的振兴。

（5）乡村建设功能。渔港和渔村相互依托，有利于改善渔区生产生活条件，促进渔区

---

①　王莘萱．我国渔港经济区产业集群发展研究［D］．青岛：中国海洋大学，2011．

人口向渔港集聚，推进渔区村镇发展。

从渔港功能来看，国家中心渔港避风与服务功能较强；等级以上渔港有的避风功能较强，有的服务功能较强；等级以下渔港及天然岙口，则侧重于应急避风锚泊或单一的鱼货卸载或渔需物资补给。随着渔业规模化程度越来越高、水产品消费节奏越来越快以及人类环境保护意识越来越强，现代渔港也逐渐向综合体发展。除了为渔船提供补给、避风停靠、卸载渔获物等传统服务外，渔港还充当渔获物仓储加工装运拍卖销售以及渔船设计建造维修保养和处理废物等场所。此外，渔港作为本地渔民的生活基地为其提供生活服务的同时，也成为外来渔民出入境的门户。渔港将渔船、渔获、渔民融为一体，对渔民的福祉和渔业的发展起着至关重要的作用，因此，有学者将现代渔港的功能分为经营功能、管理功能和监管功能[1]。

三、渔港的分类

日本在渔港分类方面具有一定的代表性。日本有渔港 2 944 处，平均每 11 km 海岸线就有一个渔港，并以利用范围和所处的地理位置作为分类的依据，将全国渔港分为五类。第一类渔港：其利用范围以本地渔业为主，截至 1997 年，此类渔港 2 218 个，占总数的 75.34%。第二类渔港：其利用范围比第一种广，但不属于第三类，此类渔港 512 个，占总数的 17.39%。第三类渔港：其利用范围为全国性的，此类渔港 100 个，占总数的 3.4%。第四类渔港：对日本水产业有重要意义的、由政府指定的全国性渔港，此类渔港有 13 个，占总数的 0.44%。第四类渔港：在孤岛或偏僻地区，离渔场近，对渔场开发和渔船避风特别重要，此类渔港 101 个，占总数的 3.43%。

我国台湾地区把渔港分为四类。第一类渔港：使用目的属于全台或配合渔业发展特殊需要者。渔港区域由台湾地区渔业事务主管机关会商有关机关划定，报请台湾地区行政管理机构核定后，由台湾地区渔业事务主管机关公告之。第二类渔港：使用目的属于直辖市者。渔港区域由直辖市渔业事务主管机关划定，报请台湾地区渔业事务主管机关会商有关机关核定后，由直辖市渔业事务主管机关公告之。第三类渔港：使用目的属于县（市）者。渔港区域由县（市）渔业事务主管机关划定，报请台湾地区渔业事务主管机关会商有关机关核定后，由县（市）渔业事务主管机关公告之。第四类渔港：位居偏远地区者。渔港区域由县（市）渔业事务主管机关划定，报请台湾地区渔业事务主管机关会商有关机关核定后，由县（市）渔业事务主管机关公告之。

我国自 1980 年以来，对渔港等级评定标准进行过多次修改，相继由《渔港总体设计规范》（SCJ—1980）、《国务院办公厅转发农业部关于加强群众渔港建设的报告》（国办发〔1991〕29 号）、《渔港总体设计规范》（SC/T 9010—2000）、《全国渔港建设规划（2003—2010 年）》对渔港等级进行划分。目前依据《全国沿海渔港建设规划（2018—2025 年）》，按照渔港服务范围与功能、渔船数量、吞吐能力、发展前景等情况，将我国渔港等级分为五级，分别是中心渔港、一级渔港、二级渔港、三级渔港以及其他渔港，具体划

---

[1] Roland B. Scheffczyk，Fishing Port Management：The Forgotten Subject in Fisheries and Aquaculture（Volume I），EOLSS Publisher，2009，221-222.

分标准见表 1－1。

表 1－1　我国渔港分级标准①

渔港类别	鱼货卸港量（万 t）	渔用岸线（m）	码头长度（m）	陆域面积（万 m²）	有效掩护水域面积（万 m²）	满足停泊、避风、补给渔船数（艘）	防灾减灾能力	服务范围
中心渔港	≥8	≥1 000	≥600	≥20	≥40	≥800	≥50 年一遇	为跨省（区、市）渔船提供服务
一级渔港	≥4	≥800	≥400	≥10	≥30	≥600	≥50 年一遇	为本省及邻近省（区、市）渔船提供服务
二级渔港	≥2	—	—	—	—	≥200	—	为本省（区、市）渔船提供服务
三级渔港	—	—	—	—	—	≥50	—	为本县（市）渔船提供服务
其他渔港	—	—	—	—	—	—	—	为传统及自然形成的渔船停泊点（㘭口）或避风锚地

各等级渔港必须具备以下条件：

一是港权明确。有红线图和港章，明确规定港区的水域、陆域范围和管理部门；有完整、科学的渔港总体建设规划，做到水域作业、停泊、补给分区设置，陆域设施相应配套，以确保渔港的基本权益和未来足够的发展空间，保证渔港的各项功能有效发挥。

二是具备一定的经济辐射带动能力，与区域经济发展相适应，制定一二三产业全面、协调发展的规划，从而保证国家对渔港基础建设的投入真正发挥带动小城镇建设、促进地区渔业经济发展、渔民增收的作用。

三是地方配套资金措施落实，确保规划建设内容如期完成，同时明确渔港建成后的管理办法，保证渔港的良性运转。

此外，按渔港功能分，可分为综合型渔港、避风型渔港、服务型渔港等三类，这一分类突出了渔港"防灾减灾，服务渔民"的功能。

综合型渔港：具有抗御 12 级风力、提供综合服务保障所需要的条件和设施，产权清晰，配套完善，是功能齐全的渔港。

避风型渔港：具有抗御 12 级风力所需要的条件和设施，是以避风功能为主的渔港。

服务型渔港：具有抗御一般风力、提供较为完善的服务保障所需要的条件和设施，是以服务功能为主的渔港。

我国渔港多与商港共用。在商港标准化方面，联合国欧洲经济委员会（UNECE）贸易便利化工作小组发起了商港编码工作，即联合国贸易和运输地点代码（UN/LO-

---

① 表中部分数据参见《全国沿海渔港建设规划（2018—2025 年）》.

CODE）。在联合国贸易和发展委员会（UNCTAD）、国际航空运输协会（IATA）、国际航运公会（ICS）等共同努力下，该代码于 1981 年面世。目前，UN/LOCODE 已从 1981 年的约 8 000 个代码发展至 103 034 个代码，涵盖 249 个国家和地区[①]。FAO 目前正在从事一项工作，即参照 UN/LOCODE 将渔港进行编码，从而实现渔港代码的国际统一。

第三节　渔港经济区概述

随着渔业生产力的发展，渔港作为渔业发展的特殊区域，具有渔船锚泊、鱼货装卸、物流运输、物资供应等基本功能，促进了物流、人流、资金流和信息流聚集，推动了以渔港为依托的渔业二三产业发展和渔区乡村建设，渔港经济区应运而生。

一、渔港经济区的概念

一般而言，经济区是指以城市为经济中心，以专门化生产为主体，将自然条件、经济发展方向大体一致的行政区组合在一起所形成的地域[②]。根据该定义，渔港经济区（fishing port economic zone）则应指以渔港为中心，以渔业相关产业为基础，通过渔港与社区联动发展从而辐射和带动沿海渔业市县发展的多功能经济区域。

而根据《全国沿海渔港建设规划（2018—2025 年）》，渔港经济区是在建设现代渔港的基础上，密切结合城镇建设和产业集聚，使之形成以渔港为龙头、城镇为依托、渔业为基础，集渔船避风补给、鱼货交易、冷链物流、精深加工、海洋药物、休闲观光、城镇建设为一体，区域产业结构平衡、产业层次较高、辐射效应明显的现代渔业经济区。

从上述定义可见，渔港经济区是渔港建设的升级版，其产业更为齐全、地域范围更为广袤、功能更为丰富。

首先，渔港经济区建设是落实乡村振兴战略的重要手段。党的十九大明确提出实施乡村振兴战略，并将其作为七大战略之一写入党章。2018 年，国务院公布了 2018 年中央 1 号文件，即《中共中央、国务院关于实施乡村振兴战略的意见》。同年 9 月，中共中央、国务院印发了《乡村振兴战略规划（2018—2022 年）》，明确提出加强渔港经济区建设、推进渔港渔区振兴。通过加强渔港经济区建设、推进渔港渔区振兴，可以促进各类生产要素向定港上岸渔港集聚，打造渔业一二三产有机融合，推动特色渔乡小镇和渔业城镇建设，实现港、产、城一体化，塑造现代化渔港样板区，使渔港成为美丽乡村建设的一道亮丽风景线，从而成功实现渔民转产转业，这正是回应渔民群众对美好生活向往的具体实践。

其次，渔港经济区建设是渔业高质量发展的重要途径。为贯彻落实党中央、国务院关于实施质量兴农战略的决策部署，加快推进农业高质量发展，2019 年，农业农村部等七

[①] 参见联合国欧洲经济委员会官网，访问网址：http://www.unece.org/cefact/locode/welcome.html.
[②] 何盛明：《财经大辞典》，中国财政经济出版社，1990 年.

部委联合发布《国家质量兴农战略规划（2018—2022年）》（农发〔2019〕1号），在重点任务中提出加快农业绿色发展，调整完善农业生产力布局，建设渔港经济区。围绕这一重点任务，农业农村部提出加快推进渔港经济区建设，将渔港经济区建设作为乡村振兴的优先选项，不断加大对渔港基础设施建设的支持力度，推动将渔港经济区建设纳入沿海地方政府的约束性指标进行目标责任考核，构建现代渔业产业体系、生产体系、经营体系，推进渔港经济区成为渔业高质量发展的重要平台，实现渔业"提质增效、减量增收、绿色发展、富裕渔民"。

最后，渔港经济区建设是建设海洋强国的重要支点。党的十九大提出"坚持陆海统筹，加快建设海洋强国"。建设渔港经济区，有条件的可建设保税渔港，可为远洋渔业发展提供后方基地和安全保障，必将为拓展蓝色经济空间、加强国际渔业合作、保障食物供给、维护国家海洋权益等发挥重要作用。

二、渔港经济区概念提出的背景

渔港经济区的概念最早由浙江台州提出。早在1997年，台州市就提出了实施"富港兴渔"战略，而建设渔港经济区实质上就是实施"富港兴渔"的战略延续和有效载体[①]。2003年，台州市根据当地实际，规划了4个渔港经济区，包括椒江渔港经济区、玉环坎门渔港经济区、温岭石塘渔港经济区和三门健跳渔港经济区，合理布局了居住区、渔船修造补给区、水产品贸易区、加工物流区和休闲观光区等功能区域，较好实现了渔业经济从数量型、捕捞型向质量型、综合型的转变[②]。

渔港经济区的提出主要基于以下原因：

（一）近海渔业资源的不断衰退

20世纪以来，世界渔业得到全面快速发展，随之而来的是渔业资源的全球衰退。据FAO发布的《2020年世界渔业和水产养殖状况》，处于生物可持续水平的鱼类种群占比已由1974年的90%下降至2017年的65.8%，处于生物不可持续水平的鱼类种群从1974年的10%增至2017年的34.2%，未充分捕捞的种群占比从1974年到2017年持续下降[③]。而在我国，由于过度捕捞和严重污染两个因素的叠加影响，自20世纪70年代，近海渔业资源不断衰退，几近枯竭，到20世纪90年代尤为明显。以东海为例，传统四大经济鱼类的渔获比重锐减，20世纪50年代，四大渔产占所有渔获物的63.7%，70年代下降到47.4%，90年代下降到18.8%，仅剩年幼的带鱼和小黄鱼[④]。渔业资源的衰竭意味着渔民无鱼可捕，无利可图，渔民退捕上岸后的安置问题关乎社会和谐稳定和渔业转型发展。建设渔港经济区，发展与渔业有关的二三产业，创造更多的就业岗位和创业空间，从而成功实现渔民转产转业，因此渔业经济区的概念呼之欲出。

（二）中日、中韩、中越北部湾渔业协定的生效与实施

中日、中韩、中越北部湾渔业协定生效实施后，我国的传统渔场明显压缩，海洋捕捞

---

① 林文毅，卢昌彩：《关于建设现代渔港经济区的思考》，中国渔业年鉴，2003，第286–288页.
② 侯子顺等：《渔港经济区规划探索研究》，中国渔业经济，2019年第6期，第16页.
③ FAO：The State of World Fisheries and Aquaculture 2020，7.
④ 程家骅：《东黄海渔业资源利用》，上海科学技术出版社，2006年.

渔民因此普遍面临退捕转产的问题。以浙江省台州市为例，有 2 000 多艘渔船必须从江外、沙外、对马、济州岛和大小黑山等外海渔场退出，渔业产量将直接损失 12 万 t，产值损失达 7.4 亿元[1]。由于大批渔船从外海传统渔场退出，使得原本已经资源贫瘠、拥挤不堪的近海渔场雪上加霜，"船多海窄鱼少"的矛盾更加激化。而渔港经济区的建设可以从根本上解决这一矛盾，渔业产业链的延伸、渔港功能的拓展为渔民转产转业、渔业转型发展带来新契机。

（三）渔港项目建设和渔港经济发展的带动作用

台风侵袭往往对渔民安全、渔港发展构成巨大威胁，但困难往往蕴含机遇。以浙江台州为例，9711 号台风后，浙江下大力建设了千里标准海塘工程，紧接着又提出解决渔船安全锚泊避风问题。"十三五"前三年，省政府每年安排 4 000 万元扶持渔港基础设施建设，确定了全省 22 个渔港重点建设项目，并且在总结嵊泗中心渔港建设经验的基础上，提出了以下要求：一是渔港工程必须坚持"工程质量领导责任制、工程项目法人制、工程项目招标制、工程项目资本金制和工程质量监理制"五项制度，提高工程建设质量；二是对渔港周边土地进行市场化运作，解决渔港建设的配套资金；三是以渔港建设为契机带动渔港周围的产业发展，发展渔港经济。在这一理念引领下，台州更加大胆地实施水面、岸线和陆地的联合开发，合理布局渔港产业，加强以渔港为中心的经济园区建设[2]。经实践证明，台州在渔港经济区建设方面的先行先试经验非常成功，玉环坎门渔港建设和渔港综合开发项目招商引资的成功便是典型。此后，广东、福建等省份在台州模式的引领下，将渔港经济区的概念引入本省，2018 年的《全国沿海渔港建设规划（2018—2025 年)》则将台州经验推广至全国。

三、渔港经济区的基本要素

从渔港经济区的功能预设来看，渔港经济区应是以渔港为依托，集渔船避风补给、维修保养、鱼货装卸、仓储加工、流通贸易、旅游观光、文化休闲等功能于一体，具备多元产业、多元功能，能发挥龙头作用和辐射效应的经济和社会一体化的渔业综合经济体。

《全国沿海渔港建设规划（2018—2025 年)》对建设渔港经济区设定了基本条件，《国家级沿海渔港经济区项目实施管理细则》（征求意见稿）对基本条件进行细化：（1）已拥有或已规划建设至少 50 万 m^2 的渔港有效掩护水域面积、至少 40 万 m^2 的渔港功能配套陆域面积，满足至少 1 000 艘渔船安全避风需要；（2）已拥有或已规划建设对渔港经济区和渔港进行管理和经营的现代化设施和设备（含渔港综合管理用房、渔政执法用房及码头、渔港污染防治设施等）；（3）区域内中央财政资金支持的渔港建设项目已全部竣工，渔港和锚地升级改造及整治维护项目已全部开工；（4）已拥有或已规划建设每年至少 10 万 t 渔获物交易的市场和所需设施；（5）具有产业发展基础，已拥有或已规划建设至少 1 个水产品精深加工、冷链物流运输、远洋渔业、休闲渔业等产业发展平台；（6）已拥有或已规划创设至少 2 个地市级及以上渔业相关龙头企业，或 2 个知名渔业相关品牌，或

---

① ② 林文毅、卢昌彩：《关于渔港经济区思路和实践的初探》，中国渔业经济，2003 年增刊，第 13 页.

1个地市级及以上渔业相关龙头企业和1个知名渔业相关品牌。

由此可见，渔港经济区一般应具备以下要素：

（一）渔业要素

这是渔港经济区区别于其他经济区的首要特征。渔业产业是渔港经济区的独特构成，即要求渔港（渔业）经济在整个经济区中占有较大比重或者对区域整体经济具有带动作用[1]。渔港经济区以渔港为依托，以渔业产业为核心，因"渔"而生，因"渔"而兴。

（二）规模要素

之所以能建立渔港经济区，必然要求其具备一定的规模和基础，这里的规模既包括经济规模，也包括区域规模。经济规模，即渔港在向渔港经济区拓展和升级时，应当具备一定资源和市场优势，这些软件优势将为渔业产业的指向性集聚提供原始基础[2]。区域规模，即渔港经济区强调渔港与社区互动，从而辐射和带动沿海渔业市县发展，因此在硬件上要求其具备一定的区域规模。

综上，渔港经济区集人流、物流、船流、资金流、信息流合于一体，将三产融合，集聚产业和人口，以渔港及其相关产业为原点辐射整个经济区，进而推动渔港与社区联动发展。因此，"渔港现代化、渔业产业化、产业多元化、渔区城镇化"，是现代渔港经济区建设的基本走向[3]。

四、渔港经济区的发展模式

根据资源禀赋、产业基础和周边市场的需求，渔港经济区发展模式有以下四种：

（一）水产品交易主导模式

渔港最早诞生的延伸功能便是支撑水产品现场交易的服务功能。伴随着水产品交易，便自然产生水产品交易大厅、冻结冷藏储运、活鱼蓄养池、冷链物流、远洋运输等衍生配套服务，渔港经济区内会形成渔获物交易、物流运输、水产品加工、商业配套等产业链条，产生产业集聚效应，推动和促进渔港多方面的功能延伸。国内水产品交易主导模式下运作较为成功的渔港经济区有湛江霞山渔港、宁波石浦渔港、辽宁大连湾渔港。台州椒江中心渔港葭沚港区也是这种模式。

（二）加工制造主导模式

渔港功能拓展较为基础的方向，是水产品加工业和由渔业生产衍生出的制造业（渔船维修、渔具生产等）。加工制造主导模式对渔港的渔业资源要求较高，且具有一定的工业基础。选择这一模式，需要当地政府制定规划，提供资金、工业用地、政策等辅助支持，鼓励外来商人或当地渔民投资水产品加工业或设备制造业，推进渔区第二产业发展，实现渔港功能延伸。运用这一模式较为成功的是山东石岛渔港，造船企业达到73家，加工制造功能带动效应明显，使得产业链上下游的中小企业得到快速发展。温岭石塘上马工业区也是这种模式的典型。

① 董加伟：《关于渔港经济区信息化建设路径的思考》，大连海事大学学报（社会科学版），2019年第4期，第56页.
② 衣艳荣：《渔港经济区基本问题概述》，中国渔业经济，2015年第1期，第5页.
③ 徐质斌：《论渔港经济区建设》，中国渔业经济，2004年第1期，第31页.

（三）投资主导带动模式

投资主导带动模式，是指地方政府围绕渔港和周边区域，结合地方城镇化和工业项目布局，综合规划，明确划定各个功能区，以政府部分财政投入为辅助，通过大力招商引资，带动各个产业集聚，以打造集生产、加工、餐饮、旅游、居住等功能于一体的现代化渔业小城镇。台州规划建设的椒江前所、玉环坎门、路桥金清、临海红脚岩都是朝这种模式去努力。

（四）渔人码头综合模式

渔人码头的概念来自美国旧金山，最初是意大利裔渔民聚集的地方。渔人码头一般布局在城市中心边缘或近郊，能获取足够的城市消费容量，同时交通四通八达，满足游人们出行便捷的需要。20世纪60年代后，渔业生产功能逐渐弱化，后结合当地的地理特点，经过商业化的包装，逐渐发展成为综合性的休闲、文化区。旧金山渔人码头汇集了海鲜美食、大型购物中心、观光游艇、海洋公园、海洋博物馆、文化广场等，成为美国绝佳的旅游休闲景点。后来，旧金山的渔人码头相继被其他国家和地区渔港所效仿。例如，日本成功打造了北海道河口渔港、静冈县妻良渔港等知名渔人码头；我国台湾地区20世纪末在渔港转型的过程中也曾开发出淡水渔人码头、竹园渔港等特色显著的渔人码头，台湾淡水渔人码头除保留了传统的生产作业区外，还规划了商业性渔区、休闲活动区、河海观景区、水族展示区与亲水活动区，并重点打造了观光木栈道、鱼形雕塑等特色景观，具有很强的文化印记；我国大连老虎滩渔人码头、上海外滩渔人码头、澳门渔人码头等也都是运作比较成功的案例。

第四节　渔船渔港综合管理改革概述

习近平总书记提出"以人民为中心"的发展思想和"人民至上、生命至上""人与自然和谐共生"的发展理念，对渔船安全管理和渔业资源管理提出了更高更严的要求，以渔港为依托探索渔业综合管理开始应运而生，渔船渔港综合管理改革呼之欲出。

一、渔船渔港综合管理改革的内涵外延

相对渔船、渔港及渔业经济区，渔船渔港综合管理是一个综合概念，其将船、港、人、鱼均纳入其中融为一体，内涵外延更为丰富，是目前渔业管理的最先进模式，而渔船渔港综合管理改革则是为实现该模式而进行的一系列改革措施。总体来说，其内涵是以渔港为载体，以渔船、渔民、渔业资源和渔港环境为对象，实现以渔港为依托对渔船、渔民、渔业资源、渔港环境的综合管理改革；其外延则包括渔船安全综合管理改革、渔港综合管理改革、海洋渔业资源总量管理改革、渔港环境管理改革、渔业执法机制改革和渔区渔港振兴。

渔船渔港综合管理与传统渔业管理的最大区别在于，其更注重依港管理、综合管理和渔业管理的有机结合和相互支撑。渔船渔港综合管理改革打破传统单一的就渔船管渔船、就渔民管渔民、就渔获物管渔获物、就渔港环境管渔港环境的条块分割的管理模式，将渔业管理的各个环节整合为一，通过综合管理平台来实现渔船、渔民、渔获

物、渔港环境的综合管理;将管理重心从海上转移到陆上,以渔港为依托合理配置管理力量,通过加强前端和末端的管理,从而突破单一海上管理"大海捞针"的瓶颈,实现渔业的全景式管理。

二、渔船渔港综合管理改革的提出背景

渔船渔港综合管理改革最早由浙江省台州市实践并提出。台州是全国渔业大市,海洋捕捞是台州渔业的传统产业,渔船多、功率大、类型全、作业广、管理难。台州市委、市政府历来高度重视现代渔业建设和渔业管理工作,"一打三整治"(严厉打击涉渔"三无"船舶、严厉整治"绝户网""船证不符"渔船和海洋环境污染)专项工作多年考核全省第一,渔船安全事故死亡人数呈台阶式下降。但是,台州渔船安全形势依然严峻,渔船偷捕滥捕行为仍屡禁不止,究其原因,主要是渔船管理法律法规滞后,管理体制机制落后,船东船长安全意识、法律观念淡薄,部门监管能力薄弱、属地管理作用有限等。随着浙江"一打三整治"专项工作不断推进,目前已经进入深水区,必须从体制机制改革着手,建立渔船渔港管理长效机制,从根本上解决渔船安全管理和渔业资源管理问题,促进渔业绿色可持续健康发展。

为破解渔船安全和渔业资源管理的瓶颈制约,2017 年台州市与温岭市政府在石塘镇联合开展渔船综合治理改革试点,建设"一平台三中心五机制"("一平台"为构建"信息共享"的渔船渔港综合管理平台,"三中心"为构建"集成高效"的渔船综合管理服务中心、"依港管船"的渔港综合监管中心、"增强技防"的渔业船员培训考试中心,"五机制"为渔船渔港综合管理信息平台运行机制、渔船船籍港综合管理新机制、渔船综合管理和执法机制、渔业互保同安全管理深度融合机制、两个责任追究机制),深化渔业"微平台"建设,推进网格化"微管理"大升级,探索依港管船新机制,目的是压实船东船长的主体责任和部门、乡镇的管理责任,以强化管理责任倒逼主体责任的落实,向管理要效益,向改革要效益。在改革中,台州探索依港管船新机制,推动渔船监管前移;整合渔业、乡镇、边防等力量,实行渔船综合监管;建设渔船综合管理系统,整合渔船管理数据;在全省率先出台"十条铁律""渔安六率""五查机制",建立渔船管理新规矩;开展浙北渔场梭子蟹限额捕捞试点和海洋捕捞抽样调查试点,探索资源总量管理等。2018 年初,农业部组织专家总结提炼台州做法并草拟《关于加快推进渔港振兴的意见》。

为深入推进渔船综合管理改革,在更高层面、更大范围探索渔船安全管理、渔业资源管理和渔港环境管理,台州在探索总结温岭石塘渔船综合治理改革试点的基础上,努力创建国家渔船渔港综合管理改革试验基地。2018 年 3 月 30 日,农业农村部办公厅正式批复台州建设国家渔船综合管理改革试验基地(农办渔函〔2018〕16 号),标志着台州渔船渔港综合管理改革上升到国家试点[①]。

三、渔船渔港综合管理改革的总体框架

农业农村部办公厅批复意见明确指出,全面贯彻落实新发展理念,坚持深化改革和

---

① 卢昌彩,牟盛辰:《台州渔船渔港综合管理改革实践与探索》,中国水产,2019 年第 7 期,第 43 页.

依法治渔双轮驱动，逐步建立起以投入控制为基础、产出控制为闸门的海洋渔业资源管理基本制度。重点推进渔船分类分级分区管理改革，完善捕捞作业分区管理，提高捕捞业的组织化程度；实施渔业资源总量管理，深入开展限额捕捞试点，推行捕捞限额制度；推进实施依港管船管人管渔获物，实行渔获物定点上岸制度，建立渔获物可追溯体系，推行渔获物绿色标签管理；探索建立渔港港长制，强化协同驻港监管，开展渔船渔港安全综合治理，推动实施渔船进出渔港综合报告制度和船员记分管理等。

根据改革目标和任务，台州国家渔船渔港综合管理改革试验基地的总体改革框架可以归纳为"一二三四五六"：

一个体制，即以港长制为统揽的依港管船新体制。

两大领域，即渔业资源管理和渔船安全管理。

三项制度，即渔获物定点上岸制度、渔船安全管理记分制度、渔船进出港报告制度。

四大基础，即渔船应急管理指挥中心、渔船渔港综合管理平台、渔港综合管理站、村（公司）规范化建设。

五大机制，即海洋渔业资源总量（限额捕捞）管理机制、渔获物绿色标签可追溯管理机制、渔船动态干预机制、渔船闭环管理机制、协同驻港管理机制。

六大创新，即以可追溯为载体的渔获物管理制度创新、以精细化为目标的渔船安全管理机制创新、以大数据为抓手的渔船综合管理方式创新、以高质量为导向的渔业产业政策创新、以法治化为手段的渔政执法机制创新、以责任制为核心的问责机制创新[①]。

四、渔船渔港综合管理改革的基本特征

（一）依港管船新体制

突出渔港港长制探索，强化协同驻港监管，推动渔业管理力量向渔港一线集聚，促进渔港管理和海上执法海陆联动、双向发力、互为促进，确保管船管人管渔获物管环境的渔业管理目标在渔港实现。

（二）资源管理新机制

突破渔船"双控"单一的投入控制，突出海洋捕捞限额、渔获物溯源、定港上岸等海洋渔业总量管理制度试点探索，建立起以投入控制为基础、产出控制为闸门的海洋渔业资源管理基本制度。

（三）安全运行新方式

打破传统渔船安全管理思维和模式，更多地采取渔船进出港报告、动态编组、动态干预等事先管控措施，结合事后应急处置和安全记分，开展渔船渔港安全综合治理，促进海上安全形势明显好转。

（四）数字管理新平台

用系统思维、数字思维推进渔船渔港综合管理改革，根据管理改革要求建立相关模块，推动各大系统数据对接、信息共享和互联互通，实现渔船检验、船舶登记、船员培

---

① 卢昌彩，牟盛辰：《台州渔船渔港综合管理改革实践与探索》，中国水产，2019年第7期，第43-44页.

训、执法检查、动态核查、证件办理等环节的闭环管理。

（五）从严执法新举措

坚持深化改革和依法治渔双轮驱动，把强化渔业执法作为渔船渔港综合管理改革的重要保障，以最严的执法举措促进资源管理、安全管理、环境管理制度落地见效。

（六）渔船管理新政策

改革就要突破制度藩篱、先行先试，根据渔船渔港综合管理改革需要，科学设计"渔船综合管理改革""港长制""行刑衔接""行行衔接""定人联船""动态编组""出港和航行作业闭环""船长制"等制度，不断为改革深化提供政策供给。

五、渔船渔港综合管理改革的主要作用

（一）有利于渔船安全管理

渔船安全管理是渔业管理的主要任务，也是渔业管理不可逾越和突破的红线和底线。相比海上执法监管受强风、大浪等极端天气制约，依港管船可起到事半功倍的效果，可依托渔港宣传渔业安全法律法规，加强渔船登临检查，实施监管关口前移和"零距离"管理，促进船东（船长）履行安全生产主体责任，把渔船安全隐患消除在渔港，坚决不让带"病"渔船出海生产，有效提升渔船安全生产监管效率。

（二）有利于渔业资源管理

渔港既是渔船补给渔需物资的场所，也是海洋捕捞渔获物上岸的通道。抓住了依港管船，就是抓住渔业资源管理的"牛鼻子"。通过推进渔船渔港综合管理改革，出港可加强渔船渔具检查，使"船证不符""证业不符"渔船不准驶出渔港、不合规的渔具不准带出港口；进港可加强渔获物监督检查，并逐步推动渔获物定点上岸和报告制度，有效打击非法捕捞，让违法的涉渔"三无"船舶无所遁形，既是推动建立以投入控制为基础、产出控制为闸门的海洋渔业资源管理基本制度的有效举措，也是国际社会打击非法、不报告、不管制捕捞（以下简称 IUU）的通常做法，必将有力推动渔场修复振兴。

（三）有利于渔获质量安全

随着我国全面建成小康社会和城乡人民生活水平日益改善，"绿色、安全、健康"已经成为广大消费者对海洋捕捞产品的共同期待。通过推进渔船渔港综合管理改革，守住渔获物上岸通道和海上报告，实现渔获物"一码溯源"，从而实现对渔获物从捕捞海区、海上转载、上岸交易等每一道环节的质量溯源，保障消费者知情权和合法权益，提升人民群众获得感，落实港口国措施协定，推动水产品国际贸易发展。

（四）有利于渔港环境管理

渔船柴油机工作过程中除排放大量氮氧化物、硫氧化物等有毒有害气体以及二氧化碳等温室气体外，也产生一定数量的油污水，加上船员生活污水、固态垃圾和废弃渔获等，有可能对渔港水域造成污染。通过推进渔船渔港综合管理改革，加强对渔船污染物的有效监管，实现渔船危废处置低碳化、标准化和安全化，改善渔港水域环境和渔民居住质量，建设清洁渔港和美丽渔港，把渔港打造成为生态良好、环境优越、具有独特魅力的新渔区。

（五）有利于渔港渔区振兴

渔港渔区振兴是渔业高质量发展的主要内涵和目的所在。通过推进渔船渔港综合管理改革，围绕渔船、渔民、渔获物，促进各类生产要素向定港上岸渔港集聚，建设现代渔港经济区，巩固和提升传统功能，带动加工贸易、冷链物流、休闲渔业、海洋牧场、滨海旅游等多元化产业发展，推动特色渔乡小镇和渔业城镇建设，实现港产城一体化，塑造现代化渔港样板区，促进渔区产业兴旺和渔港渔区经济振兴。

第二章

渔船渔港综合管理改革时代背景

　　党的十九大提出实施乡村振兴战略，我国渔业迈向了建设现代渔业强国的新征程，渔船和资源环境问题已成为新时代渔业强国建设的短板弱项，是海洋生态文明建设和现代渔业管理的重点难点，是渔业发展不平衡不充分的基础根源。农业农村部深入学习贯彻习近平新时代中国特色社会主义思想和党的十九大精神，把渔区渔港振兴、渔船安全生产、资源养护管理、水域环境整治作为渔业渔政工作重点，主动适应"放管服"改革和行政机构改革，明确提出用新思路解决新问题，把探索渔船渔港综合管理改革作为新时代渔业强国建设的重要抓手。台州是全国渔业主产区和浙江渔业大市，有基础、有条件为全国渔船渔港综合管理改革试点投石问路。

第一节　国家渔业改革时代要求

　　我国是渔业大国，渔船数和渔民数都位居世界首位。根据《2020 中国渔业统计年鉴》，2019 年年末，我国渔船总数 73.12 万艘、总吨位 1 040.24 万 t。其中，机动渔船 46.83 万艘、总吨位 1 004.85 万 t、总功率 1 990.53 万 kW；非机动渔船 26.29 万艘、总吨位为 35.39 万 t。机动渔船中，生产渔船 45.15 万艘、总吨位 898.82 万 t、总功率 1 765.20 万 kW，辅助渔船 1.68 万艘、总吨位 106.03 万 t、总功率 225.33 万 kW；海洋渔船 22.49 万艘、总吨位 923.70 万 t、总功率 1 653.52 万 kW，内陆渔船 50.63 万艘、总吨位 116.54 万 t、总功率 337.01 万 kW。而根据 FAO《2020 年世界渔业和水产养殖状况》，2018 年，全球渔船总数约为 456 万艘，其中机动渔船约为 286 万艘[1]。根据该数据，2018 年中国渔船总数约占全球的 19%，而机动渔船也约占全球的 19%。其中，24 m 及以上机动渔船为 37 140 艘[2]，约占全球的 2/3[3]。虽然近年来，我国通过实施渔船"双控"制度，渔船总数大幅削减，但从前述数据来看，我国的渔船规模仍较庞大。

　　我国一直以来高度重视渔业管理。进入"十三五"后，海洋渔业资源利用过度的问题

---

　　① FAO：The State of World Fisheries and Aquaculture 2020，41-42.

　　② 根据《2019 中国渔业统计年鉴》，2018 年年末，全国 12（含）～24 m 机动渔船为 72 700 艘，12 m 以下机动渔船为 446 310 艘.

　　③ FAO：The State of World Fisheries and Aquaculture 2020，45.

日益受到广泛关注，酷渔滥捕、非法捕鱼、东海无鱼等，牵动着公众的心，也引起中央领导的高度重视。根据"创新、协调、绿色、开放、共享"五大发展理念和党中央、国务院《生态文明体制改革总体方案》的要求，我国渔业发展和渔业管理进行一系列变革，以农业部印发《关于进一步加强国内渔船管控　实施海洋渔业资源总量管理的通知》（农渔发〔2017〕2号）为标志，拉开了渔船渔港综合管理改革的大幕。此后，农业农村部在年度渔业渔政工作部署会、渔业高质量发展推进会、渔业改革创新高质量发展推进会、渔业安全生产工作会议等会议上多次强调，特别是在2018年初召开的全国渔业转型升级推进会上进行系统部署、指导推进，这既为台州渔船渔港综合管理改革试点提供政策指导，又将台州渔船渔港综合管理改革试点的实践经验上升为科学理论。从2017年以来的发展过程分析，渔船渔港综合管理改革实质是一个由表及里、由浅及深的渐进过程。

一、投入和产出双目标控制

改革单一渔船"双控"制度，从投入和产出两大关键环节入手，实行渔船"双控"和海洋渔业资源总量管理双目标控制，探索建立起以投入控制为基础、产出控制为闸门的海洋渔业资源管理基本制度。设定两大压减指标：一个是渔船控制目标，到2020年全国压减海洋捕捞机动渔船2万艘、功率150万kW，除淘汰旧船再建造和更新改造外，不新造、进口在我国管辖水域生产的渔船；另一个是渔获物产出的控制目标，到2020年国内海洋捕捞总产量减少到1000万t以内，与2015年相比减少309万t以上。

二、渔船管理机制改革

对渔船管理机制实行历史性变革，实行渔船分类分级分区管理，按照渔船大小和作业区域实行差别化管理。实行以船长为标准的渔船分类方法，船长小于12 m的为小型渔船，大于或等于12 m且不满24 m的为中型渔船，大于或等于24 m的为大型渔船。根据资源环境承载能力、现有开发强度以及渔民承受能力等，改革海洋捕捞渔船及其船网工具控制指标管理制度，按照船长实行由部、省两级管理。根据渔船大小，重新划分生产海区，完善捕捞作业分区管理制度。

2017年初，农业部于康震副部长在全国渔业渔政工作会议上指出，实行渔船分类分级分区管理，根据渔船大小和作业区域实行差别化管理，中央重点管控禁渔区线外侧大中型渔船，将禁渔区线内侧小型渔船"双控"政策制定权限下放到地方，由各地依据资源环境和生产情况制定更为严格的监管措施，强化地方渔船和捕捞强度控制职责。探索建立与捕捞渔船数量相匹配的捕捞辅助船总量控制制度，严格限制近海捕捞辅助船规模，并逐步禁止渔获物转载。

三、实施限额捕捞试点

依据农渔发〔2017〕2号文件，农业部要求各地积极探索海洋渔业资源利用管理新模式，选择部分特定渔业资源品种，开展限额捕捞管理，探索经验，逐步推广。自2017年开始，辽宁、山东、浙江、福建、广东等5省各确定1个市县或海域，选定捕捞品种开展限额捕捞管理。相关省渔业行政主管部门负责制定实施方案，报农业部同意后组织实施。到 2020 年，沿海各省应选择至少 1 个条件较为成熟的地区开展限额捕捞管理。2017 年山东、浙江两省率先开展了捕捞限额管理试点，分别是莱州湾东营水域的海蜇渔业、浙北渔场三疣梭子蟹渔业。2018 年，新增了辽宁省大连市普兰店海域中国对虾渔业、广东省珠江口海域白贝渔业、福建省厦漳海域梭子蟹渔业 3 个渔业捕捞限额管理试点。2019 年，农业农村部发布的《关于 2019 年伏季休渔期间特殊经济品种专项捕捞许可和捕捞辅助船配套服务安排的通告》要求海洋伏季休渔期间的专项许可捕捞渔业全部严格实行限额捕捞。为此，当年的海蜇专项许可捕捞渔业、浙江丁香鱼专项许可捕捞渔业均实行了捕捞限额管理试点。2020 年，又增加了江苏连云港的毛虾渔业作为海洋伏季休渔期间的专项许可捕捞渔业，实行了捕捞限额管理。

截至 2020 年，沿海的 11 个省（区、市）都至少有 1 种渔业开展了捕捞限额管理试点工作，共计 15 种渔业，其中属于海洋伏季休渔专项许可捕捞渔业有 9 种。从全局性结构布局来看，对多种渔业资源类型的捕捞限额管理进行了试点探索，所涉资源种类包括蟹类、虾类、贝类、鱼类、水母类，如浙江、福建、广西开展了梭子蟹类渔业试点；辽宁和江苏的试点是虾类渔业，包括中国对虾和毛虾；广东的试点是贝类渔业；浙江的丁香鱼、海南的银鲳和灰鲳属于鱼类渔业；其余的 7 个海蜇专项捕捞试点属于水母类渔业。

四、建设现代渔港经济区

为促进海洋渔业持续健康发展，国家发改委、农业农村部印发《全国沿海渔港建设规划（2018—2025 年》，按照依港养港、依港拓渔、依港管渔、依港兴业、依港兴城的基本思路，统筹渔港水域、岸线、陆域综合开发，提出建设中心渔港 64 座、一级渔港 85 座，推动形成 10 个沿海渔港群、93 个渔港经济区，带动一二三产业融合发展，新增万亿元产值的产业规模，成为渔业的增长点和沿海经济社会发展的增长极。该规划特别要求，以渔港经济区为平台和载体，加快建设智慧渔港，全面提升渔港管理的信息化水平，促进"依港管港""依港管船""依港管鱼""依港管人"，推动渔业科学管理。

2018 年初，于康震副部长在渔业转型升级推进会上指出，要把渔港经济区纳入乡村振兴整体规划，以渔港为中心吸引和集聚各类生产要素，巩固和提升传统功能，带动加工贸易、冷链物流、休闲渔业、海洋牧场、滨海旅游等多元化产业发展，建设渔业综合生产基地。要在产业集聚的同时促进人口集聚，鼓励和引导优秀企业深入挖掘渔港渔业文化，加强品牌渔港商标注册，打造人文渔港、景观渔港、主题渔港，建设特色渔乡小镇和渔业城镇，实现港、产、城一体化，塑造现代化渔港样板区。要鼓励有条件的渔港和渔港经济区先行先试，利用自由贸易区规则和国家优惠政策，积极参与"一带一路"和海洋强国建设，尽快形成在国内外有影响力的海洋渔业综合发展平台。

五、渔港治理体系改革

2017 年初，于康震副部长在全国渔业渔政工作会议上指出，渔港是渔船的"家"，落实依港管船管人管渔获措施，逐步推行渔获物定点上岸制度，强化港口检查执法，实施监管关口前移，坚决不让带"病"渔船出海、不让违规渔船起航、不让非法捕捞渔获上岸。

随着改革不断深入，渔船渔港综合管理改革思路越来越清晰。

2018年初，于康震副部长在渔业转型升级推进会上指出，要提升渔港综合监管效能，积极探索建立渔港港长制，推进渔船检验、渔政执法、渔港监督机构协同进驻渔港，并协调公安边防、海警、海事等部门现场办公，推进渔业执法关口前移。要落实依港管船管人管渔获管安全新要求，加快推进渔港管理可视化、船人实时动态化、渔获数据信息化，建立渔船进出港报告制度，把安全隐患消除在港内，把违规行为整治在港口，把非法渔获切断在港区。要逐步推行渔获物定点上岸制度，采取切实有效措施，鼓励、引导和规范定点卸货、在港销售或转运，力争在2020年前，所有大中型渔船定点卸货。加快构建渔获物可追溯登记体系，实施渔获物统一绿色标签，强化港口核查监管，会同市场监管部门开展流通加工环节的跟踪检查，让非法渔获物无法流通交易。

2020年上半年，于康震副部长在全国渔业安全生产工作视频会议上指出，继续指导各地渔船渔港综合管理改革试点，深化以"港长制"为核心的"依港管理"改革，落实港长管港管人管安全管渔获物的责任，依托渔港管理站，优化管理执法力量配置，大力推进驻港监管，实现管理要素向渔港集聚，推动监管关口前移。要以渔船进出港报告为抓手，建立以船长报告为主、监护人报告为补充、村（公司）报告为例外的渔船进出港报告制度，要求渔船提前24 h报告，实行已报抽查、未报必查，对于未报告或检查发现问题渔船，视情节轻重纳入安全记分管理或停航整改。要建立船籍港和靠泊港联系沟通、共管机制，实施常态化的靠泊港渔船登临检查，严防渔船"带病"出港，把渔港打造成渔船管理的"岸上堡垒"。

2019—2021年，农业农村部渔业渔政管理局先后开展三批国家级海洋捕捞渔获物定点上岸渔港申报工作（农办渔〔2019〕17号、农渔船港便〔2020〕81号、农渔船港便〔2021〕70号），按照渔港设施、驻港监管、信息系统等标准要求，已公布天津北塘渔港等66座渔港（第一批、部公告第334号）、辽宁龙王塘渔港等41座渔港（第二批、部公告第428号）、辽宁将军石渔港等52座渔港（第三批、部公告第566号）为国家级海洋捕捞渔获物定点上岸渔港。

六、渔港环境综合整治

2018年初，于康震副部长在渔业转型升级推进会上指出，要顺应人民群众对美好生活的新追求，建设文明、美丽渔港，彻底告别渔港"脏乱差臭"的旧面貌。要改善港区生产生活设施布局，切实开展油污水、废弃网具以及生活垃圾等集中处理。加强港容港貌整治，开展渔港水域清理、港池航道疏浚，规范渔船停泊，推进渔港道路硬化、港区亮化、生态绿化、环境美化，把渔港经济区打造成为生态良好、环境优越、具有独特魅力的新渔区。拓展"文明渔港"创建的外延，丰富活动内涵，增加环境指标，抓点带面，推动美丽渔港建设。

2019年初，于康震副部长在渔业高质量发展推进会上强调，把渔港环境综合整治作为第四个硬任务，完成沿海渔港的摸底排查工作，编制渔港名录，完成渔港环境清理整治，实现名录内渔港污染防治设备设施全覆盖。

2019年7月，农业农村部办公厅印发《关于做好渤海渔港环境综合整治和渔船污染防治工作的通知》（农办渔〔2019〕27号），明确沿渤海各级渔业主管部门要强化渔船渔港污染防治工作的联动，督促渔船船东按要求在渔船上配备油污水和生活垃圾等处理设施，强化正常使用，严禁未经处理直接排放；完善港区生产生活设施布局，配备渔船油污水、废弃网具以及生活垃圾回收设备，并及时进行集中处理。

2019年12月，农业农村部办公厅印发《关于开展沿海渔港污染防治工作的通知》（农办渔〔2019〕40号），加强渔港污染防治设施设备配备。对于二级及以上渔港，沿海各地要按照《沿海渔港污染防治设施设备配备指导标准（试行）》要求，积极协调推进辖区内渔港污染防治设施设备配备和升级改造，指导做好渔港含油污水、生活废水、固体垃圾等的清理和处置工作。同时按照《沿海渔港环境监测评价规程（试行）》和《沿海渔港水域环境监测评价技术规程（试行）》的要求，对沿海二级及以上渔港的环境状况进行监测和评价。

2018年1月，浙江省环境保护厅等11个部门印发《浙江省近岸海域污染防治实施方案》（浙环函〔2018〕25号），要求港口码头等船舶集中停泊的区域按有关规定配置船舶含油污水、垃圾接收存储设施，建立健全含油污水、垃圾接收、转运和处理机制，做到船舶含油污水、垃圾及时上岸处置。

第二节　台州渔业产业现状

台州地处中国黄金海岸线中段，陆域面积9 411 km²，常住人口600多万人，下辖椒江、黄岩、路桥3区，临海、温岭、玉环3个县级市，天台、仙居、三门3个县以及省级台州湾新区，其中6县（市、区）濒临海洋。台州是长三角中心区27城之一，是"一带一路"和长江经济带的重要节点城市，国务院批复确定的浙江沿海区域性中心城市和现代化港口城市。台州具有三方面的显著优势：一是浙江大湾区中心地段的区位优势。台州地处我国南北中心点、海陆交界处，位于长三角城市群与海西经济区的枢纽位置，浙江海陆版图的地理中心和浙江大湾区的中枢地段，湾区交通便捷，已经开通的杭绍台铁路将形成通达杭州1 h、上海2 h、长三角重要城市3 h的交通圈。二是山海资源的生态优势。台州海湾资源丰富，怀抱台州湾、三门湾、乐清湾，是全国为数不多、省内唯一拥有3个海湾的城市，大陆岸线长度、滩涂面积及海岛数量均位列全省第二。大陆岸线长726 km，占浙江省的1/3；管辖海域面积6 910 km²，相当于陆域面积的73.4%，占浙江省的16.3%；海岛921个（其中横仔屿与温州共管），有居民海岛27个，无居民海岛894个，海岛陆域面积约273.76 km²；滩涂资源分布集中，以淤涨型为主，单片面积0.33万hm²以上的6处，总面积约4.574万hm²，占全省的20%。平原丘陵相间，形成"七山一水二分田"的格局，温黄、椒北、大田等三大平原为台州主要产粮区；拥有天台山和神仙居两个5A级景区，生态环境状况指数居全省第二，台州蓝成为金名片。三是对外开放的前沿优势。台州地处沿海开放前沿，经济外向度长期保持在50%以上，与世界215个国家和地区有着经贸往来，已建成浙江中德（台州）产业合作园和浙江（台州）境外并购产业合作园，正在打造国家级经济开发区、综合保税区、国家级对台经贸合作区、台州跨境电商试验区等重大开放平台。

一、台州渔业总览

台州是中国渔业主产区、渔业大市和渔港大市，海洋渔业资源丰富，"两湾一岛"（三门湾、乐清湾、大陈岛）是浙江最佳的海水养殖场所，近海拥有全国著名的大陈渔场、猫头渔场和披山渔场，外海渔场包括舟山渔场和温台渔场一部分，可利用经济价值较高的鱼类和甲壳类各 30 余种，盛产带鱼、小黄鱼等数十种经济鱼类及对虾、梭子蟹和大量的贝类海产品。全市共有渔业乡镇 28 个、渔业村 225 个，渔业人口 24.8 万人，其中传统渔民 3.4 万人。

台州渔业历史悠久。台州先民很早就开始制作独木舟，捕食鱼蚌、海虾，在三国时期已有史书记载。党的十八大以来，台州以习近平新时代中国特色社会主义思想和党的十九大精神为指导，始终牢记习近平总书记对浙江提出的"干在实处永无止境，走在前列要谋新篇，勇立潮头方显担当"重要指示精神，坚决贯彻新发展理念和中央"三农"决策部署，深化渔业供给侧结构性改革，持续推进渔场修复振兴和渔业转型升级，渔业"提质增效、减量增收、绿色发展、富裕渔民"的目标任务取得了历史性突破，水产品总产量长期位居浙江第二、全国前列。2017 年实现水产品总产量 163.37 万 t，比 2012 年增长 15.23%；创渔业产值 279.81 亿元，比 2012 年增长 57.51%，占大农业比重 58.85%；实现渔业增加值 140.19 亿元，比 2012 年增长 58.64%，占大农业比重 52.26%；渔民人均收入 24 478 元，比 2012 年增长 58.91%（表 2-1）。

表 2-1　台州渔业基本情况

年份	水产总产量（万 t）	渔业产值（亿元）	渔业增加值（亿元）	渔民人均收入（元）	农业产值（亿元）	农业增加值（亿元）
2012	141.78	177.65	88.37	15 404	348.99	201.12
2013	143.75	198.02	99.20	16 850	372.63	213.30
2014	148.39	203.15	101.60	19 022	379.34	215.62
2015	156.89	227.89	113.90	21 043	407.64	230.63
2016	165.39	258.01	123.42	22 509	451.03	254.93
2017	163.37	279.81	140.19	24 478	475.49	268.26

二、国内海洋捕捞

从历史过程看，2017 年国内海洋捕捞产量 103.87 万 t，比 2012 年的 100.13 万 t 增长 3.74%，但比 2016 年峰值 114.09 万 t 下降 8.96%（表 2-2）；从作业类型来看，拖网产量 71.27 万 t，占比 68.62%；围网产量 8.74 万 t，占比 8.74%；刺网产量 13.32 万 t，占比 12.82%；张网产量 5.55 万 t，占比 5.34%；钓业产量 0.58 万 t，占比 0.56%；其他渔具捕捞产量 4.41 万 t，占比 4.25%（表 2-2）。从渔获物品种来看，鱼类产量 66.64 万 t，占比 64.16%；虾类产量 23.26 万 t，占比 22.4%；蟹类产量 5.73 万 t，占比 5.52%；头足类产量 7.49 万 t，占比 7.21%（表 2-3）。

表 2-2 台州国内海洋捕捞产量分作业情况

单位：万 t

年份	国内海洋捕捞产量	拖网	围网	刺网	张网	钓业	其他渔具
2012	100.13	70.26	7.72	10.20	6.87	0.23	4.85
2013	101.05	69.36	8.73	11.50	6.66	0.30	4.50
2014	103.13	71.04	8.48	12.10	5.96	0.30	5.25
2015	110.26	76.85	9.01	12.98	5.92	0.33	5.17
2016	114.09	79.16	10.19	13.49	5.91	0.43	4.91
2017	103.87	71.27	8.74	13.32	5.55	0.58	4.41

表 2-3 台州国内海洋捕捞产量分品种情况

单位：万 t

年份	国内海洋捕捞产量	鱼类	虾类	蟹类	贝类	藻类	头足类	其他
2012	100.13	63.16	25.48	4.38	0.17	0.015	6.65	0.27
2013	101.05	62.51	25.67	5.49	0.16	0.013	6.95	0.26
2014	103.13	63.37	26.26	6.04	0.21	0.012	6.99	0.25
2015	110.26	69.49	26.37	6.31	0.19	0.013	7.44	0.45
2016	114.09	73.47	25.54	6.33	0.28	0.023	8.03	0.42
2017	103.87	66.64	23.26	5.73	0.20	0.010	7.49	0.54

三、远洋渔业

得益于 2012 年国家海洋渔船更新改造政策，台州远洋渔业在曲折中发展。在外远洋渔船从 2012 年的 14 艘、5 532 kW，上升到 2016 年峰值期的 61 艘、51 735 kW，再回落到 2017 年的 33 艘、26 926 kW；远洋渔业产量、产值从 2012 年的 10 433 t、2 298 万元上升到 2017 年的 24 503 t、25 614 万元（表 2-4），分别增长 1.35 倍、10.15 倍，入渔国家拓展到缅甸、安哥拉、伊朗等 3 个国家，从单一的过洋性渔业到发展大洋性渔业"零"的突破。

表 2-4 台州远洋渔业情况

年份	远洋渔船		远洋渔业产量（t）		远洋渔业产值（万元）
	数量（艘）	合计（kW）	合计	其中运回	
2012	14	5 532	10 433	6 835	2 298
2013	20	10 322	11 385	7 644	6 409
2014	46	33 172	19 885	13 212	12 983
2015	51	37 197	8 930	6 881	6 060
2016	61	51 735	20 120	14 238	25 033
2017	33	26 926	24 503	11 713	25 614

四、海水养殖

从总量看，在养殖面积保持基本不变的情况下，实现海水养殖较快发展（表2-5、表2-6、表2-7）。2017年海水养殖面积、产量分别为27 122 hm²、49.93万t，比2012年面积略减0.68%、产量增长38.04%。从品种看，几大养殖品种产量都有不同程度的增长。2017年，鱼类、甲壳类、贝类、藻类养殖产量为1.63万t、4.15万t、41.96万t、1.99万t，分别比2012年增长52.34%、30.5%、37.8%、93.2%。从水域看，海上养殖发展较快，滩涂养殖和其他养殖面积萎缩但产量有所增长。2017年海上养殖面积5 643 hm²、产量9.38万t，比2012年增长80.46%、58.71%；滩涂养殖面积12 768 hm²、产量24.83万t，与2012年相比，面积减少17.31%、产量增长16.85%；其他养殖面积8 711 hm²、产量15.71万t，比2012年相比，面积减少0.33%、产量增长74.36%。从养殖方式看，深水网箱、工厂化等养殖新模式发展迅速，2017年深水网箱养殖体积40.97万m³、产量0.24万t，比2012年分别增长3.34倍、3.8倍；工厂化养殖体积81.5万m³、产量0.38万t，比2012年分别增长10.32倍、6.6倍；海上筏式养殖加快发展，筏式养殖面积5 046 hm²、产量8.27万t，比2012年分别增长1.06倍、79.78%；围塘、底播养殖面积不同程度在减少，但依靠渔业科技进步产量却有所增长，2017年围塘面积8 345 hm²、产量14.25万t，底播面积13 105 hm²、产量25.83万t，与2012年相比，面积分别减少3.12%、16.98%，产量分别增长61.93%、20.76%；普通网箱养殖体积、产量双减，普通网箱体积15.37万m³、产量0.81万t，分别比2012年减少27.05%、15.63%。

表2-5 海水养殖分品种产量面积情况

年份	海水养殖		鱼类		甲壳类		贝类		藻类		其他	
	产量 （万t）	面积 （hm²）	产量 （万t）	面积 （hm²）	产量 （万t）	面积 （hm²）	产量 （万t）	面积 （hm²）	产量 （万t）	面积 （hm²）	产量 （万t）	面积 （hm²）
2012	36.17	27 307	1.07	699	3.18	10 189	30.45	14 596	1.03	1 382	0.43	441
2013	36.9	27 034	1.05	637	3.48	10 439	31.05	14 114	1.17	1 493	0.14	297
2014	38.46	26 879	1.1	715	3.55	10 227	32.4	14 010	1.26	1 634	0.15	293
2015	40.83	28 143	1.25	801	3.68	10 319	34.36	14 464	1.4	2 265	0.15	294
2016	44.13	30 451	1.38	821	3.92	10 276	37.03	14 802	1.65	4 308	0.14	244
2017	49.93	27 122	1.63	818	4.15	9 257	41.96	12 790	1.99	4 147	0.2	110

表2-6 海水养殖分水域产量面积情况

年份	海上养殖		滩涂养殖		其他养殖	
	产量（万t）	面积（hm²）	产量（万t）	面积（hm²）	产量（万t）	面积（hm²）
2012	5.91	3 127	21.25	15 440	9.01	8 740
2013	6.46	3 157	20.22	14 819	10.24	9 058
2014	6.80	3 497	20.38	14 343	11.28	9 039

（续）

年份	海上养殖		滩涂养殖		其他养殖	
	产量（万 t）	面积（hm²）	产量（万 t）	面积（hm²）	产量（万 t）	面积（hm²）
2015	7.45	4 215	21.53	14 261	11.85	9 667
2016	8.45	6 344	23.04	14 541	12.63	9 566
2017	9.38	5 643	24.83	12 768	15.71	8 711

表 2-7　海水主要养殖方式情况

年份	围塘		普通网箱		深水网箱		筏式		吊笼		底播		工厂化	
	产量（万 t）	面积（hm²）	产量（万 t）	体积（万 m³）	产量（万 t）	体积（万 m³）	产量（万 t）	面积（hm²）	产量（万 t）	体积（万 m³）	产量（万 t）	面积（hm²）	产量（万 t）	体积（万 m³）
2012	8.8	8 614	0.96	21.07	0.05	9.44	4.6	2 445	0.31	44	21.39	15 786	0.05	7.2
2013	10.45	9 438	0.79	19.25	0.04	17.36	5.89	2 619	0.28	49	19.4	14 560	0.26	67.7
2014	10.56	9 738	0.72	18.03	0.1	23.97	5.62	2 867	0.24	33	20.92	14 115	0.3	67.9
2015	10.71	9 310	0.84	18.0	0.15	25.72	6.12	3 558	0.35	39	22.34	14 516	0.29	77.7
2016	11.31	9 925	0.91	17.91	0.21	32.9	7.19	5 577	0.31	35	23.88	14 848	0.32	79.7
2017	14.25	8 345	0.81	15.37	0.24	40.97	8.27	5 046	—	—	25.83	13 105	0.38	81.5

五、水产品加工流通

在水产品加工方面，2017 年台州市有水产品加工企业 336 家，其中规模以上水产品加工企业 33 家，拥有水产冷库 297 座、冻结能力 7 080 t/日、冷藏能力 12.77 万 t/次、制冰能力 8 907 t/日、水产品加工能力 65.81 万 t/年。从水产品加工总量看，2017 年台州市水产品加工总量 59.71 万 t，占台州水产品总产量的 36.55%，其中海产品加工总量 57.61 万 t，占比 96.48%，占台州国内海洋捕捞产量的 55.46%。从加工品种结构看，水产冷冻品 43.08 万 t，占水产品加工总量的 72.15%；鱼糜制品 4.05 万 t，占比 6.78%；干制品 3.09 万 t，占比 5.18%；藻类加工品 0.37 万 t，占比 0.62%；罐制品 1.29 万 t，占比 2.16%；鱼粉 6.46 万 t，占比 10.82%。从国内水产流通看，2017 年产地水产品批发市场成交量、成交额分别是 83.14 万 t、113.9 亿元，应该说产销两旺。从水产品进出口贸易看，2017 年水产品出口量、贸易额分别为 1.72 万 t、8 017 万美元，虾仁、冰鲜鱼是出口的主导产品，其中虾仁出口量、贸易额为 1 154 t、3 895 万美元（占比分别为 6.7%、48.58%），冰鲜鱼出口量、贸易额为 12 436 t、2 909 万美元（占比分别为 72.3%、36.29%）；水产品进口量、贸易额分别为 0.36 万 t、231 万美元，主要有冻鲐鱼、冻沙丁鱼、冻红虾、冻鱿鱼等，其中 90% 为远洋自捕鱼回运产品。

六、休闲渔业

2017 年，台州市休闲渔业经营主体 287 个、从业人员 2 635 人，产业总投资 1.57 亿元（其中涉渔设施投资 3 071 万元），经营陆域面积 1 170 hm²、池塘面积 476 hm²，休闲渔船 125 艘、1.38 万 kW，人文景观景点 36 个，专业礁钓船钓项目 9 个，接待游客 81.16 万人，实现休闲渔业总产值 2.43 亿元、税后利润 3 704 万元。台州市休闲渔业正处于稳步发展阶段，现已有多家单位获评"浙江省省级休闲渔业精品基地"称号，三门县特色渔村、蛇蟠最鲜美小镇、江岩渔村休闲渔业示范等项目进展如火如荼。休闲渔业的发展，既拓展了渔业发展空间，又为渔民提供就业选择，增加了渔民收入。

第三节　台州渔船现状分析

截至 2017 年底，台州共有海洋渔业机动渔船 6 005 艘、总吨位 89.91 万 t、总功率 132.76 万 kW，其中海洋捕捞渔船 4 204 艘、总吨位 67.74 万 t、总功率 101.73 万 kW；海水养殖渔船 970 艘、总吨位 0.31 万 t、总功率 1.84 万 kW；海洋捕捞辅助渔船 831 艘、总吨位 21.86 万 t、总功率 29.19 万 kW。台州渔船规模庞大，无疑将对渔船管理以及渔业资源的养护和管理构成压力，这是推进渔船渔港综合管理改革的核心要素。

一、海洋渔业机动渔船地域分布

椒江区渔船 788 艘、总吨位 16.07 万 t、总功率 21.63 万 kW，分别占海洋渔业机动渔船的 13.12%、17.87%、16.3%；路桥区渔船 390 艘、总吨位 4.79 万 t、总功率 6.73 万 kW，分别占海洋渔业机动渔船的 6.49%、5.33%、5.07%；临海市渔船 664 艘、总吨位 8.45 万 t、总功率 12.5 万 kW，分别占海洋渔业机动渔船的 11.06%、9.40%、9.42%；温岭市渔船 2 671 艘、总吨位 50.89 万 t、总功率 75.97 万 kW，分别占海洋渔业机动渔船的 44.48%、56.60%、57.22%；玉环市渔船 925 艘、总吨位 7.07 万 t、总功率 11.72 万 kW，分别占海洋渔业机动渔船的 15.4%、7.86%、8.83%；三门县渔船 567 艘、总吨位 2.64 万 t、总功率 4.21 万 kW，分别占海洋渔业机动渔船的 9.44%、2.94%、3.17%。从上分析，温岭市渔船占绝对优势，总吨位、总功率占台州的近 60%。

二、海洋渔业机动渔船船长分布

与国际惯例接轨，我国海洋机动渔船分为 24 m 以上大型渔船、12～24 m 中型渔船、12 m 以下小型渔船三类。台州 24 m 以上大型海洋机动渔船 3 973 艘、总吨位 87.03 万 t、总功率 125.56 万 kW，分别占海洋机动渔船的 66.16%、96.8%、94.58%；12～24 m 中型海洋机动渔船 538 艘、总吨位 2.31 万 t、总功率 4.87 万 kW，分别占海洋机动渔船的 8.96%、2.57%、3.67%；12 m 以下小型海洋机动渔船 1 494 艘、总吨位 0.58 万 t、总功率 2.35 万 kW，分别占海洋机动渔船的 24.88%、0.65%、1.77%。由此可见，台州海洋机动渔船以大型船为主，特别是总吨位、总功率都占 95% 左右的绝对优势。从地域看，温岭 24 m 以上大型海洋机动渔船 2 174 艘、总吨位 49.98 万 t、73.96 万 kW，占台州 24 m 以上大型海洋机动渔船的 54.72%、57.43%、58.9%，半数以上大型渔船集中在温岭。

三、海洋捕捞机动渔船功率分布

长期以来，我国海洋捕捞机动渔船按照 44.1 kW 以下、44.1～183 kW、184～

441 kW、441 kW 以上分为四个层级。台州 44.1 kW 以下海洋捕捞渔船 608 艘、总吨位 0.3 万 t、总功率 0.81 万 kW，分别占海洋捕捞渔船总数的 14.46%、0.44%、0.8%；44.1～183 kW 海洋捕捞渔船 498 艘、总吨位 3.75 万 t、总功率 5.36 万 kW，分别占海洋捕捞渔船总数的 11.85%、5.54%、5.27%；184～441 kW 海洋捕捞渔船 3 090 艘、总吨位 63.44 万 t、总功率 95.19 万 kW，分别占海洋捕捞渔船总数的 73.50%、93.65%、93.57%；441 kW 以上海洋捕捞渔船 8 艘、总吨位 0.26 万 t、总功率 0.37 万 kW，分别占海洋捕捞渔船总数的 0.19%、0.38%、0.36%。由此可见，台州以 184～441 kW 海洋捕捞渔船为主，特别是总吨位、总功率占比 93%，占绝对优势。从地域看，温岭 184～441 kW 海洋捕捞渔船 1 843 艘、总吨位 41.34 万 t、62.17 万 kW，占台州市 184～441 kW 海洋捕捞渔船的 59.64%、65.16%、65.31%，温岭已成为中国海洋捕捞强度最大的十大县级市之一。

四、海洋捕捞机动渔船作业分布

台州海洋捕捞机动渔船主要开展拖网、围网、刺网、张网、钓业以及其他作业。拖网作业渔船 2 136 艘、总吨位 41.67 万 t、总功率 67.91 万 kW，分别占海洋捕捞渔船总数的 50.81%、61.51%、66.76%；围网作业渔船 146 艘、总吨位 5.26 万 t、总功率 5.57 万 kW，分别占海洋捕捞渔船总数的 3.47%、7.76%、5.47%；刺网作业渔船 1 543 艘、总吨位 15.93 万 t、总功率 21.19 万 kW，分别占海洋捕捞渔船总数的 36.70%、23.52%、20.83%；张网作业渔船 91 艘、总吨位 0.34 万 t、总功率 0.63 万 kW，分别占海洋捕捞渔船总数的 2.16%、0.5%、0.62%；钓业渔船 75 艘、总吨位 0.94 万 t、总功率 1.42 万 kW，分别占海洋捕捞渔船总数的 1.78%、1.39%、1.39%；其他作业渔船 213 艘、总吨位 3.61 万 t、总功率 5.02 万 kW，分别占海洋捕捞渔船总数的 5.07%、5.33%、4.93%。上述作业类型中，底拖网、流刺网作业占绝大多数。

第四节　台州渔港现状分析

渔港是渔船锚泊避风的"家"，是依港管船的主战场。对渔港进行全面分析，切实掌握渔港基本情况，是推进渔船渔港综合管理改革的前提条件。

一、基本情况

台州现有渔港 33 座（椒江区 2 座、路桥区 2 座、玉环市 13 座、三门县 5 座、温岭市 6 座、临海市 5 座）、避风锚地 3 座（玉环市 2 座、路桥区 1 座），与《浙江省标准渔港布局与建设规划（2007—2020 年）》中的 44 座渔港相比，主要核减椒江区一江山岛渔港、海门港岩头闸渔业港区，路桥区金清五丰闸渔业港区，临海市头门渔港，温岭市三蒜渔港和车关渔港，玉环长三嘴渔港、漩门渔港、环礁渔港、大青渔港、火车渔港、龙湾渔港等 12 座渔港。因温岭钓浜渔港在《浙江省标准渔港布局与建设规划（2007—2020 年）》中作为温岭中心渔港钓浜港区，但在《全国沿海渔港建设规划（2018—2025 年）》中作为一级渔港，按照上位规划高于下位规划的原则，对温岭钓浜一级渔港进行单列处置（表 2-8）。

表2-8　台州渔港核查情况

渔港分类	数量（座）	核查渔港情况
中心渔港	3	台州椒江中心渔港；温岭中心渔港（石塘、箬山港区）；玉环坎门中心渔港
一级渔港	4	三门县健跳渔港；路桥区金清渔港；临海市红脚岩渔港；温岭钓浜渔港
二级渔港	8	椒江区大陈渔港；临海市东矶渔港；温岭市松门礁山渔港；温岭观岙渔港；玉环大麦屿渔港，玉环栈台渔港，玉环鸡山渔港，玉环灵门渔港
三级渔港	6	路桥区海滨渔港；三门县洞港渔港；玉环鲜迭渔港，玉环新洋渔港，玉环披山渔港，玉环白马岙渔港
等级以下渔港	12	临海市达岛渔港，临海市田岙渔港，临海市雀儿岙渔港；温岭市龙门渔港，温岭市东海塘渔港；玉环乌岩渔港，玉环茅诞渔港，玉环横床渔港，玉环日岙渔港；三门县赤头渔港，三门县海游渔港，三门县牛头门渔港

二、渔港分类

按类型划分，综合性港口渔业港区19座，渔业专用港口14座（图2-1）。

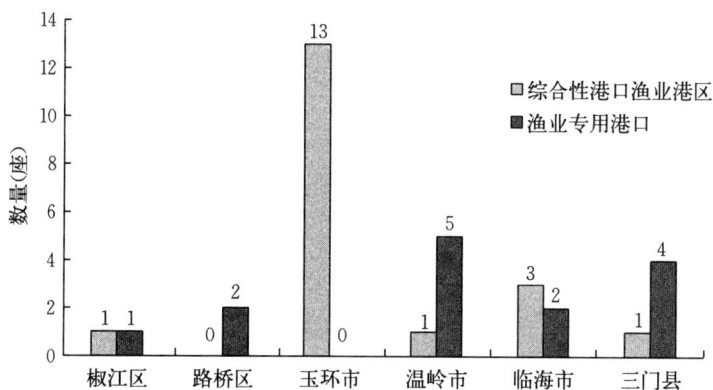

图2-1　各地渔港类型分布

按等级划分，中心渔港3座、一级渔港4座、二级渔港8座、三级渔港6座、其他渔港12座（图2-2）。

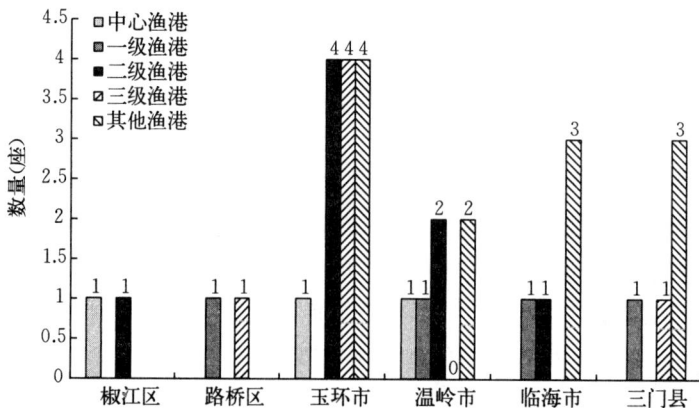

图2-2　各地渔港等级分布

按避风等级划分，全市渔港安全避风等级在 10 级以上的有 16 座（图 2-3）。

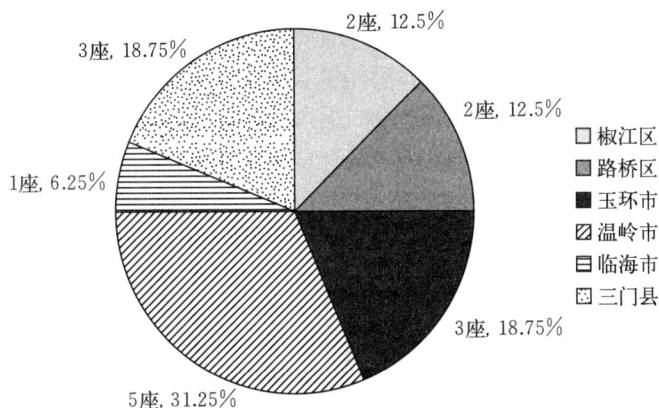

图 2-3 避风等级 10 级及以上渔港分布

18 座渔港已明确港界，但除三门县健跳渔港和海游渔港外，其余渔港均未设立界碑。三门县健跳渔港，温岭中心渔港、礁山渔港、钓浜渔港，玉环市坎门中心渔港、大麦屿渔港、栈台渔港、鸡山渔港已设有航标。

三、渔港容量和设施

（一）渔港避风容量

33 座渔港水域面积 4 108 万 m²，其中港池面积 3 930 万 m²，可容纳安全避风渔船 12 083 艘。港内避风塘面积 1 203 万 m²，占港池面积的 30.6%。其中停泊渔船数量 1 000 艘以上的为玉环市坎门中心渔港、温岭中心渔港、路桥区金清渔港、椒江中心渔港 4 座渔港，分别停泊 3 000 艘、2 100 艘、1 628 艘、1 000 艘，合计停泊渔船 7 728 艘，占总锚泊渔船数的 64%（图 2-4）。

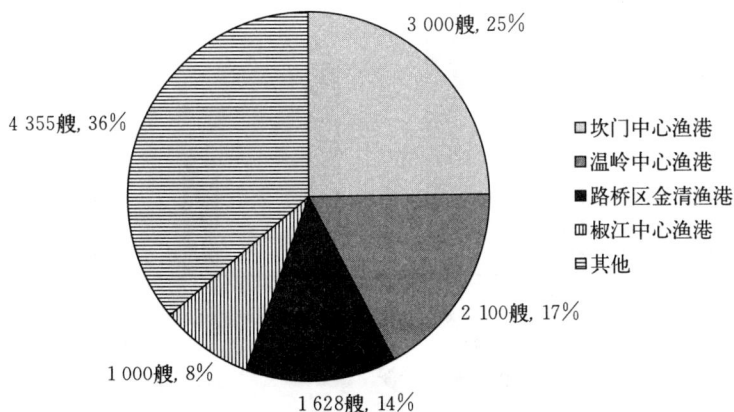

图 2-4 渔港停泊渔船数量占比

安全避风等级 12 级以上的渔港为：三门县健跳渔港、海游渔港、洞港渔港，临海红脚岩渔港，椒江大陈渔港，温岭中心渔港、东海塘渔港、礁山渔港、观岙渔港，玉环灵门渔港，路桥金清渔港等 12 座渔港。渔港水域面积 3 128 万 m^2，其中港池面积 2 952 万 m^2，可容纳安全避风渔船 6 868 艘，分别占 33 座渔港水域面积、港池面积、安全避船只的 76.14%、75.11% 和 56.84%。其中，三门健跳渔港、临海红脚岩渔港、温岭中心渔港、东海塘渔港、礁山渔港、路桥金清渔港容纳避风渔船 800 艘、500 艘、2 100 艘、500 艘、700 艘、1 628 艘，是台州优良的避风渔港（图 2-5）。

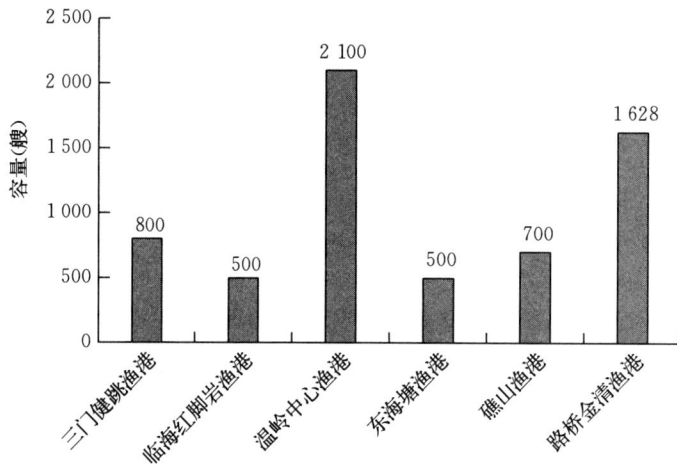

图 2-5　台州避风等级 12 级以上优良避风渔港的渔船容量

（二）渔港陆域情况

33 座渔港陆域面积总计为 1 276 万 m^2。陆域面积达到或超过 100 万 m^2 的渔港有临海红脚岩渔港（100 万 m^2）、椒江中心渔港（300 万 m^2）、温岭中心渔港（230 万 m^2）、龙门渔港（120 万 m^2）、路桥金清渔港（200 万 m^2）（图 2-6）。

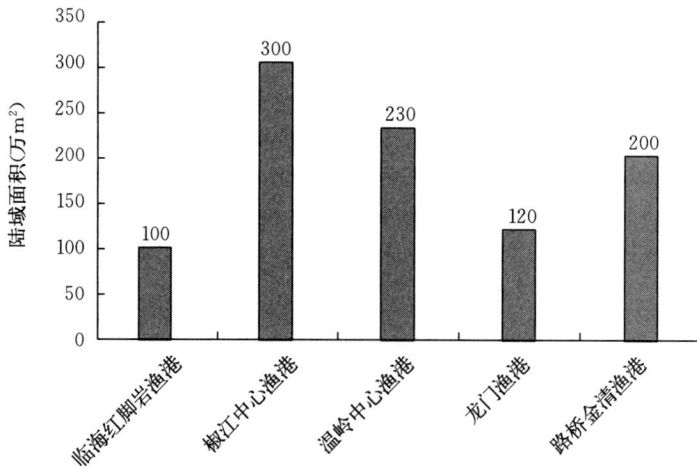

图 2-6　陆域面积达到或超过 100 万 m^2 的渔港

（三）渔港基础设施

台州现有渔港岸线 12.73 万 m，其中超过 1 万 m 岸线的渔港分别是三门县健跳渔港

1.7万m、温岭中心渔港2.68万m、温岭礁山渔港1.8万m、温岭观岙渔港1.3万m。

　　建有防波堤的渔港有：椒江大陈渔港，温岭中心渔港、温岭钓浜渔港，玉环坎门渔港、大麦屿渔港、鸡山渔港、栈台渔港。防波堤长度总计为8 274 m。其中温岭中心渔港（石塘、箬山港区）防波堤3 424 m，玉环坎门渔港防波堤1 560 m。

　　渔港码头长度总计为12 841 m。码头长度达到或超过500 m的渔港有：三门洞港510 m，椒江中心渔港698 m，温岭中心渔港3 180、礁山渔港550 m、钓浜渔港550 m、龙门渔港600 m、玉环乌岩渔港500 m、坎门渔港633 m、新洋渔港500 m、栈台渔港500 m、灵门渔港500 m、白马岙渔港500 m、茅诞渔港500 m、鸡山渔港500 m、鲜迭渔港500 m，路桥金清渔港505 m（图2-7）。

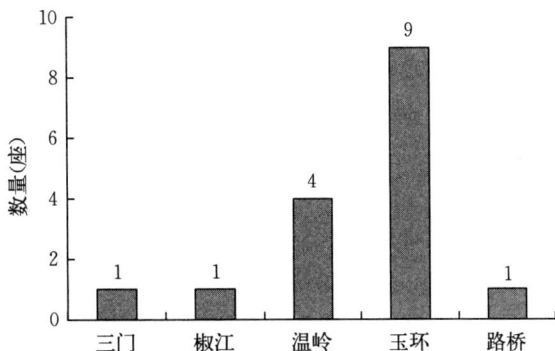

图2-7　各地码头长度达到或超过500 m的渔港数量

　　渔港护岸长度总计37 409 m。护岸长度达到或超过1 000 m的渔港有：三门县健跳渔港3 480 m，温岭中心渔港10 700 m、东海塘渔港5 500 m、观岙渔港1 200 m、钓浜渔港1 800 m、玉环栈台渔港1 000 m、灵门渔港1 470 m、鸡山渔港4 000 m，路桥金清渔港3 230 m（图2-8）。

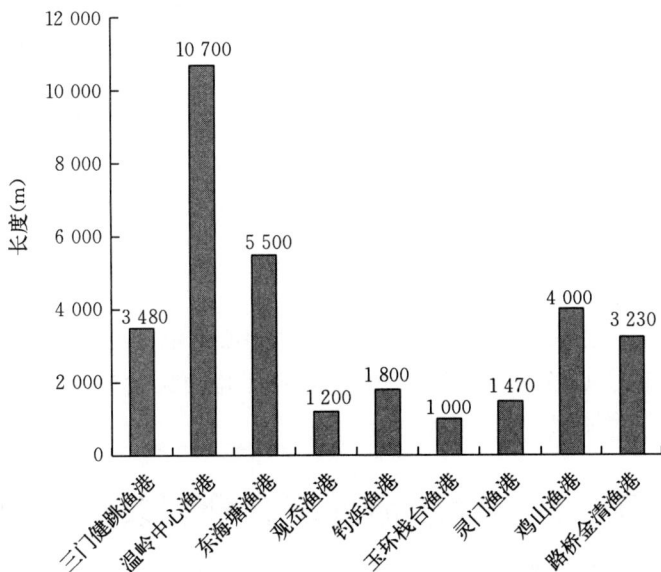

图2-8　护岸长度达到或超过1 000 m的渔港分布

（四）安全通信设施

　　核查的33座渔港中8个渔港有航标，分别为玉环大麦屿渔港、坎门渔港、栈台渔港、鸡山渔港，三门健跳渔港，温岭中心渔港、礁山渔港、钓浜渔港；共有 15 个航标，航标属于太阳能的灯塔或灯桩。

18 座渔港接入宽带，专用机房面积 328 m²，机房服务器数量 9 台。16 座渔港安装了视频监控系统，安装视频摄像头 107 个。24 座渔港基本安装进出港系统。有专门的机房或视频监控系统的渔港有三门健跳渔港、洞港渔港、海游渔港、赤头渔港，椒江中心渔港、大陈渔港，温岭礁山渔港、钓浜渔港，玉环市坎门中心渔港、大麦屿渔业港区、栈台渔港、灵门渔港、白马岙渔港、鸡山渔港，路桥区金清渔港等。

四、渔港功能配置

（一）供油供冰情况

三门县健跳渔港、洞港渔港，椒江中心渔港、大陈渔港，温岭中心渔港、礁山渔港、钓浜渔港，玉环市坎门渔港、大麦屿渔港、灵门渔港等 10 座渔港都建有油库，港区油库面积 6.81 万 m²，储油量 24.14 万 t，日供油量 6 690 t。三门县健跳渔港、赤头渔港，椒江中心渔港、大陈渔港，玉环市坎门渔港、大麦屿渔港、灵门渔港等有配套物资供应区，面积 2.35 万 m²。

（二）水产品交易市场

三门县健跳渔港、赤头渔港，椒江中心渔港、大陈渔港，温岭中心渔港、礁山渔港、钓浜渔港，玉环坎门渔港、大麦屿渔港、灵门渔港等 10 座渔港都有水产品交易区域，水产品交易区面积 23.48 万 m²，年交易量 100 多万 t，交易额 130 多亿元。

（三）水产品加工冷藏配套

三门县健跳渔港，椒江中心渔港，温岭中心渔港、礁山渔港、钓浜渔港以及玉环坎门渔港、大麦屿渔港、灵门渔港等有配套的水产品加工企业，加工企业 480 家，加工厂面积 168.56 万 m²。依托渔港建有冷库（冷藏间）面积 38 万 m²，冻结能力 12 504 t/d，制冰能力 23 806 t/d，储冰库面积 5.24 万 m²，储冰库储冰量 77 950 t。三门县健跳渔港、洞港渔港，椒江中心渔港、大陈渔港，温岭中心渔港、礁山渔港、钓浜渔港，玉环市坎门中心渔港、大麦屿渔港、灵门渔港都建有冷库（冷藏间）。

（四）修造船配套

三门县健跳渔港、赤头渔港，椒江大陈渔港、中心渔港，温岭中心渔港、礁山渔港、龙门渔港，玉环坎门中心渔港、大麦屿渔港、灵门渔港有配套的修造船厂，年维修能力 119.15 万 t，年可生产船舶 3 000 多艘。

第五节　台州渔船渔港综合管理改革必要性

改革开放是当代中国最鲜明的特色，也是我们党最鲜明的旗帜。习近平总书记立足改革全局，科学把握改革规律，创造性地提出一系列重要改革论断，为指导渔船渔港综合管理改革实践提供了基本遵循。目前，台州渔船渔港建设与管理老问题与新形势相互交织，必须用改革的思路和办法来解决当前渔业管理面临的最紧迫问题。

一、渔船渔港综合管理存在的主要问题

（一）渔港基础设施不健全

近年来，台州重点建设渔港防波堤、码头、护岸、道路等渔港防灾减灾设施或公益性服务设施，主要保障渔船安全锚泊避风，但海洋水文、气象观测、航标、通信、消防、环保、执法等配套设施建设明显滞后，部分渔港管理用房项目尚未实施，部分渔港管理用房未进入渔港建设项目内容，一定程度上影响渔港综合管理效能和水平的提升。目前，仅临海红脚岩渔港内港区、路桥金清渔港、玉环灵门渔港、温岭东海塘渔港、路桥五丰闸渔业港区等封闭式渔港和三门健跳渔港部分水域可避 15 级以上强台风。

据调查，台州现有可避 13 级台风有效避风面积 943 万 m^2，可避 15 级强台风有效避风面积 485 万 m^2，在 13 级台风下渔船避风需求基本满足，但存在着需求与可避风区域分布不均匀的特点；在 15 级台风下渔船避风需求难以满足，有效避风率仅 69.7%，渔港避强台风能力急需提高（表 2-9）。受渔港本身的建设进度和近几年建设用地指标严控政策的影响，玉环坎门渔港、路桥金清渔港、三门健跳渔港、临海红脚岩渔港、温岭石塘渔港等渔港经济区大多停留在控制性详细规划上，加之渔港建设项目与城镇建设不配套，渔港防污集污设施建设滞后，渔业产业集聚缓慢，渔港经济区集聚效应和辐射作用不能得到充分发挥。

表 2-9 台州市渔港港区有效避风水域面积

单位：万 m^2

序号	锚地名称	可避 13 级台风水域面积	可避 15 级强台风水域面积
	全市合计	943	485
	封闭式	420	420
1	临海市红脚岩渔港内港区	55	55
2	路桥区金清一级渔港	290	290
3	玉环市灵门渔港	17	17
4	温岭市东海塘渔港	45	45
5	路桥区五丰闸渔业港区	13	13
	开放式（半封闭式）	523	65
1	温岭中心渔港石塘港区	60	—
2	温岭中心渔港箬山港区	215	—
3	玉环市坎门中心渔港	33	—
4	玉环市大麦屿渔港	25	—
5	三门县健跳渔港	190	65

注：可避 13 级台风及 15 级强台风有效避风面积指的是该等级台风影响下有效波高小于 1 m 的锚地避风面积。

（二）渔业捕捞强度仍过大

受长期过度捕捞和海洋生态环境持续恶化的影响，海洋渔业资源退化的问题也日渐突出，渔业资源利用对象由捕捞传统底层经济鱼类为主，发展至今只能以捕捞经济幼鱼和小

型、低价、低营养级资源种类为主。单位能耗渔获量明显下降，由 20 世纪 80 年代末的 1.3 t/kW，下降到目前的 0.7 t/kW，下降幅度高达 46.15％；部分经济鱼类消失或渔获量减少，继大小黄鱼、墨鱼资源枯竭后，带鱼资源也开始衰退；渔获物营养级逐渐走低，从 20 世纪六七十年代的 3.5 下降到 1990 年的 2.8，1991 年后有所上升，但基本维持在 3.0 的水平。渔获物日趋低龄化、小型化。以带鱼为例，在东海区，生物学调查显示，不论是夏秋渔汛还是冬季渔汛，带鱼平均体长和平均年龄均在减小。

（三）渔船安全管理有短板

渔船安全事故制约着渔业健康发展。如前所述，台州是渔业大市，海洋捕捞业是台州渔业的主导产业，渔船功率数约占全国的 1/10。捕捞船队的庞大一定程度上导致了渔船综合管理的复杂。由于受渔场生产环境复杂的客观因素和船舶不适航、船员不适任、管理不规范、责任不落实等主观因素制约，加上依港管船机制尚未建立，渔船安全事故险情仍多发频发，引发社会的关注，牵动了大众的神经，牵制领导的精力，容易产生"蝴蝶效应"，成为破解渔区社会治理的堵点痛点。据统计，2007—2017 年，台州渔船安全生产事故总数达 424 起，死亡 405 人，较大及以上事故 27 起，共造成 202 人死亡。其中，渔商船碰撞 13 起，死亡 101 人；渔船大风浪中沉没 6 起，死亡 60 人；渔船触礁事故 1 起，死亡 11 人；渔船火灾事故 1 起，死亡 6 人；其他各类事故 6 起，死亡 24 人；造成的经济损失难以估量。

（四）依港管船机制未建立

与辽宁、山东、江苏和福建相比，台州全市范围内渔港监督管理部门存在机构设置不统一，多头领导，经费投入不足，人员编制配备不足，工作人员年龄结构、知识结构不合理，安全监管手段落后等问题；对渔港监管的关口作用重视不够，重海上执法、轻渔港监管的现象还普遍存在，没有形成科学的、现代的渔船渔港管理理念，造成渔港监督正常业务在萎缩。受制于渔港监督机构萎缩和人员减少，相对于资源执法，登船率、检查率、处罚率严重不足，造成渔船隐患排查治理、涉渔"三无"船舶清剿、渔业船员"人证相符"、违规渔具执法检查、海洋捕捞产出管理等难以落实到位，加之渔获物管控和定港上岸管理制度没有建立，给渔船航行和安全生产留下了风险，海洋捕捞产出管理目标缺乏有效措施来落实。

（五）渔港管理制度需完善

我国虽然颁布了港口条例，但主要是针对商港，渔港作为特殊的港口，缺少专门的管理条例。由于我国渔港管理法律的缺失，渔港所有权、管理权和经营权三权不清现象普遍，渔港维护、经营、管理的责、权、利很难依法确定，无法约束渔港经营者的经营行为，也没有法律为执法提供依据。渔港港务管理缺位，没有固定的投资渠道和财政保障，"重建轻管、只用不养"现象十分普遍。渔港经营准入许可尚未落地，大多数渔港经营项目处于无序状态，严重影响渔港经济发展及管理功能发挥。随着依港管船工作的深入，渔港在渔业管理中的地位更加突出，除《渔港水域交通安全管理条例》等少数法律法规外，台州仅有少数渔港制定了渔港港章或建立有关管理制度，绝大部分渔港管理制度不完善或尚未建立，渔港管理无规无章可循。

二、渔船渔港综合管理面临的新形势

渔船渔港综合管理改革是推动海洋捕捞业高质量发展的内在动力，关系到生态文明、乡村振兴、绿色发展、安全生产等国家重大战略的实施和政府重要职责的履行，必须分析面临的新形势。

（一）生态文明建设对渔船渔港综合管理改革提出新要求

从国际形势看，对海洋环境和资源养护实施严格管控是大势所趋，世界主要渔业国家对海洋捕捞管理都十分严格，对重点渔业资源种类实施限额捕捞，通过港口对渔获物监控是重要手段。FAO 2009 年通过的《关于预防、制止和消除非法、不报告、不管制捕捞的港口国措施协定》（以下简称《港口国措施协定》）于 2016 年 6 月 5 日生效，要求船旗国采取港口国措施，强化港口检查，打击 IUU 行为，对我国作为负责任渔业大国提出了更高要求。从国内看，党的十八大以来，生态文明建设提到前所未有的高度，特别是十九大提出的三大攻坚战和中央组织的环保督查都把资源养护和环境整治作为重点内容，对海洋生态治理、渔港环境整治和渔业资源管理明确了具体任务和时间表。

（二）乡村振兴战略对渔船渔港综合管理改革提出新期待

党的十九大报告明确提出实施乡村振兴战略，并将其作为七大战略之一写入党章。2018 年印发的《乡村振兴战略规划（2018—2022 年）》对加强水生生物资源养护、推进渔港渔区振兴等进行了具体部署，这给渔船渔港综合管理改革带来战略机遇。通过渔船渔港综合管理改革，促进各类生产要素向渔港集聚，建设现代渔港经济区，推动特色渔区小镇建设，实现港、产、城一体化，使渔港成为美丽乡村建设的一道亮丽风景线，这正是回应渔民群众对美好生活向往的具体实践，体现了坚持以人民为中心的发展思想。

（三）渔船安全生产对渔船渔港综合管理改革提出新挑战

海洋渔业是高风险行业，渔船安全是我们必须坚守的底线。但由于船东船长安全意识淡薄、部门监管能力较弱、乡镇属地管理作用难以发挥等因素，渔船安全形势依然严峻。要从渔船渔港综合管理改革着手，发挥好渔港作为渔船监管的主阵地，强化船籍港和停泊港协同管理，实行联防联控和闭环管理，实现监管的有效衔接。

三、渔船渔港综合管理改革的必要性

创建国家渔船渔港综合管理改革试验基地，就是依托渔港平台创新管理体制机制，加强对渔船综合管理，目的是确保渔业和渔船管理法律法规政策有效实施，促进渔业资源总量管理和渔船安全管理落到实处，并用改革办法探索一套适合中国国情的渔船综合管理制度体系。创建国家渔船综合管理改革试验区是党的十九大精神在渔业领域的生动实践，对于贯彻落实新发展理念、坚持人与自然和谐共生、实施乡村振兴战略、加强和创新社会治理都具有十分重要的现实意义。

（一）落实海洋生态保护的客观需要

渔船对柴油消耗大。渔船在海上生产，渔船的污油、污水、气体排放、生活垃圾及废弃网具、渔获物等，都可能对海洋生态环境和气候变化造成影响，是海洋生态保护的重要方面。创建国家渔船综合管理改革试验基地，就是抓住渔船管理的"牛鼻子"，严格渔船和船用产品检验，提倡推广标准船型，发展环境友好型渔船，强制渔船废油水回收，不但可以降低渔业生产成本、增加渔民收入，而且能对节约能源、改善海洋生态作出重要贡献。

（二）实现渔业资源管理的有效举措

渔船的多少、大小和捕捞强度直接相关。创建国家渔船综合管理改革试验基地，就是贯彻落实农渔发〔2017〕2号文件精神，依托渔港管理平台加强渔船管理，出港加强渔船渔具检查，使"船证不符""证业不符"渔船不准驶出渔港、不合规的渔具不准带出港口，进港可加强渔获物监督检查，并探索建立渔获物定港上岸和绿色标签可追溯管理制度，必将推动渔船投入和渔获产出双向控制制度的落实，促进海洋捕捞业提质增效、减量增收。

（三）推动渔船安全管理的重大创新

没有渔船的安全就没有渔民的安全和渔业生产的安全，也就没有渔业的稳定健康发展。创建国家渔船综合管理改革试验基地，就是把渔港作为渔船安全管理的主阵地，建立渔港综合监管联动机制，实施渔船动态监控管理和进出港报告制度，加强船籍港渔船管理，实施安全监管关口前移，把渔船安全隐患消除在渔港，坚决不让带"病"渔船出海生产，始终保障渔船处于安全适航状态，确保渔业安全生产形势平稳可控。

（四）渔船管理转型升级的必然要求

渔船是渔业管理的重要对象，是渔业管理能力大小和水平高低的重要标志。创建国家渔船综合管理改革试验基地，就是通过渔船管理载体，建立和完善管理体制机制，开展先行先试，探索"依港管船"管理新模式、渔船检验监管新模式和资源管理新模式，提升渔船治理能力和治理体系现代化。

第三章

渔船渔港综合管理改革目标和内容

从渔船渔港综合管理改革的内涵外延分析，主要依托渔港对渔船、渔民、渔业资源、渔港环境的综合管理，为此，需要对相关管理改革目标和内容进行深入分析阐述。

第一节　渔业资源管理的主要目标和基本内容

一、渔业资源的概念

渔业资源的概念在学术专业语境中指用于捕捞的天然水生生物资源。在我国渔业资源也称为水产资源，一般指可为渔业生产开发利用、具有一定经济价值的天然水域中的水生生物资源。《辞海》（1999）对水产资源和渔业资源的解释是"水域中蕴藏和具有开发利用价值的各种经济动植物的种类和数量的总称"。《中国农业百科全书》（水产业卷下，1994）将渔业资源定义为"天然水域中具有开发利用价值的经济动植物种类和数量的总称。又称为渔业资源"。《中国自然资源丛书》（渔业卷，1995）认为："渔业资源是水域中可以作为渔业生产经营对象的水生生物，又称水产资源。"《水产辞典》（2007）认为："渔业资源亦称水产资源，天然水域中蕴藏并具有开发利用价值的各种经济动植物的种类和数量的总称，主要有鱼类、甲壳类、软体类、海兽类和藻类等，是发展水产业的物质基础和人类食物的重要来源之一。"从上述对渔业资源的各种定义不难看出，渔业资源的概念包括两个方面的含义：一是具有经济上的开发利用价值，能够作为渔业生产经营对象；二是天然水域（包括海洋和内陆水域）中的水生生物，不包括人工养殖水域中作为养殖对象的水生生物。

但是在我国，渔业一词经常被泛化使用，指提供水产品的所有生产经营活动。如此一来，水产养殖业作为渔业活动的重要组成部分，其所利用的资源也可以在宽泛意义上被认为是渔业资源，包括物种资源、水域和滩涂等空间资源。此外，渔港码头等设施也在某种语境中被认为是渔业生产活动的资源，纳入渔业资源的范围。然而，如果从如此宽泛的意义上界定渔业资源的范围，将导致其构成极其复杂，因各类资源的性质、特点、管理方式差异很大，很难形成关系紧密的逻辑体系。因此，在研究上一般将渔业资源限定在捕捞利用的这个部分。此外，从国际交流的角度讲，渔业的英文为 fishery，这个词的本义不包括水产养殖及其他成分，在谈及渔业资源的时候也不包括水产养殖利用的资源。如果在谈及提供水产品的行业时，在英文中则使用 fisheries and aquaculture。FAO 多年来把二者归于一个部门，但 2019 年的官方网站上已经将二者分开。

渔业资源是渔业生产最基本的物质基础，也是渔业活动最重要的利用对象。由于渔业资源在渔业中的重要地位，使得渔业资源管理成为渔业管理中最重要和最基本的内容之一。世界各国都非常重视对渔业资源的管理，并作为渔业管理的主要内容[①]。

早期人类认为渔业资源取之不竭、用之不尽，对渔业资源的开发也因此处于无序和放任的状态。随着人类捕捞活动的日益频繁和捕捞力量的日益增强，渔业资源逐步衰退甚至枯竭，人类意识到渔业资源再生能力的有限性，如果不加以有效的管理，渔业资源就会被过度利用，造成渔业资源衰退甚至枯竭；但如果管理有效，就可以长期持续地被人们利用，实现可持续发展。1982 年《联合国海洋法公约》赋予了沿海国在其专属经济区内开发利用海洋生物资源的主权权利的同时，规定了沿海国对海洋生物资源进行养护和管理的义务。因此，对海洋渔业资源进行养护和管理也是国际海洋法的要求[②]。1995 年联合国《执行 1982 年 12 月 10 日〈联合国海洋法公约〉有关养护和管理跨界鱼类种群和高度洄游鱼类种群的规定的协定》（以下简称《联合国鱼类种群协定》）也要求对海洋渔业资源进行长期养护和可持续利用[③]。

我国现行《渔业法》第一条规定："为了加强渔业资源的保护、增殖、开发和合理利用，发展人工养殖，保障渔业生产者的合法权益，促进渔业生产的发展，适应社会主义建设和人民生活的需要，特制定本法。"美国《马格努森·史蒂文斯渔业养护与管理法》规定："渔业资源是有限的，但可以再生。如果在过度捕捞造成不可逆转的影响之前能够进行良好管理，便可以保护和维持渔业以持续提供最佳产量。……有必要制定一个养护和管理美国渔业资源的国家规划，防止过度捕捞，重建过度捕捞的鱼类种群，促进对关键鱼类栖息地的长期养护，全面实现国家渔业资源的潜力。"《俄罗斯联邦水生生物资源捕捞与保护联邦法》则规定："鉴于水生生物资源是人类生命和活动的基础这一重要意义，渔业领域的关系和水生生物资源保护的规定是在关于它们作为自然对象的思想的基础上进行的，作为重点保护的自然界的重要组成部分，是人类消费的自然资源。作为经济活动和其他活动的基础，同时还是财产权和其他水生生物资源权利的对象，水生生物资源的保护及水生生物资源的合理使用优先于其作为水生生物资源使用的所有权对象或其他权利对象，因此，只有在不损害环境和不破坏水生生物资源状态的情况下，所有者才能自由使用和处置水生生物资源。"

二、我国渔业资源管理的主要目标

《渔业法》第二十二条规定："国家根据捕捞量低于渔业资源增长量的原则，确定渔业资源的总可捕捞量，实行限额捕捞制度。"《渔业捕捞许可管理规定》第三条规定："国家对捕捞业实行船网工具控制指标管理，实行捕捞许可证制度和捕捞限额制度。国家根据渔业资源变化与环境状况，确定船网工具指标、控制捕捞能力总量和渔业捕捞许可证数量。"《浙江省渔业管理条例》第十六条规定："根据捕捞量低于渔业资源增长量的原则，实行限

[①][②] 黄硕琳，唐议：《渔业法规与渔政管理》，中国农业出版社，2010 年，第 141 页.

[③] 《联合国鱼类种群协定》第二条.

额捕捞制度。"上述法律法规对渔业资源管理目标作出了原则性规定。这些规定尽管措辞不同，但总体上可以将我国渔业资源管理的目标归纳为：捕捞量要低于渔业资源增长量；捕捞能力应当与渔业资源变化和环境状况相适应。

《农业部关于进一步加强国内渔船管控 实施海洋渔业资源总量管理的通知》（农渔发〔2017〕2号）设定了海洋渔业资源管理的两项目标，并明确了具体量化指标。一是海洋渔船"双控"目标。到2020年，全国压减海洋捕捞机动渔船2万艘、功率150万kW（基于2015年控制数），其中：国内海洋大中型捕捞渔船减船8 303艘、减功率1 350 829 kW；国内海洋小型捕捞渔船减船11 697艘、减功率149 171 kW。通过压减海洋捕捞渔船船数和功率总量，逐步实现海洋捕捞强度与资源可捕量相适应。二是海洋捕捞总产量控制目标。到2020年，国内海洋捕捞总产量减少到1 000万t以内，与2015年相比沿海各省减幅均不得低于23.6%；2020年后，将根据海洋渔业资源评估情况和渔业生产实际，进一步确定调控目标，努力实现海洋捕捞总产量与海洋渔业资源承载能力相协调。

三、渔业资源管理的基本内容

在渔业管理过程中，基于渔业资源有限再生性及对外部环境的高度依赖性，各国通常基于生态系统理论对海洋渔业资源进行养护和管理，并形成了一套渔业资源管理的制度、方法和措施，主要包括投入控制管理、产出控制管理、技术管理措施和经济措施。

投入控制管理是一种直接限制捕捞努力量的渔业资源管理方法，主要以对捕捞投入的许可、限制等手段，达到限制和调节捕捞努力量、保护渔业资源的目的。我国主要完善海洋渔船"双控"制度，包括加强渔船源头管理、创新渔船管理机制、加强渔船渔具规范化管理、推进捕捞渔民减船转产等。

产出控制管理，即渔获量限制管理，是一种间接限制捕捞努力量的渔业资源管理方法，是在渔业捕捞生产的产出端进行控制，通过直接控制渔获量来实现对捕捞努力量的限制和对渔业资源的保护。我国探索实施海洋渔业资源总量管理，包括加强渔业资源监测评估、合理确定捕捞额度、加强捕捞生产监测、探索开展分品种限额捕捞等。

渔业资源养护与管理的技术措施是根据渔业资源生存繁衍和数量变化的自然规律以及捕捞生产的技术特点采取的管理措施，包括设立禁渔期和禁渔区、建立渔业资源保护区、限制捕捞对象、规定可捕对象的最小可捕规格、限制渔具的种类、规定最小网目尺寸、禁止某些捕捞方法以及开展渔业资源增殖等。

经济措施主要是通过对渔业生产活动征税或收费以及税率或收费标准的调节，来调节渔业生产结构和控制捕捞强度[①]。

上述四项渔业资源管理措施作为渔业资源管理的基本内容，在我国《渔业法》《渔业法实施细则》《农业部关于进一步加强国内渔船管控 实施海洋渔业资源总量管理的通知》等法律和文件中得到确认，因此也是我国渔业资源管理的基本制度。但总体上，目前我国已经实施的渔业资源管理主要是投入控制和技术性措施，也采取了征收渔业资源增殖保护费、渔业补贴等措施，而产出控制尽管体现在《渔业法》关于限额捕捞制度的法律规定

---

① 黄硕琳，唐议：《渔业法规与渔政管理》，中国农业出版社，2010年，第141页．

中，但在实践中才刚刚起步，尚处于试点阶段。

第二节　渔港管理的主要目标和基本内容

一、渔港管理的主要法律依据

渔港管理是指渔港监督机关为保持渔港范围内具有良好的生产和交通秩序依法实施的管理。渔港管理是渔业管理的重要组成部分，我国《渔业法》对此也作出相应规定。《渔业法》第六条规定："国务院渔业行政主管部门主管全国的渔业工作。县级以上地方人民政府渔业行政主管部门主管本行政区域内的渔业工作。县级以上人民政府渔业行政主管部门可以在重要渔业水域、渔港设渔政监督管理机构。"《渔业法》第八条规定："国家渔政渔港监督管理机构对外行使渔政渔港监督管理权。"《渔业法》第二十七条规定："渔港建设应当遵守国家的统一规划，实行谁投资谁受益的原则。县级以上地方人民政府应当对位于本行政区域内的渔港加强监督管理，维护渔港的正常秩序。"

此外，早在 1980 年，国家水产总局就发布了《渔港监督管理规则（试行）》，对当时全国的渔港监督管理工作作了指导。1989 年，国务院公布了《渔港水域交通安全管理条例》，各省也相应颁布了相关的渔船渔港监督管理办法。《浙江省渔港渔业船舶管理条例》在第一章总则、第二章渔港规划与建设、第三章渔港管理中，对渔港管理作出了专门的法条规定。

二、渔港管理的主要目标

根据上述立法，渔港管理的主要目标是维持渔港水域的交通安全秩序及渔港的正常秩序。随着渔港建设的不断推进，渔港的功能也不断扩展，从原有提供靠港避风、提供渔船补给、装卸渔获物等基础服务功能扩展至提供仓储加工、运输配送、维修保养、娱乐休闲等附加服务功能，渔港管理的目标也因此不断丰富。在当前阶段，渔港管理的主要目标是充分调动渔港各项资源、充分发挥渔港的各项功能，建立依托于渔港的渔业综合监管体系，促进依港管船管人管资源管安全管环境，使渔港成为产业有序发展和渔业高效管理的重要载体。

三、渔港管理的基本内容

根据上述渔港管理的目标，渔港管理的基本内容可以包括以下几个方面：

1. 渔港的规划和空间布局

沿海渔港作为多功能临海区域，是涉渔产业集聚的重要区域，是拉动渔业渔区经济增长的重要区块，因此应对渔港进行合理规划和空间布局，强化渔港范围内空间管控，实现陆域、海域和岸线的集约、高效和可持续利用。

2. 渔港基础设施的建设维护

渔港的良好运行依赖于完备先进的渔港基础设施，加强渔港基础设施的建设维护是渔港管理的基础。重点加大对渔港、航标等基础性、公益性设施的建设维护、升级改造，以及对环境整治的支持力度，支撑渔港管理。

3. 渔港管理体制机制的完善

渔港管理涉及多个部门和属地乡镇，整合力量创新推进渔港"港长制"和驻港管理，制（修）订渔港港章和制度，明确港域港界，明晰渔港权属关系，规范渔港规划、建设、维护、经营管理等相关活动，充分发挥依港管理功能和作用。

4. 渔港安全、环境的管理

渔港往往是渔业人口的聚集地、居住地，也是渔业活动最活跃的陆上区域，因此渔港的安全和环境问题也接踵而至，对渔港安全和环境进行管理是保障渔港正常运行、确保渔民安居乐业的重要要求。

5. 渔船、船员、渔获物的管理

渔港是渔船、船员出海的门户，是渔获物卸载的首站。依托渔港对渔船、船员进行前端管理，对渔获物进行末端管理，将大大缓解渔业中端管理的压力，因此，对渔船、船员、渔获物的管理成为渔港管理的新内容。

综上，在新形势下，渔港管理不再停留在传统的渔港秩序维护和安全管理，其管理内容得以极大扩展和丰富，涉及渔港、渔船、渔民、渔获物等各项渔业要素，是渔业综合管理的重要枢纽。

第三节　渔船管理的主要目标和基本内容

一、渔船管理的基本法律制度

渔船是渔业生产的主要工具，也是渔民海上生活的重要场所和开展作业的主要载体。中国是世界上最大的渔业生产国，拥有世界上最大的捕捞渔船队，约占世界渔船总量的四分之一。基于《渔业法》确定的渔船基本管理制度，国务院制定了《渔业船舶检验条例》，农业农村部制定了《渔业船舶登记办法》《渔业捕捞许可管理规定》等多部部门规章，构建了以渔业捕捞许可和渔船"双控"制度为核心的投入总量控制制度、以渔船检验和登记制度为核心的渔船合规安全作业制度、以渔船分类分级分区管控制度为核心的渔船区块管理制度以及针对远洋渔船的特殊管理制度，形成了中国渔船管理的基本制度框架。

渔船"双控"管理制度最早在20世纪80年代提出。20世纪80年代起，我国对渔业经济体制进行了较大程度的改革，渔船的产权类型发生了较大变化，从单一的公有（国有和集体所有）形式转变为公有、个体所有以及股份制、股份合作制等多种形式并存的格局。由于捕捞收益直接同个人利益挂钩，对自然渔业资源的利用达到了历史顶峰。随着捕捞强度的不断扩大，渔业资源的利用速度远远超过了其恢复的速度，我国水产品产量自20世纪80年代起开始持续衰退，东海常见的大黄鱼、马面鲀渔汛甚至出现了消失的现象。为应对这种情况，我国的渔业管理方向从原来的鼓励、自由转变为限制、控制，出台了一系列渔业管理措施，并逐步形成了目前以渔船控制为主、资源保护为辅的现代渔业管理体制，以期控制捕捞强度，维护渔业资源的可持续利用。特别是在20世纪80年代中期，我国对渔船开始实行了极为严格的总数控制制度，以求控制日益膨胀的捕捞强度，保护渔业资源。1986年《渔业法》第二十三条规定，批准发放海洋作业的捕捞许可证不得超过国家下达的船网工具控制指标，具体办法由省、自治区、直辖市人民政府规定。1987

年，国务院办公厅转发了农牧渔业部关于渔业问题的两个文件，其中一个是《关于近海捕捞机动渔船控制指标的意见》，首次将《渔业法》的相关渔船指标控制内容予以落实，将各海区、各省、自治区、直辖市按照 1986 年和 1987 年渔船普查和统计年报的总船数和总马力数作为各地渔船控制指标，标志着我国渔船"双控"管理制度的起步。"八五""九五"时期，农业部延续已有政策，继续执行相应的渔船控制制度，并进而提出了海洋捕捞渔船零增长、负增长的政策。2002 年，农业部对全国海洋捕捞渔船进行了普查，据此制定了 2003—2010 年海洋捕捞渔船控制目标。此后，我国又陆续对相应的控制指标和政策规定进行了适当调整，并在 2009 年提出将内陆捕捞渔船的船数和主机总功率数控制在 2008 年基数内，将"双控"制度覆盖到我国所有捕捞渔船。2011 年，农业部又下达了《农业部关于"十二五"期间进一步加强渔船管理控制海洋捕捞强度的通知》，继续将 2010 年底的控制数作为"十二五"期末的控制指标。2017 年，农业部印发了《关于进一步加强国内渔船管控实施海洋渔业资源总量管理的通知》，部署了"十三五"期间的渔船"双控"工作。

我国的渔业许可制度最早是由国务院 1979 年颁布的《水产资源繁殖保护条例》确定的。同年，国家水产总局颁布了《渔业许可证若干问题的暂行规定》。1986 年《渔业法》明确规定了捕捞许可制度。1989 年农业部根据《渔业法》及其实施细则的规定，制定并颁布了《捕捞许可证管理办法》，对在中国管辖水域内的捕捞许可制度作了具体规定。2000 年修订后的《渔业法》加强了捕捞许可制度的有关规定。2018 年，农业农村部发出 1 号部令，全面修改《渔业捕捞许可管理规定》，自 2019 年 1 月 1 日起施行。

渔船的检验和登记是渔船合法作业的法定程序，经检验合格并依法登记的船舶才可在我国管辖水域或悬挂我国国旗在公海或他国专属经济区作业，否则将被视为"三无"渔船或 IUU 渔船。在 2018 年国务院机构改革之前，农业部主管全国渔业船舶检验和登记工作；之后，渔船检验及其监督管理职责划转交通运输部。

为了加强渔船信息化建设，国家于 2011 年 5 月 1 日起启用全国海洋渔船动态管理系统办理渔船证书证件，又于 2019 年 1 月 1 日起启用新系统办理渔船证书证件，从而实现了渔船建造、检验、登记和捕捞许可发证各个管理环节网上运行、全国统一、环环相扣。内陆渔业船舶则实行"三证合一"，即渔船检验证书、渔船登记证书和渔船捕捞许可证合并为一项证书。自 2015 年起，通过全国海洋渔船动态管理系统登记船舶，系统为每艘船舶自动生成唯一的、终身不变的船舶识别码。与 IMO 号码不同的是，渔船编码由 16 位数字组成，依次分别是船舶所有人所在地的地区代码（国家标准，6 位）、建造完工日期（年 4 位，月 2 位）、顺序号（4 位）。为便于区分海洋和内陆渔船，实现全国内陆渔船动态管理系统与省级自行研发的管理系统有效衔接，避免渔船编码重复导致数据管理混乱，将渔船编码后四位顺序号中的第一位作为区分代码，0～6 代表海洋渔船，7～9 代表内陆渔船。

二、渔船管理的主要目标

如前所述，渔船是船员海上生活的重要场所和开展作业的主要载体，因此渔船管理的第一个主要目标是确保渔船安全作业；渔船同时是渔业生产的主要工具，因此渔船管理的第二个主要目标是尽量减少渔船对海洋资源和海洋环境的破坏；渔船依托机械动力驱动，需要消耗大量的柴油，因此渔船管理的第三个主要目标是尽可能减少渔船的能源消耗和氮氧化物、硫氧化物等有毒有害气体以及二氧化碳等温室气体排放，减少渔船生活污水、生活垃圾等排放。

三、渔船管理的基本内容

我国的渔船管理内容大致由以下几部分构成：一是渔船数量和主机功率控制制度（简称"双控"制度），二是渔船检验和登记制度，三是渔业捕捞许可制度，四是渔船分类分级分区管控制度。

（一）渔船"双控"制度

按照相关法律、法规的规定，我国的渔船"双控"制度的主要内容是对各地海洋捕捞渔船的船网工具控制指标即船数和主机总功率提出上限要求。其中，大中型海洋捕捞渔船数量和主机总功率不得超过农业农村部下达的总数，小型海洋捕捞渔船的数量和主机总功率不得超过各省确定的总数。围绕"双控"管理制度，农业农村部又相继出台了许多配套政策和制度，如海洋捕捞渔船减船拆解补助制度、老旧渔船强制报废制度等。公民或者法人、其他组织经审批取得船网工具指标后，方可制造、改造、购置、进口海洋捕捞渔船。

根据《渔业捕捞许可管理规定》，国家根据渔业资源变化与环境状况，确定船网工具控制指标，控制捕捞能力总量和渔业捕捞许可证数量，从而限制捕捞渔船的数量和功率。从事捕捞作业的渔船必须获批渔业船网工具指标，取得渔业捕捞许可证。根据《渔业捕捞许可管理规定》，以下海洋渔船的渔业船网工具指标申请不予批准：（1）渔船数量或功率数超过船网工具控制指标的；（2）从国外或我国香港、澳门、台湾地区进口，或以合作、合资等方式引进捕捞渔船在我国管辖水域作业的；（3）制造拖网、单锚张纲张网、单船大型深水有囊围网（三角虎网）作业渔船的；（4）户籍登记为一户的申请人已有两艘以上小型捕捞渔船，申请制造、购置的；（5）除专业远洋渔船外，申请人户籍所在地、法人或非法人组织登记地为非沿海县（市）的，或者企业法定代表人户籍所在地与企业登记地不一致的；（6）违反《渔业捕捞许可管理规定》相关规定，以及不符合有关法律、法规、规章规定和产业发展政策的。

（二）渔船检验和登记制度

根据《渔业法》《渔业船舶检验条例》《渔业船舶登记办法》，渔船经检验并办理登记后，方可下水作业。申领捕捞许可证也须以取得船舶检验证书和登记证书为条件。渔船检验包括初次检验、营运检验、临时检验等。渔船登记包括所有权登记、国籍登记、抵押权登记、光船租赁登记、变更注销登记等。其中，国籍登记具有强制性，渔船经登记后方可悬挂中国国旗在海上航行。

申请渔船登记时应提供船名、船舶所有人名称、居民身份证号码/统一社会信用代码、船舶所有人地址、船舶种类、建造完工日期、主机型号及数量、主机总功率、船体材质、船长、型宽、型深、总吨位、净吨位、船籍港、核定航区、核定乘员、信号设备、救生设备、作业类型、作业场所、作业时限、消防设备、防污染设备等信息。远洋渔船还要求具备船舶呼号/识别码、造船厂名称、造船地点、船舶经营人/项目代理人、船舶经营人/项目代理人地址、船舶所有权登记证书编号等信息。

根据《渔业船舶船名规定》，国内渔船的船名由省（自治区、直辖市）名称的规范化简称、渔业船舶所在县（市、区）名称的规范化简称、船舶种类（或用途）的代称以及 5 位数码顺序号组成。船舶种类（或用途）的代称为：捕捞船用"渔"；养殖船用"渔养"；渔业指导船用"渔指"；供油船用"渔油"；供水船用"渔水"；渔业运输船用"渔运"；渔业冷藏船用"渔冷"。

其他种类的渔业船舶由各省级渔业船舶登记机关规定，报农业农村部备案。远洋渔业船舶、科研船和教学实习船的船名则由简体汉字或简体汉字和数字依次组成，不得与登记在先的船舶同名或同音。

为了强化渔船证书管理，提高证书的防伪和自动识别功能，农业部于 2011 年颁布《关于修订国内海洋渔业船舶检验有关证书及技术文件样式的公告》（第 1497 号），规定在渔船检验证书的右上角增加"国标 PDF417"二维条形码。2019 年，农业农村部对渔船证件样式进行修改，以"Code128 一维条形码"替代原证书"国标 PDF417"二维条形码，同时在新版证书证件左上角启用"QR 二维码"，二维码在使用全国渔船管理系统发放证书时自动生成并打印。

（三）渔业捕捞许可制度

渔业捕捞许可制度的实质是政府渔业行政管理部门根据公民、法人或其他组织的申请，通过颁发渔业捕捞许可证，赋予符合法定条件的申请者从事捕捞的权利。被许可人获得渔业捕捞许可证后，应按渔业捕捞许可证核准的事项和许可的条件开展渔业捕捞活动。政府渔业行政管理部门和渔业行政执法机构监督被许可人是否按渔业捕捞许可证核准的内容和条件开展渔业活动。因此，审核渔业捕捞许可人的申请材料作出许可、监督检查从事捕捞作业人员和船舶是否持有渔业捕捞许可证以及从事的捕捞作业是否与渔业捕捞许可证核定的内容和其他作业条件相一致，是渔业捕捞许可制度的主要内容。

根据《渔业法》第二十三条规定，在捕捞许可证管理中，对于由国务院渔业行政主管部门审批发放的许可证以外的其他捕捞作业的捕捞许可证，由县级以上地方人民政府的渔业行政主管部门批准发放，国家通过下达船网工具控制指标来控制这种捕捞许可证的发放数量；县级以上地方人民政府渔业行政主管部门批准发放的捕捞许可证数量，不得超过国家下达的船网工具控制指标。

我国渔业捕捞许可证分为以下 8 类：海洋渔业捕捞许可证，适用于许可中国籍渔船在我国管辖海域的捕捞作业；公海渔业捕捞许可证，适用于许可中国籍渔船在公海的捕捞作业；内陆渔业捕捞许可证，适用于许可在内陆水域的捕捞作业；专项（特许）渔业捕捞许可证，适用于许可在特定水域、特定时间或对特定品种的捕捞作业，或者使用特定渔具或捕捞方法的捕捞作业；临时渔业捕捞许可证，适用于许可临时从事捕捞作业和非专业渔船临时从事捕捞作业；休闲渔业捕捞许可证，适用于许可从事休闲渔业的捕捞活动；外国渔业捕捞许可证，适用于许可外国船舶、外国人在我国管辖水域的捕捞作业；捕捞辅助船许可证，适用于许可为渔业捕捞生产提供服务的渔业捕捞辅助船从事捕捞辅助活动。

渔业捕捞许可证核定的作业类型分为刺网、围网、拖网、张网、钓具、耙刺、陷阱、笼壶、地拉网、敷网、抄网、掩罩等共 12 种。核定作业类型最多不得超过 2 种，并应当符合渔具准用目录和技术标准，明确每种作业类型中的具体作业方式。拖网、张网不得互换且不得与其他作业类型兼作，其他作业类型不得改为拖网、张网作业。捕捞辅助船不得从事捕捞生产作业，其携带的渔具应当捆绑、覆盖。

（四）渔船分类分级分区管控制度

根据《渔业捕捞许可管理规定》，我国对渔船实施分类分级分区管控制度。

所谓分类管制，是指将海洋渔船分为大型渔船、中型渔船和小型渔船，其中大型渔船是指船长大于或者等于 24 m 的渔船，中型渔船是指船长大于或者等于 12 m 且小于 24 m 的渔船，小型渔船是指船长小于 12 m 的渔船。

所谓分级管理，是指实行地方和中央两级管理，国内海洋大中型渔船和远洋渔船的船网工具控制指标由农业农村部确定，海洋小型渔船的船网工具控制指标由省级政府确定。内陆水域捕捞业的船网工具控制指标和管理，按照省、自治区、直辖市人民政府的规定执行。在船网工具指标的审批权限方面，远洋渔船、因特殊需要超过国家下达的控制指标的渔船以及其他依法应由农业农村部审批的渔船由农业农村部审批。制造或者更新改造国内海洋大中型捕捞渔船的船网工具指标由省级渔业主管部门审批；跨省级行政区购置国内海洋捕捞渔船的，由买入地省级渔业主管部门审批。其他国内渔船的船网工具指标的审批权由省级政府规定。

所谓分区管理，是指以海洋机动渔船底拖网禁渔区线为界进行渔船分区作业管理，禁渔区线内侧为小型渔船作业场所，海洋大中型渔船应在禁渔区线外侧作业，不得跨海区生产。为避免船网工具指标向少数地方大量集中，防止渔船无序流动，海洋大中型渔船不得跨海区买卖，小型渔船不得跨省买卖。

第四节　渔业安全管理的主要目标和基本内容

一、渔业安全管理的主要法律依据

渔业安全是渔业生产的最本质要求。《中华人民共和国安全生产法》（以下简称《安全生产法》）是渔业安全管理的大法，于 2002 年 6 月 29 日通过，自 2002 年 11 月 1 日起施行。此后经 2009 年 8 月 27 日、2014 年 8 月 31 日、2021 年 6 月 10 日三次修改（修正），新《安全生产法》自 2021 年 9 月 1 日起施行。新《安全生产法》分总则、生产经营单位的安全生产保障、从业人员的安全生产权利义务、安全生产的监督管理、生产安全事故的应急救援与调查处理、法律责任、附则等七章一百一十九条，是指导渔业安全管理的总纲。

渔业安全管理具有海上交通和渔业生产的特殊性。在《安全生产法》的基础上，我国在渔业领域还制定了《海上交通安全法》、《渔港水域交通安全管理条例》、《中华人民共和国渔业船员管理办法》（以下简称《渔业船员管理办法》）、《渔业船舶水上安全事故报告和调查处理规定》、《渔业无线电管理规定》等法律、法规、规章，对渔船海上航行、渔港锚泊、生产作业、船员适任配备、渔业无线电等作出了明确规定。

同时，国家和农业农村部印发规范性文件，对渔业安全生产工作提出了明确要求。2008年，国务院办公厅发布了《关于加强渔业安全生产工作的通知》（国办发〔2008〕113号），要求进一步做好渔业安全生产工作。由于导致发生渔业安全事故的原因复杂且相互交织，因此，渔业安全管理既要治标也要治本。《关于加强渔业安全生产工作的通知》提出总体要求，即深入贯彻落实科学发展观，坚持"安全第一、预防为主、综合治理"方针，全面落实渔业安全生产责任制，进一步加强安全管理和监督，加大投入力度，完善基础设施，改进技术装备，健全法律法规，不断提高从业人员安全素质和防灾避险能力，努力构建渔业安全生产长效机制，有效遏制渔业安全事故，切实保障人民群众生命财产安全，促进渔业经济安全发展。2020年5月15日，按照《全国安全生产专项整治三年行动计划》《交通运输（民航、铁路、邮政、水上和城市轨道交通）和渔业船舶专项整治三年行动实施方案》，农业农村部制定《渔业安全生产专项整治三年行动工作方案》（农渔发〔2020〕11号），明确了工作目标和任务措施。2021年2月5日，国务院安全生产委员会印发《关于加强水上运输和渔业船舶安全风险防控工作的意见》（安委〔2021〕5号），要求认真贯彻习近平总书记关于安全生产的重要批示精神，坚持人民至上、生命至上，统筹好发展和安全两件大事，狠抓水上运输和渔业船舶安全管理责任落实，形成工作合力，持续推进安全生产专项整治，坚决防范化解渔商船重大安全风险，从根本上消除事故隐患、从根本上解决问题，遏制重特大事故发生，切实保障人民群众生命财产安全。按照安委〔2021〕5号文件要求，农业农村部制定《加强渔业船舶安全风险防控工作实施方案》（农渔发〔2021〕6号），明确了工作目标和任务措施。

二、渔业安全管理的主要目标

渔业安全管理的主要目标是通过完善相关设施、强化人员培训、落实主体责任、加强监督执法、健全法律法规，使渔业安全事故明显下降，使渔业安全生产状况明显好转，从而保障渔业船舶和渔民生命财产的安全，促进渔区社会稳定和谐。

三、渔业安全管理的基本内容

根据上述渔业安全管理的目标，渔业安全管理的基本框架由以下几部分组成：一是加强渔业安全设施和装备建设，具体包括加强渔港安全基础设施建设、提高渔船安全质量、积极推进渔业安全通信网络建设和努力改进渔业安全技术装备；二是加强渔业安全管理与监督，具体包括落实渔业安全管理制度、强化安全监督检查、加强涉外渔业安全管理、强化从业人员安全培训；三是提高渔业安全生产应急能力，具体包括加强灾害监测预警、完善渔业安全应急预案、加强渔业救助力量建设；四是强化渔业安全生产的保障措施，具体包括加大资金投入力度、健全渔业安全生产法律法规和制度、推进渔业安全科技进步、完善渔业安全风险保障机制；五是加强组织领导，具体包括全面落实责任制、加强协作联动、广泛开展宣传教育。

上述基本框架具体包含以下内容：

1. 渔业船舶安全检查

渔业船舶的安全检查是指渔业安全监督管理部门依法对渔业船舶或渔业生产经营单位

执行渔业安全生产的法律法规和国家标准、行业标准及其他安全管理制度、措施的情况进行的监督检查。渔业船舶安全检查主要由渔政渔港监督管理机构在渔港码头或水上对渔业船舶进行检查，检查内容包括渔业船舶的适航状况（安全设备配备、人员持证状况等）、安全生产条件等，检查方法包括对船体及其设施设备的现场检查、证书证件的核查等。对渔业船舶安全检查中所发现的违法行为和事故隐患，应立即依法处理，防患于未然。

2. 渔业船舶港航监督管理

渔业船舶港航监督管理是指渔政渔港监督管理机构依法对进出渔港及在渔港水域航行、停泊、装卸货物、维修的渔业船舶及其所有人、经营人遵守和执行渔港水域交通安全法律规范及渔港安全管理规定情况进行监督检查，对发现的违法行为予以制止、纠正并依法予以处置（包括采用强制性处置措施）的活动。港船监督管理对保障渔港安全，维护渔港水域交通安全秩序，防止和减少渔业船舶安全生产事故和污染事故的发生有着重要作用。

3. 安全通信管理

渔业船舶通信是渔船与陆地进行信息交流的唯一途径，是渔业安全生产的重要组成部分，也是渔业现代化的重要标志之一。渔业通信主要包括安全通信、渔业管理通信和渔业船舶日常通信。其中，安全通信是海洋渔业通信业务中最重要的通信业务，如渔业船舶遇险报警、海洋气象预报及紧急警报和搜救协调信息的指令发送与接收。因其涉及人员生命和财产安全，对时效性和可靠性要求高。渔业安全生产管理事前、事中和事后都离不开通信保障，以现代信息和通信技术为基础，加强海洋渔业安全通信能力建设，是提高我国渔业安全生产保障能力的重要途径。

4. 渔业船员管理

渔业船舶在海上航行，船员是保证完成生产任务和保障船舶安全航行的决定因素之一，因此做好渔业船员管理工作十分重要。依据《中华人民共和国海商法》《海上交通安全法》《中华人民共和国船员条例》《渔业船员管理办法》《渔业船舶航行值班准则（试行）》等规定，着重对渔业船员的考试发证、安全培训、任职资格、岗位责任以及权益保障等工作进行管理。

5. 渔业船舶保险管理

在现代社会，保险是社会风险保障的重要途径。在市场经济条件下，渔业特别是海洋渔业生产作为高危行业，经营者应从保护渔业生产者生命财产安全及对家庭、对社会负责出发，通过社会风险保障机制来降低风险。渔业保险具有促进渔业安全生产的作用：一是可为渔船安全管理提供相对系统、完整、翔实、专业的事故统计数据，为渔船安全管理决策提供有参考价值的资料，可避免对渔业水上安全事故隐瞒不报的情况发生；二是为了减少事故发生、降低赔付率，保险组织和机构会通过对被保险渔船在维修保养、活动限制等维护标的安全方面提出要求的保证条款，督促被保险人或会员采取各种措施预防事故发生，还可以通过防损服务向船东提出改进意见，以减少或避免危险的发生。

6. 渔业船舶水上安全事故报告和调查处理

渔业水上安全事故调查处理是指在渔业水上安全事故发生后，由渔政渔港监督管理机构查明事故原因、判明事故责任、作出处理决定。渔业水上安全调查处理是渔业安全管理的重要内容之一。渔政渔港监督管理机构接到事故报告后，依据《渔港水域交通安全管理条例》《渔业水上安全生产事故调查处理规则》等规定，进行事故调查，分析事故原因，认定事故责任；对于违反渔业安全管理法律法规的行为，根据《渔业港航监督行政处罚规定》依法进行行政处罚；对于因渔业水上安全事故引起的民事纠纷，当事人可以申请渔政渔港监督管理机构调解，也可以申请海事仲裁机构仲裁或向海事法院提起诉讼。

7. 渔业船舶水上安全突发事件应急管理

渔业水上安全突发事件应急管理就是通过事前计划和应急措施，充分利用一切可能的力量，在安全事故发生后迅速控制事故发展并尽可能排除事故，将事故对人员、财产和环境造成的损失降低至最低程度。安全突发事件应急管理一般包括预防、预备、响应和恢复四个阶段。事故预防是从应急管理的角度，防止紧急事件或事故的发生，它包括制定安全规划、安全技术标准和规范，强化安全管理措施，开展应急宣传与教育等；应急预备是在应急发生前建立应急管理体制，完善应急操作计划及系统；应急响应也称应急反应，是在事故发生之前以及事故期间和事故后立即采取的行动，是通过预警、疏散、搜寻、营救以及提供避难所和医疗服务等紧急事务功能，使人员伤亡及财产损失减少到最小；事故恢复在事故发生后进行，使事故影响对象尽可能地恢复到事故前的正常状态。

第五节　渔区渔港振兴的主要目标和基本内容

一、渔区渔港振兴的主要政策依据

如前所述，渔区渔港的振兴是生态文明建设的新形势，是乡村振兴战略的新机遇，是渔业安全生产的新期待，是渔业转型发展的新要求，是海洋强国战略的新内涵。因此，在现阶段，渔区渔港振兴将是我国渔业部门的一项重要工作。

渔区渔港振兴是一项综合性工作、系统性工程，涉及渔区渔港建设方方面面，这既包括基础设施的改善等硬件建设，也包括营商环境的改善等软件建设。农业农村部目前正在制定《关于加快推进渔港振兴的意见》，为推动我国渔业产业绿色发展和渔港渔区振兴提供指导纲领。而浙江省在推进渔区渔港振兴方面先试先行，于2018年发布了《关于加强渔港建设管理推进渔港经济区建设的意见》（浙政办发〔2018〕118号）。该意见的总体要求如下：以"八八战略"①为总纲，积极践行"绿水青山就是金山银山"理念，围绕实施乡村振兴战略总体部署，深入实施浙江渔场修复振兴暨"一打三整治"行动，全面加强渔

---

① "八八战略"是2003年7月中共浙江省委举行第十一届四次全体会议，提出的面向未来发展的八项举措，即进一步发挥八个方面的优势、推进八个方面的举措。内容包括：一是进一步发挥浙江的体制机制优势，大力推动以公有制为主体的多种所有制经济共同发展，不断完善社会主义市场经济体制。二是进一步发挥浙江的区位优势，主动接轨上海、积极参与长江三角洲地区合作与交流，不断提高对内对外开放水平。三是进一步发挥浙江的块状特色产业优势，加快先进制造业基地建设，走新型工业化道路。四是进一步发挥浙江的城乡协调发展优势，加快推进城乡一体化。五是进一步发挥浙江的生态优势，创建生态省，打造"绿色浙江"。六是进一步发挥浙江的山海资源优势，大力发展海洋经济，推动欠发达地区跨越式发展，努力使海洋经济和欠发达地区的发展成为浙江经济新的增长点。七是进一步发挥浙江的环境优势，积极推进以"五大百亿"工程为主要内容的重点建设，切实加强法治建设、信用建设和机关效能建设。八是进一步发挥浙江的人文优势，积极推进科教兴省、人才强省，加快建设文化大省。

港建设与综合管理，逐步建立标准化、智能化、社会化的渔港综合监管体系，促进渔船安全管控、船员有序管理、渔业资源合理利用和渔区经济社会全面振兴。到 2020 年，渔港不动产登记工作初步完成，渔港管理制度、运行机制进一步健全，渔港基础设施进一步完善，渔港在保障渔业生产、渔船和渔业管理、发展渔港经济等方面功能作用明显提升；全省初步建立 12 个以渔港为龙头，渔业为基础，集渔船避风补给、鱼货交易、冷链物流、精深加工、休闲旅游等功能于一体的渔港经济区。

二、渔区渔港振兴的主要目标

渔区渔港振兴的主要目标是通过完善渔区渔港各项基础设施，整合渔区渔港相关产业，健全渔区渔港管理体制，实现渔区渔港经济的再发展。

三、渔区渔港振兴的基本内容

根据《关于加强渔港建设管理推进渔港经济区建设的意见》（浙政办发〔2018〕118号），渔区渔港振兴的基本内容包括以下几个方面：

1. 加强渔港区域划定与保护

对以渔港为基础并且渔船停靠、渔政船保障、违法渔船扣押、渔获物装卸位置固定的综合性港口，由县级政府划分渔港区域。对已办理不动产确权登记的，要明确渔港区域；未办理不动产确权登记的，要依法确权登记。县级以上渔业主管部门应当依据渔港陆域、水域范围设立界碑（标）。渔港的陆域、水域范围一经确定不得擅自变更。因建设需要占用渔港陆域、水域和渔港设施的，应当经县级以上渔业主管部门同意，影响渔港功能的，应当给予相应补偿或者异地重建。

2. 科学编制渔港经济区建设规划

围绕乡村振兴战略的实施，加强与海洋经济示范区建设和当地土地利用总体规划、城镇建设总体规划等的衔接，立足当地涉渔产业、渔港周边经济社会发展状况，按照渔港现代化、渔业产业化、产业多元化、渔区城镇化的要求，科学编制渔港经济区建设规划，合理确定渔港经济区建设目标、功能定位、区域布局、推进路径、实施措施等。

3. 推进渔港建设与升级改造

根据渔港功能定位，综合考虑港区给排水、消防设施、道路绿化、特色景点美化、环境卫生与污染物处置等公用设施建设，强化渔获物定港上岸、渔船定港靠泊和违法渔船扣押等配套设施建设，加快推进渔港建设及标准化改造。统筹协调渔港建设与相邻海洋海岸工程的关系，加强传统避风港湾、锚地、岙口改造和保护。严格落实工程建设管理规定，确保渔港建设工程质量。

4. 加强渔港综合管理

制定渔港综合管理标准体系，明确渔港建设、维护、环境保护、渔船管理、经营服务等管理标准。强化渔港监管合力，在一级以上渔港及重点二级渔港落实渔政监管力量，协调渔船检验、海警、海事等部门现场办公。依托渔港强化渔船安全管理，建立渔船安全风险评估和隐患排查治理工作机制，实施渔船进出港报告制度。依法保障渔港投资者对渔港设施的使用权和经营权。依法加强对渔港范围内从事码头及设施的经营和渔获物、渔需物资的装卸、驳运、仓储、交易等经营行为的监管，维护生产经营秩序。

5. 推进产业融合发展

科学配置渔港、临港土地资源，巩固提升渔船锚泊避风、鱼货装卸、物资补给、冷藏加工、船网工具修造等渔港传统功能。强化政策引导，做强海洋捕捞、近海养殖等传统产业，大力发展精深加工、鱼货贸易、冷链物流等新业态，积极培育海洋药物、滨海旅游、渔区民宿、渔业电子商务、渔文化、手工艺品等新兴产业，推进渔港经济区一二三产融合发展。

6. 深化改革创新

创新渔港经营管理机制，盘活渔港资源资产，吸引社会资本投资经营渔港，保障渔港运营维护，促进渔港资产保值增值。加强科技创新，以渔港综合管理平台建设为核心，融合船位动态、船员管理、渔港视频、进出港报告、渔获物统计及定港销售等功能，加快推进智慧渔港建设。探索建立渔获物定港上岸制度，根据渔港分布状况、属地渔获物交易习惯和渔业行政管理力量配备等情况，合理确定辖区内渔获物定点上岸的渔港申报名单。探索开展渔获物可追溯管理，建立实施投入控制和产出控制相结合的渔业管理制度。

第四章

有关国家和地区的渔船渔港管理经验借鉴

渔船、渔港与渔业发展相互依托，渔船规模和捕捞能力、渔港类型和规模以及相关设施对一个国家和地区渔业资源开发利用具有重要影响。推进依港管船、振兴渔区经济改革，有必要对有关国家和地区的渔船渔港管理经验进行分析和借鉴，从中得到启发。

第一节　渔船管理经验

一、日本的渔船管理

日本的渔船管理具有明显的时代特征。第二次世界大战结束后，为了应对国民食品短缺局面，振兴渔业成了应急手段之一，用于捕捞渔业的渔船建造大规模开展，且在短时期内恢复并超过了战前的渔船规模。但日本渔船的增加数量和作业渔场区域受到严格限制，减船、资源维护、渔场纷争等成为这一时期的主要问题。由于减船政策收效不理想，日本开拓了海外渔场。从 20 世纪 50 年代中期到 60 年代中期，由于远洋渔业的兴起，日本渔业进入了迅速发展时期：渔船的设备和性能提高，捕捞技术进步，渔获物产量增加，渔民收入显著增长。进入 20 世纪 70 年代以后，200 n mile 专属经济区的建立，使日本远洋渔业船队受到压缩，加上沿岸渔业资源衰退，减船问题又成为重大课题。

（一）日本渔船基本情况

根据日本农林水产省水产厅综合报告和日本上报 FAO 的渔船数据，20 世纪 80 年代以来，日本渔船的数量和总吨位均明显减少（表 4-1）。1980 年，日本渔船数量达到 44.98 万艘，之后自 1982 年开始呈现逐年下降趋势，到 2009 年，渔船数量相比 1980 年减少了 15.14 万艘。日本渔船数量总体下降，但不同吨位的渔船数量变化情况却不相同。1985—2006 年，0~4.9 t 小型渔船和 20 t 以上渔船数量均大幅下降，10~19 t 渔船数量下降十分缓慢，5~9 t 渔船数量有所增加（表 4-2）。尽管渔船数量和总吨位下降，日本的机动渔船总功率不减反增，2009 年机动渔船总功率比 1980 年增加了 448.6 万 kW。日本渔船的上述变化，与日本整体经济发展的大背景有关，更是由日本渔船制造技术提高、渔业资源环境和渔场生产秩序变化、渔业产业结构调整以及日本国内人工成本增加等多方面因素所致。

表 4 - 1　2001—2010 年日本渔船数量

单位：艘

渔船类别	2001 年	2002 年	2003 年	2004 年	2005 年
机动渔船	340 771	334 217	329 021	322 533	317 332
非机动渔船	9 673	9 194	8 347	8 274	8 118
渔船类别	2006 年	2007 年	2008 年	2009 年	2010 年
机动渔船	312 530	296 576	297 878	289 898	276 074
非机动渔船	8 487	8 622	—	—	—

注：表中数据来源于 FAO 世界渔业和水产养殖统计年度报告，渔船包括所有类型的用于捕捞的船和筏。

表 4 - 2　1985—2006 年不同吨位区间的日本机动渔船数量变化情况

单位：艘

年份	0～4.9 t	5～9 t	10～14 t	15～19 t	20～29 t	30～49 t	50～99 t	100～199 t	200～499 t	500～999 t	1 000 t 以上
1985	364 197	16 749	6 125	5 469	157	1 086	3 016	1 381	1 652	57	182
1986	361 838	17 033	6 015	5 440	149	956	2 764	1 366	1 612	58	186
1987	358 522	17 275	5 990	5 320	130	830	2 419	1 345	1 658	61	187
1988	356 474	17 664	5 990	5 382	135	735	2 153	1 479	1 646	54	166
1989	354 208	17 902	6 060	5 406	132	652	1 924	1 534	1 659	52	145
1990	348 945	18 106	6 124	5 356	129	599	1 802	1 441	1 654	47	127
1991	345 032	18 196	6 170	5 289	116	560	1 615	1 289	1 639	35	85
1992	340 823	18 195	6 163	5 167	102	510	1 465	1 243	1 570	32	56
1993	334 879	18 134	6 204	5 123	92	448	1 288	1 162	1 356	27	43
1994	331 715	18 103	6 225	5 102	81	405	1 124	1 081	1 287	25	36
1995	328 777	18 168	6 188	5 069	64	367	1 011	1 037	1 216	25	28
1996	321 972	18 119	6 117	4 975	59	328	943	965	1 160	24	27
1997	317 508	18 117	6 084	4 908	49	296	870	937	1 149	19	20
1998	312 585	18 261	6 050	4 910	43	253	826	906	1 119	21	20
1999	307 764	18 476	5 998	4 890	39	238	803	852	999	21	20
2000	305 262	18 606	5 995	4 914	36	219	763	801	965	21	18
2001	299 467	18 619	5 981	4 891	33	194	698	737	911	22	18
2002	293 452	18 508	5 967	4 812	31	184	670	684	880	23	18

（续）

年份	0~4.9 t	5~9 t	10~14 t	15~19 t	20~29 t	30~49 t	50~99 t	100~199 t	200~499 t	500~999 t	1 000 t以上
2003	288 509	18 386	5 931	4 816	44	166	625	649	847	23	14
2004	282 430	18 524	5 906	4 774	41	159	570	611	814	26	15
2005	278 056	18 025	5 875	4 755	38	142	514	582	783	26	14
2006	273 593	17 802	5 811	4 662	39	135	479	559	724	25	13

注：表中数据来源于日本农林水产省水产厅。

（二）日本渔船管理机构体系

日本主要由农林水产省水产厅及地方政府配套设置机构负责渔船管理，以都道府县各层次的渔业协同组合等民间组织形式协助，此外还有配套的船舶检验机构。《渔船法》是进行渔船管理的基本法，涉及渔船的法律法规还有《船舶安全法》《渔船法实施细则》等。

1. 农林水产省水产厅渔船管理组织体系

日本农林水产省水产厅的渔船管理由渔政部渔政课船舶管理室承担。船舶管理室设置船员管理官、船舶管理官及船舶检查官三个职能位置，其组织体系如图4-1所示。船员管理官负责船员班，管理船员的人事、服务、灾害补偿、福利、保险、工资及差旅费等；船舶管理官负责船舶班，管理水产厅所属船舶的物品、公务、行政财产、运行等；船舶检查官负责船检班。

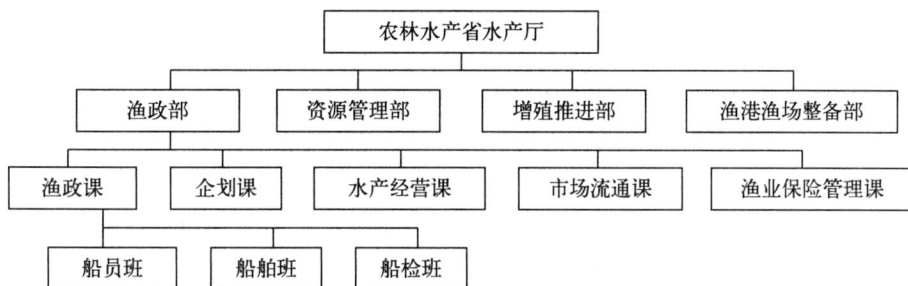

图4-1　日本农林水产省水产厅渔船管理组织体系

2. 渔船检验机构

日本的渔船检验主要由海事局、海事协会和小型船舶检验机构承担。三个机构分管重点不同，但有交叉部分存在。

（1）海事局船舶检验机构。属于国家政府机构，设在国土交通省海事局。海事局的船舶安全检查课负责实施渔船检验，其管理人员称为船舶检查官；检查测度课负责实施船舶的吨位丈量，管理人员称为船舶测度官。所有悬挂日本国旗的船舶必须接受海事局对其检验的统一管理，但由于渔业船舶生产作业的特殊性，渔船与商船执行的技术标准不同，实际上对渔业船舶的安全管理工作由海事局和农林水产省的水产厅共同管理，水产厅对渔业船舶安全管理工作有一整套制度性文件。

（2）日本海事协会（NK）。属于社会团体组织，是船级管理机构，其证书是船舶船级证明文件，必要时提交有关部门（如船舶保险部门）。

（3）小型船舶检验机构（JCI）。属于专业的技术型民间协会组织，是独立法人机构。根据日本《船舶安全法》第三十二条规定，在距岸 12 n mile 以内水域作业且不满 20 t 的船舶，由小型船舶检验机构负责检验，海事局对小型船舶检验机构实施监督管理。

3. 日本《渔船法》简介

日本渔业船舶检验和登记的法律依据主要有《船舶安全法》《渔船法》《渔船法实施细则》等，其中最重要的是《渔船法》。

《渔船法》于 1950 年 5 月 13 日颁布（法律第 178 号），之后根据不同时期出现的情况不断进行修订。2007 年 6 月 6 日（法律第 77 号）修订的《渔船法》由总则、渔船建造、渔船登记、渔船检验、渔船试验、渔船认定和审核、其他、惩罚条款等构成。其中主要条款概述如下：

第一章是总则，阐述了该法律的目的：通过对渔船的建造、渔船的登记及检查相关制度的确立，提高渔船的效能，以利于渔业生产的合理发展。

第二章是关于渔船的建造管理，包括机动渔船总吨位的最高限度，以及渔船建造、改造及转用许可。

第三章是关于渔船的登记管理，包括渔船登记的内容、登记条件要求、登记证书的发放和审核、登记证书的随船携带要求、渔船登记号码标示、登记变更、登记失效、登记取消、登记证书的返还及登记号码的清除等。

第四章是关于渔船的相关检验，包括检验委托、检验结果的认定。

第五章是关于渔船的相关试验，包括试验委托、渔船相关设计样本的公布。

第六章是关于渔船的认定和审核，包括指定认定机关（认定机关的指定标准、公告和更新）和认定业务规程，指定审核机关和审核业务规程。

（三）日本渔船管理主要内容

1. 渔船规模控制管理

日本在渔船规模控制管理上，主要控制指标是渔船的主机功率和船舶吨位，以达到限制捕捞能力的目的。在功率控制方面，日本的控制措施是限制渔船主机的活栓口径，然而通过增大回转数或加长冲程或通过附设过给器等手段致使实际上功率增大的案例频繁出现。例如，2003 年 10 月，在北海道东部海域进行秋刀鱼捕捞作业的渔船私自增大功率的事情被曝光：在北海道东部太平洋侧的近海海域进行秋刀鱼捕捞作业的小型渔船有 60 余艘，其中半数以上的渔船对动力设备进行非法改造，使功率数大幅超过注册登记的总功率数。对此，北海道水产厅根据《渔船法》的相关规定，对所有渔船进行了全面清查。在对渔船吨位的限制方面，在船舶检查后进行吨位增加的情况也不少。

为了有效地进行渔船管理，除了依据相关法规进行强制性管理外，日本政府还采取了一系列应对措施，包括通过渔船消减政策资金扶持、共用渔船使用扶助政策及对渔船船员进行培训等补助和援助获取渔民的配合，以及实施捕捞配额制度、采取渔船轮休等措施缓解捕捞强度对渔业资源恢复的压力。

（1）渔船削减政策资金扶持。对渔船的小型化或缩小船队规模等进行支援。在进行该项事业的渔业协同组合中，对渔业人员的渔船拆解回收等所需费用给予一定的补贴。补贴对象包括渔业从业人员、渔业协同组合、渔业协同组合联合会、渔业生产组合及水产业协同组合。补贴金额及补贴率设有定额，实施期为 2009—2013 年。该项补助政策规定，渔业人员、流通加工业者等参加本地区项目，提出包含渔船小型化或船队规模缩小等渔船建造或改造组合的改革计划，须接受社团法人大日本水产会设置的中央协议会的认可，由社团法人大日本水产会和都道府县渔业协同组合联合会具体受理。操作流程如图 4-2 所示。

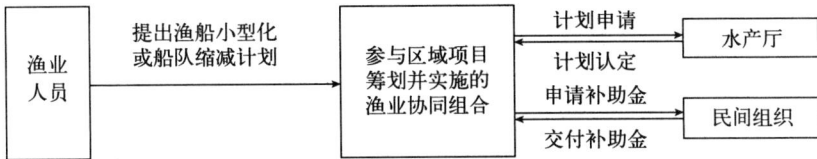

图 4-2 日本渔船削减政策资金扶持办理手续流程

（2）共用渔船使用扶助政策。为减少渔船数量，同时减轻捕捞从业人员的负担，早在 1981 年日本就制定了《水产业协同和对策事业沿岸小型共同利用渔船设置及管理条例》，各地方依据该条例又制定了本地的运营规则。规则主要对共同利用渔船的归属权、委托关系、使用人员资格、利用方法、检查监督管理及运营费用等项作了规定。

地方的町长作为委托人代表，将共同利用渔船委托给所辖区域内的渔业协同组合进行管理和运营，并签署委托合同。渔业协同组合在渔船的管理和运营中所产生的一切费用自理，包括渔船丢失或损坏等所需补偿或修理费用等。但因天灾等其他特别原因产生的损害，由町长和渔业协同组合协商解决。渔业协同组合在渔船管理运营中如果出现违反渔业法或不遵从相关行政指导、管理及运营状况与委托目的不符、违反条例规则或违反渔船管理运营合同规定条款等情况时，町长可以终止委托合同。

渔业协同组合在接受渔船使用管理委托后，要制定渔船管理和运营的相关规定，保证其顺利实施。渔船共同利用者须是所辖町内依靠渔业维持生计的居民。原则上 1 艘渔船要求供 5 人以上共同利用。渔业协同组合要根据公平公正的原则选定共同利用者。渔船的管理运营费用从利用者处征缴。渔业协同组合须按照町长的要求定期提交渔船管理运营状况报告，当渔船丢失或损坏时要立即向町长报告。渔业协同组合应与町长商议给渔船加入渔船损害保险，并每年 1 次在渔业协同组合指定的时间和地点对渔船管理状况进行检查。

（3）捕捞配额管理。日本在总渔获物量限制（total allowable catch，TAC）制度的基础上，修订了《海洋生物资源保存及管理法》，制定了捕捞努力量（渔船出海作业日数的总和）的总量管理制度，称作总捕捞努力量限制（total allowable effort，TAE）制度。该制度形成的一个重要原因，是在为恢复渔业资源而进行的休渔或减船努力中，仍然存在着一些渔船无视规定继续作业甚至集中作业的情况。通过 TAE 制度的实施，以缓解捕捞强度对渔业资源恢复的压力，对减船措施将会是一种补充策略。渔民组织从渔业资源状况及经营成本等各方面考虑，也不得不采取一些调整措施，如日本的鲣鱼渔业协同组合作出了自 2008 年 8 月 1 日起至 2010 年 7 月 31 日止的 2 年内实施全部渔船轮流休渔的决定等。

2. 渔船检验、登记管理

渔业船舶建造时，应同时申请船舶检验和船舶登记，但船舶登记必须在船舶吨位丈量工作完成后进行（船舶吨位丈量由船舶吨位测度官执行）。按照日本《渔船法》规定，农林水产大臣根据船舶船籍港的不同区域、机动渔船的不同种类，确定从事渔业（包括去渔场运输渔获物或其制品者）的机动渔船艘数、合计总吨位的最高限度或性能的标准。该项工作每年核定一次，并向社会公布。

渔业船舶检验主要内容包括：对建造图纸进行安全建造基准的审批；凡涉及安全和海洋环境污染的船用产品一律进行产品认可和产品检验；船舶检验。对在境外作业的渔船，日本由驻外使领馆的船舶检查官实施检验（该检查官是海事局派出的），必要时由日本国内增派人员到作业港口进行检验。但实施船舶登船检验时要求船舶必须上坞。

在日本，对船舶的检验管理是政府公共事务管理行为，因此检验机构的工作经费由国家保障。船舶检验（包括产品检验）收费标准由国家制定，申请检验者在银行支付检验费，将银行印花税票据提交给验船部门。

（四）日本渔船保险制度

日本渔业领域的保险制度十分发达，包括根据《渔船损害等补偿法》建立的渔船保险制度、根据《水产业协同组合法》建立的渔协共济制度、根据《渔业灾害补偿法》建立的渔业共济制度。渔船保险承保渔船运营危险；渔协共济制度针对渔民损害，险种包括普通福利共济、船员福利共济、团体信用福利共济、渔民老龄福利共济、渔民养老金共济、财产共济等；渔业共济制度针对渔业生产损害，包括渔获物共济、养殖业共济和特定养殖业共济、渔业设施共济。以下简要介绍日本的渔船保险制度。

日本将渔船保险视为国家方案的一个组成部分，制定了《渔船损害等补偿法》（从早期的《渔船保险法》演变为《渔船损害补偿法》，1981年修改为《渔船损害等补偿法》），确立了强制性的保险政策，建立了由渔船保险协会承保渔船运营中发生的所有危险的综合性、非营利性保险制度。

1. 渔船保险的组织结构

渔船保险组织具有多层次性，涉及渔民合作社协会、县一级的渔船保险协会和中央政府支持的渔船保险中央会。

渔船保险协会是一个相互保险协会，渔民是渔船保险协会的会员，直接或间接通过渔民合作社向渔船保险协会购买保险，渔船保险中央会向渔船保险协会提供再保险支持。政府则向渔船保险中央会提供转分保，以及向渔民提供补贴（图4-3）。

中央会由45个会员协会组成，为会员协会提供不低于70%的再保险，多数比例为90%。政府为中央会提供损失率超赔再保险。中央会对于再保险业务，承

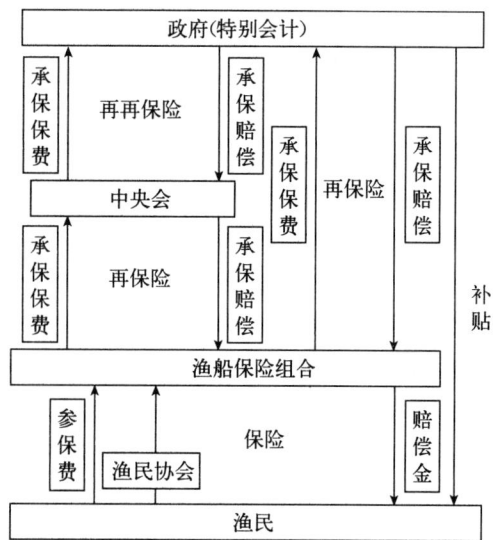

图4-3 日本渔船保险组织结构示意图

担 105％的赔付责任，之后的超赔责任由政府承担。

政府的责任主要有：为中央会提供再保险，免除税赋，批准协会的条款及包括保险费率在内的保险合同规定，对协会和中央会进行监督，提供部分保费补贴（政府对要求强制参保的总登记吨位不满 100 t 的渔船提供部分保费补贴，按不同的吨位大小提供不同比例的补贴额）。

2. 渔船保险的种类

日本的渔船保险如图 4－4 所示，可分为特殊保险和普通保险。渔船保险有个人、强制性、集体三大类别的保险合同，主要包括基本渔船保险、承运人责任保险。

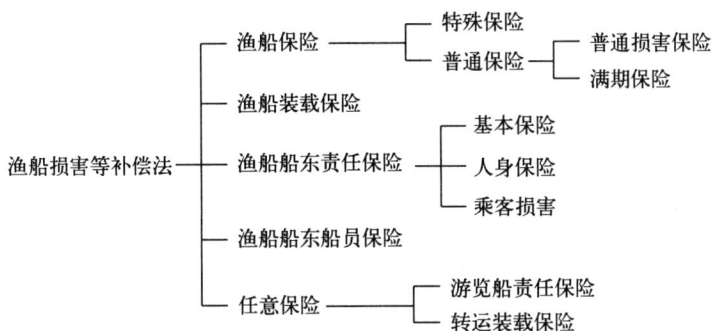

图 4－4　日本渔船保险的种类

特殊保险承保因战争危险（战争、动乱、袭击、抓捕、扣留等）造成的渔船损害；普通保险承保除此之外其他危险造成的损害。普通保险又分为赔付意外事故损害的普通损害保险、保险期限到期时给付保险金的满期保险。特殊保险由政府再保险，普通保险则由渔船保险中央会再保险。

二、挪威的渔船管理

（一）挪威渔业渔船基本情况

挪威位于北欧斯堪的纳维亚半岛西北部，濒临挪威海，海岸线异常曲折绵长，大陆海岸线近 3 万 km，加上岛屿岸线总共近 10 万 km，专属经济区达 97 万 km²。挪威地处大西洋暖流和北极寒流的交汇区，形成良好的渔场，是一个海洋渔业大国，渔业出口额在全国出口额中占 6％以上，居第二位。2019 年挪威渔业总产量 376.22 万 t，其中海洋捕捞产量 230.93 万 t，占渔业总产量的 61.38％。2018 年，挪威有 6 018 艘渔船，其中 4 936 艘为 12 m 以下渔船，24 m 及以上渔船为 303 艘；2019 年渔船数量下降到 5 980 艘。

20 世纪 60 年代以来，挪威渔船数量和渔民数量均有大幅下降（表 4－3）。1960 年渔船数量曾高达 41 433 艘，渔民数量 70 375 人，到 2019 年，渔船数量下降到 5 980 艘，仅为 1960 年的 14.43％，减少了 85.57％，但 2010 年以来的渔船数量基本保持稳定（表 4－4）；渔民数量 2019 年下降到 11 048 人，为 1960 年的 15.70％，减少了 84.30％。然而，挪威捕捞产量不但没有因渔船数量和渔民数量的下降而下降，反而自 1970 年以来基本保持稳定（1990 年挪威捕捞产量因 1989 年鳕鱼渔业危机而出现低谷）。2001—2019 年，挪威捕捞产量一直保持在 200 万 t 以上，个别年份超过 250 万 t；而同期渔船数量呈下降趋势（表4-4）。据此，平均而言，单船产量呈现上升趋势（图4-5）。

表4-3 1960—2019年挪威渔船、渔民数量和捕捞产量

项目	1960年	1970年	1980年	1990年	2000年	2010年	2019年
渔船数量（艘）	41 433	36 201	26 407	17 391	13 017	6 252	5 980
渔民数量（人）	70 375	43 018	34 789	27 518	20 075	12 791	11 048
捕捞产量（万t）	134	270	240	159	270	267	231

表4-4 2001—2019年挪威捕捞产量和捕捞渔船数量

项目	2001年	2002年	2003年	2004年	2005年
捕捞产量（t）	2 686 942	2 740 475	2 548 803	2 524 377	2 392 594
渔船数量（艘）	11 922	10 640	9 914	8 188	7 722
项目	2006年	2007年	2008年	2009年	2010年
捕捞产量（t）	2 256 448	2 380 425	2 431 371	2 524 437	2 675 292
渔船数量（艘）	7 305	7 038	6 785	6 506	6 310
项目	2011年	2012年	2013年	2014年	2015年
捕捞产量（t）	2 282 302	2 150 297	2 079 338	2 301 697	2 293 870
渔船数量（艘）	6 250	6 212	6 126	5 939	5 939
项目	2016年	2017年	2018年	2019年	
捕捞产量（t）	2 033 953	2 393 113	2 493 497	2 309 319	
渔船数量（艘）	5 948	6 134	6 018	5 980	

注：表中数据来源于FAO世界渔业和水产养殖统计年度报告，渔船包括所有类型的用于捕捞的船和筏。

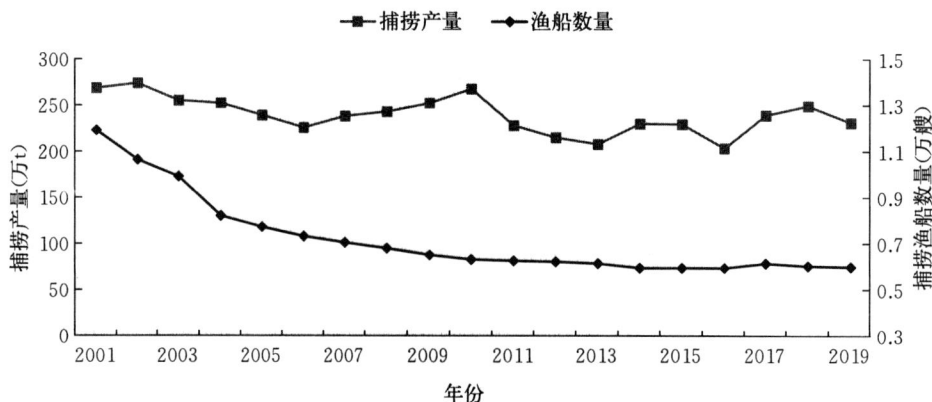

图4-5 2001—2019年挪威捕捞产量和捕捞渔船数量变化

挪威渔船的组成以木质及其他材质的渔船为主。钢质渔船比例很低，但这一比例随着渔船总数的下降呈现上升趋势（表4-5）：2001年钢质渔船的比例为5.73%，2010年上升到8.35%。这表明，挪威捕捞渔船的缩减以木质及其他材质的渔船为主，10年来减少了48.63%；而钢质渔船仅减少了22.84%。在渔船长度方面，以10 m以下的小型渔船为主，但从2001—2010年的变化来看，10 m以下小型渔船减幅最大，2010年相比2001年减少了近60%；相对而言，船长10～14.9 m的渔船基本保持稳定；21 m及以上渔船的减幅也相对较小，2010年相比2001年数量减少了约30%；15～20.9 m的渔船减少幅度也较大，减少了58%。2011年以来，挪威渔船数量变化较小，且有增有减。

表4-5　2001—2010年挪威捕捞渔船材质和长度组成

项目		2001年	2002年	2003年	2004年	2005年	2006年	2007年	2008年	2009年	2010年
渔船数量（艘）		11 922	10 640	9 914	8 188	7 722	7 305	7 038	6 785	6 506	6 310
渔船材质	钢质	683	654	647	625	586	567	559	521	524	527
	木质及其他	11 239	9 986	9 267	7 563	7 136	6 738	6 479	6 264	5 982	5 773
渔船长度	<10 m	8 611	7 353	6 636	5 070	4 682	4 310	4 054	3 922	3 672	3 492
	10～14.9 m	2 221	2 247	2 250	2 166	2 210	2 216	2 203	2 190	2 188	2 182
	15～20.9 m	484	463	458	413	338	299	290	238	218	203
	21～27.9 m	256	261	280	267	247	234	237	197	191	175
	≥28 m	350	317	291	273	245	241	232	225	235	251

（二）挪威渔业渔船管理制度

挪威渔业政策和管理以可持续产量原则为基础，以维持海洋生态系统健康为基本原则。1990年以前，挪威的大部分渔业实行开放入渔的政策，没有采取限制捕捞努力量的措施。主要的渔业一个接一个地被关闭或者限制，直到1990年关闭了东北大西洋的鳕鱼渔业。自此，挪威开始实施渔船捕捞配额制度，并加强入渔限制，最终形成了当前以入渔限制和结构性渔船捕捞配额（structural quotas，SQS）相结合的渔业和渔船管理制度。

1. 渔船入渔限制

挪威的大多数渔业实行限制入渔制度，通过将沿岸作业渔船年度入渔许可（每年进行许可）、外海渔船许可证制度与渔船捕捞配额制度结合起来，实现对渔业的入渔限制。入渔限制的政策目标是确保为渔业参与者提供稳定的资源基础，也是为了确保渔船队的收益和不依赖政府补贴的未来渔业投资。

自1972年开始，挪威逐步关闭了全部外海渔业，不允许新的渔船加入。1990年，挪威关闭了沿岸鳕鱼渔业，自此，逐步扩大了限制入渔的沿岸渔业的范围。到2004年以后，大量的沿岸渔业实行限制入渔，剩下的开放性渔业仅仅是小型渔业，而且很多情况下受到总的配额管理，并不鼓励新的投资。

年度入渔许可是一艘渔船得以对一种限制开发的海洋渔业资源进行捕捞的官方准许，如果渔船和渔船主符合国家规定的条件要求，入渔许可将每年得到延续。在主要的沿岸渔业中，这种许可将准许渔船按年度设定的固定捕捞配额进行捕捞。

2. 渔船退出和回购政策

长期以来，挪威采取了各种措施来削减捕捞能力。自1960年开始，渔船退出渔业，船主获得政府补贴，退出的渔船被拆解以防止被用于其他渔业。1979—1995年，挪威实施了新的渔船回购计划，主要针对围网和大型拖网渔船，渔船报废或卖给其他国家可获得政府补助，同时，自1980年开始一并实施渔船合并捕捞配额政策。一艘渔船的船主可以购置一艘渔船，报废并拆解，将退出渔船的捕捞配额用在其所拥有的其他渔船上，从而增加所剩渔船的捕捞配额。1996—1997年，渔船回购计划暂时停止，1998年重新开始并进行了调整，主要针对船长小于28 m的小型渔船，大型渔船则主要通过捕捞配额可以随船买卖的组合配额制度进行渔船队合理化调整。

围网渔船的回购计划最为成功，在减少了渔船数量的同时，提高了捕捞经济效益。在1979—1995年的渔船回购计划实施中，43.3%的回购补助金用于围网渔业。20世纪70年代初期，挪威对船长≥28 m或舱容≥150 t的围网渔船实施了许可制度，捕捞权最初免费给予当时从事作业的渔船，并对鱼舱容积进行控制。1979年，挪威实施渔船回购计划，渔船报废或者卖到国外时捕捞权都可以随渔船一起出售。这刺激了渔船队向着数量减少但渔船大型化的方向发展。1996年，通过渔船回购计划实施围网渔船队合理化改造后，挪威通过组合配额制度由捕捞产业自己进行进一步合理化调整。在此制度下，购买渔船并取消捕捞权后可以保留一定比例的渔获物配额13年，如果渔船报废则可保留18年，剩余的配额进入公共池中分配给产业内的所有渔船。

鳕鱼底层拖网渔业也是渔船回购计划初期的主要对象，渔船数量从1978年的171艘下降到1983年的115艘。船长小于28 m的传统沿岸作业渔船数量多，报废补助金主要在1984—1991年发放，渔船减少了700多艘。1998年以后，渔船回购计划的补助金则主要用于船长小于28 m的渔船。

总体上，1960—1993年，挪威通过退役补助计划，大约有3 500艘渔船退出了渔业。早期的政策目标是渔船队现代化，后来则转向削减渔船队捕捞能力，建造新船不再给予补助。2000年以来，挪威不再有新的补助金支持建造新船或进口二手船，但仍对两类渔民给予财政支持：将渔船永久性退出渔业生产活动的渔民、未将渔船撤出渔业活动但把捕捞许可证或捕鱼权转移到更高效率渔船上的渔民。

2003—2009年，挪威针对沿岸的小型渔船实施了新的渔船退出计划，以减少从事沿岸渔业的渔船数量，提高渔船的渔业收益，使渔船规模更符合渔业资源状况。2008年以前，这一计划只针对配额船长≥15 m、被许可从事限制入渔渔业的渔船。2008年，随着结构配额制度实施范围的扩大，配额船长≥10 m的渔船均执行渔船退出计划。在此政策下，想退出渔业的渔船主可以申请一项政府行政基金的补助。如果退出的渔船报废并拆解，将获得补助。退出渔船的配额将在剩下的相同长度的渔船中进行分配。该项基金一半由政府出资，一半来自渔业产业的一项税收。这意味着之前渔船退出体系的变化，即政府的补贴成分减少。通过这一轮渔船退出计划，2003—2008年总共有404艘渔船退出，减少了442份年度入渔许可证，占2003年入渔许可证的15%（由于一艘渔船可以从事一种及以上的渔业，每种渔业都需持有该渔业的入渔许可证，所以渔船数量和许可证数量可能不一致）。渔船退出的补贴额为16万～130万挪威克朗，平均为51.2万挪威克朗，6年的补贴总额超过 2 亿挪威克朗。在此期间，所有长度的渔船组平均经营利润均得到增长：配额船长＜10 m 的渔船平均经营利润从 2.7％增加到 3.6％；配额船长在 10～14.9 m 的渔船平均经营利润从 2.4％增加到 7.4％。

3. 渔船配额基本制度

早在 1975 年，挪威就开始对鳕鱼渔业实行自由捕捞式的总可捕量（TAC）制度。其鳕鱼的 TAC 配额来自海洋开发国际委员会（international council for the exploitation of the sea，ICES）。这种开放式的总可捕量限制制度并没有改变自由竞争捕捞的状态，最终导致了 1989 年的鳕鱼资源危机。1984 年，挪威开始对鳕鱼拖网渔业实行个别渔船配额制度，这种配额一般不可转让，但如果渔船永久性退出渔业，则允许渔船之间的配额转让。1994 年，配额制度用于格陵兰虾拖网渔业，1996 年引入围网渔业，2000 年引入船长 28 m 及以上的传统渔业，2001 年引入青鳕拖网渔业，2002 年引入工业拖网渔业。

挪威所有受到管理的鱼种都会被设定一个总的国家配额。这是因为大约 90％的挪威渔业均与俄罗斯等其他国家共享鱼类种群。挪威的国家配额是在一系列基于总可捕量科学建议的多边和双边谈判后确定的。

捕捞渔业的挪威国家配额每年被分成若干份额，分配给不同的渔船队，然后在各自的渔船队内再分配给持有许可证的渔船。由于禁止海上抛弃渔获物，所以所有的渔获物都必须上岸，并计入国家配额中。这种分配以一种固定的关键制度为基础：给每条渔船一个确定的总配额中的一个份额。对于一艘特定的渔船而言，可以在不同的渔业中获得配额。图 4 - 6 为挪威渔船配额制度的基本框架。

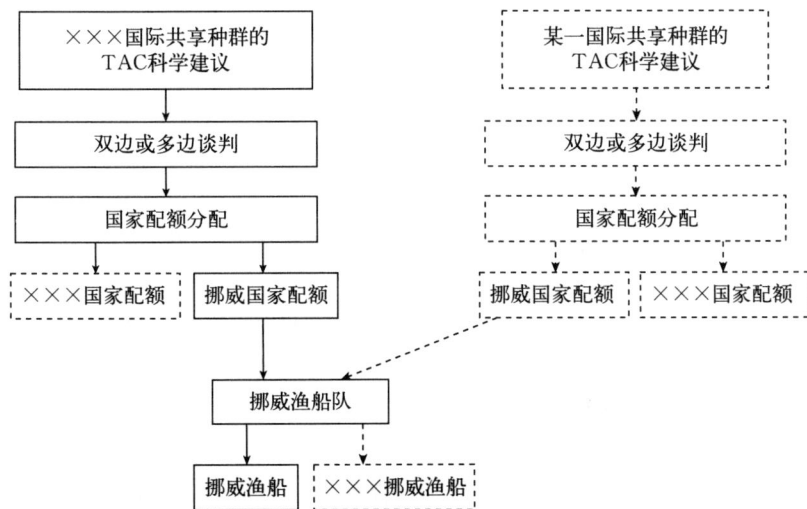

图 4 - 6 挪威渔船配额制度基本框架示意图

4. 结构性渔船捕捞配额制度

2003 年以来，挪威逐步实行结构性渔船捕捞配额（SQS）制度。这一制度的基础和核心是按管理需要把渔船划分为不同的船队。首先，将渔船分为外海船队（ocean fleet）

和沿岸船队（coastal fleet）。对外海船队，又依据捕捞对象、渔具类型等不同的参考因素分成不同的分队。对沿岸船队，主要按船舶长度分为不同船长的渔船组。由于部分沿岸渔船的货舱规定不得超过 300 m³，所以进一步的划分取决于这些渔船从事什么样的渔业（按捕捞对象）。

一艘船被划分到哪一个长度的渔船组，是以这条船历史上船舶长度为基础的。历史上船长的选择一般是这条船所从事的渔业被关闭实行限制入渔时的船长，这就是渔船的配额船长。配额船长固定不变。这是因为船舶长度是渔船配额的一个分配依据，如果渔民建造更大的渔船，就能获得更多的配额，就会激励船主不断地建造越来越大的渔船。而禁止更换渔船的话，将会阻碍具有更安全的工作空间或者更节油的渔船的使用。因此，允许渔民更换渔船，但即使渔船的实际长度变大，其配额船长仍然不变，其依据船长获得的配额也不变。

在结构性配额制度下，对不同的船队或渔船组分配不同的捕捞配额。例如，2010 年东北大西洋鳕鱼的挪威国家配额中，有大约 30％分配给外海船队，70％分配给沿岸船队。在沿岸船队的配额中，13％分配给船长≥21 m 的渔船分队，20％分配给船长 15～＜21 m 的渔船。这一制度使得小型渔船能够与大型渔船共处共存，而不必以牺牲小船为代价使大船获得配额，也避免渔船大型化导致捕捞投资过剩。大多数鱼种的挪威国家配额以长期的固定分配机制为基础，按比例分配给外海船队、沿岸船队。

2003 年，挪威的结构性渔船配额制度只针对配额船长≥15 m、被许可从事限制入渔渔业的渔船。2008 年 1 月起，结构性渔船配额制度扩大到配额船长 11～＜15 m 的渔船。这一制度允许渔船主放弃一艘船的配额，作为结构配额分配给该船主拥有的另一艘渔船，条件是放弃配额的渔船报废并拆解。结构配额占退出渔船配额的 80％，其余的 20％在所有同一长度组的其他渔船之间分享，这样所有组内的渔船都获益。

此外，结构性渔船配额制度还有一个配额调整的限制：一艘渔船只能调整分配三次其所拥有的特定鱼种的捕捞配额，包括其初始配额。对于某些渔业而言，例如东北大西洋鳕鱼渔业，还另外增加区域限制，规定只有两艘渔船在同一区域注册的条件下，方可合并它们的配额。2008 年 1 月起，配额调整的限制加强：一艘渔船如果从事不同类型的渔业，只能最多调整分配两次基础配额；如果从事一种特定的渔业，只能调整分配三次配额。

2008 年 1 月至 2009 年 9 月，总共有 200 艘配额船长低于 15 m 的渔船、219 份年度许可证通过 SQS 制度退出渔业，退出的渔船原有配额作为结构性配额分配给了 179 艘渔船。

（三）挪威渔船管理的其他有关制度

1. 渔船登记制度

挪威法律规定只有拥有渔船者才可从事捕捞作业，无渔船者不得入渔。任何捕捞作业的参加者均需登记注册，以便拥有一个唯一的注册号码。注册登记包括渔船登记、渔民登记、买方注册登记和加工厂注册登记。

按照渔船注册登记制度，要建造一艘新船须先申请许可证。每艘渔船的所有渔业许可记录都由当地的渔业管理机构输入渔业局的渔业管理数据库网络系统。根据船名或船舶登记号，也可用无线电呼号随时查到每条船的情况，包括船舶主尺度、建造年月、船体材质、主机型号、类别、缸数、马力、主机建造厂、船主、所持有的捕鱼执照等各种内容。

2. 渔船监控系统

挪威于 20 世纪 90 年代末完成了渔船动态管理体系及渔船监控系统的建设。所有 28 m 以上渔船、挪威在欧盟水域作业的 15 m 以上的渔船都被要求安装卫星监控设备。同时，在该国专属经济区内作业的所有外国渔船也被要求配备卫星监控设备。挪威渔业局还基于渔业船舶船位监控系统开发了新的渔业管理功能，包括电子渔获、捕捞方式报告及电子航海日志。从 2005 年开始，所有在挪威管辖水域作业的渔船都可以选择直接利用船位监控系统的数据传输功能，将信息传到渔业局的配额管理系统。

3. 渔船船员管理

挪威渔船船员管理涉及船员配置、培训、工作时间安排、安全操作等诸多方面，以下根据有关法令进行简要介绍。

《船舶、渔船和移动式海工结构的资格认证需求》规定了渔船船员资格认证制度，涉及船员的职责、船员培训及教育机构的质量系统；证书的签署、颁布及保管；基本的紧急状况准备和安全资格认证，其中包括安全性培训、紧急状况准备、语言培训、相关法律知识培训，还包括船员资格认证、特殊技术需求及船员职业能力证书要求。

《船舶配置规则》适用挪威渔船的管理，有关规定包括：渔船的工作时间、休息时间及工作时间安排；安全操作，包括作业细则、资格认证需求等；船员的数量及构成、上船资格、证书要求、作业区域、工作职责等。

《船上作业环境与健康安全》对渔船特种作业的安全保护性设备的使用作了规定，主要规定包括：当甲板上只有一人在操作时，必须系保险带；危险区必须设置警示牌；渔船拖网设备等必须配备合适的安全装置以防事故发生等。

《船舶安全法案》对船舶安全性及安全管理进行了详细规定，包括船舶防污染、工作环境、作业条件及公众监督等。特别是对于渔船，对其作业时间及工作时间也进行了规定。

《船舶运营规则》规定了船舶的监控、控制及认证，以及舱室的控制安排、辅助性和功能性的操作等。

三、我国台湾地区的渔船管理

（一）台湾渔业渔船基本情况

渔业是我国台湾经济的重要产业，是台湾农业中仅次于种植业的重要部门，也是台湾农业发展的重要支撑。20 世纪八九十年代，台湾渔业产值在农业产值中的比重为 21%～28%；进入 21 世纪以后，台湾渔业产值在农业产值中的比重基本保持在 25% 左右。

捕捞业是台湾渔业的主要组成部分。1993 年，台湾渔业总产量 142.40 万 t，其中捕捞产量 113.87 万 t，占渔业总产量的 80%。20 世纪 90 年代中后期，台湾渔业总产量大体上在 125 万～135 万 t 之间波动。进入 21 世纪以后，台湾渔业总产量有所下降，2019 年渔业总产量 104.09 万 t，其中捕捞产量 74.94 万 t，占渔业总产量的 72%。2001—2019 年台湾捕捞产量见表 4-6。

表4-6 2001—2019年我国台湾地区捕捞产量

单位：t

项目	2001年	2002年	2003年	2004年	2005年
捕捞产量	1 005 199	1 042 756	1 135 359	980 106	1 017 243
项目	2006年	2007年	2008年	2009年	2010年
捕捞产量	967 578	1 174 393	1 016 390	769 907	851 384
项目	2011年	2012年	2013年	2014年	2015年
捕捞产量	906 086	907 178	924 432	1 068 416	989 415
项目	2016年	2017年	2018年	2019年	
捕捞产量	751 527	751 386	806 939	749 368	

远洋渔业在台湾海洋渔业中占主导地位。20世纪80年代，台湾远洋渔业迅速发展，1980—1986年台湾远洋渔业产量增长量占总产量增加量的80.4%；到20世纪90年代中期，远洋渔业产量占海洋渔业总产量的70%左右；进入21世纪以后，台湾远洋渔业有所缩减，但仍在海洋渔业中占有50%以上的比例。

20世纪六七十年代，台湾渔船数量不断增加，在1966—1975年的10年中，机动渔船数量增长了36%，总吨位增加了3倍，总功率增加了3.2倍。20世纪80年代，台湾渔船总量相对稳定，渔船的变化主要是更新改造，渔船数量基本保持在3万艘，略有增加。1990年，包括机动渔船、无动力舢板和渔筏在内，台湾渔船总量达到3.23万艘，之后开始持续减少，2000年捕捞渔船总量为2.47万艘（表4-7）。2005—2010年呈现持续下降态势，之后保持平稳，2013年在恢复到2.29万艘后，再次呈现略微下降态势（图4-7）。台湾的捕捞渔船绝大多数为机动渔船，且所占比例不断提高：1995年机动渔船占捕捞渔船总量的93.60%，2000年占95.75%，2019年占98.54%。相对而言，非机动渔船数量减少幅度很大，2019年比2020年减少了70%。

表4-7 2000年及2005—2019年我国台湾地区捕捞渔船数量

单位：艘

项目	2000年	2005年	2006年	2007年	2008年	2009年	2010年	2011年
捕捞渔船总量	24 740	23 537	23 064	22 252	21 841	21 122	20 766	20 605
机动渔船	23 689	22 960	22 420	21 667	21 323	20 654	20 327	20 191
非机动渔船	1 051	577	644	585	518	468	439	414
项目	2012年	2013年	2014年	2015年	2016年	2017年	2018年	2019年
捕捞渔船总量	20 590	22 944	22 772	22 695	22 567	22 433	21 908	21 689
机动渔船	20 200	22 477	22 191	22 148	22 061	21 704	21 537	21 373
非机动渔船	390	467	581	547	506	729	371	316

注：表中数据来源于FAO《世界渔业和水产养殖状况》，渔船包括所有类型的用于捕捞的船和筏。

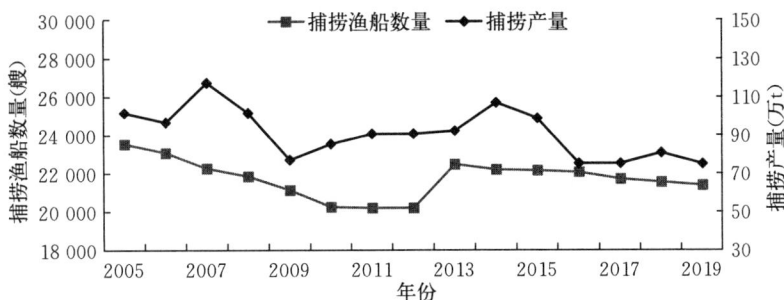

图 4-7　2005—2019 年台湾捕捞产量与捕捞渔船数量变化情况

台湾渔船数量和捕捞产量下降，一方面是由于 20 世纪 90 年代以来，在《联合国海洋法公约》所建立的新的国际海洋制度下，国际渔业环境变化，世界各沿海国纷纷建立专属经济区以加强对外国渔船的管理，公海捕鱼的管理也日益加强，渔业资源养护和管理的要求不断提高，致使在台湾海洋渔业中占主导地位的远洋渔业逐步缩减。以大西洋金枪鱼渔船为例，大西洋金枪鱼养护国际委员会（ICCAT）2004 年制定了 2005—2008 年的大眼金枪鱼的总可捕量（TAC）以及各捕捞国家和地区的捕捞配额，要求台湾金枪鱼延绳钓船在 2005 年、2006 年完成减船 160 艘的基础上，2007 年再减船 23 艘。另一方面，在台湾岛内，沿海海域环境污染导致渔业资源衰退；工商业的发展也导致渔村劳动力大量流失，渔业从业人口日趋老龄化，致使台湾近海和沿岸渔业萎缩。

（二）渔业基本管理制度

台湾对渔业实行许可制度，凡是在公共水域以及与公共水域相连的非公共水域经营渔业的，均应经主管机关核准并取得渔业证照后，方可开展渔业活动。

台湾渔业总体上分为三大类：渔业权渔业、特定渔业和娱乐渔业。

（1）渔业权包括定置渔业权、区划渔业权和专用渔业权。定置渔业权指在一定水域筑砌、设栅或设置渔具以经营采捕水产动物的渔业权；区划渔业权指划定一定的水域经营水产养殖的渔业权；专用渔业权指利用一定水域形成渔场，供入渔权人入渔采捕水产动植物、从事水产养殖，或者以固定渔具在水深 25 m 以内采捕水产动物的渔业权。

（2）特定渔业是指使用渔船从事主管机关指定的营利性采捕水产动植物的渔业。主管机关指定渔业类型、经营期间、作业海域，并在渔业许可证照上载明。

（3）娱乐渔业是指提供渔船，供以娱乐为目的人员在水上采捕水产动植物或观光的渔业。经营娱乐渔业应向主管机关申领执照。但如果娱乐渔业进入专用渔业权的范围，还应取得专用渔业权人的许可，并遵守其所订立的规章制度；专用渔业权人无正当理由，不得拒绝娱乐渔业进入其渔业权范围。

渔业许可制度主要针对特定渔业，渔业权渔业主要通过渔民组织——渔会或渔业生产合作社进行自组织管理。

（三）渔船控制管理基本法律制度

台湾的渔业规模管理通过捕捞投入控制实施，渔船是主要的控制要素，控制对象主要是特定渔业。

1. 渔船建造、改造、进口许可制度

按照台湾渔业有关规定，使用渔船经营渔业的，渔船的建造、改造或租赁都应经主管机关许可。进口渔船的，应经主管机关许可后，方可按照贸易主管机关的规定办理进口手续。

在申请建造或改造渔船时，一般需要提供三个方面的资料：

（1）申请书，包括申请人身份信息、船名、渔业种类、作业区域及船籍港、计划总吨数、船舶主尺度、船壳材质、造船厂名称及所在地、主机和副机详细信息（包括制造国别、机型种类、厂牌、连续最大马力、汽缸数、缸径及回转数等）、预定开工及完工下水日期。

（2）渔船船图，包括一般布置图、中央断面图及线图、施工说明书（舢板、渔筏及未满 10 t 木质船除外）。

（3）申请改造的，应另附船舶检验记录簿或小船执照。

2. 渔船数量、吨位控制的基本制度

对于特定渔业的渔船，按照台湾渔业有关规定，主管机关应当根据渔业资源养护、渔业结构调整、国际渔业条约或对外渔业合作条件的限制，对各特定渔业的渔船总船数、总吨数分别予以限制。

对特定渔业渔船总数进行限制时，如果需要减少已经核准的渔船数量，由该项渔业的渔业组织协调渔业经营者进行办理，有继续经营的，由继续经营者给予被限制者补偿；受限制渔船改营其他渔业的，不予补偿。如果渔业组织无法协调，由主管机关进行调处；调处不成的，由主管机关决定。对于需撤销其渔业经营许可并注销渔业证照的，由主管机关予以相当的补偿。

3. 基于渔船数量、吨位控制的渔船汰建制度

汰建意指淘汰后新建渔船。渔船汰建制度是指渔业经营者原有的渔船灭失后，上缴并注销原有渔业证照，经核准建造相同吨位数的渔船以淘汰更换原有渔船，经申请核发证照后，可从事原有相同种类渔业活动的制度。其中，渔船灭失的情况包括渔船解体、沉没、搁浅、毁损、失踪、被外国政府扣押或没收，并注销船籍。

对于淘汰更换在区域性渔业管理国际组织注册登记的等同吨级金枪鱼围网渔船的，须经台湾地区渔业事务主管机关专门核准输出及建造后，方可继续经营金枪鱼围网渔业。

在渔船汰建制度下，可以保持渔船数量和吨位不增加，从而控制渔船数量和总吨位规模。对于取得汰建资格后但不建造新渔船的，可以其他现有渔船申请变更经营与汰建资格相同的渔业种类；现有渔船以上述汰建资格变更经营渔业种类的，可保留该船原经营渔业种类的汰建资格。

特定渔业渔船、专营娱乐渔业渔船、渔业权渔业渔船可相互汰建。但是，专营娱乐渔业渔船与渔业权渔业渔船汰建为特定渔业渔船时，不得经营珊瑚渔业、采贝介类渔业、潜水器渔业、拖网渔业或其他经台湾地区渔业事务主管机关公告限制的渔业种类。

在渔船汰建制度的实施方面，吨位数是核心控制指标。按照台湾渔船建造许可及渔业证照核发相关规定，如果渔业经营者以 1 艘以上渔船的汰建资格申请建造新船，其淘汰的旧吨数小于新建渔船吨数时，应补足淘汰的旧吨数，但差额不足 1 t 的可免除补足；如果淘汰的旧吨数超过新建渔船吨数 1 t 及以上时，可予以保留，但保留的淘汰旧吨数只能供其他渔船补足淘汰旧吨数使用，不得用于增建新船，且自核准保留之日起 1 年后失效。上述补足的淘汰旧吨数不得超过新建渔船吨数的 49%，以鲐鲹鱼围网渔船和渔获物运输船补足淘汰旧吨数的不受此限。

关于渔船汰建的几种特殊规定：

（1）建造渔获物运输船或鲐鲹鱼围网渔船的，不得小于原有渔船吨数，淘汰的旧吨数不予保留，也不得用于其他渔业种类渔船汰建或补足淘汰旧吨数。

（2）建造 100 t 及以上的渔船，或者以汰建资格申请现有的 100 t 及以上渔船变更经营渔业种类的，应取得至少一艘 100 t 及以上相同渔业种类渔船的淘汰旧吨数。

（3）申请引进新式渔法渔船及专营娱乐渔业渔船，其所需的淘汰旧吨数只能是渔获物运输船或鲐鲹鱼围网渔船以外的其他渔业种类渔船。

4. 渔船改造、引进的控制

对于渔船改造，如果经核准改造致使改造后渔船吨位增加的，应补足淘汰旧吨数，但差额不足 1 t 的可免除补足。100 t 及以下的渔船改造后的总吨数不得超过 100 t。

对于引进渔船，实行严格控制，除以下情况外不得引进渔船：

（1）具有新式渔法渔船，且经台湾地区渔业事务主管机关专案审查核准的，但应先取得汰建资格，引进渔船的船龄自建造完成下水之日起至申请日为止不得超过 10 年。

（2）专营娱乐渔业的渔船，但仅限于新建造的渔船，申请人也应先取得汰建资格，并经拟登记注册的渔港所在地的直辖市或县（市）政府同意后，核转台湾地区渔业事务主管机关许可。

（3）经台湾地区渔业事务主管机关核准以台湾籍渔船从事对外渔业合作而登记合作国国籍，在结束国外渔业合作后引进的；或者因实施专项而登记他国国籍后，原船再返回原船籍的。

5. 渔船变更经营渔业种类的管理

渔业经营者取得汰建资格后不建造新船者，可以其他现有渔船申请变更经营与汰建资格相同的渔业种类。在这种情况下，现有渔船以汰建资格变更经营渔业种类的，可以保留该船原经营渔业种类的汰建资格。

珊瑚渔业、采贝介类渔业、潜水器渔业渔船变更经营拖网以外的其他渔业的，或者双船拖网渔船变更经营单船拖网渔业的，可直接申请变更经营渔业种类。

经核准变更经营渔业种类的，2 年内不得再申请变更经营渔业种类；引进渔船不得申请变更经营渔业种类，但因国际合作或实施专项而登记他国国籍后回国的渔船，可以申请变更经营渔业种类。

对于特定渔业渔船、专营娱乐渔业渔船与渔业权渔业渔船相互变更或兼营，有以下几个方面的规定：

（1）特定渔业渔船可以申请变更经营或兼营其他类别渔业，但鲐鱼围网渔船、渔获物运输船不得申请。

（2）专营娱乐渔业渔船不得申请变更经营或兼营其他类别渔业，但船龄满 3 年以上经台湾地区渔业事务主管机关核准改造后，可以申请变更经营限于一支钓、曳绳钓、延绳钓、镖旗鱼及其他经台湾地区渔业事务主管机关公告许可的特定渔业种类。

（3）渔业权渔业渔船可以申请变更经营，但不得兼营其他类别的渔业。

（4）渔业权渔业渔船申请变更经营特定渔业时，以及专营娱乐渔业渔船与渔业权渔业渔船汰建为特定渔业渔船时，均不得经营珊瑚渔业、采贝介类渔业、潜水器渔业、拖网渔业或其他经台湾地区渔业事务主管机关公告限制的渔业种类。

6. 对特定渔业渔船的其他管理

从台湾对特定渔业的许可制度来看，在渔船数量和吨位进行限制的基础上，对于许可的渔船，还要求在申请许可时提供渔船的冷冻、冷藏能力和容量；在许可证照中，需要载明渔船的总吨数、净吨数、统一编号及船员人数，渔船的机械种类、马力、油槽容量及时速，渔船使用的渔具种类及数量。

（四）渔船结构调整和规模控制政策

台湾在第二次世界大战后努力发展近海渔业规模，通过 1953—1973 年的 5 个四年经济和发展计划，近海机动捕捞渔船数量从 1950 年的 1 349 艘增加到 1970 年的 10 515 艘，超过 90% 的渔船小于 100 总吨（登记总吨位，GRT），作业类型包括拖网、刺网、延绳钓、光诱渔业、定置网、地拉网等。但快速增长的渔船数量降低了单位捕捞努力量渔获量（CPUE），因此，台湾在 1967 年冻结了小于 120 总吨的双拖网渔船和小于 300 总吨的网板拖网渔船的捕捞许可，但这一措施并没有阻止其他渔船的数量增长。1975 年，进一步冻结了除远洋金枪鱼延绳钓以外的所有新渔船的建造许可。进入 20 世纪 80 年代，台湾逐步开放 100 总吨以下的渔船建造，导致 100 总吨以下渔船数量快速增长，于 1989 年达到峰值，而捕捞产量则出现下降趋势。在远洋渔船方面，台湾自 20 世纪 60 年代开始着力发展拖网、金枪鱼延绳钓、鱿鱼钓、金枪鱼围网等渔业，1990 年远洋渔船数量达到 1 786 艘的高峰。

20 世纪 90 年代以后，鉴于近海渔业资源的捕捞压力和国际渔业管理日趋加强，台湾实施了一系列渔船结构调整和规模控制政策。以下简要介绍 20 世纪 90 年代至 2007 年台湾在渔船建造限制和渔船回购方面的做法。

1. 渔船建造限制

台湾通过多次修订渔船建造许可及渔业证照核发相关规定，逐步限制新建造渔船，调整渔船结构。

1989 年规定，除大于 1 000 总吨的围网渔船和大于 2 000 总吨的运输船外，限制所有渔船的准建。

1991 年规定，除大于 2 000 总吨的渔业运输船外，限制所有类型的渔船的准建，并建立如前所述的渔船汰建制度。建造一艘新船之前，渔船主必须至少淘汰一艘同等吨位、相同作业类型的渔船。此后，台湾渔船总数量和总吨位被控制在设定的限制范围内，但由于可灵活转让吨位数指标，渔船主可使用几艘较小的船只总吨数建造一艘大型渔船。

1992 年规定，从台湾出口渔船的，该渔船的原捕捞许可证将被吊销。这一规定的背景是，1991 年台湾实施了许多严格措施来控制捕捞能力，促使一些渔民出口旧渔船到其他国家，并在台湾建造新船。根据这一新的规定，渔民再也无法在出口旧渔船的同时建造新船。

2004 年规定，为限制大型渔船的数量，禁止利用报废的两艘或两艘以上小型渔船的捕捞许可证来建造大于 100 总吨的渔船。此外，针对一些渔业企业从日本购买旧船或者在台湾建造新船，出口到非区域性渔业管理组织成员，导致严重的方便旗（FOC）和国际组织批评的 IUU 问题，台湾规定在台湾制造和出口的渔船需要附有一个证书，来证明该船只是用于替代相等的捕捞能力，并确保不增加现有的全球捕捞能力。这一规定使出口渔船数量从 2002—2004 年的 129 艘下降到 2005—2007 年的 34 艘。

2006 年，根据 FAO 和区域性渔业管理组织对渔船按船长分类的做法，开始按渔船长度来限定不同类型的渔船，规定小于 100 总吨但船长大于 24 m 的渔船应遵循适用于 100 总吨以上较大渔船的法规，包括造船限制。

2. 渔船回购计划

1991—1995 年，台湾针对所有老旧渔船实施了第一个渔船和许可证一起回购的自愿性回购计划。渔船回购价格以吨位大小为基础，每总吨 500 美元左右，每艘船回购价格的上限设定为 220 000 美元。该回购计划报废了 2 237 艘渔船，总开支约 9 000 万美元。

2000 年，台湾实施第二个自愿性回购和报废计划，以符合 FAO《控制捕捞能力捕捞国际行动计划》和养护台湾沿海海洋资源的要求。由于回购价与上次相同，被认为太低，结果只报废了 5 艘小型渔船。为此不得不提高回购价，渔船越小价格越高，小型渔船最高回购价格为每总吨 2 000 美元，而较大的渔船回购价则保持在每总吨 500 美元。至 2006 年，有 467 艘渔船被报废。

鉴于上述回购计划并没有针对具体的渔业，2007 年，台湾实施了第三个自愿性回购计划，专门针对大型拖网渔船和小型延绳钓渔船。其背景是 20 世纪 90 年代以后拖网渔场缩小导致拖网船数量下降，以及 WCPFC 要求其成员限制金枪鱼捕捞能力。渔船回购价与前一方案相比较高。2008 年，因资源和市场方面的双重原因，该方案优先回购长鳍金枪鱼延绳钓渔船和鱿钓渔船。

2005—2007 年，为执行养护大西洋金枪鱼委员会关于台湾渔船非法和过度捕捞大眼金枪鱼的管理建议，台湾决定取消 183 艘大型金枪鱼延绳钓渔船的许可，以便与台湾在三大洋的 2005—2007 年捕捞配额限制相称。由于金枪鱼延绳钓渔业的高利润，回购价格上升至每总吨 2 200 美元。回购资金由台湾省政府出资 43%，其余 57% 由金枪鱼延绳钓产业支付。这一计划的总预算是 2.2 亿美元，于 2007 年完成，结果使捕捞能力减少了约 30%，金枪鱼和类金枪鱼渔获量减少了 20 000～25 000 t。2007—2009 年，开始了针对大于100 总吨的拖网渔船和大于 20 总吨、小于 100 总吨的延绳钓渔船结构调整计划。

（五）渔业船员管理

1. 渔业船员持证要求和岗位

在台湾，渔业船员应持有渔船船员手册，干部船员（即职务船员）还应持有干部船员执业证书（职务船员证书）。干部船员职务按照所适任渔船的长度、主机功率、航行作业水域、设备维修方式等进行分级，其职级高低顺序如下：

（1）渔航部门。一等船长、一等船副、二等船长、二等船副、三等船长、三等船副。

（2）轮机部门。一等轮机长、一等大管轮、一等管轮、二等轮机长。

（3）电信部门。全球海上遇险及安全系统船舶无线电台，设无线电子员、普通值机员、限用值机员；非全球海上遇险及安全系统船舶无线电台，设一级话务员、二级话务员。

其中，船长、船副职务分等依据船长和航行作业水域，一等职务适任船长≥24 m在无限水域航行作业的渔船；二等职务适任船长≥24 m在有限水域航行作业的渔船；三等职务适任船长 12～<24 m 在无限水域航行作业的渔船。轮机部门职务船员的分等以渔船主机功率 750 kW 为界，一等职务适任主机功率 750 kW 以上的渔船，二等职务适任主机功率不满 750 kW 的渔船。

此外，大型加工渔船或运输船还配备冷冻长和加工主任。

在职务船员适任的渔船分等方面，按照船舶吨位分为甲、乙、丙、丁四种：甲种为1 000总吨以上渔船；乙种为 500 总吨以上不满 1 000 总吨的渔船；丙种为 200 总吨以上不满 500 总吨的渔船；丁种为 20 总吨以上不满 200 总吨的渔船。

2. 渔业船员培训

船员应依台湾地区渔业事务主管机关规定参加训练，其种类包括三种：基本安全训练、干部船员专业训练、在职专业训练。其中，渔业船员基本安全训练包括以下方面：人员求生技能、基础急救、防火及基础灭火、人员安全及社会责任，以及救生艇筏及救难艇操纵（对于 12 m 以下小型渔船不做要求）。渔业船员基本安全培训由台湾地区渔业事务主管部门规划实施。按照台湾地区行政管理机构的规定，经台湾地区交通事务主管部门委托的训练机构训练合格的，视同具备渔业船员安全培训合格资格。但是，持符合 1978 年海员培训、发证及值班标准国际公约（STCW78）规定的船员专业训练及格证书的，仍需要接受台湾地区渔业事务主管部门规定的渔船船员基本安全培训或小型渔船（筏）船员基本安全培训。

（六）渔船检验管理

台湾的渔船检验（台湾称"检查"）适用船舶检查有关规则，但小船的船舶检验除外。所谓小船，是指总吨位不满 50 t 的非机动渔船，或总吨位不满 20 t 的机动渔船。小船的船舶检验适用专门的检查规则，在此不做介绍。

1. 船舶检验类别

台湾的船舶检查包括：特别检查、定期检查、临时检查。适用国际公约的船舶应依有关国际公约的规定施行检查。其中，船舶特别检查的时效不得超过 5 年；经特别检查后的船舶，应以其特别检查完成或核定日为准，每届满 1 年之前后 3 个月内施行定期检查。特别检查适用的情况包括：新船建造；船舶购自国外，其特别检查时效届满；船身机器的全部或其重要部分被修改；变更船舶的使用目的或型式；船舶特别检查时效届满，申请换发证书；船舶适航性有严重损害。临时检查适用的情况包括：遭遇海难；船身或机器须修理；船舶设备遭受损失；适航性存在疑义。

2. 船舶检验的内容

台湾船舶检验的内容包括：船舶各部结构强度、船舶主辅机或工具及设备、船舶稳性、载重线、舱区划分、防火构造、船舶标志、防止水污染设施、救生设备、救火设备、灯光音号及旗号设号、航行仪器设备、无线电信设备、居住及康乐设备、卫生及医药设备、通风设备、冷藏设备、货物装卸设备、排水设备、操舵起锚及系船设备、帆装缆索设备、危险品及大量散装货物的装载储存设备，以及依法令应配备的其他设备。

(七)渔船安全管理

除了渔船检验、渔业船员管理外，台湾在海上渔船安全管理方面还采取了其他有关措施，在此介绍渔船海难救护互助和渔船出海风力级数限制。

1.渔船海难救护互助

为鼓励渔民互助救护遭遇海难的渔船，台湾专门制定了渔船海难救护互助办法。按照该办法的规定，渔船遭遇海难，除应按照其他规定及海难救护机构组织及作业办法的规定办理外，还可发动渔船互助。具体要求如下：

有关机构接到渔船海难呼救信号，应立即通知海难救护委员会搜救协调中心，中心接获通知后应立即采取下列措施办理：(1)依海难救护机构组织及作业办法，迅速实施救难作业。(2)通知当地渔业主管机关、水上警察机构和渔业协会，并请给予必要的帮助。(3)如果搜救有困难，应通知渔业协会发动渔船互助。(4)将救援措施通知遇难渔船。

渔业协会发动渔船互助时按如下办理：(1)协调停泊在港内的渔船前往救助。(2)协调台湾地区渔业广播电台、渔业通信电台，呼叫在遇难渔船附近作业的渔船前往救助。(3)将救援措施通知遇难渔船及搜救协调中心。

港内渔船出港前往救助时，渔业协会应发给证明，并协调当地主管检查单位以最迅速程序施检后出海；海上作业渔船为支援救难工作，应依规定装设无线电信设备，并依照海难救护机构组织及作业办法的规定按时收听，如接获呼救信息，应全速前往救援，并立即转报搜救协调中心处理。

台湾地区渔业事务主管机关、市级政府应分别协调台湾省渔业协会、当地渔业协会设置渔船海难救助基金，作为救难渔船的奖励及遇难渔船无力支付救难渔船施救损失的补助。台湾地区渔业事务主管机关为鼓励设置该项救助基金，可在公务预算内编列补助款予以补助。

按规定应施行救助而未救助的，除由施救渔船所属渔业事务主管机关会同当地渔业协会依渔船船员管理规则等规定处理外，如涉及刑事责任者，移送检察机关处理。

2.渔船出海风力级数限制

为防止海上大风造成的安全损害，台湾地区行政管理机构农业委员会专门发布命令要求，300 t以下渔船在当地预报风力达八级（含八至九级）以上时不准出海，但可视实际情况，由船主及船长签署保证书，并经当地渔业协会见证后准予出海作业。

第二节　渔业资源管理经验

渔业捕捞限额制度，又被称为渔业捕捞总量管理制度，是指渔业主管部门在一定的期间和特定的区域内，对特定的渔业资源种类设定允许的渔获量最大值（TAC），一旦渔获量累计达到TAC，就开始在当年全面禁止捕捞该种类的渔业资源[①]。

---

① 黄硕琳，唐议：《渔业法规与渔政管理》，中国农业出版社，2010年版，第186页．

挪威是世界上最重要的渔业国家之一，海洋捕捞产量长期居世界前十位，2018 年，其海洋捕捞产量为 249 万 t[①]。挪威在海洋渔业管理方面早在 20 世纪就形成了比较完整且有效的管理体系，其中尤具特色和管理效果的是其 TAC 制度。以下就挪威的 TAC 制度加以重点介绍。

挪威 TAC 制度的实施体系由四个重要的参与者决定：渔业和海岸事务部（以下简称渔业部）、渔业局、挪威渔民协会以及渔民的销售组织等。以渔业部长为首的渔业部位于奥斯陆，主要负责渔业管理的一般行政事务，包括渔业政策和法律提案的起草，以及渔业法规的实施。现今的渔业法规，主要包括一系列授权法案，赋予渔业部在渔业规范方面极大的权利。然而渔业部并非养护政策的主要实施部门，具体实施工作由下属的独立单位——渔业局负责。渔业局位于卑尔根，是渔业部的行政与咨询部门，负责日常渔业监管工作，每年发布超过 250 条法令。它也负责渔业法规的实施并为渔业产业提供咨询服务。除了在卑尔根的总部，渔业局还在沿海建立了多个区域和地方办事处，为当地提供执法和咨询服务。

一、从产业发展到资源管理（1945—1977 年）

（一）1945 年前的管理制度

第二次世界大战结束后，挪威进入捕捞能力提升、国家机器扩充的新时期，自然而然将构建现代渔业管理制度提上了日程。但是，一些之前设立的机构也促进了战后渔业管理制度的发展。在 1946 年成立渔业部之前，渔业行政管理作为其他部门的下属机构运行了近 50 年。18 世纪晚期至 19 世纪早期，发动机在挪威渔船上得到大范围应用，大大提高了捕捞效率。从另一方面来说，也激发了对海洋鱼类种群管理和知识的需求。因此，渔业局的前身，渔业委员会（Fiskeristyrelsen）在 1900 年成立。目前渔业局下属于渔业和海岸事务部，负责渔业执法和技术方面的工作。国际海洋考察理事会（ICES）也在同期成立，海洋科学发展成为挪威渔业管理机构成立初期的核心任务。海洋生物学家 Johan Hjort 在 1906—1916 年担任渔业局局长。在 1913 年，他发现年龄段对渔业的周期性变化有重要影响。这个重要发现是基于 TAC 的现代渔业管理制度的基石，也证明了当时科学和管理之间的强大联系。

除了渔业科学，渔业局早期的工作还包括渔业产业发展和渔业执法。渔业局在 1903 年建立了渔业质量管理体系，这是早期管理制度的雏形，即现在捕捞配额实施体系的前身。在 1917 年通过了《渔船标记和注册法》，并从 1920 年开始实施。19 世纪末 20 世纪初，挪威为了实现渔业现代化而制定的监管措施主要是为了解决或减少渔民使用不同渔具产生的冲突，但同时也有针对龙虾、三文鱼和海洋哺乳动物的养护措施。

战时建立的渔业组织在很大程度上推动了政府资源管理政策的实施。这个组织使渔业产业与国家之间建立了紧密长久的联系。第一手渔获贸易组织成为政策实施过程中重要的因素。渔业产业在 20 世纪 20 年代遭遇经济困难，渔民不得不自行组织一手渔获的交易，并最终在 1927 年成立了第一个渔民销售组织。渔民为销售组织争取法律保障，最终促成

---

① FAO：The State of World Fisheries and Aquaculture 2020，13.

了 1938 年《原鱼法案》的通过。新版《原鱼法案》在 1951 年通过，并沿用至今。《原鱼法案》确保渔民销售组织对第一手渔获贸易的合法垄断。因此，渔民只能与通过销售组织运作的买家进行交易，并且所有的买家都需要遵守销售组织的规定。实际交易中，买家代表销售组织与渔民进行交易，收到渔获的同时向销售组织提交销售单据，并由销售组织向渔民付款。这种体系意味着所有上岸的渔获都必须通过销售组织进行集中交易，并受到法律保护，而销售组织还需向渔业局上报渔获数据。《原鱼法案》旨在加强渔民的市场地位，确保渔民对渔获价格的控制并保障自身收入。然而，第一手渔获贸易组织为渔捞死亡率监管提供了便利，从而成为挪威资源管理制度实施中的重要力量，虽然该制度在 40 多年后才得以真正发展。

另一重大发展是挪威渔民协会的成立。挪威的捕捞业一般由县级地方组织进行管理。由于政府想要建立统一的捕捞行业机构，所以对地方组织进行了合并，并在 1926 年设立了挪威渔民协会。20 世纪 70 年代早期，该协会已经成为整个捕捞业的代表，包括在沿岸和近海作业的所有船东和船员。挪威渔民协会在解决行业利益冲突方面发挥了重大作用，同时也为政府提供统一的建议。因此，在现代 TAC 制度相关的分配问题上，挪威渔民协会对政府来说是不可或缺的。它不仅对政府捕捞条例的制定有重大影响，而且在行业内传达管理条例的内容，促进政策的有效实施。可以说，挪威渔民协会的存在促进了国家与行业的交流，提高了国家政策的合法性，从而使政府捕捞管理条例得以顺利实施。

（二）战后早期政策

第二次世界大战后的数十年过度捕捞和资源养护问题得到国际渔业委员会的极大关注，成员国都意识到了限制捕捞能力和捕捞量的必要性。随着各国渔业现代化的脚步，大西洋各个渔业委员会开始协调资源养护政策。可以说，国际层面的渔业管理发展在一定程度上与国家层面的政策背道而驰。从 20 世纪 50 年代末开始，北大西洋渔业委员会一直呼吁减轻捕捞压力，其中也有挪威代表团的声音。但与此同时，挪威的国内政策仍然强调渔业现代化的发展。挪威认为传统的养殖和季节性沿岸捕捞相结合的做法经济效率低下，为了获得更大的经济效益，保障渔产品的稳定供给，需要发展近海拖网渔业。

挪威的水产品加工企业远离出口市场，冷冻技术的引进使挪威得以改进传统的保存方法并出口新鲜海产品。因此，政府开始推动冷冻业的发展，并在 20 世纪 50 年代建造了多个冷冻工厂。冷冻工厂的运营需要稳定的渔获上岸量，这也正是政府鼓励发展拖网渔业的一大原因。挪威渔船多为渔民所有，缺少集中资金发展拖网渔业，而渔民也没有建造或购买拖网渔船的兴趣。因此，政府放宽了传统的捕捞许可政策，不再仅限渔民拥有渔船，通过提供贷款、鼓励试验性渔业等措施积极促进拖网渔业的发展。在这些政策的刺激下，挪威的拖网渔船在 20 世纪 60 年代快速增加，最终导致了产能过剩问题。

由于战争造成休渔，挪威渔民在战后初期渔获颇丰。因此，过度捕捞问题在早期渔业现代化中并不突出。挪威在 20 世纪 30 年代和 40 年代参加了一系列国际渔业会议并签订了相关协议。但是，许多国家，包括挪威在内，都对渔业监管限制有所抵触，认为这是其他国家试图加强渔业资源控制的借口。尽管如此，英国科学家关于北海过度捕捞的报道还是引起了挪威渔业管理机构的关注。

从 20 世纪 50 年代末期开始，挪威渔业管理者才真正意识到过度捕捞问题的严重性，这也使挪威在接下来十年中逐渐成为严格执行渔业监管措施的支持者。然而，挪威当时国内的政治环境还没有对过度捕捞进行特别关注，并没有制定资源管理政策。北大西洋渔业委员会是养护政策的主要发起者。20 世纪 50 年代末期，挪威在常设委员会上提出加强对北极鳕鱼种群的管理。渔业部长在 1964 年的一次演讲中承认，鱼类种群养护已经成为了北大西洋渔业的主要问题，并且强烈支持国际西北大西洋渔业委员会（ICNAF）提出的加强渔业监管的建议。渔业部长认为通过捕捞配额进行管理是当前最可行的方式。自此以后，对资源养护的担忧也日益增长。

挪威加强捕捞能力的国家政策可以视为两个机制结合的产物。一方面，由于战后数十年领海外渔业资源并不属于沿海国管辖，提高捕捞能力可以在一定程度上走出这种开放性带来的囚徒困境的局面。另一方面，可能更重要的是，当时资源养护处在次要位置，这种做法是政治优先的后果。政治优先的惯性导致人们在很长时间里对过度捕捞问题视而不见，直到其对渔业政策产生极大的影响。挪威在 20 世纪 50 年代和 60 年代的渔业政策主要围绕行业发展，而在 20 世纪 70 年代将资源养护提升到了一个新高度。在 20 世纪 70 年代早期，捕捞配额与捕捞强度的问题已经成为国际渔业委员会首要考虑的问题，而过度捕捞也成为渔业管理者主要担忧的问题。

（三）渔业管理法律架构的发展

挪威渔业法一直分散在地区性法案和特别法案的条款中。从 20 世纪 30 年代开始，挪威政府开始将这些分散的条款整合成国家法案。1937 年的《鲱鱼渔业法》取代了中上层渔业的一些法律条款。围网和马达的引进导致渔场上各种冲突愈演愈烈，《鲱鱼渔业法》对如何解决和避免此类冲突作出了详细的规定。第 37 条对禁渔区、禁渔期以及最小捕捞规格作出规定。但这些条款与其说是为了资源养护，更不如说是为了渔获质量和市场。1939 年，政府开始着手简化其他相似的渔业法规。这些工作由于战争的开始而中断，但在 1947 年重新启动。当时，挪威渔民的捕捞作业受到 20 多种不同的法律法规的限制。

17 世纪的一些地方性渔业法开始有一些条款指导渔民如何避免渔具冲突，以保证鳕鱼渔场的捕捞秩序。19 世纪末期国家法律也增加了相应的条款，以应对技术现代化对资源养护带来的挑战，并开始禁止在海水渔业中使用破坏性渔具。1911 年，禁止在渔业中使用炸药的法令出台。1914 年通过的一项法案限制了一些渔具的使用，并要求政府采取幼鱼管制措施。20 世纪 30 年代通过了鲽鱼和庸鲽最小捕捞规格的法案。随着 1937 年伦敦渔业会议上对底层渔业网目尺寸和最小捕捞规格的讨论，挪威通过了一项新的《海水鱼类养护法案》。新法案采用了伦敦会议上通过的标准，并整合了先前不同法律条款中有关渔具限制和幼鱼的规定。1923 年还通过了一项龙虾养护的法案。

为了构建一个清晰统一的法律架构，挪威在 1955 年通过了针对底层渔业管理的《海水渔业法》，以《鲱鱼渔业法》为基本框架，旨在解决渔民的争端问题。然而，1955 年的《海水渔业法》第四条也包含了之前立法中的养护措施，主要是破坏性渔具的管制问题。作为 ICNAF 公约的签署国之一，《海水渔业法》的第四条授权渔业部为了鱼类种群资源养护和遵守国际公约的目的设立捕捞配额，但捕捞配额的条款并不能反映挪威当时的政治议程，挪威国内关于如何减轻渔业压力的讨论尚未开始。在之后的 15 年，大西洋渔业委员会一直就配额和捕捞能力监管问题进行讨论。从这方面来说，ICNAF 公约和 1955 年的

《海水渔业法》中有关捕捞配额的条款具有一定的前瞻性。

之前的法案是对渔业资源养护作出具体规定，而 1955 年的《海水渔业法》赋予渔业部制定并采用具体养护措施的权力。之后的数十年，授权成了挪威渔业管理的通用模式。因此，由渔业行政部门制定的渔业法规成为渔业资源管理的法律依据。1957 年《鲱鱼和黍鲱渔业法》的修订版中补充了前述《海水渔业法》第四条的内容，将渔业授权范围延伸到其他渔业。

20 世纪 50 年代也见证了渔业准入首个综合性法律框架的发展。从 1917 年起，所有商业渔船均需要进行标识并在国家渔船系统中登记。1917 年的法案并未对渔业准入作出明确限制，但成为日后准入限制的重要依据。根据 1951 年《拖网渔业法》，拖网渔船作业需要从渔业部申请捕捞许可。但是捕捞准入制度迈出实质性的第一步是 1956 年一项有关渔船所有权的基本法案。该法案规定，已注册渔船的转让或新渔船注册需要渔业部的许可，未注册渔船不得从事商业捕捞。实际上，准入制度并未对渔船注册造成太大的限制：政府规定小于 50 英尺①的渔船可以自行注册，有 3 年以上捕捞为主业的个人与公司亦有权注册新渔船或从事捕捞作业。然而，当 20 世纪 60 年代鲱鱼渔业产生危机时，这项法案成为其他限制性政策的基础。由于鲱鱼危机的出现，1956 年修订后基础法案要求渔业部停止新渔船的注册。从 1970 年开始，渔业部根据这项法规叫停了所有新造围网渔船的注册。

有关产能过剩和过度捕捞的政治担忧在 20 世纪 60 年代已经开始。政府曾一度积极促进渔船的现代化，但后来开始担忧高效的捕捞方式带来的无序扩张。大西洋渔业委员会意识到有必要加强渔业投入管理的法律依据，开始制定新的管理措施。因此，挪威在 1972 年出台的《渔业从业法案》取代了 1956 年的基础法案。此项法案规定，为了养护或合理利用鱼类种群，渔业部有权采取措施，控制渔船扩张，并叫停渔船注册。除了一般捕捞许可证制度，新法案也授权政府为个别渔业制定特定的捕捞许可证，渔船改造需要获得政府许可。此外，新法案授权政府核定捕捞配额并进行分配。因此，继 1970 年暂停新建围网渔船注册后，该规定在 1973 年被许可证制度取代。

《渔业从业法案》体现了挪威对北大西洋渔业委员会的监管逐渐适应的过程。然而，ICNAF 和东北大西洋渔业委员会（NEAFC）的态度对挪威立法的影响远远超过了法律上适应的程度。实际上，1972 年《渔业从业法案》的通过促使挪威政府开始执行 1967 年 ICNAF 养护行动生物和经济评估工作小组推荐的管理原则：通过捕捞配额制度对资源进行养护，以捕捞许可证制度为补充，提高经济效益。

社团管理模式不仅是渔业，也是挪威其他产业的典型管理方式。《渔业从业法案》使其得以持续发展。挪威渔民协会一度对渔业产业对政策变化的适应能力表示担忧，从 1970 年开始就渔业管理部门监管程序进行讨论，并最终建立了 2 个咨询委员会。1972 年从业法案第七条和第十条规定，特殊渔业的捕捞许可、捕捞配额及配额分配需要向渔民协会代表进行咨询才能作出决定。捕捞许可委员会由政府和行业代表组成（共有 8 名成员，其中 4 名来自挪威渔民协会）。捕捞许可委员会在 1972 年成立，在渔业方面为政府提供建议。一个特殊的监管委员会在 1973 年成立，由来自渔业科研机构和政府的代表组成，就

---

①　1 英尺＝0.304 8 m.

资源管理问题为渔业部提供建议。

从 1970 年起，基于捕捞配额的管理制度逐渐成为挪威渔业管理的主要模式。这项政策改革绝不是单边的。TAC 制度是 20 世纪 60 年代中期北大西洋两个渔业委员会协商的直接成果。NEAFC 和 ICNAF 一直都关注产能增加和过度捕捞问题，尤其是后者，作为 TAC 制度的主要讨论场所，直接促成了 TAC 制度的实施。然而，到 20 世纪 60 年代末期，不仅西北大西洋鱼类资源状况堪忧，东北大西洋也出现了渔业危机：大西洋-斯堪的安鲱鱼资源在 1968—1969 年急剧下降，北海鲱鱼捕捞量也在减少。鲱鱼危机导致从事中上层鱼类捕捞的渔船产能严重过剩，并迫切需要对该区域的中上层渔业进行管理。严重依赖大西洋-斯堪的安鲱鱼渔业的国家不愿被动等待 NEAFC 的决议，因此在 NEAFC 框架外通过了第一个捕捞配额制度。挪威渔业部在 1979 年对鲭鱼渔业也设置了捕捞配额，而鲭鱼是制作鱼粉和鱼油的原材料。根据挪威、冰岛、苏联签署的协议，从 1971 年开始大西洋-斯堪的安鲱鱼渔业实施常规 TACs 制度，另外还设定了 1972 年毛鳞鱼的捕捞配额。

基于 TAC 的管理制度随后在分配和配额的有效利用上产生了一些问题，渔业行业要求设立渔船配额。关于渔船配额的讨论始于 1972 年，但是缺乏有效的立法依据。起初，渔业部并不愿引入渔船配额，因为当时现有的法律仅限于对非法捕捞进行惩罚，也就是说，超过配额部分的非法渔获物只能通过起诉并且经过法院判决后才能没收。然而，受到捕捞行业的压力，在没有非刑事没收的法律条款的情况下，政府从 1973 年开始在毛鳞鱼渔业实施渔船配额，随后推广到鲱鱼和鲭鱼渔业。这种渔船配额的早期实践使渔业管理人员意识到有必要出台非故意超出配额部分渔获物的处理规定。1974 年，渔业部与几个主要的渔业组织就这种非故意违法行为的处理进行会谈，并随后在 1976 年对《渔业从业法案》进行了补充，使渔民销售组织在捕捞配额制度的实施中担任重要角色。渔业部授权渔民销售组织对渔船配额的具体额度进行估计，并负责处理超出配额部分的渔获。超出渔船捕捞配额的渔获物由销售组织进行统计后没收，这样既可以保留渔获的价值，也无须追究渔民的刑事责任。

这项规定的一个核心问题是，没收渔民非法渔获但并不追究其刑事责任，这种做法是否与挪威宪法一致。这一条款是基于渔民无权拥有非法渔获物的认识。没收非法渔获物与没收私有财物不同，主要是对无主财物进行管理，因此并不算处罚。由此，没收非法渔获物并没有违反挪威的宪法。

修正后的《渔业从业法案》使销售组织可以在不追究渔民刑事责任的基础上没收渔获物，这标志着一个新的渔业管理实践的开端，并且随后成为挪威渔业制度实施中的关键要素：对非法渔获物的非刑事没收。修正案为渔获物没收提供了两条重要的思路。首先，在这个体系中，非故意超配额渔获的没收是行政而非刑事安排。所以，执法人员在没收非法渔获时无需提供刑事过失证明。渔民不会因非法渔获物上岸面临惩罚，不会受到罚款或被没收合法渔获，这也减少了渔民丢弃非法渔获的动机。同时，这项改革建立了非法渔获的价值管理体系。根据 1955 年《海水渔业法》的规定，非法渔获物需要强制丢弃。新体系促进了政策发生根本性改变，使渔获物丢弃禁令在 10 年后得以顺利实施。值得注意的是，在《渔业从业法案》修订时，决策者已经普遍意识到需要减少渔获物丢弃。虽然这种认识变成法律禁令需要数年时间，但是销售组织为管理非法兼捕渔获物所做的准备工作成为这条禁令实施的重要条件。再者，修正案意味着捕捞配额制度的实施成为国家与行业通力合作的结果。渔民销售组织不但受到法律保护，其重要性更得到进一步延伸。原先，它们的任务是通过垄断第一手贸易保证渔民的市场地位。随着捕捞限额制度的引进，这种集权体系成为资源管理的有力工具，也使渔业产业成为新资源管理制度中一个负责任的合作伙伴。

各国意识到国际委员会已经无法对渔业进行有效的监管，因此在联合国海洋法第三次会议上通过了 200 n mile 专属经济区制度。该制度的基本观点是沿海国拥有管理和利用 200 n mile 以内（基本包括了沿海国的大陆架区域）资源的专属权利，包括制定和分配总可捕量的权利。挪威在 1976 年 12 月通过了本国经济区法案，并在 1977 年 1 月设立了专属经济区。就国家对渔业资源的管理而言，这项法案不亚于改革。挪威对渔业的控制一度限制在 4 n mile 领海海域，直到 1961 年才扩展到 12 n mile。挪威经济区法案赋予挪威国民利用海洋生物资源的专属权利，也赋予了渔业部监管捕捞配额、捕捞强度以及外国渔民进入包括大部分大陆架在内的 200 n mile 专属海域从事捕捞的权利。另一方面，挪威政府认为已经具备一个完善的渔业管理法律框架，就国家渔业管理权限来说，建立专属经济区的法案除了将管辖范围拓宽到 200 n mile，并无其他新意。然而，渔业管理结构的发展，基于 TAC 的管理制度的建立，国家通过专属经济区对近海资源的控制等亟须渔业法进行更大的变革。

（四）执行机构的产生

随着渔业管理越来越严格，渔业局在 20 世纪 60 年代和 70 年代也不断扩大。1977 年，200 n mile 专属经济区的建立是挪威渔业管理的分水岭。相较之前，资源养护在很大程度上成为国家责任和主要政治任务。同时，渔业行政部门也进行重组以应对挑战。

直到 20 世纪 70 年代，挪威的渔业法主要作为有序捕捞的法律依据，旨在解决并避免渔民之间的冲突。因此，19 世纪末建立了一项实施机制来确保捕捞旺季渔民的有序作业，尤其是鳕鱼和鲱鱼渔业。渔业监管部门负责渔业法规的有效实施以确保渔场的有序捕捞，同时也在渔业行业充当顾问的角色。这是咨询机制的开端，并在 20 世纪得以迅速发展，反映了国家在推动行业发展中发挥的重要作用。

咨询服务通过 1972 年的一项独立法案得到正式认可，并在 20 世纪 80 年代早期通过改革将渔业局纳入国家行政体系，其职责主要包括季节性捕捞监管和行业咨询。咨询服务机构由市级渔业顾问组成，受地区渔业主任的领导。另外，咨询服务机构在市级和县级设有渔业委员会。

资源养护法规的增多以及捕捞配额制度的实施意味着不仅需要对捕捞旺季的渔业进行监管，还需要长期的监管和执法体系。将管理延伸到咨询服务并非是解决这个问题最有效的方式。因此，实施国家资源养护措施即资源控制机构成为渔业局的第二个重要分支。这个分支机构主要负责从 1900 年起开始的渔产品质量控制服务。随着需要管理的渔产品不断增加，控制服务的范围不断拓宽，在 20 世纪已经发展成多个分支机构。1977 年，整个机构进行重组合并，成为渔业局下属一个独立的行政单位。这个行政单位最初成立的目的是对整个海岸线的渔产品进行质量控制，到 20 世纪 70 年代末期，已经有大约 130 名正式员工，以及渔业局和几个实验室的一些工作人员。质量控制一般采用沿岸水产品加工厂和渔船抽查的方法。随着资源控制变得越来越重要，同样的行政机构和管理程序开始应用到资源控制中。控制服务因此也包括监管渔民对网目尺寸限制、渔获物最小规格限制、禁渔期、禁渔区以及捕捞配额等规章制度的遵守程度。

除了政策的实施，在20世纪70年代末期，与质量控制机构相比，资源控制机构仍处于边缘地位，捕捞配额制度也没有得到有效的实施。渔业行政部门缺乏相应的法规、经验和专业人员，直到20世纪80年代末期配额制度才得以真正有效地实施。但是，中央和地方渔业行政机构的成立无疑为渔业局实施这项制度带来很大的便利。

渔业行政机构的两个地方分支代表了国家承担的两种角色：咨询服务机构继续推动行业发展并提供便利，注重传统的捕捞管理以解决渔民之间的捕捞争端；控制服务机构越来越多地将重点放在资源管理上，逐渐承担起国家作为资源管理者的任务，对稀缺性资源进行监管。这种行政结构和分工持续了近20年，直到1989年地方行政部门的两个分支进行合并。渔业局的地方分支一般称为外部行政机构，其任务是在陆上对渔业进行监管，以及近海季节性捕捞的管理。对于海上的渔业管理，挪威海军从1907年起承担了渔业执法的部分职责，包括在挪威领海驱逐外国渔船。从20世纪20年代末起，海军开始为近海和远洋渔船提供服务。如果拖网渔船和定置渔具在国际水域产生冲突，挪威海军也承担着保护渔具的使命。1970年NEAFC一项有关渔船互检的协议生效，挪威海军负责此项协议的实施。在配额制度实施后，需要在海上对渔船进行检查，挪威海军从此承担其渔业执法的重要任务。1977年200 n mile专属经济区的建立意味着挪威海军有了维护海上主权、监督渔业执法的新任务。海岸警卫队于1977年成立，成为海上执法的重要机构。

二、现代渔业管理的形成（1977—2000年）

（一）新型国际资源养护制度

经过多次协商，《联合国海洋法公约》初步确定了200 n mile专属经济区制度，资源养护因此成为沿海国的责任。另外，公约要求沿海国本着养护的目的对共享鱼类种群进行管理合作。1977年200 n mile专属经济区的正式建立也使NEAFC在渔业管理中处于边缘地位。然而，当时大西洋渔业委员会已将捕捞配额制度作为渔业管理的主导方式。20世纪70年代中期新型的双边和多边资源管理制度正是以此为基础得以建立的。

200 n mile专属经济区的建立对挪威来说并不意味着对重要的鱼类种群享有专属管辖权。挪威渔民主要捕捞在本国和其他国家专属经济区之间洄游的跨界鱼类种群。因此，新专属经济区的建立也伴随着一系列有关共有鱼类种群管理的双边和多边协商的进行。挪威和苏联通过三方协议分别在1971年和1974年就鲱鱼渔业和鳕鱼渔业达成合作，并从20世纪50年代开始科研合作。两国还在1975年和1976年连续签订数个渔业管理协议，并建立了一个渔业合作委员会以继续渔业方面的合作。渔业合作委员会负责巴伦支海共有鱼类种群资源TAC的核定和分配，包括东北极地鳕鱼、北大西洋鳕鱼和毛鳞鱼。合作还包括交换两国专属鱼类种群的配额。1977年挪威与欧盟就北海、挪威海、不列颠群岛以西渔业种群的管理签署了类似协议，通过每年谈判对几种共有底层和中上层渔业的配额进行了协商和分配，并交换了专属鱼类种群的配额。1980年，挪威与冰岛就在冰岛专属经济区和挪威渔区扬马延岛周围洄游的毛鳞鱼的管理签署了双边协定。1989年，冰岛、丹麦与挪威就毛鳞鱼渔业签订了三方协议。随着专属经济区的确立，新的资源管理机构不断成立，同时一系列交换和转让专属捕捞权的双边协议也得到签署。

科学家们从 20 世纪 70 年代开始对种群大小和发展状况进行评估，尽管数据不一定可靠。ICES 渔业管理咨询委员会就 TAC 的核定咨询了众多双边和多边委员会，但是在开始初期，种群科学评估对配额产生的影响受到人们的质疑。在 NEAFC 的体制下，历史捕捞数据是决定配额分配的重要依据。专属经济区延伸后，种群的渔区归属成为分配的关键要素。渔区归属原则意味着跨界鱼类种群在沿海国专属经济区的数量决定了这个国家 TAC 份额的大小。

由于国际渔业政治的不断变化，东北大西洋渔业资源管理和分配的体制结构一直在进行不断的调整。挪威、冰岛、俄罗斯等在 1996 年签订了一份大西洋-斯堪的安鲱鱼渔业 TAC 和各国配额分配的协议，欧盟在 1997 年加入该协议。然而，随着 2003 年协议的失效，这些国家直到 2007 年才对配额和分配重新达成一致。此外，自 20 世纪 90 年代末期蓝鳕鱼渔业开始迅速发展起，这些国家一直希望能建立蓝鳕鱼渔业的管理制度。2005 年秋，这些国家就蓝鳕鱼的管理首次达成协议。现有 TAC 制度的实施成为一个国内问题：各国需要设立国内法规控制捕捞死亡率，并监管政策的执行。由于各国国情的不同，政策的制定和实施力度也有差异，导致签署国之间一度产生紧张的局面。

当资源养护的新制度登上国际舞台时，实施并不是一个大问题。直到 20 世纪 70 年代早期，主要的问题都是如何制定和采用基本的监管措施。20 世纪 70 年代末期，基本的渔业监管措施已经制度化，实施的问题才浮出水面。捕捞配额制度在实施中并不能有效控制捕捞死亡量，挪威渔业行政机构不得不在随后几年投入更大的资源解决这个问题。

（二）捕捞配额作为资源管理的手段

早期捕捞许可证制度，尤其是基于 1951 年《拖网渔业法》的许可证制度是基于对渔具和渔民进行规范的需求设立的。在 20 世纪 70 年代早期，捕捞许可证制度成为资源养护措施的一部分。鲱鱼渔业的崩溃使渔业部在 1972 年《渔业从业法案》的授权下，从 1973 年开始对中上层渔业的围网渔船采用限制性捕捞许可证制度。1974 年，NEAFC 开始首次在鲱鱼渔业中采用 TAC 制度。出于同样的原因，渔业部在 1974 年对从事青鳕鱼捕捞的围网渔船也实施了限制性捕捞许可证制度。随着捕捞配额制度在渔业管理中的大力发展，入渔许可限制才逐渐退出资源管理的历史舞台。

由于结构性政策无法对国内渔船的捕捞活动进行有效的限制，渔业管理开始出现捕捞配额和产能限制的劳动分工。200 n mile 专属经济区的建立需要一个连贯的渔业政策，因此政府制定了一个充满雄心的渔业长期规划，同时确定了渔业的主要政治目标、问题与解决方法。这项规划将捕捞许可证制度和捕捞配额作为两项互补的管理措施。为了使船队规模与渔业资源相匹配，使捕捞能力和渔业资源相平衡，对需要相应减少的产能进行了评估。这项规划的基本方针是根据科学依据设定捕捞配额，并使捕捞能力与可捕渔业资源相适应。如果这项规划得以成功实施，就无须制定针对具体渔船或船队的细节性管理条例。这项方针也在 1972 年《渔业从业法案》中有所体现，其中一些条款提到了许可证制度对资源养护的重要性。到 1976 年为止，《渔业从业法案》强调 TAC 制度的实施，不仅保障了渔民的利益，其本身也是资源管理的重要手段。

20 世纪 70 年代，通过入渔许可限制渔船捕捞能力成为资源管理的主要手段。1977 年制定的长期规划反映了专属经济区扩大后人们对捕捞能力适应渔业资源的乐观态度。然而，情况恰恰相反。巴伦支海的鳕鱼种群在随后几年持续低迷，鲱鱼与鲭鱼也面临相同的状况。20 世纪 80 年代早期，人们已经不再将资源管理寄期望于捕捞能力限制，认为只有严格的入渔制度，再加上一定的捕捞配额和捕捞技术限制才能对资源进行有效管理。而且，许可证制度不能取代渔获限制。渔业行政机构开始意识到在未来几年捕获限制将成为重要的管理手段。因此，渔获限制的主要目的在于保证渔业利益并为渔民提供就业保障。

从 20 世纪 80 年代早期开始，人们不再认为结构性政策能为渔业资源提供有效的养护。挪威的资源管理主要依靠两项支柱：总可捕量限制和技术性限制，比如网目尺寸限制、幼鱼捕捞限制、禁渔区等，最大限度减少渔获物中幼鱼的比例。在此基础上，1983 年的新《海水渔业法》也不再将结构性政策作为资源养护的手段。资源养护政策的实施因此在实际上仅限于渔获限制措施的实施问题。然而，将资源养护完全等同于捕捞限制并未使政策的实施得到简化。渔业管理者不再试图降低捕捞能力，使之与 TAC 相适应。这意味着为了保障渔业的经济利益，渔船配额制度不得不提上日程。而渔船配额制度的充分实施是渔业管理中最困难、最复杂的问题之一，不仅需要对渔获量进行监控，还要处理非法兼捕渔获的问题。

1977 年长期规划中最显著的缺陷是未考虑新兴捕捞配额制度的实施问题。为了控制目标渔获的捕捞死亡率，没有系统考虑如何对渔获进行监管。一部分原因是当时措施的实施不是讨论的主要话题。同年政府出版的渔业局管理服务白皮书也同样忽视了这个问题。白皮书主要关注质量控制问题，也谈到了禁渔期与幼鱼捕捞限制等问题，却完全忽视了捕捞配额制度的实施，仅在执法列表里用"配额制度"一笔带过。

对实施问题的忽视很大程度上是渔业法的不完善造成的。直到 20 世纪 70 年代末期，配额管理仍然缺乏相应的法律基础，渔获称重、销售单据、渔捞日志等缺乏相应的管理规定，因此在捕捞配额的管理上没有切实的实施措施。1976 年《渔业从业法案》修正案允许销售组织没收超过渔船配额的渔获物。修正条款虽然赋予渔民销售组织新的职权，却没有制定新的管理规定。因此，在 20 世纪 70 年代末期，就配额实施而言，挪威渔业政策和行政管理仍不成熟，专属经济区的确立使这些问题变得更为严峻。根据福柯对规划的解读，制度化惰性话语结构造成新事物无法获得应有的关注。这正是一个典型案例。

20 世纪 70 年代中期关于法治现代化的讨论重申了基于 TAC 的管理体制的惰性制度适应问题。1973 年，政府任命委员会起草一份新法案以替代 1955 年的《海水渔业法》和 1937 年的《鲱鱼渔业法》，标志着长达 40 年的法律简化和现代化进程的结束。然而，当 1975 年报告出版时，以捕捞配额制度和扩展沿海国管辖权为主的新型管理制度却早已取代了新提案的建议。新法案主要关注已有法案中提到的保障渔业秩序的问题，而促进捕捞配额有效实施的内容，如捕捞报告、渔捞日志等却没有涉及。

虽然没能解决管理中出现的新问题，但是 1975 年报告提出了一个有趣的建议：禁止丢弃死鱼和濒死鱼。1955 年《海水渔业法》要求即时丢弃所有非法渔获。而 1975 年报告却认为，出于"预防和控制的目的"，丢弃的渔获应仅限于低于捕捞标准的小鱼及禁渔期的非法渔获。同时建议渔业部禁止死鱼和濒死鱼的丢弃，以免浪费资源。当时，科学评估种群规模和发展状况的方法刚刚萌芽，需要可靠的捕捞死亡率数据的支持。虽然近几年渔业管理者越来越重视捕捞死亡率的监管，但当时该话题并未提上议程，因此一定程度上，管理人员并未将捕捞死亡率和渔获物丢弃挂钩。

1982 年政府向挪威议会提交的新《海水渔业法》对 1975 年报告中的建议进行了大量修改。1980 年，渔业捕捞应确保自然资源的可持续发展已经成为渔业部主要的议程。因此，1982 年的法律不再是保障渔业秩序的细节性法规，而是以 TAC 的实施为重点的授权法案。1983 年新《海水渔业法》标志着构建法律框架促进 TAC 有效实施迈出了第一步。

（三）实施 TAC 制度的法律框架：1983 年《海水渔业法》

1983 年之前渔业法、行政管理以及市场组织的发展为基于 TAC 的渔业管理制度的实施创造了重要的条件。然而，这并非它们发展的初衷。1983 年前挪威的渔业管理体系缺乏监管捕捞死亡率所需的法律条例和日常行政检查，并且没有将捕捞配额与控制捕捞死亡率相挂钩。例如，1955 年的《海水渔业法》要求丢弃非法渔获，20 世纪 70 年代首个有关配额管理的渔业也要求丢弃非法渔获，20 世纪 70 年代末鳕鱼管理条例明确禁止非法渔获的上岸。与欧盟现有的非法渔获丢弃的管理规定相似，这些措施在实施过程中弱化了监管的职能，因此并没有达到控制捕捞死亡率的目的。

在挪威的渔业行政管理中，渔获物丢弃政策一直处在不断的变动中。鲱鱼渔业长期面临困境，因此，首次将捕捞死亡率和捕捞配额相结合的尝试毫无意外地从鲱鱼渔业开始。经历数年的危机，1981 年大西洋-斯堪的安鲱鱼渔业开放小规模捕捞（即挪威春季产卵的大西洋鲱鱼）。很明显该种群的捕捞死亡率需要进行控制。但是当时的《海水渔业法》要求丢弃非法渔获物。因此，通过捕捞配额制度控制捕捞死亡率的首次尝试通过行政程序而不是刑法条款来解决。1981 年鲱鱼渔业法规授权渔业局签发捕捞许可证并分配配额，如发生故意或非故意鲱鱼死鱼倾倒的行为，渔业局有权削减配额或撤回捕捞许可证。作为防止渔民捕捞鲱鱼超出配额的行政手段，这虽然不是渔获物丢弃的法律禁令，但是可以看作在旧法案的基础上发展现代条例的尝试。

当时，为了对捕捞死亡率进行更好的监管并促使渔民遵守捕捞配额制度，新法律框架正在酝酿中。1983 年新《海水渔业法》出台，旨在通过捕捞配额制度控制捕捞死亡率，这也是渔业资源管理制度的基石。新《海水渔业法》赋予了渔业部更多权力，在两项新渔业管理制度的基础上对海洋生物资源的利用进行管理：通过配额和兼捕渔获物管理控制捕捞数量，通过渔获组成管理措施防止渔民捕捞低于捕捞标准的小鱼。新《海水渔业法》沿用了《渔业从业法案》中渔船配额和销售组织责任等相关法律条款，实现了结构性政策和资源管理政策的明确分工。

《海水渔业法》第十一条规定非法捕捞的活鱼要立即放回大海，并授权渔业部对丢弃渔获物和水产品下脚料处理进行监管，标志着丢弃非法渔获物政策的改变。然而，死鱼和濒死鱼丢弃的禁令仍然没有得到有效的执行。尤其在中上层渔业中，渔获在收网前往往已经死于围网。虽然渔业部禁止所有死鱼和濒死鱼的丢弃，但这项条款只限于非法渔获的管理。这就产生了一个法律漏洞，即：原则上只要在配额以内，中上层渔业中择优弃劣是合法的。1988 年的法案修正了这个问题，其中第十一条明令禁止丢弃所有死鱼和濒死鱼。

随后，禁止渔获物丢弃的基本原理得到逐步发展，在 20 世纪 70 年代中期首次出现在政府有关食物资源浪费的议事日程中。在 1983 年新《海水渔业法》出台前，政府白皮书提到了资源浪费的问题，并首次提到为了避免"海洋资源破坏"而禁止渔获物丢弃的必要性。到 1988 年，禁止渔获物丢弃的基本理论已初具现代基础。在 1988 年《海水渔业法》修正案第十一条通过前，白皮书首次提到捕捞死亡率数据的收集对防止死鱼和濒死鱼丢弃有重要意义。

为了有效实施渔获物丢弃禁令，1983 年新《海水渔业法》延续了非法渔获非刑事没收的法律条款。这项非刑事没收法案不仅适用于超过渔船配额部分，而且适用于所有非法捕捞的渔获物。1988 年该法案的修正案补充了三项非法渔获没收条款。其中有两项非刑事条款，第七条授权渔民销售组织对超过渔船配额部分的非法渔获进行没收，而第十一条授权渔业局对其他非法渔获进行没收。实际上，无论没收依据是第七条还是第十一条，非法渔获仍然通过正常渠道销售，但销售所得会被没收。根据第七条或第十一条没收非法渔获是行政管理措施，目的在于消除渔民非法捕捞的动机，而并非法律意义上的处罚。

非刑事没收意味着渔民可以将非法渔获正常上岸，而不必担心受到处罚，从而消除了通过丢弃渔获物隐瞒非法渔获的动机。为了进一步消除这种动机，新《海水渔业法》还授权渔业部通过渔民销售组织对被没收了非故意兼捕渔获的渔民进行一定的经济补偿。

第七条和第十一条认为兼捕是渔业中不可避免的一部分，因此应积极采用审慎原则区分刑事处罚和非刑事处罚。承认兼捕的不可避免性，从而在对渔民执法的过程中采用适当的谨慎原则具有重要意义。而且，没收的非刑事本质意味着渔政人员无需对违法行为进行举证就可以没收非法渔获，从而能极大避免由于举证困难渔民从事非法捕捞的可能性。

在个别极端案例中，非法捕捞的行为触犯法律，渔政人员在行政没收后会交由警察处理。根据第七条和第十一条，没收属于非刑事处罚，有异议的渔民上诉至渔业局而不是法院。无论渔民是否受到刑事惩罚，根据第七条和十一条，没收非法渔获是常规做法。然而，如果证明非法捕捞是出于犯罪过失或犯罪故意，渔民将受到起诉并定罪。定罪后没收非法渔获也可以作为相应的处罚措施。根据第五十四条规定，还可以对渔获物、渔船和渔具进行刑事没收。因此，根据第七条和第十一条，渔政人员可以没收渔获的非法部分；根据第五十四条，当合法和非法渔获混杂时，渔政人员有权没收所有渔获物。

兼捕是渔业中不可避免的现象，也是渔业管理面临的主要问题，新《海水渔业法》的出台使丢弃非法渔获的主要动机不复存在。《海水渔业法》认为非法渔获不存在刑事责任，渔民无须为非法渔获的上岸承担相应的惩罚，因此无须通过丢弃对此进行隐瞒。渔民销售组织为兼捕渔获物的行政处理提供了极大的帮助，包括处理捕捞数据、监管渔船配额、管理第一手渔获贸易的钱款流向等。由于非法渔获上岸后得到集中有效的处理，所以几年后渔获丢弃禁令才得以顺利实施。

1983 年的《海水渔业法》首次意识到为了促进 TAC 制度的实施，有必要对渔民进行法律规范，并制定配套的执法措施。法案第九条授权渔业部制定相应条例，要求渔民上报作业时间、地点、渔获量、渔具及渔获价值。新《海水渔业法》为新型管理制度的实施掀开了新篇章，将渔业局和海岸警卫队的执法责任进行了区分。渔业局负责检查渔船和渔获上岸点，海岸警卫队承担警察和海上检查职责。1990 年的修正案使渔民销售组织成为第三个执法机构。表 4-8 对《海水渔业法》和《原鱼法案》进行了比较，这两项法案是监管和控制捕捞死亡率的法律基石。《海水渔业法》是绝大部分重要法规的基础，《原鱼法案》根据销售组织的管理体系对第一手渔业贸易进行集中管理，也为法律的实施构建了重要的组织结构。

表 4 - 8　挪威监管和控制捕捞死亡率的法律依据

法律	管制的活动	监管对象	法律规则	资源管理中的作用
《海水渔业法》	捕捞作业	渔民、渔获买家	配额制度 渔获报告制度 死鱼和濒死鱼丢弃禁令 非法渔获没收 控制 技术性条例	提供捕捞死亡率限制和监管措施
《原鱼法案》	渔获上岸/第一手贸易	渔民、渔获买家	第一手渔产品交易组织渔获和上岸报告	提供政策实施的组织基础

（四）捕捞死亡率与捕捞限制相结合：制度生效

1983 年的《海水渔业法》概述了配额制度实施的基本原则，但这些原则只在一些授权条款中提及，因此收效甚微。之后几年，渔业行政管理人员在目标捕捞死亡率的执行过程中不断面临挑战，并得到一系列教训。

20 世纪 80 年代基于配额的渔业管理早期实践经验表明，管理体系严重缺乏相应的管理措施。配额制度尤其是渔船配额制度下的渔民，为了获得更多的渔获物采取各种规避的方式，削弱了制度实施的效力，导致大量非法渔获物的上岸。在意识到这个问题后，政府最终决定在 1986 年成立一个工作小组。这个小组由 3 位来自渔业局的代表和 3 位来自挪威渔民协会的代表组成，负责对不同的渔业违规行为进行定义，并提供相应的解决方案。这个工作小组人员的构成说明社团主义对挪威渔业管理的影响程度已经远远超过了政策制定的范畴，延伸到实施的各个细节。利益相关者对渔业管理的密切参与也反映了挪威一贯将行业视为管理伙伴的总方针。

工作小组在 1987 年提交的报告中列出了基于配额的渔业管理制度中存在的一些典型违法问题。一些渔获物买家，尤其是中上层鱼类的买家，在交易时要求渔民免费赠送部分渔获。也就是说，实际上渔获买家得到的渔获高于官方统计或相应扣除的配额的数量。这种做法导致大量未登记的渔获上岸。一项调查渔民守法行为的研究证实，在 20 世纪 80 年代中上层渔业中赠送渔获是普遍的做法。因为渔获买家在交易中处于有利地位，而未登记的渔获并不记入配额，甚至有时会提高合法渔获的市场价格，因此渔民也普遍接受部分渔获免费赠送的做法。在挪威渔民中，这种做法被称为"走大头"（storhundra）。这个 1986 年成立的工作小组还指出，有时渔民在禁渔期作业，所得渔获由买家暂时记录在案，等到开渔季节再进行正式登记。还有一种做法是伪造渔获物捕捞地点以规避区域捕捞配额，或者为一些禁捕鱼种伪造上岸地点。比如，当某一鱼种的配额用完后，渔民仍会继续捕捞该鱼种，但在上岸时上报为其他鱼种。比如，登记上报鲭鱼，实际上岸的却是鲱鱼。

20 世纪 80 年代实施体系的主要问题是，法规无法起到有效监管的作用。捕捞超出配额属于违法行为，渔获买家出售非法渔获同样也是违法行为。但是伪造渔获上岸报告隐瞒了这些行为，而且伪造上岸报告并不会受到处罚。当时的渔获报告制度是基于销售单据的报告体系，由渔民和买家在渔获上岸和交易时填写鱼种和数量等相关数据。但是，销售单据报告体系由渔民销售组织制定的章程管理，不受国家法规的制约。因此，伪造或漏报销售单据信息不会受到法律起诉。国家对待此类行为唯一的做法是通过渔业局以邮件的方式对渔获买家伪造销售单据的行为予以警告。只要伪造销售单据行为不属于犯罪，配额制度就得不到有效的实施。

捕捞配额制度无法有效实施还涉及渔获物丢弃的问题。虽然 1983 年的《海水渔业法》颁布了相关的禁令，但法律禁令尚未在行政层面实施。在 20 世纪 80 年代，一些渔业仍要求强制丢弃死鱼和濒死鱼。1986 年的工作小组指出了渔业中"择优弃劣"的问题，即丢弃经济价值较低的渔获，以便在给定的渔船配额中实现利益最大化。1982 年的一般技术性措施禁止捕捞以及留存低于最小捕捞标准的鱼类。同样，历年的鳕鱼条例也禁止非法渔获的上岸。所有这些条例都在法律意义上要求丢弃非法渔获。从 1981 年开始，挪威开始采取行政手段防止大西洋-斯堪的安鲱鱼的过度捕捞。1985 年巴伦支海的毛鳞鱼渔业中首次采用了新《海水渔业法》中禁止渔获丢弃的条款。同年在鲱鱼渔业的行政管理措施中也增加了禁止丢弃的规定，并从 1986 年开始全面禁止死鱼和濒死鱼的丢弃（包括从围网中释放）。然而，与其相反的原则——禁止非法渔获上岸的规定——直到 1987 年东北北极鳕鱼的拖网渔业中仍然有效。虽然在当时曾有人建议试图在东北鳕鱼渔业法规中增加禁止渔获物丢弃的条款，使其与挪威的其他渔业的法规一致，但是并没有通过。在 1986 年新一般技术性限制法规中取消禁止船上留存幼鱼的规定。1987 年有关鳕鱼捕捞的条例中取消了禁止非法渔获上岸的条款。1987 年 4 月，东北极地的拖网渔业和丹麦围网渔业中禁止丢弃鳕鱼和黑线鳕的规定相继出台。从 1988 年开始，毛鳞鱼渔业禁止死鱼、濒死鱼以及渔产品下脚料的丢弃。

但是在此期间，"渔获限制"并没有得到明确界定。在强制丢弃的情况下，渔获限制指的是对渔获上岸的限制；在禁止将渔获丢回大海的情况下，渔获意味着捕捞上船的鱼类；在禁止丢弃死鱼和濒死鱼的情况下，它们指死鱼或无法存活的鱼类。当时政府已经意识到这个问题，并在 1988 年的白皮书中对渔获物丢弃中"渔获"的概念进行了讨论。白皮书认为，鱼类从现有种群脱离意味着成为渔获。实际上，挪威的渔业制度要求渔民释放非法捕捞的活鱼，保留死鱼和濒死鱼，这也在一定程度上防止了渔获的死亡。1988 年 8 月出台了一般技术性管理条例修正案，这也向捕捞死亡率的有效监管迈出了一大步。修正案禁止在挪威专属经济区海域内丢弃死鱼和濒死鱼，所有渔船（无论其捕捞区域或捕捞工具如何）都必须遵守这项规定。原则上，这些法规将捕捞配额制度和捕捞死亡率管理相结合，TAC 制度在理论上成为资源管理的手段。

虽然有禁止死鱼和濒死鱼丢弃的条例出台，但是在实际执行中尚未有行政措施确保捕捞配额的实施能有效控制捕捞死亡率。比如，非法渔获没收后，在 TAC 中进行相应扣除。由于缺乏相应的行政手段，渔业在未达到 TAC 时已经遭到关闭。

第二个问题是如何实施这个制度。1986 年的工作小组指出了几种常见的违法行为，在此基础上，1988 年成立了第二个工作小组，对现有的执法体系进行改进。该工作小组由渔业局、渔业部和两大渔民销售组织的代表组成。如前所述，过去几年销售组织在监管渔船配额、没收非法渔获方面承担了重要的责任，其在资源养护政策实施中的作用也越来越重要。因此，在 1988 年工作小组中销售组织的作用不仅是提供行业意见，也是 TAC 制度实施过程中重要的国家/行业伙伴。挪威中上层渔业销售组织作为成员之一参与了 1988 年工作小组的会议。该组织建议将伪造销售单据列为违法行为，要求所有上岸的渔获都提供相应的单据，以打击伪造单据的行为。这些建议随后得到采用，并成为挪威配额实施制度中重要的基石。

配额实施的法律框架由此得到极大的改进，并成为渔获监管体系的基础。1989 年秋，议会对《海水渔业法》和《原鱼法案》的部分条款进行了修正，明确授权渔业部负责渔获上报工作。渔业部要求渔获买家提供详细的渔获报告以及渔船的渔获处理报告。渔船的渔获处理条例的内容也因此延伸到渔获的海上转运。

1989 年《海水渔业法》修正案要求渔业部负责解释渔民销售组织在资源管理方面的责任。渔业部因此在 1991 年出台了相关法规，要求销售组织制定《海水渔业法》具体的执行程序，并向渔业局汇报非法兼捕渔获的数量。捕捞行业参与国家执法因此受到法律认可。此外，根据 1989 年的修正案，渔业局有权调查渔业公司的账户，控制短期库存设施，以及要求从事海外作业的渔船和渔业公司提供相关捕捞数据。渔业局的管理权限在 2001 年《海水渔业法》修正案中得到进一步扩大，从单纯的捕捞活动管理延伸到与捕捞相关的一切行为。在必要的情况下，渔业局有权对商业渔业销售、运输和储存相关的机构、文件、设施等进行彻底调查。

1989 年《海水渔业法》修正案使渔业行政部门填补了实施体系的漏洞。随后几年，资源管理条例不断完善。除了《海水渔业法》和《原鱼法案》，渔业部开始就配额管理制定相应的条例。1990 年的销售单据条例是解决黑市渔获问题的里程碑。这项条例要求渔获买家在渔获过秤后根据销售组织的要求如实填写销售单据。买家和渔民都需在销售单据上签字并对单据的真实性承担共同责任。这些条款说明伪造单据已经成为违法行为，将受到法律制裁。出于管理的目的，渔民必须存有销售单据的复印件。销售单据条例同时要求买家保留渔获的购买记录以便查证，如将销售数据和购买数据进行比对等。这些渔获监管制度的基本原则从 1990 年起一直保持不变。所有渔获在配送前都需要进行称重和签字，相应的销售单据提交给销售组织，并附有详细的重量、数量、种类、捕捞时间和捕捞地点等信息。销售组织将信息录入数据库，渔业局有权随时查看。这些基本原则随后发展为具体的规定。在中上层渔业中，买家一度有免费渔获赠送、操纵计量秤以及挪用渔获的习惯。从 20 世纪 90 年代中期开始引入称量管理条例，买家不得篡改计量秤的数值，渔民可以明确了解渔获上岸的数量。渔民反映这些条例大大减轻了渔获挪用的问题。如今，这些条例在挪威所有渔业中采用：买家需要持有官方配置的计重秤才能在码头收购渔获，并将渔获重量出示给渔民。此外，现有的法规还要求对上岸的渔获进行标记，以便进行渔获追踪，对买家的仓库和账户进行更好地控制。

20 世纪 80 年代末期和 90 年代早期可以称为现代渔业管理制度的建设期。基于 TAC 的渔业管理制度的基本实施体系得到确立，与此同时，挪威的渔业开始真正受到捕捞配额制度的限制。之前的捕捞配额制度只对近海渔船进行限制：东北北极鳕鱼和其他重要中上层鱼类的资源状况不容乐观，导致鳕鱼拖网渔船和围网渔船成为第一批受到严格限制的船队。在 20 世纪 80 年代早期这些船队就受到渔船配额的限制。然而，大多数在沿岸捕捞的渔民并未受到配额制度的影响。在 1981 年前，与苏联经过谈判签订的鳕鱼配额协议只针对围网渔船。在采用国家配额制度后，挪威与苏联签署的配额协议对使用被动性渔具（刺网、手钓渔具等）的渔船仍然有效。苏联和挪威当局都对安排中挪威捕捞能力的增长表示担忧。因此，1983 年挪威针对近岸渔船出台了禁渔季、渔具限制和渔船最大捕捞配额等措施，对配额给予明确的界定。然而，直到 1988 年被动性渔具仍然给挪威渔业带来过度捕捞的问题。整个 20 世纪 80 年代，东北北极鳕鱼种群的储量一直不容乐观，1989 年降到了史上最低。在那之前，捕捞配额主要针对近海渔船，但此后挪威渔民不再享有使用被动性渔具进行配额外捕捞的权利，同时引进了渔船配额制度。因此，大部分挪威渔民开始受到新资源管理制度的影响。

（五）资源管理组织

随着 TAC 制度相关实施条例的出台，渔业局的质量控制部门从 1988 年开始重点关注资源管理问题。执法条例从 1990 年开始逐渐完善，并将近岸渔船纳入渔船配额体系，由此资源管理成为渔业局管理服务中最重要的工作任务。

1990 年《海水渔业法》修正案出台后，资源管理分别由三个部门负责：渔业局、渔民销售组织和海岸警卫队。这些机构通过日常合作协调执法活动，解读法律法规。

码头检查是渔业局在现代渔业管理体系下实施配额制度的重要手段之一。督察员随机抽取销售单据和渔获日志，并与实际上岸量进行核对。为确保称重条例和销售单据条例的有效执行，从 20 世纪 90 年代中期开始，渔业局对渔获买家的账户进行随机抽检。为了核对库存变化与买家的购买销售记录是否相符，督察员还会对仓库进行检查。账户和仓储设备的检查要求督察员具备比码头检查更高的专业素质，因此，渔业局开始加强检查人员的培训和教育。

从 1999 年起，超过 24 m 的渔船要求安装卫星追踪设备，以便向渔业局及时发回渔船动向。同时，要求在国际水域作业的挪威渔船对捕捞活动进行报告，包括渔获数量报告和渔获组成报告等。1998 年《海水渔业法》修正案引入观察员制度，主要负责监督渔获物丢弃行为。渔业局在巴伦支海作业的一些渔船上设置了观察员，但是只有 3 位有效地执行了任务，提高观察员覆盖率对日常资源管理而言尚未起到重要作用。

渔业局在多个区域设立了办事处，负责资源的管理。外部行政管理的两个分支，即管理服务和咨询服务，在 1998 年进行了合并。随着 2004 年挪威食品安全局的成立，渔业行政部门不再负责质量控制，工作中心转移到资源管理。现今，渔业局有 7 个区域办事处，负责资源管理并提供咨询服务。每一个区域办事处在市级层面设有数个地方办事处。渔业督察员在每次检查后向区域办事处提交检查报告。一旦发现有渔业违法行为，由区域办事处向警方报告。如果违法案件成立，渔业局负责举证，并在诉讼中作为顾问出庭。此外，区域办事处也可以根据《海水渔业法》第十一条没收非法渔获。在案件情节严重的情况下，行政没收程序需要写入警方报告。

渔民销售组织负责监管配额制度的实施，没收超过渔船配额部分的渔获，对渔业相关的违法行为进行日常报告。比如，挪威中上层渔业销售组织通过电子渔船和捕捞监控系统监督各项新条例的实施情况，对配额、捕捞参与权和渔获上岸情况进行如实追踪。销售组织主要通过文件检查对渔业进行管理，但在一些码头也安排了督察员对渔获上岸、销售单据的记录及称重程序进行检查。此外，销售组织还为渔业局督察员提供渔获买家的活动信息，以便后者进行监管。海岸警卫队行使警察的权利，负责海上监管和执法，在必要的情况下可以登临渔船并扣留可疑船只。日常任务包括登临检查、控制渔获组成、渔具监管、比对渔捞日志和销售单据等。此外，海岸警卫队还对渔获物丢弃进行监管，将违法行为报告给警方，并在庭审中作为证人出庭。

表4-9总结了捕捞配额制度实施中存在的主要问题及解决方案。根据渔民的报告，在称量条例和销售单据条例出台后，非法上岸的渔获物大大减少。一项合规研究表明，挪威渔业中黑市渔获物交易规模缩小。非法上岸、伪造销售单据一度是普遍做法，但现在已经得到改善。

表4-9　挪威配额制度实施中的主要问题及解决方案

主要问题	监管制度	执法实践	措施的有效性	非官方合规因素
黑市交易	销售单据条例/称重条例 渔捞日志规定	码头检查 仓库检查 文件控制	成熟的制度 问题大大减少	渔民对合规态度的转变
死鱼和濒死鱼的丢弃	禁止死鱼和濒死鱼的丢弃 对底层渔业的非法兼捕渔获上岸进行补偿	海上检查 非法兼捕渔获上岸免责 禁渔区和减少幼鱼误捕的警示水域	成熟的法规 对"濒死鱼"的定义不清、检测和法律举证问题导致执法不到位，但极少有诉讼案件	渔民一致同意禁止渔获丢弃 中上层渔业中盈余渔获的互换互惠

20世纪80年代中期，一些渔业开始要求填写渔捞日志，但是这项规定直到90年代早期销售单据条例通过后才得以大范围实施。超过13 m的渔船要求填写渔捞日志，包括渔获中各个鱼种的名称和数量、捕捞地点和时间等。渔捞日志必须及时填写，并在渔船进港前完成。渔民必须在船上保留近两年的渔捞日志以备随时检查。填写渔捞日志主要为了防止伪造销售单据。渔民如果想伪造销售单据，同时还需要伪造渔捞日志。而伪造或篡改渔捞日志极容易在码头的随机抽检中查获。无论是有意还是非故意违反渔捞日志的填写规定，都将受到法律制裁。因此，渔民必须严格遵守审慎原则，否则将承担严重的刑事责任。

虽然渔获上岸报告制度已经达到较成熟的阶段，禁止死鱼和濒死鱼丢弃的法规在实施上仍存在一些困难。现有制度的主要优势是能有效减少合规成本。除非是出于明显故意，否则渔民不为渔获的上岸承担任何刑事风险。虽然会没收渔获的非法部分，但是1999年引入了补偿制度。根据该制度，渔民通常得到捕捞价值的20%作为补偿。没收部分的渔获也不占用渔民的捕捞配额。虽然很难从法律意义上对"非故意"进行定义，但是海岸警卫队为了减少此类问题，采用了"警示渔区"的做法。通过划定警示区域告诉渔民该水域有大量低于捕捞标准的小鱼，或者有兼捕到非法渔获物的风险，因此不建议在这些水域从事捕捞作业。这些警示水域并非完全关闭，但是在该区域作业的渔船有可能捕捞到非法渔获并受到起诉。从1984年起，渔业局开始季节性关闭巴伦支海一些幼鱼密集的渔区。

以上这些措施都有助于减少非法渔获，也避免渔民抓到幼鱼占用捕捞配额。因此，这些措施都可以减少渔获物的丢弃。

至此，挪威防止渔获物丢弃的体系已经相当成熟。这不但减少了非法兼捕渔获物的丢弃动机，也不至于刺激渔民有意捕捞非法渔获。然而，该项禁令的实施仍是个大问题。虽然该制度有效降低了渔民的合规成本，但是违规的渔民得不到相应的处罚。政策实施未见成效主要有三个原因。首先是概念的漏洞，"濒死鱼"一词没有清晰的法律定义。尤其在中上层渔业，渔获在捕捞上船的时候经常遭到丢弃。中上层渔业年度法规因此强调，一般情况下，丢弃濒死鱼属于违法行为，并对捕捞作业的渔获处理时限作出明确限制。在2004年，渔业部对渔获处理时间发布了一项公告。根据这项公告，在任何情况下，一旦将渔获从围网卸到船上，就不能再次丢弃。虽然对"濒死鱼"并没有清晰的定义，但这项声明中的限制却切实存在，因此渔民普遍认为，在围网拉上船前将渔获物丢弃属于合法行为。在2004年的鲭鱼渔业中废除了这项规定。海岸警卫队随后召开会议，向渔民解释了执法中"濒死鱼"的定义：在收拢围网的过程中，鱼群开始集中跳跃的时候，便处于"濒死"的状态，而海岸警卫队将以此为判定时限。这意味着条款的执行开始变得严格。因为一般来说，在起网机开始作业前，鱼群便开始在网中跳跃。其次是对审慎原则的定义不清，对围网或网囊破裂造成的无意丢弃应采取何种处理方式没有严格的规定。因此，在这些情况下审慎原则的执行方式尚值得商榷。第三，很难查明或证实渔获丢弃的主要责任人，因为指证渔获物丢弃需要直接的目击证人。这个问题在中上层渔业中尤为突出，渔获经常在起网前就直接丢弃，因此很难找到直接目击证人。多脂肪鱼种（如鲱鱼）死的时候会浮上来，这也加大了被发现的风险。然而，捕捞常常在黄昏鱼群集中时进行，渔获物丢弃很难在夜间被发现，而且鲭鱼等鱼类在丢弃后马上会下沉。因此，除非船上有观察员，否则渔获物丢弃的行为很难被发觉。可以说，只有发展捕捞技术，使渔民在鱼类存活的时候有机会对渔获大小和质量进行判断和选择，才能减少死鱼和濒死鱼丢弃的动机，从而真正解决这个问题。由于举证困难，很多年来，中上层渔业中渔获物丢弃的行为极少受到刑事处罚。为了弥补执法的不足，海岸警卫队在过去数年已经报告了多起中上层渔业中渔获物丢弃的行为。

挪威在渔业资源管理中一直遵循温和执法的原则。执法人员不佩带武器，暴力冲突少之又少。海岸警卫队虽然身着军装，但是也要求遵循礼貌和气的原则。在近海和远洋渔业中，海岸警卫队还为渔民提供相应的服务，如普及其他国家的法律法规、提供医疗服务、在紧急的情况下提供潜水员救援等。因此，海岸警卫队不仅是执法者，也是渔船的支持者，这也是渔民对海岸警卫队执法工作配合的原因之一。

违反渔业法规一般指未遵守《海水渔业法》条款。根据该法律，违法行为有三种处罚方式：一是罚款，二是没收渔获物、渔船和渔具，三是监禁。以前，监禁只适用于多次违法或严重案例，时间不超过6个月。但是由于媒体对渔业犯罪的关注，从2001年起《海水渔业法》加重了有关监禁的条款。目前，除了监禁6个月的常规条款，情节加重的话最高处以2年监禁。渔业违法典型的惩罚方式包括罚款和没收渔业公司的贵重物品。实际上，没收也经常以罚款方式进行。《海水渔业法》中有关没收的条款以货币价值计算而非实物。

轻微违法行为，尤其是过失行为，一般不会报告警方，而是在庭外解决。渔业局或海岸警卫队普遍的做法是给予警告。当渔船不再符合捕捞许可条件时，也可以根据《渔业从业法案》没收其捕捞许可证。在 20 世纪 80 年代后期，渔业执法正式提上日程。由于法律保护问题，渔业行政部门一般不采取没收捕捞许可证这种制裁方式。近几年，这项政策有所改变，行政处罚在渔业执法中开始起到一定作用。1999 年新《渔业从业法案》为行政处罚提供了法律支持。该法案规定，在渔船违法的情况下，行政机构可以暂时或永久吊销该渔船的许可证。现今，渔业局把暂时吊销捕捞许可证作为法院诉讼的替代处罚方式。

（六）信息的流通

挪威的渔业管理模式基于渔获物限制与捕捞死亡率控制并行的理念。这个目标的达成需要高效的行政管理。因此，不仅要确保捕捞中所有死亡的鱼类都要上岸和上报，同时要确保渔获信息能及时传递到管理部门，以便对上岸的数量和挪威渔业的总配额进行核对。信息的延后可能导致实际捕捞数量超过总可捕量上限。

现有制度中，渔获物买家向渔民销售组织提交销售单据，后者将销售单据的数据每周 1 次或每周 2 次以电子形式提交给渔业局并以此为基础对其渔获数据库进行更新。最新的配额信息则每天由渔业局发给渔民销售组织。

配额制度在实施中的一个重要问题与《原鱼法案》中的一项条款有关。该条款允许渔民自行处理渔获。但是，并非所有上岸的渔获都能及时出售，也就意味着销售单据要在渔获售空后才能提交，从而造成时间上的延后。这个问题从 1996 年起就一直存在，直到 2003 年制定了新的渔获报告制度。该制度规定，在渔获没有及时售空的情况下，渔民也需要向销售组织提交渔获上岸单据。至今，销售组织仍然要求渔民及时上交电子版的上岸单据。

另一个相似的问题与没收渔获物有关。为了减少丢弃动机，没收部分的渔获并不记入渔民的捕捞配额。但是，捕捞配额制度和捕捞死亡率控制制度并行意味着没收部分的渔获物需要在挪威总可捕量配额中有所体现。目前挪威并没有配套的监管体系保证渔获上岸的数据（包括没收部分渔获）可以和挪威的总配额进行及时比对。这在中上层渔业中不是大问题，因为近海渔业的个体配额总体上略少于挪威的总配额。这使非法渔获和没收渔获数据的缺失不至于导致上岸总量超过总捕捞配额。所有的渔获都通过集中竞价出售，保证了渔获上岸数据的有效传递。挪威鲱鱼和鲭鱼的捕捞量近几年都没有超过总配额。然而，在底层渔业中，由于缺乏有效传递渔获上岸数据的方式，这项制度收效甚微。计算机化工具的缺乏导致实际捕捞数据和总可捕配额无法进行实时比对，因此管理部门无法及时得知渔获的最新信息。沿岸鳕鱼渔业配额制度的实施加剧了挪威的过度捕捞问题。沿岸渔民的配额可以捕捞鳕鱼、绿青鳕和黑线鳕等不同鱼种，这虽然增加了制度的灵活性、减少了兼捕问题，但是极易造成个别物种的过度捕捞。2007 年的法规取消了这种制度，个体渔船配额禁止同时捕捞 3 个物种。

三、实施效力的全球化（2000 年以后）

挪威渔船的主要目标鱼种是跨界或高度洄游鱼类种群，而这些鱼类资源需要与其他国家共享。因此，一国国内管理体制有效，并无法确保资源始终得到可持续管理。养护目标的实现需要所有相关渔业国家实施有效的捕捞限制措施。这涉及众多潜在的法律和行政问题，其中一个问题尤为突出：个别国家可能在其他国家资源养护的基础上进行大肆捕捞。理论上，制度实施效力的不对称将导致资源管理出现囚徒困境：一方面国家和公司承担资源养护的成本，另一方面搭便车者颠覆国家和公司的期望。

挪威在一些有关东北北极鳕鱼非法和未登记捕捞的公开讨论中多次谈及这种实施效力不对称带来的风险。近几年来，东北北极鳕鱼由挪威和俄罗斯共同管理。在挪威，人们普遍认为该鱼种的捕捞管理颇有成效，挪威渔船中非法捕捞现象并不严重。然而，近几年一些外国渔船，尤其是俄罗斯渔船的非法和未登记捕捞行为引起了大家的关注。据国际海洋考察理事会估计，2006 年未上报的渔获量接近官方渔获数据的 25%。渔获从巴伦支海转载到货轮，运到欧洲码头售卖，是这些渔业逃避配额管理的普遍做法。东北北极鳕鱼的非法捕捞导致挪威渔业一度低迷，行业组织甚至认为挪威应该退出与俄罗斯签订的管理协议。渔业公共资源受到剥夺、在囚徒困境中处于不利地位等内容经常在挪威渔业报告中出现。

东北大西洋沿海国要求外国渔船在进入和离开本国专属经济区时提供渔获报告，以便对本国专属经济区种群资源的变动进行追踪。挪威从 1977 年开始要求外国渔船提供渔获物报告，从 1994 年起还要求外国渔船在捕捞作业后的一些管理节点提交报告以便接受检查。东北大西洋沿海国签订了卫星追踪协议，也促进了这些制度的有效实施。然而，这些措施并不能解决国际水域或邻国水域的 IUU 问题。出于对外国渔船 IUU 行为的关注，挪威致力于通过外交途径建立有效的管理控制体制，包括签署多个双边协议和积极参与东北大西洋渔业委员会（NEAFC）。

从 1977 年开始，沿海国通过建立 200 n mile 专属经济区对近海资源享有专属管辖权，NEAFC 不再有资源管理的功能。然而，1995 年《联合国鱼类种群协定》的签署为国际资源管理提供了管理和执法的法律依据，使国际渔业委员会再次受到重视。由于近几年来对外国渔船 IUU 问题的担忧，NEAFC 再次得到重视。2005 年，NEAFC 列出了禁止在其水域作业的渔船黑名单。2007 年这项禁令延伸到 NEAFC 成员国的专属经济区水域。除了不得捕捞作业，上黑名单的渔船亦不得进入 NEAFC 成员国的港口。西北大西洋渔业组织（NAFO）也建立了相似的制度。2006 年，挪威通过一项法规，正式禁止黑名单上的渔船进入挪威港口或实施渔获物上岸、转载等行为。除了这些多边协议，挪威从 1998 年开始单方面将在挪威管辖水域外从事捕捞作业、破坏国家资源养护的渔船列入黑名单。列入黑名单的渔船被永久剥夺在挪威水域捕捞作业的权利。

NEAFC 在建立了渔船黑名单制度后，2006 年出台了控制与执法制度协定，并于次年生效。这项协定意味着国际配额管理迈出了重要的一步，为国际水域的捕捞活动和渔获物转载建立了监管措施。更重要的是，这项协定建立了港口国防止非法渔获上岸的管理制度。根据这项制度，所有在 NEAFC 港口上岸冷冻渔获的外国渔船都需要事先通知港口国并上报捕捞数据。港口国有责任联系船旗国，以核实渔获的合法性。如果不能核实渔获的合法性，港口国有权拒绝该船只靠岸。同时，港口国有权对在其码头卸货或转载的渔获的15% 进行检查，包括比对上报数据和实际上岸数据。有关配额和上岸的信息会被输入

NEAFC 的在线数据库，以保证信息的透明。

挪威积极推广港口国控制制度，并与 FAO 合作，在全球范围内建立了一个类似的制度。此外，挪威还一直致力于建立多边和双边执法管理合作，与东北大西洋的大部分主要渔业国都签订了控制协定，并及时在协定中增加了第三国渔获上岸信息交换的条款。

综上，挪威限额捕捞管理体系的发展历程总结见表 4-10。

表 4-10　挪威限额捕捞管理体系的发展历程

项目	1900—1950 年	1951—1960 年	1961—1970 年	1971—1980 年	1981—1990 年	1991 年至今
资源管理发展	资源管理处于次要地位	意识到过度捕捞问题，注重技术性措施	管理制度改革的讨论：TAC 与捕捞努力量限制	关于渔业准入、管理权和配额分配的国际谈判	实施成为紧迫问题，配额制度的基本实施框架有所发展	实施体系的持续发展
资源管理形式		技术性措施	技术性措施	捕捞配额技术性措施结构政策	捕捞配额技术性措施	捕捞配额技术性措施
政府主要任务	行业发展	行业发展	行业发展	行业发展/资源管理	资源管理	资源管理
配额的实施条件	销售组织、渔民协会的建立国家/行业间的紧密联系中央和地区渔业行政部门的建立	渔业行政部门的扩大	船队合并在基本协定中正式确定了与国家的合作关系	沿海国对大陆架的控制地方管理机构重组海岸警卫队的建立	现代化的法律架构行业组织成为正式的资源管理的咨询者和实施者	执法机制的发展销售组织承担关键任务

第三节　渔业安全管理经验

一、美国渔业安全管理的实践

美国是世界超级大国，也是渔业强国，其主要通过完善立法、加强执法、革新技术来进行渔业的监测与管理。在技术装备上，美国主要的渔业管理部门——美国大气与海洋局（NOAA）下属国家海洋渔业局（NMFS）负责监控海上和码头渔船，以确保其遵守渔业管理计划以及其他适用的法律和法规。国家海洋渔业局及其合作伙伴，例如海岸警卫队和州政府工作人员，使用多种方式监控渔船，包括通过船舶监控系统实施电子监控、在海上和码头实施人工监控和检查。

海上船舶监控的主要电子工具名为"船舶监控系统"（VMS）。船舶监控系统设备是基于卫星的船载无线电收发机，当船舶在海上时，能够发送或接收船舶身份识别号、时间、日期、位置和电子日志等数据信息。由于该系统依赖卫星通信网络（包括 GPS），船舶监控系统的船舶定位信息比渔船自行报告的信息更加准确和可靠，可以使执法部门确定船舶不会进入关闭的区域。

船舶监控系统可以用作船载设备，能够以电子方式提交其捕鱼航程期间的船舶位置信息。渔船一般要求提供：（1）航程开始信号，即告知国家海洋渔业局渔船正在开始航程，包括计划使用的渔具、将进入的捕捞区域以及适用的配额；（2）航程结束信号，即告知国家海洋渔业局渔船正在返回港口，包括预计抵达时间和将使用的交易商；（3）捕捞报告，包括估计的捕获或丢弃鱼类数量。船舶监控系统提高了船舶位置和捕捞量报告的及时性，能够监控偏远地区的渔船，并根据渔船的位置及其报告的捕捞量集中使用执法机构的有限资源。

虽然船舶监控系统在实施初期投入成本较高，但增加和接入新渔船的成本显著降低。船舶监控系统需要：（1）安装船载设备；（2）卫星通信网络可用于传输数据；（3）监控软件；（4）监控和分析数据的监控中心和工作人员；（5）分析和保存数据的政府 IT 服务和系统。以成本为例，国家海洋渔业局批准的太平洋海岸各渔场船舶监控系统每套设备的成本约为 1 000 美元，每月通信成本根据设备连接卫星的使用频率而定。在太平洋海岸各渔场，每小时 4 次声脉冲信号的信号率（假设足够用于执法）预估成本为每月 70～190 美元，而更低的信号率，例如每小时 1 次声脉冲信号，成本将显著降低。

此外，美国还对渔船实施人工监控。渔船人工监控的主要方式是经过专业训练的观察员。这些观察员通过国家观察员计划（NOP）在渔船上与船员一起生活和工作，提供最准确的总捕捞量、捕捞生物数据（例如鱼长）、特定物种捕捞量和混获物种、丢弃的鱼类估计重量等数据。根据《渔业保护管理法》的授权，渔业管理计划可以要求在渔船上派驻 1 名或多名观察员，以收集数据。自 1972 年以来，国家海洋渔业局一直依赖人工观察员，因为实践证明该措施非常可靠和通用。历史上，观察员都是联邦员工，但是从 1996 年开始地区管委会也聘请私营公司培训和雇用观察员。每个地区决定是否有必要使用观察员时，会考虑该地区是否可能接触受保护的物种、特定科学数据的需求、季节和资金等情况。例如，在东北地区，2005—2008 年渔场配备观察员的范围从 1％至 30％不等，而北太平洋底栖鱼观察员计划要求其渔场内长度超过 125 英尺的渔船 100％配备观察员，包括阿拉斯加鳕鱼渔场（2012 年美国产量最大的渔场）。

在渔业执法方面，美国也存在专业执法人员配备不足的问题，因此在执法过程中，NOAA 与州政府和美国海警有着非常密切的合作关系，NOAA 总是联合所有可以动员的力量来帮助执法。NOAA 执法人员主要的工作地点在码头而非海上，主要是监督渔船卸载量，看是否与报告数据相同，保证卸载的渔获进行了称量。海上执法工作则主要由海警负责。例如，当海警登临一条可疑船只后，就会开始收集可能需要的信息，然后打电话回区域办公室与值班的执法官员讨论可能的违法情况，也会联系 NOAA 执法官员告知其有一起疑似违法案件。海警会继续收集证据，一旦回到海警船上会把所有信息集合好，在港口递交给 NOAA 接手，由 NOAA 的执法官员再做进一步调查。

当有人未遵守法律、法规或适用的国际渔业协定时，即视为发生了违法行为。法律中规定的违法行为包括但不限：许可证吊销或撤销期间实施捕捞；阻止执法人员登船、搜查或检查船舶；殴打执法人员或拒捕；非法运输或占有法律保护的任何鱼类；向主管部门提交虚假信息；盗窃或损坏其他人的渔具。

违反渔业法律和法规的船舶将受到多种处罚，按照严厉程度递增顺序包括口头或书面警告、民事处罚、许可证制裁及追究刑事责任。执法办公室为此制作了1个模型，指导调查人员和NOAA的律师实施处罚。该模型的目的是提供简化和统一的方法，以确保"NOAA的法规之间、各个渔场之间以及全国范围内的公平性和一致性"。该模型基于2项标准：（1）通过加入反映违法行为严重程度的初始量计算得出基本处罚，并根据违法行为的具体情节予以调整；（2）根据非法所得和违法行为经济收益确定增加的额外金额。NOAA的律师然后将考虑各种因素调整处罚，例如违法行为的性质、情节、程度、影响及违法行为人的过错程度和前科情况。NOAA的法律总顾问或副总顾问审核律师提出的处罚建议。

民事处罚可以采用"纠正"方式，即要求违法者在规定期限内纠正违法行为，以避免制裁。许可证制裁可以对任何船舶或任何人的捕捞许可证施加条件或限制，或吊销和撤销许可证。NOAA特别关注船舶或交易商的许可证制裁可能使违法者以外的其他方遭受不利经济影响（例如船员、其他交易商以及商业性渔业市场参与者）。因此，许可证制裁仅评估适用于"中度至严重"的违法行为，许可证撤销处罚通常仅适用于欺诈或虚报信息行为，或者"罚款和许可证吊销不足以反映违法行为的严重性"。

最严重的违法行为将由美国联邦检察官办公室追究刑事责任。值得注意的是，《渔业保护管理法》规定只有少数特定类型的违法行为才适用刑事制裁，包括妨害授权的搜查或执法行动、攻击联邦工作人员。因此，执法人员一般使用民事处罚方式，除非特定行为还违反其他刑事法律。

二、挪威渔业安全管理的实践

挪威关于渔船管理的制度主要有渔业登记制度和渔船监控制度等。挪威法律规定只有拥有渔船者才可从事捕捞作业，无渔船者不得入渔。任何捕捞作业的参加者均需登记注册，以便拥有一个唯一的注册号码。注册登记包括渔船登记、渔民登记、买方注册登记和加工厂注册登记。

按照渔船注册登记制度，要建造一艘新船须先申请许可证。每艘渔船的所有渔业许可记录都由当地的渔业管理机构全部输入渔业局的渔业管理数据库网络系统。根据船名、船舶登记号、无线电呼号可以随时查到每条船的情况，包括船舶主尺度、建造年月、船体材质、主机型号、类别、缸数、功率、主机建造厂、船主、所持有的捕鱼执照等各种内容。

在渔船监控方面，挪威于20世纪90年代末完成了渔船动态管理体系及船位监控系统的建设。所有24 m以上渔船、挪威在欧盟水域作业的15 m以上的渔船都被要求安装卫星监控设备。同时，在挪威专属经济区内作业的所有外国渔船也被要求配备卫星监控设备。挪威渔业局还基于船位监控系统开发了新的渔业管理功能，包括电子捕捞报告和电子航海日志等。从2005年开始，所有在挪威管辖水域作业的渔船都可以选择直接利用船位监控系统的数据传输功能，将信息传到渔业局的配额管理系统。

第四节　渔港振兴经验

一、美国渔港管理的实践

美国土地及渔业资源丰富，漫长的海岸线属于联邦政府所有，沿岸渔港众多，渔港管理趋于政府企业共同管理。

美国政府对渔港管理建设高度重视。19世纪渔港管理逐渐由完全私有化到国有化，再到20世纪后期趋于政府企业共同管理。美国国民对海上休闲垂钓较为热衷，政府在渔港规划建设中通过各种制度和措施引导消费，把渔港建设成功能齐全的休闲旅游基地。发达的休闲渔业经济促进了美国渔港经济区功能多元化和持续健康发展。美国渔港的建设、维护由政府和企业共同出资，渔港的管理逐渐趋于公司化，保证了政府对港务公司的充分控制，又使渔港经营管理市场化。

美国渔港管理机制健全，相关法律法规体系完善。早在1976年，国会就制定了《马格努森-史蒂文斯法案》（MSA），该法案是管辖所有国内渔业管理的联邦法律，并在1996年和2007年进行两次重大修订。美国将渔港建设管理归属于渔业管理体系，联邦及各州政府没有单独的渔港管理机构，联邦政府海洋渔业局和鱼类与野生生物局统领全国的渔港管理政务，其他多个部门配合进行有效管理，如海运管理局、海岸警卫队、环境保护署等。在渔港管理制度及规划上，联邦政府提出全国性的统一法规，各州参照联邦法规根据州内渔港现状制定切实有效的细则，使各州的渔港规划建设因地制宜。目前联邦政府和各州政府都制定了相关的渔港管理法律法规，形成了完整的法律法规体系[1]。

休闲渔业是美国渔港功能多元化的主要体现，它能够有效地整合渔港及周边的资源，广泛地开展经济附加值高的休闲垂钓、旅游观光等经营活动，为渔港带来了巨大的经济收益。自20世纪70年代起，旧金山渔人码头发展成为一个旅游景点。依据渔人码头的历史基础配置，规划形成6个码头区、2个公园广场区，开发海洋博物馆、机械博物馆、蜡像馆、海豹观光、潜水艇观光等特色旅游景点。渔人码头衍生出繁华的商业市集，成为特色商店和餐馆的集中地。渔人码头的渔民们在金门外的渔场捕捞。该海域盛产螃蟹、虾、鲍鱼、枪乌贼、海胆、鲑鱼、鲭鱼和鳕鱼等海产品，其中最有当地特色、最著名的海鲜是丹金尼斯大海蟹。当地渔民在杰弗逊街和泰勒街交汇处设立巨蟹雕塑，作为渔人码头的象征。渔民的渔获直接供应给当地的海鲜餐馆，每年11月到次年6月是品尝当地海鲜的最佳时节，游客们可以在此时到渔人码头享用美味。从过去的渔船停泊区演变成现在的特色滨海餐饮休闲街，既保留了渔业码头风貌，又通过特色的渔业文化形成核心旅游竞争力，将渔人码头打造成休闲渔业与文化相结合的旅游业。通过复合型的旅游服务体系，涵盖餐饮、住宿、娱乐、休闲多元业态，带动码头渔业产业和旅游业的发展。

二、日本渔港管理的实践

日本渔业资源丰富，日本政府十分重视渔港的建设管理。在渔港的数量上平均每

---

[1]　衣艳荣，夏玉伟，赵景辉：《渔港经济区发展比较研究》，世界农业，2014第8期，第71页.

12 km沿岸就有 1 座渔港，渔港布局合理①。此外，日本商业港口中绝大部分有渔船卸货、加工、物资补给等设施。日本政府将渔业作为农业的支柱产业，成熟的渔港设施管理为日本海洋渔业发展提供了强有力的支撑。

日本根据渔港的位置、使用范围、功能等将全国渔港分为四类。关于渔港的投融资，政府对渔港的投资极大，民间投资也十分常见。政府不但承担了大量的渔港建设、港口基础设施和支撑设施建设，还会为渔港提供相应的环境保护设施，而民间团体则投资港口的经营性设施。

日本十分重视渔港立法和规划，于 1950 年便颁布实施了《日本渔港渔场整备法》，保障渔港建设管理的合法性，其中明确规定了渔港设施类型（表 4 - 11）。

表 4 - 11　日本渔港设施一览②

基本设施	外围设施	防波堤、防沙堤、防潮堤、导流堤、水闸、闸门、护岸、堤坝、突堤及防浪墙
	系泊设施	岸壁、码头、系船浮标、系船桩、栈桥、浮桥及卸船场地
	水域设施	航道及泊地
渔港设施	功能设施	运输设施	铁道、公路、停车场、桥梁、运河及直升机场
		航行辅助设施	航道标志和渔船进出港的信号及照明设施
		渔港设施用地	各种渔港设施的用地
		渔船渔具保养设施	渔船管理设施、渔船修理厂及渔具的保养修理设施
		补给设施	为渔船进行供水、供冰、供油及供电的设施
		增殖及养殖设施	水产种苗生产设施、养殖饵料保管调制设施、养殖作业设施及废弃物处理设施
		捕获物处理保藏及加工设施	装卸机械、暂养设施、制冰设施、冷冻冷藏设施、水产仓库、露天货场
		渔业通信设施	陆地无线通信、海上无线通信及气象信号所
		渔港福利设施	渔港工作人员宿舍、浴室、医疗卫生及其他福利设施
		渔港管理设施	管理事务所、渔港管理物资仓库、船舶保管设施及其他渔港管理设施
		渔港净化设施	防公害引水设施及其他净化设施
		废油处理设施	渔船废油的处理设施
		废船处理设施	渔船破碎及其他处理设施
		渔港环境整顿设施	广场、绿化及其他维护渔港环境整洁的相关设施

参照《日本渔港渔场整备法》，日本政府平均每 5～8 年出台新的渔港建设规划，且每个渔港都有自己港区详细可行的中长期发展规划。日本在全国性的渔港规划制定方面投入了大量的精力，形成了一套完善的规划制定流程。依据法律规定，全国性的渔港建设规划

---

① 衣艳荣，夏玉伟，赵景辉：《渔港经济区发展比较研究》，世界农业，2014 年第 8 期，第 71 页.
② 王刚，雷鹏，王占行，陈国强：《日本渔港建设、管理情况及对我国渔港建设的建议》，中国水产，2015 年第 9 期，第 19 - 24 页.

由农林水产省确立基本方针并制定草案，草案经过渔港审议会审查通过后，最终到内阁会议审议批准，规划建设确认通过后形成具有法律效力的决定。日本建立了完整的渔港管理法律制度体系。依据法律，地方政府是日本渔港建设经营管理主体。此外，日本民间存在大量组织团体，积极开展科学研究、交流培训等活动。日本还定期举办很多有关渔港建设的全国性会议，有效促进了日本渔港发展。

与美国打造精品休闲渔业模式不同，日本通过融合文化旅游产业，重塑荒岛空港，实现渔民转产转业。濑户内海的诸多岛屿曾因泡沫经济面临凋敝，但是通过人文注入，诸多岛屿文化、艺术、旅游业兴起，将即将凋零的岛屿转变成全球热门旅游地，在解决当地老年人收入低、年轻人工作难寻问题的同时，引流增收，使日本文化辐射全世界。濑户内海每三年举办一次国际性艺术节，即国际艺术祭。艺术祭为岛屿吸引了大量的游客，2010年第一届艺术祭中游客人数突破了60万。众多的游客通过互联网自发地宣传、推广濑户内海艺术祭。直岛则邀请大量的日本艺术家以及直岛部分居民，共同将岛上的旧民居和建筑改造成一件件艺术品，同时新建各具日本人文特色的民宿、餐馆，引领艺术风尚，融合人文、艺术和普通岛民生活，为小岛带来新商机。岛上独特的艺术气息也使之成为很多影视剧、广告片的拍摄取景地。

三、台湾地区渔港振兴的实践

由于旧金山渔人码头改造非常成功，其模式被世界各地所复制推广，渔人码头也遍地开花，我国台湾地区的淡水渔人码头就是典型案例。

淡水渔人码头在20世纪末从一个小渔港转型发展成集渔业生产、观光旅游、商贸等于一体的多元化功能渔港，经济效益显著。自2000年起，淡水渔人码头一直名列台湾观光十大热门景点前两名，电影《海角七号》更是将淡水渔人码头的热度推向顶峰。以下就其建设情况加以简要介绍。

淡水渔人码头陆地面积15 hm²，海洋面积11 hm²，原系生产性渔船停泊供给基地。1994年，在台北县（现新北市）政府和"台湾方面农业委员会"的"渔港功能多元化计划"下实施改造工程，旨在将老渔港改造成为一个兼具渔业发展与观光休闲的优质公园，以超越美国旧金山渔人码头为目标，取名为"淡水渔人码头"。1999年，完成港区东侧绿色景观美化工程、内泊地浮动码头、渔会大楼等工程；2000年完成木栈道、观海广场、凉亭等景观工程；2001年完成客船码头、跨港大桥及观光渔市；2002年完成渔人码头整建工程（包括停车场、公厕、入口、绿地广场等）；2003年为配合蓝色公路（海上旅游路线）的建设，于港区南侧兴建客船码头[①]。在渔人码头正式完工并对外开放后，以其渔港夕阳景色、特色渔业活动和渔村文化闻名，吸引成千上万本地与外埠游客，并且还成为游轮基地、广告片拍摄的取景地和旅行爱好者的摄影天堂。

淡水渔人码头在建设中主要融合了娱乐渔业活动、体验渔业活动、渔业文化观光和渔村生活体验四大功能。娱乐渔业活动主要提供海钓、海洋观光、参观捕捞作业、海岸景观

---

① 王小明，侯凤雄，沈智毅：《台湾淡水渔人码头发展与其对温州的启示》，浙江工贸职业技术学院学报，2016年3月，第68页.

观光和外礁矶钓等娱乐服务。体验渔业活动主要是体验渔业采捕和渔业养殖，如牵罟（地曳网）、石沪、捡拾贝类等活动[①]。渔业文化观光主要是参观渔业博物馆等文化场馆和海景沙滩等渔港自然风光。淡水渔人码头在规划时充分结合当地自然风貌，设计了徒步环海观光路线，让游客在欣赏自然风光的同时能沿途感受渔村文化。而在码头布局上，除码头本身之外，还打造了淡水老街、淡水灯塔、淡水海堤、沙仑海滩、淡水美食、观光鱼市和情人桥等景点，将自然观光与人文景观完美结合。渔村生活体验则主要以观赏渔船进出、渔港风貌、渔场养殖、海洋景观、鱼市买卖及品尝海鲜、参加节庆活动为卖点。淡水渔人码头根据当地风俗和传统节日设计渔村体验活动，比如举办妈祖庆生活动、夏季啤酒节、中秋烟花秀等，来增加旅游亮点和丰富渔村体验。

淡水渔人码头的成功经验主要归功于以下举措：

一是完备的规定和有利的政策引导。台湾地区有关渔港的规定有所谓"《渔港法》""《渔港法施行细则》""《渔港基本设施使用管理费收费类目及费率标准》"等。所谓"《渔港法》"自1992年1月颁布实施后，于1998年、2000年、2004年、2006年四度进行修订，是台湾渔港管理的基本规定，对渔港区域、渔港计划、渔港设施、管理权属、权益权限等都做了明确界定。例如，对渔港岸线明确界定，渔港范围不能随意调整，确需调整的应报请台湾地区行政管理机构批准；对渔港的所有权、使用权、经营权和监督权及产权轮转都有清晰规定，罚责也明确具体[②]。在休闲渔业方面，"台湾方面农业委员会"于1991年在其所谓"《渔业法》"中增订"娱乐渔业"专章；台湾地区渔业事务主管机关则从1992年起开始着手规划发展休闲渔业，成立休闲渔业发展指导小组，并委托学者于1992—1996年开展台湾观光休闲渔业发展规划方面的研究，规划探讨台湾休闲渔业发展模式及相关规定，并且对县市提出的休闲渔业计划给出审查建议。此后，"台湾方面农业委员会"制定的所谓"《娱乐渔业管理办法》"于1993年5月公布，正式开启了台湾休闲渔业发展之旅[③]。上述有关渔港和休闲渔业的健全规定为淡水渔人码头的发展提供了重要的支撑依据，而政府部门及时推出的各项政策为淡水渔人码头的发展指明了方向和思路。

二是稳定的财政支持。淡水渔人码头的发展要归功于台湾当局的大力推广、引导与资金支持。在建设过程中，码头、景观、绿化、桥梁、亭台、公路、广场等基础设施耗资巨大，如没有稳定的财政支持，将无法完成上述基础设施建设。在淡水渔人码头建成后，基础设施的维护、城市绿化的养护也需要大量的资金支持，如没有稳定的财政支持，渔人码头的体验将大打折扣。

三是产业的高度融合。淡水渔人码头将渔业一二三产高度有机结合为一个整体，充分整合当地地貌、地形、美食、文化、风俗等资源，凸显特色，加大宣传，推动多元发展。

---

① 樊敏：《中国台湾休闲渔业发展经验研究》，世界农业，2013年9月，第163页.
② 秦宇博：《浅析我省与台湾渔船渔港管理模式的差异》，农村经济与科技，2016年5月（下），第42页.
③ 刘晓君，黄硕琳：《海峡两岸休闲渔业管理状况比较分析及其启示》，上海海洋大学学报，2009年7月，第480页.

第五节　渔船渔港管理经验的借鉴意义

一、美国经验的借鉴意义

如上所述，美国不论是渔业执法还是渔港建设，对我国渔船渔港综合管理改革都具有很大的借鉴意义。其中，美国渔业监管和执法的借鉴意义可归纳如下：

第一，善于运用信息化手段。美国在历史上主要依靠人工观察员和执法人员，但是目前更多地依靠技术手段，包括实时电子提交船舶航行报告以及使用船舶管理系统航程报告。此外，美国也正在开发视频及其他类型的电子捕捞监控技术。这些技术增强和提高了通过传统、非电子监控方法收集信息（人工观察员的报告）的准确性。通过自动化系统收集和整合的数据增强了渔场管理者在人力资源有限的情况下监管渔业捕捞活动的能力。在采用任何新技术时，必须评估成本与预期效益因素。在考虑电子监控的价值时，基本规则是快速、准确的监控系统的实施、运行和维护费用通常较高，而成本较低的系统会产生更长的延时，而且监控结果的准确性较差。在平衡这些利弊因素时，渔场管理者必须根据其资源和工作重点作出决定，但投入更多技术实施监督和执法的优势是无可置疑的。

第二，重视捕捞量数据采集。美国的经验证明从多种来源收集重叠数据的重要性，例如通过船舶监控系统、船舶航行报告和交易商报告收集捕捞量信息。交叉检查可以发现信息之间的差异以及潜在的不当行为。例如，渔场管理者可以检查船舶航海日志中的自行报告捕捞量数据并对比码头检查员的报告，或者对比同船舶捕捞量相关的交易商报告。

第三，强化精准化执法监管。执法工作人员应配备监管工具，以便在供应链的每个环节跟踪"船边到餐盘"的渔业产品。报告和检查不仅需要审核渔民和交易商提供的海鲜产品合法性，也需要审核海鲜运输商和加工商的合法性。实践证明，强制要求渔船和交易商提交报告可以从独立渠道收集更多数据，从而能够有效检查发现任何不诚信行为者的虚假报告。通过要求从捕捞海鲜至最终销售海鲜消费品的每个商家报告其鱼类来源以及购买的数量，执法部门能够在许多环节"截获非法海鲜产品"，从而降低非法捕捞的海鲜产品进入市场的可能性。

第四，制定简单明确的法规。因为当违反明确的法规时，在审计和执法过程中一般更容易发现和证明。需要具备专业知识或者难以查明或耗费大量时间调查的复杂法规可能会降低实用性，因为需要投入大量资源培训执法人员，同时为了避免非故意违法需要向渔业社区提供宣传教育。

第五，加强量罚适当的惩处。仅当对于各种程度的潜在违法行为规定适当的处罚时，监管执法才可能取得成功。虽然对于轻微违法行为必须有适当的轻度处罚，但在处理累犯或严重违法行为时也必须有相应的严厉处罚。在后者情况下，应考虑设置适当的刑事处罚的法律规定。

在渔港管理方面，美国成熟的渔港管理体制主要归结于美国功能多元化渔港的发展。其一，主要表现在休闲渔业的发展，美国国民对休闲渔业的消费意愿较高，对渔港的关注度高，直接促进了渔港经济区的发展，反过来进一步促进渔港的规划及建设。其二，美国采用联邦与州政府相结合的渔港管理体制，各部门职责明确，管理人员素质高，形成了高效的管理体制。其三，美国制定了一系列关于渔业管理的相关法律法规，为渔港的管理活动提供法律保障。

二、日本经验的借鉴意义

日本成熟的渔港管理体制主要归结于日本对渔港的规划建设、投融资制度及对渔港的重视程度。日本十分重视渔业资源，政府充分意识到渔港管理于渔业发展的重要性，主导渔港的规划建设，推进相关法律制定，很早便出台了针对渔港管理的全国性法律法规。日本政府对渔港建设投资力度大，配合完善的投融资制度，给渔港管理提供了经济保障。日本政府科学制定全国性的中长期渔港建设规划，指导渔港持续健康发展。另外，日本拥有悠久的渔村历史，涌现出一大批渔港管理民间组织或团体，民众积极投入渔港管理建设，实施有效监督，提出改进建议，有效促进渔港发展。

美国、日本及我国大陆地区渔港的建设规划、法律制度、监督管理情况对比见表4-12。

表4-12　美国、日本、中国渔港管理情况对比

渔港管理内容	美国	日本	中国
渔港规划建设	联邦政府提出原则的规划，而详细的实施细则则由各州根据本州情况自主制定	由农林水产省确定基本方针，最终由内阁审议通过	中央制定沿海渔港建设规划，各省根据中央规划再细化形成地方规划
渔港法律制度	《马格努森-史蒂文斯法案》等	《日本渔港渔场整备法》	暂无渔港管理的全国性法律法规
渔港监督管理	趋于政府企业相结合的管理模式	各地方政府为渔港的管理者	由县级以上人民政府渔业行政主管部门负责，具体管理办法由国务院规定

三、挪威经验的借鉴意义

挪威作为"世界渔业管理的领导者"，其在渔业管理上的借鉴意义大致如下：

第一，建立完善的联合执法制度。与美国类似，挪威在陆上和海上各配备了相应的执法机构，其中，挪威渔业局外部行政机构主要负责在陆上对渔业进行监管，而挪威海军和海岸警卫队主要负责海上的渔业管理。三者相互协作，又各有侧重，在一定程度上解决了渔业执法面广而带来的执法力量不足的问题。

第二，发挥渔业自治组织作用。成立渔业自治组织，并在渔业管理中充分发挥协调和桥梁作用。社团管理模式不仅是渔业，也是挪威其他产业的典型管理方式。渔民自治组织除在充当渔民群体与行政主管部门之间的沟通桥梁外，其本身也充分发挥管理职能，包括负责监管配额制度的实施、没收超过渔船配额部分的渔获、安排渔业督查员等，因此是挪威渔业管理主体的重要补充。

第三，加强渔获物可追溯管理。挪威对渔获物买卖两端及海上转运均加以管制，挪威渔业部要求渔民和渔获买家均提供详细的渔获报告以及渔获处理报告，买家和渔民都需在销售单上签字并对单据的真实性承担共同责任，都必须保留渔获的购买记录以便查证。

销售组织则将信息录入数据库，渔业主管部门有权随时查看。挪威还要求渔船提交详细的报告才能在船上进行渔获转载，因此渔获物追溯制度也延伸到海上转运中。

第四，推进渔船管理信息化。挪威渔业主管部门强制要求 24 m 以上渔船安装卫星追踪设备，以便向渔业主管部门及时发回渔船动向。同时，积极开发渔船船位监控系统，增强系统数据搜集和处理的功能，从而实现渔业管理的智能化和信息化。

综上，世界渔业较发达国家和地区对渔业管理和渔港规划建设都非常重视，政府在财政方面提供充足的保障，建设投资的力度大，拥有完善的配套基础设施、技术支撑、执法力量和配套立法。推进渔船渔港综合管理改革，应结合当地渔业发展状况，加强政府财政投入，尤其是确保对基础设施建设和技术开发运用的资金支持。在渔船管理方面，完善海上监控系统，提高准入门槛，加强终端控制；在渔港管理方面，重视渔港建设前期调研，制定渔港建设标准，形成渔港中长期规划，精准把握渔港特色，合理布局产业发展，明晰产权归属，促进渔业经济发展和渔业社区繁荣；在执法方面，加强涉海部门的沟通协作，引入渔民自治组织，建立渔民督导员和观察员制度，充分调动各方执法力量；在制度建设方面，尽快出台有关渔港管理、休闲渔业管理等制度，制定渔港规划建设的统一标准，确认渔港产权归属，使渔业活动更加有章可循，使渔港管理更加有法可依。

第五章

台州国家级渔船渔港综合管理
改革总体思路和方案

2018年3月，台州市海洋与渔业局（现台州市港航口岸和渔业管理局）将《台州创建国家渔船综合管理改革试验区实施方案》（本章以下简称《实施方案》）上报浙江省海洋与渔业局，经其转报农业农村部渔业渔政管理局。3月30日，农业农村部对《实施方案》作出批复，同意浙江省台州市开展国家渔船综合管理改革试验基地建设。台州国家级渔船渔港综合管理改革试验区建设由此拉开帷幕。

第一节　指导思想、基本原则和改革目标

一、台州国家级渔船渔港综合管理改革指导思想

根据《实施方案》，试验区建设的指导思想如下：以习近平新时代中国特色社会主义思想为指导，全面贯彻落实新发展理念，坚持深化改革和依法治渔双轮驱动，坚持渔船投入和渔获产出双向控制，坚持资源管理和安全管理两手齐抓，进一步探索改革渔船渔港和海洋渔业资源总量管理体制机制，逐步建立起以投入控制为基础、产出控制为闸门的海洋渔业资源管理基本制度，实现海洋渔业持续健康发展，为全国渔业管理、渔船管理、渔港管理提供可复制、可推广的台州经验、台州样板。

二、台州国家级渔船渔港综合管理改革基本原则

根据《实施方案》，试验基地建设要遵循"问题导向、依法行政、政策引导、循序渐进、方便渔民"的五项基本原则。一是坚持问题导向。把握好渔船各项改革的次序、节奏、力度，确保综合管理改革扎实推进、务求实效。二是坚持依法行政。用法治破解渔船改革管理中的难题，完善渔船管理配套制度，建立符合渔船综合管理改革的政策体系，使渔船综合管理改革于法有据、有章可循。三是坚持政策引导。严格控制并逐步压减渔船，加快推进海洋捕捞作业结构调整，提升渔船装备和信息化水平，促进海洋捕捞强度与渔业资源可承载能力相适应。四是坚持循序渐进。按照渔船综合管理改革设计框架，正确处理好改革节奏、力度和渔民可承受能力关系，先易后难，循序渐进，确保改革试验持续推进。五是坚持方便渔民。开展解放思想，寓管理于服务之中，加快推进"最多跑一次"改革，完善容缺预审，缩减审批流程，进一步释放渔船综合管理改革红利。

三、台州国家级渔船渔港综合管理改革目标

根据《实施方案》，试验区建设的改革目标如下：

1. 渔船规模有效压减

全市压减渔船 599 艘、145 160 kW，其中大中型渔船 522 艘、144 205 kW，小型渔船 77 艘、955 kW。到 2020 年，全市大中型海洋捕捞渔船船数、总功率分别控制在 3 702 艘、984 602.5 kW。

2. 减量增收取得实效

国内海洋捕捞产量控制到 84.25 万 t 以内，比 2015 年下降 23.6%。渔民人均纯收入年均增长 8% 以上，渔业产值、增加值显著提升。

3. 安全形势明显好转

打通渔船安全监管"最后一海里"，事故起数、死亡人数和经济损失三项指标同比"十二五"期间均下降 50% 以上，较大以上渔业安全事故得到有效控制或消除。

4. 管理问题基本破解

渔港综合管理信息系统（以下简称"船港通"）建成投入使用，渔获物定港上岸和绿色标签可追溯管理初见成效，限额捕捞改革试点取得突破，依港管船模式全面推广，初步实现船检系统检管分离。

第二节　台州国家级渔船渔港综合管理改革主要任务

根据《实施方案》，试验基地建设的改革目标包括五个方面：创新渔船管理体制机制、探索建立依港管船促安新机制、探索渔业资源总量管理和限额捕捞试点、探索渔获物定港上岸和可追溯绿色标签管理。

一、创新渔船管理体制机制

1. 推进渔船分类分级管理改革

强化渔船分类管理，严格执行以船长为标准的渔船分类方法，将渔船分为三类：船长不满 12 m 的为小型渔船，船长等于或大于 12 m 不满 24 m 的为中型渔船，船长大于等于 24 m 的为大型渔船。强化渔船分级管理，海洋大中型和小型渔船船网工具控制指标不得通过制造或更新改造等方式相互转换。严格海洋捕捞辅助渔船管理，实行总量制度、"拆一还一"和船型标准化建造管理。强化休闲渔船管理，依据近海资源环境的承载能力和渔民转产转业的实际需求，制定符合当地实际情况的休闲渔船控制目标，实行分级严格规范审批。

2. 完善捕捞作业分区管理

海洋大中型渔船不得到机动渔船底拖网禁渔区线内侧作业和跨海区作业、买卖，其中海洋中型渔船作业范围为机动渔船底拖网禁渔区线向外延伸 12 n mile，确保渔船航行生产安全，严格保护近海渔业资源。因传统作业习惯到禁渔区线内侧作业的，严格按规定程序报批。严格渔船差别化管理，海洋小型渔船应在禁渔区线内侧作业，不得跨省管辖水域

作业和买卖。严格限制船长不满 12 m 的小型渔船拥有数量，明确捕捞许可证要优先发给当地传统渔民，探索开展沿岸渔场资源产权化改革，实行定点分区管理，赋予传统海洋捕捞渔民优先权益。

3. 探索渔船管理方式方法

依据渔船船体质量、船员配备、持证情况、编组生产、适航状况等，健全渔船安全分类管理体系，实行有侧重点分级管理和动态管理。推广"渔船星级管理法"，分别在渔船船体上张贴标识，落实"定港、定人、定时"管理措施。将近两年来伏休期间表现良好的确定为三星，实行正常管理；将近两年来伏休期间有轻微违规行为的确定为二星，实行重点管理；将近两年来伏休期间有严重违规行为的确定为一星，实行定港停泊、强制管理。探索渔船分作业类型管理，严格按照渔业捕捞许可的海域、作业类型和渔期作业，维护正常作业秩序，防止和减少涉外渔业事件发生。

4. 提高捕捞业的组织化程度

建立渔船基层管理组织行业标准，明确运营要求、管理职责和运行机制，完善考核评估和奖惩机制，赋予其在渔船证书办理、限额分配、入渔安排、船员培训、安全生产组织管理及资源费收缴、相关惠渔政策组织实施等方面一定权限，扎实推进渔业公司（村、合作社）兼并、整合，促进规范化、规模化经营，切实解决渔船安全管理人员少、能力弱和经费短缺等问题。对一人多船的，探索渔船公司化经营、法人化管理途径，增强渔船安全生产主体责任，提升渔船渔民安全管理水平。积极培育渔船管理第三方组织，切实为渔业主管部门、渔业互保提供渔船安全评估、风险防范咨询服务。

二、探索建立依港管船促安新机制

1. 建立渔港港长制

按照分级管理、属地负责的原则，市级设立渔港"港长制"工作领导小组，县级设立县乡村三级渔港港长的组织架构。市级政府分管领导担任渔港"港长制"工作领导小组组长；中心渔港、一级渔港港长由县级党委或政府负责同志担任；三级以上渔港港长由渔港所在地乡镇党委或政府负责同志担任；等级以下渔港港长由沿海村居领导担任；对重要渔港提级担任港长。渔港港长要切实担负起建港管港的职责，协调整合各方力量，切实做好渔港及渔港经济区建设发展、综合管理、安全生产、生态保护及社会稳定等各项工作。建立渔港港长会议制度，明确和落实成员单位职责。设立市、县两级渔港港长制办公室，办公室设在同级渔业行政主管部门，负责日常工作。

2. 强化协同驻港监管

加强综合执法，优化执法力量配置，实现管理要素向渔港集聚，渔业执法重心由水上向渔港转移。推进渔政执法、渔港监督和渔船检验队伍协同进驻渔港，2018 年前整合建设全市 11 个渔港综合管理站，2020 年前三级以上渔港要建成与渔港功能定位匹配、各种管理职能全覆盖的渔港综合管理站，等级以下渔港要实行专人驻港监管，实现渔业执法关口前移，并协调公安边防、海警、海事等涉海部门现场办公，形成渔港监管合力。强化渔港综合监管，全面提升渔港监督履职和依港管理能力，打造文明渔港、生态渔港、绿色渔港。

3. 强化渔船安全闭环管理

打破渔船检验、船舶登记、船员培训、执法检查、动态信息核查、许可证发放等各个环节之间的隔阂，推动执法、船检、许可、渔港监督四驾马车齐头并进，建立综合协调、信息共享的联动机制，实行隐患排查、登记、评估、报告、监控、治理、销号等各环节联动的线上线下闭环监督管理，形成渔船安全监管合力，实现违规渔船"一处违规、处处受限"。

4. 开展渔船渔港安全综合治理

坚持安全发展理念，建立"一平台三中心五机制"。"一平台"即渔船渔港综合管理平台，"三中心"即渔船综合管理服务中心、渔港综合监管中心、渔业船员考试培训中心，"五机制"即渔船渔港管理信息平台运行机制、船籍港综合管理机制、乡镇渔船综合执法机制、渔业互保与安全深度融合机制、两个责任追究机制。以此为依托，强化部门监管责任和乡镇属地管理责任，推动渔船安全监管关口前移，实现预防、预警与动态干预并轨的渔船安全管理新格局。

5. 探索建立进出渔港报告制度

充分依托渔船渔港综合管理信息化系统，责令船长建立渔船进出港报告制度，进出港船舶均要报告抵离港时间、适航状态、渔具和渔获物情况等信息，且渔船出港后须保证24 h不间断报送船舶实时位置。对未按要求进出港报告或报送船位信息的船舶，要将其列为重点检查对象，实施重点查验，发现违法违规行为予以严厉处罚。

6. 探索实行船员记分管理机制

严格渔船安全管理记分管理，将渔船船东、船长和基层组织纳入渔业安全生产诚信管理，探索实行记分制。对自觉遵守渔业安全生产法律法规、严格履行渔业安全生产管理规定的船东、船长、公司给予奖励，凡出现不符合安全生产条件、违法违规生产、非法捕捞作业、报告信息不实等行为的渔船，视情节严重程度，分别给予渔船船长、船东和所在基层组织记分惩戒，记满12分列入黑名单，并限制办理证书证件审批、培训考试等涉渔业务。

三、探索渔业资源总量管理和限额捕捞试点

1. 实施渔业资源总量管理

贯彻落实农渔发〔2017〕2号和浙海渔发〔2017〕6号，制订减船分年度实施计划，研究出台兼顾资源保护、渔民生计、就业创业和渔业管理的组合政策，积极引导减船减量和作业方式调整，构建生态友好型的海洋捕捞业。按照统一部署、分级管理、逐级落实的原则，在海洋渔业资源监测评估基础上，综合考虑各相关因素，细化分解海洋捕捞产量分年度指标到最小生产单位，确保完成减船减量任务。

2. 深入开展限额捕捞试点

持续开展浙北渔场梭子蟹限额捕捞试点，依据平均捕捞量和资源基础调查及捕捞信息采集情况，科学动态调整确定总可捕量和配额分配；设立海上交易点和陆上交易点，建立渔获物交易监管制度，确保渔获物监管到位；给捕捞船安装渔获物产量采集仪，由捕捞船每天通过采集仪自动报送产量，建立配额完成接近预警体系；强制渔船北斗卫星定位系统

及 AIS 全天候开机并报告船位，完善监管措施，核实渔捞日志和转载日志；建立奖惩机制，鼓励渔民遵守限额捕捞各项规定，鼓励渔船之间相互监督，对瞒报产量、违规销售等行为进行严惩。通过配额的确定、分配、管理、监管，结合执法检查和通报制度，探索建立一套符合中国实际的限额捕捞制度。

3. 加强捕捞生产监控

积极承担全国海洋捕捞生产抽样调查试点，探索改革渔业生产统计指标体系和方法，建立水产品价格监测体系，准确反映渔业供给侧结构性改革和渔业资源总量管理成果。实施海洋捕捞生产渔情动态监测，建立统一的信息采集和交换处理平台，开展大数据分析，及时准确反映海洋捕捞生产、渔民收入、成本效益和渔区经济发展动态。建立和完善渔船渔捞日志填报和检查统计制度，逐步推进渔捞日志电子化。

四、探索渔获物定港上岸和可追溯绿色标签管理

1. 实施渔获物定港上岸

根据台州渔港分布、渔民交易习惯、渔业行政管理力量配备情况，明确渔获物定点上岸渔港，初步确定玉环坎门中心渔港、大麦屿渔港、鸡山渔港、灵门渔港、温岭中心渔港、礁山渔港、龙门渔港、路桥金清渔港、椒江中心渔港、大陈渔港、临海红脚岩渔港、三门洞港渔港和健跳渔港等 13 座渔港为渔获物定点上岸渔港，符合要求的村级渔业码头也可确定为渔获物上岸点。完善渔港交易基础设施，制定相关管理制度，明确渔获物二维码等标签为渔获物合法性唯一标志，禁止无标签渔获物出港。加大执法监管、处罚力度，保证报告制度和定点上岸销售制度落实到位。

2. 探索渔获物可追溯绿色标签管理

结合海洋渔业资源总量管理信息化系统建设，依据渔获物上岸交易特点，开发渔获物可追溯绿色标签管理系统，明确每艘捕捞渔船和运输船唯一对应标识码，通过对渔盘、渔箱等运载载体进行标识，实现渔获物可追溯管理。渔业运输船和捕捞船在海上过驳、交易和进港前要及时通过系统上报渔获物来源、数量、品种等信息，并接受定点渔港的核验。市场主体在收购渔获物的同时要通过追溯管理系统填报交易信息，并获取渔获物绿色标签；市场监管部门要加强对市场流通渔获物绿色标签的监管，未取得绿色标签的渔获物不得在市场流通。开放追溯管理系统公共服务功能，引入电子商务，开展线上拍卖交易和线下物流配送。

第三节　台州国家级渔船渔港综合管理改革保障措施

一、加强组织领导

为确保试验区改革顺利推进，台州市政府成立国家渔船综合管理改革试验区建设工作领导小组，统筹协调渔船综合管理改革各项工作，着力解决渔船综合管理改革中的重大问题。领导小组下设办公室，办公室设在市海洋与渔业局，具体负责《实施方案》实施，确定阶段性任务，协调各方关系，形成工作合力。

二、强化环境营造

多形式、多渠道、全方位广泛宣传创建国家渔船综合管理改革试验基地的重要性、必要性、创建内容和改革举措，营造良好的舆论氛围。加快推进涉及渔船行政审批的"最多跑一次"改革，减轻渔民和企业负担，改善渔船管理软环境，释放改革红利，惠及渔民群众。

三、强化项目实施

积极争取上级渔业部门项目和资金支持，整合台州市涉渔资金，充分利用渔业油价补贴改革地方统筹部分资金，重点加强对渔船综合管理改革试验基地的投入，支持渔船综合管理改革试验基地的软硬件建设。加快实施海洋渔业资源总量管理信息化系统项目，建设集海洋捕捞总量管理、渔获物定港上岸和绿色标签可追溯管理、渔港动态管理、渔业船员管理、渔船审验管理、渔政执法管理和社会化服务平台为一体的信息化管理系统。鼓励渔民加强标准船型更新改造和安全装备，提升渔船安全性能和适航水平。

四、强化制度建设

制定出台加强渔船安全生产综合管理改革意见，制定《台州市全面推行渔港"港长制"实施方案》，建立渔船安全指挥调度体系和渔船安全预警预判机制、指挥部门协同机制、市县乡三级应急联动机制、应急处置机制、动态干预机制，制定出台渔船安全风险评估、渔船进出渔港报告、渔船基层管理组织规范化建设、渔船北斗船载终端设备升级改造、渔港管理站建设、船员记分管理、船员聘用备案管理、海洋捕捞渔获物定港上岸等制度或方案，支撑渔船综合管理改革试验基地建设。

五、强化执法保障

围绕渔船综合管理改革试验基地建设的各个环节，深入开展"一打三整治"和渔船安全管理"打非治违"专项行动，严厉打击涉渔"三无"船舶，加大"船证不符"渔船清理整治力度，彻底取缔违规渔船渔具。加强渔港管理，推进依港管船管人管渔获物。建立渔业行政执法全过程记录制度，合理行使行政自由裁量权，严格执行重大行政执法决定法制审核制度，完善渔政执法和刑事司法衔接机制，确保渔业法律法规落到实处。

六、强化督查考核

高度重视，精心组织《实施方案》实施，分解年度目标，明确时间节点，建立挂图作战机制，加强指导协调，精准破解难题。强化督查指导，围绕年度目标，开展不定期的督查督办，并及时进行通报和考核，考核结果纳入政绩考核评价体系，确保《实施方案》的各项目标任务落到实处。

第六章

台州国家级渔船渔港综合管理改革历程

如前所述，渔船渔港综合管理改革最早由浙江省台州市实践并提出，2017年以来，台州渔船渔港综合管理改革经历试水期（2017年1月—2018年3月）、探索期（2018年4月—2019年4月）和推进期（2019年5月至今）三个阶段。

第一节　渔船渔港综合管理改革试水期

一、启动石塘镇渔船安全生产综合管理试点

渔船安全生产一直是渔船管理中的重点和难点。温岭市石塘镇是浙江省渔业大镇，拥有各类渔船近1 800艘，从业人员1.5万多人。近几年来，石塘镇渔船安全生产事故频发，事故总量及死亡人数均居高不下。2016年，台州市渔业安全事故死亡人数32人，温岭籍占了18人，其中石塘籍有12人[①]，石塘是台州渔业安全治理的重中之重。

（一）石塘镇渔船安全生产综合管理试点背景分析

渔业特别是海洋渔业是高风险行业，它不同于陆上行业，渔船一旦出港生产，大海茫茫，往往就变成监管的盲区和"真空"地带，每年总会发生一些安全事故，造成人员伤亡，这是全世界都面临的共同难题。加强渔船安全监管、减少渔船安全事故和人员伤亡是我们共同探索研究的一项重大课题。开展温岭市石塘镇渔船安全生产综合管理试点，是基于以下三方面背景：

1. 国家安全监管形势要求

党的十八大以来，以习近平同志为核心的党中央高度重视安全生产工作，党中央、国务院领导多次作出重要指示批示。习近平总书记在系列讲话中指出："安全生产事关人民福祉，事关经济社会发展大局。"李克强总理批示："安全生产是经济社会发展的重要基础和保障。"中共中央、国务院印发《关于推进安全生产领域改革发展的意见》，这是历史上首次以中共中央、国务院的名义印发安全生产方面的文件。对此，要坚决贯彻党中央、国务院领导的指示批示精神，按照全国安全生产电视电话会议和农业部安全生产工作会议的要求，越是忙的时候，越要绷紧保安全这根弦，居安思危、未雨绸缪、盯住关键环节、薄弱部位，进一步强化红线意识，强化责任落实，强化隐患排查，强化应急值守，强化依法

[①]　访问网址：http://wlnews.zjol.com.cn/wlrb/system/2017/05/04/030080416.shtml.

治安，持续夯实安全生产基础，坚决防范和遏制重特大渔业安全生产事故发生，维护渔区社会稳定。

2. 渔业安全管理的现状需求

"十二五"以来，台州加强了技术安全防范和安全监管，推动了渔船装备改善，渔业安全生产形势明显好转，渔业安全生产三项指标普遍回落，特别是死亡或失踪人数从"十一五"的每年 50~60 人下降到"十二五"的每年 30 人左右，这是一个很了不起的成绩。但是，台州是渔业大市，渔船数量大、作业类型多、生产区域广，而渔民的业务素质和安全技能总体在下降，仍是安全事故易发多发的重点领域，特别是渔船碰撞事故不降反升，从表象看，海上作业风险大，渔民责任心不强，值班瞭望不到位；但从深层次分析，则是体制机制问题，渔船安全管理的"两个责任"没有落实到位。浙江省海洋与渔业局黄志平局长调研时提出了渔业安全生产必须破解的六大难题：从业人员整体素质下降、渔业安全生产主体责任和监管责任难以落实、渔船动态跟踪信息化工作推进不深、安全生产事故责任追究不到位、监督检查效率低下、渔业执法力度不够到位。这六大难题既是全省性渔业安全生产领域所面临的共性问题，也是交给台州的破解任务。为破解这六个难题，台州通过综合治理的试点，寻求在体制机制上突破，探索出一条"依港管船"的新路径，进一步落实和明确渔业主管部门、渔业乡镇、渔业村（公司）的渔船安全生产管理责任，凸显基层基础作用；进一步提高渔船动态管理信息化水平，推动渔港安全管理常态化；进一步增强渔船船东船长主体责任意识，提高船员的安全操作技能，准确掌握船员动态信息。

3. 试点区域的典型意义

温岭是台州的渔业渔船大市，而石塘籍渔船就占到温岭的 3/4。船多、事故起数多、死亡人数多、重特大事故安全隐患多等状况，使得温岭市政府及渔业主管部门背负着沉重的监管压力。被一票否决的重特大事故就有 3 起，如 2007 年 12 月 6 日，浙岭渔运 281 号船因严重超载，在长江口以东的东海洋面沉没，船上 20 名船员仅 4 人获救。2013—2015 年，全市共发生渔船水上安全事故 94 起，死亡（失踪）94 人，其中温岭发生了 59 起，死亡 64 人，分别占 62.8% 和 68.1%。如 2013 年 1 月 20 日，浙岭渔 92075 号船在生产作业时拖虾杆掉进海里，造成 3 人落水死亡事故；2014 年 2 月 7 日，浙岭渔冷 90058 号船在航行途中发生火灾，造成 6 人死亡事故。2016 年，全市渔业安全事故死亡人数 32 人，温岭籍占了 18 人，而石塘籍占了 12 人（一个镇就占了全台州的 37.5%）。对此，选择温岭市、选择石塘镇推行试点具有很好的现实意义和示范作用。温岭市委、市政府对渔船安全管理工作十分重视，把"一条船监管"放在安全工作的首位，党政主要领导和分管领导多次就该试点工作作出指示，也得到农业部、省海洋与渔业局及台州市委、市政府的高度重视，实质上是一个部、省、市、县、镇五级试点。通过石塘这个试点，一方面能为石塘以及温岭的渔业安全监管找到一条破解之路；另一方面也对台州、浙江乃至全国的渔业安全生产发挥"以点带面"的引领作用。

（二）石塘镇渔船安全生产综合管理试点主要内容

2017 年 5 月，台州市制定了《温岭市石塘镇渔船安全生产综合管理试点工作方案》（台海渔〔2017〕42 号）。石塘试点是台州全面贯彻中共中央、国务院《关于推进安全生产领域改革发展的意见》和浙江省安全生产委员会《渔船安全管理八条规定》的具体体现。试点针对渔业系统体制、机制存在的突出问题，坚持问题导向，要求严格落实渔船安全监管的"两个责任"，通过渔业部门行业监管责任和涉渔乡镇属地管理责任的落实到位，倒逼船东船长主体责任的落实到位。因此，试点的核心内容就是"一平台三中心五机制"。

1. 构建"信息共享"的渔船渔港综合管理平台

依托中国渔政指挥系统、渔信通、渔船安全救助信息系统和海岸带三维可视化基础体系数据，建立渔船渔港综合管理平台。平台设立渔船审验、进出港管理、船员动态管理、渔业捕捞管理和渔港执法管理等五个子系统，建成集渔船检验、许可管理、黑名单管理、进出港管理、伏休管理、休闲渔船管理、船员管理、港口水产品销售管理和渔港数理模型等为一体的综合管理平台。渔船渔港综合管理平台的建立，可打破渔船检验、船舶登记、船员培训、执法检查、动态信息核查、许可证发放等各个环节之间的隔阂，形成既相互制约又相互协作的工作流程，实行环环相扣的闭环管理，实现执法、船检、许可、渔港监督四驾马车齐头并进，形成渔业系统内部的渔船安全监管合力。

2. 构建"集成高效"的渔船综合管理服务中心

通过渔船综合管理服务中心建设，整合石塘镇渔业、边防、海洋等部门到渔船综合管理服务中心集中办公，以渔民办事"最多跑一次"为目标，实现渔民上船技能培训教育、船员登记管理、渔船安全检查及督促整改、渔船买卖、证书办理、海事调解及渔业互保等涉渔事项集中处理，提高乡镇对渔船安全的综合管控能力。整合渔船数在30艘以下的低、小、散渔业村（公司），建立完善安全协管员制度，改变以往因规模小、安全管理人员配备不足导致渔业村（公司）对渔船的安全协管责任履行不到位现象。建立石塘镇渔船安全应急指挥中心，整合现有的渔业村（公司）安全信息平台人员，实施统一的平台管理及应急指挥，实现基层在事故发生后能及时对渔船进行应急救援指挥。渔船综合管理服务中心的建立，是渔船安全监管环节中属地管理责任的大胆探索和尝试，为全市乡镇渔船安全属地管理提供了模板。

3. 构建"依港管船"的渔港综合监管中心

建立渔船定期回港、重点渔船定点靠泊、港内渔船安全事故应急处置、渔船进出港报备及执法检查等制度，促进依港管船制度落到实处。通过渔港综合监管中心建设，整合渔业、乡镇、边防等力量，建立完善涉海部门之间的协作机制，聘用专职的渔港管理员，组建四位一体的渔港综合监管队伍，突破无法大规模单独配置专业渔港管理人员的困境，形成涉海部门的渔船安全监管合力。依托渔船渔港综合管理平台，通过增加港口视频监控终端、升级改造渔船定位终端、配备船员身份识别终端、管理人员渔信通终端和安全执法终端等手段，提高执法效率和透明度。

4. 构建"增强技防"的渔业船员培训考试中心

建立温岭渔业船员培训基地和渔业船员考试温岭分中心，认真排查辖区内渔业船员持证情况，及时组织船员参加培训考试，积极探索船员培训、供给新模式，实现船员培训不出镇，尽可能方便渔民和提高培训效率，努力提高上船船员的安全操作技能。培训考试中心建设是此次试点的重要内容，可优化台州渔业船员培训机构布局，为温岭渔民提供技能培训的贴身保姆式服务，也是坚持问题导向、解决温岭部分职务船员和普通船员未持证上岗的重要举措。

5. 构建"闭环管理"的试点保障五机制

建立完善渔船渔港综合管理信息平台运行机制，打破渔船管理各个环节之间的隔阂，实行环环相扣的闭环管理；建立完善渔船船籍港综合管理新机制，积极探索渔船定期回港、重点渔船定点靠泊、港内渔船安全事故应急处置、渔船进出港报备及执法检查等配套制度；建立乡镇渔船综合管理和执法机制，强化乡镇属地管理责任，实施乡镇安全综合行政执法；建立渔业互保同安全管理的深度融合机制，推动互保宣传同安全宣传教育、安全监管同互保展业的深度融合；健全两个责任追究机制，以"出事必查、一事双查、提级调查、执法评查、安全巡查"（以下简称"五个必查"）为抓手，以强化监管责任来倒逼主体责任的落实。

（三）石塘镇渔船安全生产综合管理试点保障措施

温岭石塘试点承载着破解渔业安全监管六个难题的重任，承载着体制机制探索的重任，紧紧抓住渔船安全监管中主要矛盾和矛盾主要方面，深入探索研究渔船安全监管规律性和基础性要素，努力构建渔业安全监管长效机制。

1. 加强领导

强化领导、强化保障，确保各项工作组织到位、经费到位、人员到位、责任到位。多方筹措资金，切实解决培训考试中心、综合管理服务中心等硬件设施建设的经费支持，按期完成这两大中心建设，并加强对这两大中心的运营管理，使之发挥出作用。有效落实综合管理服务中心的安全协管员、渔港综合监管中心的专职管理员等的岗位编制，加强人员配置，选调一批能力强、业务精的人员，为综合管理试点工作提供充足的人员保障。

2. 快速落实

集中市县两级渔业部门的力量，抓紧部署试点工作，迅速落实方案中的相关工作措施，加大对石塘镇减船转产和转型升级支持力度，积极支持石塘镇因地制宜发展休闲渔业，从源头上减轻渔船安全生产压力。围绕渔船安全监管链条，整合渔业系统监管力量，做到船检、执法、许可之间环环紧扣、无缝衔接，形成内部监管合力。争取安全监管部门和海事、海警、边防等涉海部门的支持，形成渔船安全监管的"大合唱"。

3. 健全机制

建立各种机制，充分利用渔业生产成本补贴、互保理赔、行政处罚、征信系统、刑事追责等，落实船东船长的主体责任；充分运用考核、通报、党政纪处分等手段，落实监管责任和属地管理责任。定期召开碰头会，总结试点推进情况，部署下阶段工作，并有针对性地提出应对措施意见，为渔船安全生产综合管理试点工作提供正确的方向。试点结束后，形成"石塘模式"试点经验，并向全市推广。

二、启动浙北渔场梭子蟹限额捕捞试点

我国早在 2000 年就以立法的形式确立了捕捞限额制度，《渔业法》第二十二条规定，"国家根据捕捞量低于渔业资源增长量的原则，确定渔业资源的总可捕量，实行捕捞限额

制度"。由此可见，《渔业法》所确定的捕捞限额制度是基于 TAC 的一种管理制度①。但是由于资源调查和评估能力有限，《渔业法》所确立的捕捞限额制度一直无法有效落地。

随着我国渔业资源大幅衰退，渔业管理部门面临巨大压力，在此背景下，2017 年 1 月，农业部印发了《农业部关于进一步加强渔船管控 实施海洋渔业资源总量管理的通知》（农渔发〔2017〕2 号），要求辽宁、山东、浙江、福建、广东等 5 省各确定一个市县或海域，选定捕捞品种开展限额捕捞管理。基于作业海域、作业方式等考虑，2017 年 9 月 16 日—2018 年 3 月 31 日，浙江选择在舟山群岛东部海域面积开展浙北渔场梭子蟹限额捕捞试点工作，台州的临海和三门入选试点单位。浙北渔场梭子蟹限额捕捞试点海域为 122°47′E—123°00′E、30°00′N—31°00′N，面积约 2 300 km²；在试点海域从事限额捕捞的渔船共有 108 艘，其中捕捞船 93 艘、定点销售的渔运船 15 艘②。受农业部委托，开发国家海洋渔业资源总量管理信息系统，浙北渔场梭子蟹限额捕捞试点工作正式拉开帷幕。

三、启动温岭渔船第三方检验试点

渔船检验的"检管分离"，是一种以市场资源为支撑、以政府购买服务为方式的新型监督管理机制。在这一管理模式下，技术性强的检验业务由社会化、市场化的第三方专业检验机构承担，法定船检机构则强化其检验质量监管和行政管理职能，如签发安全证书、对检验工作质量进行抽查等。

"检管分离"模式主要是为了解决渔船检验"船多人少"的矛盾。长期以来，我国渔船检验力量严重不足，加之缺乏激励机制，致使队伍不稳、人员专业技能不高、难以满足严格检验要求等问题严重。随着全面深化行政体制改革的逐步深入，社会和各级政府对依法行政要求越来越高，渔船检验机构面临着新旧矛盾交织、体制机制不适应、能力与职责不匹配等错综复杂的局面，"检管合一"的工作机制也不能完全适应全面深化改革、政府职能转变的新形势。

农业部副部长于康震在 2015 年全国渔业船舶检验工作会议中就指出，"十三五"时期，我国渔船检验工作要探索试行技术检验与监督管理分离的工作机制，推进社会化检验。农业部渔业船舶检验局在 2017 年工作要点中明确，将加快推进"检管分离"工作机制的探索，发布《渔业船舶检验社会组织体系建设规划》，制定注册验船师事务所设立、评价及监督管理办法，规范第三方专业检验机构的技术能力和人员条件要求。

早在 2015 年，为破解渔船检验"船多人少"的问题，浙江省草拟制定了《浙江省渔船检验改革试点工作方案》，并于 2016 年 6 月在温岭地区启动渔业船舶检验监督改革试点工作。为进一步落实和推进"检管分离"改革，2017 年 5 月 4 日，浙江省渔船交易中心在温岭召开了渔船检验改革试点工作动员会，第三方检验机构正式启动了温岭地区渔船检验工作。2016 年下半年，农业部确定温岭市为全国渔船"检管分离"体制改革唯一试点单位③。

---

① 唐议，唐建业：《我国实施捕捞限额制度的有关问题》，上海海洋大学学报，2003 年 12 月，第 249-254 页.
② 《浙北渔场的首次限额捕捞——浙江限额捕捞试点展现渔业深刻变革》，中国渔业报，2018 年 3 月 26 日.
③ 《温岭："检管分离"破解船舶检验难题》，台州日报，2017 年 12 月 4 日.

"检管分离"改革试点内容,一是开展渔船设计图纸的技术评审与行政审批相分离的改革,将原由船检师从事的图纸技术审查委托第三方专业审图机构完成,由其出具图纸审查技术评审报告,检验机构审核确认评审报告后签发图纸审查批准文件;二是通过政府购买服务的方式,委托专业检测机构承担营运渔船现场检验(年度检验和期间检验),进行船舶技术状况检测评价并出具评价报告,检验机构结合评价报告,对渔船安全状况进行综合性评估,作为签发(签署)检验证书的依据;三是厘清第三方专业检测机构与渔船检验机构职责,第三方专业检测机构对出具的审查报告和检验检测报告质量负责,渔船检验机构对专业检测机构工作负有监督责任,对签发(签署)渔船检验证书合法性负责。

温岭渔船检验通过外包服务公开招投标,温岭渔船检验站与浙江省海洋渔业船舶交易服务中心签订为期3年的《温岭市渔船检验外包服务合同》,总标的622.9万元,每年完成2 000余艘渔船营运检验任务。改革试点探索推进,一定程度缓解了温岭渔船检验"船多人少"的矛盾,转变了渔船检验机构职能,重点加大渔船检验质量的监管,提升了渔船检验工作效率。

第二节　渔船渔港综合管理改革探索期

为深入推进渔船综合管理改革,在更高层面、更大范围探索渔船安全管理、渔业资源管理和渔港环境管理,台州市对石塘镇渔船安全生产综合管理、浙北渔场梭子蟹限额捕捞和温岭渔船第三方检验等三大试点成果予以整合,主要围绕渔业资源管理、渔船安全管理,对各类改革进行集成创新、不断探索。2018年3月30日,农业农村部正式批复台州建设国家渔船综合管理改革试验基地,标志着台州渔船渔港综合管理改革上升到国家试点。[①] 台州也由此进入渔船渔港综合管理改革的探索期。

一、建设渔港综合管理信息系统

台州坚持整合、开发和升级并重,坚持以支撑解决渔船安全和渔业资源管理存在的堵点难点热点问题为导向,以渔船渔港综合管理改革需求为目标,把渔业法律、改革举措和相关制度贯穿于渔港综合管理信息系统(即"船港通")开发全过程,融合海洋渔船安全救助信息系统、中国渔政管理指挥系统、中国渔业船员管理系统等海洋渔业相关信息化系统,升级渔船动态社会化监管服务平台,对接浙江政务服务网(台州市)、台州市公用信息服务平台,开发渔船进出港管理、海洋捕捞渔获管理、渔船审验管理、渔业执法管理、绿色标签认证发放溯源管理、渔船应急管理等模块,形成"一中心两终端"(即系统平台、手机App和船载采报终端),形成以动态管理为核心、以渔船年审为关口、以渔政监管为保障、以船岸通信为依托、以提升渔民渔船线上服务为助力的闭环管理系统,推动系统集成创新、功能创新和应用创新。"船港通"系统于2018年9月在台州上线试运行,可以支撑渔船进出港管理、海洋捕捞渔获管理、渔业执法管理、绿色标签认证发放和溯源管理、应急管理、动态编组等,极大地提升了渔船渔港综合管理改革信息化、数字化水平。

---

① 卢昌彩,牟盛辰:《台州渔船渔港综合管理改革实践与探索》,中国水产,2019年第7期,第43页.

二、开展渔船安全管理"打非治违"2018专项行动

总结石塘镇渔船安全生产综合管理试点经验，开展渔船安全管理"打非治违"2018专项行动。目标定位是通过开展"打非治违"专项行动，集中排摸危及渔船安全的漏洞短板，集中整治危及渔船安全的风险隐患，集中打击危及渔船安全的违规行为，集中提升危及渔船安全的船员素质，集中夯实渔船安全的管理基础，集中建立渔船安全管理的长效机制，逐步构建责任明晰、管理规范、运行高效的网格化、信息化、常态化、机制化的渔船安全管理体系，预防和减少渔船安全事故发生，实现全市渔船安全生产形势稳中向好，为"平安台州"建设守牢渔业安全底线。

三、开展渔获物溯源和定点上岸改革试点

台州大步推进渔获物定港上岸和可追溯试点，率先建立渔获物定点上岸制度和渔获物可追溯制度，加快开发渔获物绿色标签可追溯管理系统和渔获物二维码。试点渔船的渔获物必须在渔业主管部门指定的渔港或配套的渔运船进行交易，同时，要分别填写渔捞日志和转载日志，如没按规定交易或填写相应日志的，一旦发现，一律取消入渔或经销资格。台州为落实和推进渔获物定点交易制度，指定温岭石塘、礁山为两大试点渔港，对在石塘、礁山定点上岸的渔获物要求在港口张贴二维码并扫描上传渔获物规模、数量、生产海区等，对120艘试点渔船要求在船上张贴二维码并扫描上传相关情况，初步验证了渔获物可追溯绿色标签认证发放管理的可行性，为海洋渔业资源总量管理和定点上岸管理探索了路径。

四、深化浙北渔场梭子蟹限额捕捞试点探索

为了有序推进限额捕捞试点工作，围绕限额捕捞总量确定、配额分配和配额执行三个环节，浙江省经过充分研讨后，制定了《限额捕捞试点资源监测方案》《限额捕捞试点定点交易及配额管理办法》《限额捕捞试点海域入渔渔船监督工作方案》，同时，重点就配额执行环节具体实施了定点交易、渔捞日志、渔获通报、观察员、海上监管和奖惩等六项制度。

根据渔捞日志填写制度，渔船进入试点水域开始生产，渔民起网后须填写纸质版或电子版渔捞日志，并通过渔获物采集App上报当日产量数据，数据通过北斗终端传送至后台管理系统，管理部门可每日掌握渔船的生产情况。系统在将渔船的每日生产情况累计汇总后，对捕捞量达到一定程度的渔船进行配额预警。

根据渔获通报制度，入渔渔船须全天候开启船载北斗终端，及时报送进出试点水域情况。向合作社通报每日正午12时的船位并报告每日生产情况，再由合作社管理人员将有关数据录入通报软件，及时掌握渔船动态。配套渔运船也需填写渔获物转载日志，渔捞日志记载的产量、转载情况将与北斗终端的航迹进行比对，并接受渔政人员的现场核对。

现场执法监管制度要求入渔渔船必须持有专项许可证，并在规定的位置悬挂专门的船名牌。入渔渔船的具体作业场所实行网格化管理，台州、舟山两市海洋与渔业局进驻浙北

渔场管理办公室,进行限额捕捞执法管理。渔政人员开展定期或不定期专项检查,对违反作业场所规定、未如实填写渔捞日志、超配额生产等行为进行查处。

根据奖惩制度设立试点补助资金,对参与捕捞限额试点的渔船给予一定的补助。凡发生瞒报产量、违规销售和收购渔获物等行为的,扣减该入渔渔船的配额和补助资金,已超出当年配额的,扣减下一年度配额,严重的取消入渔资格。鼓励渔船之间相互监督,违规行为举报经查证属实的,则将被举报渔船扣减的配额和补助资金转调给举报渔船。

综上,台州在渔业资源管理改革探索进程中,围绕限额捕捞制度,对渔获物定点上岸、渔捞日志填写、渔船进出港报告等制度边实践边完善,为浙北渔场梭子蟹资源基础调查及捕捞信息采集重要数据,从而为确定年总可捕量并最终落实限额捕捞制度提供重要数据和制度支撑。

五、建立渔船渔港综合管理改革配套制度

台州市委全面深化改革领导小组专题研究渔船渔港综合管理改革问题,指出要加快国家渔船综合管理改革,为全国海洋生态资源可持续发展、渔船安全管理提供台州样板;要强化组织领导,成立领导小组和办公室,注重统筹协调,着力解决改革过程中的重大难题;要持续深化改革,着眼政治安全、环境安全、渔船安全,借力国家改革试点东风加强顶层设计,大胆改革创新,确保多出成果、完成目标;要筹备好国家渔船综合管理改革试验基地建设现场会,充分展示台州改革成果和经验。会后,市委办公室、市政府办公室印发《关于建立国家渔船综合管理改革试验基地建设工作领导小组及办公室的通知》,负责部署和统筹协调国家渔船综合管理改革试验基地建设工作,研究解决渔船综合管理改革中的重大问题。

通过边试点、边改革、边实践,台州不断把实践经验上升为改革制度,探索形成一系列改革试点方案或制度成果,同时坚持问题导向和改革需求,持续推进和完善制度建设,相继出台40多项改革制度。

1. 有关渔船管理的试点方案

在渔船管理方面,台州出台了13项试点方案,分别是:《温岭市石塘镇渔船安全生产综合管理试点工作方案》(台海渔〔2017〕42号)、《台州市人民政府办公室关于推进台州市渔船综合管理改革的意见》(台政办函〔2018〕74号)、《台州市渔船基层管理组织规范化建设指导意见》(台渔振办〔2018〕25号)、《台州市渔船安全指挥中心建设方案》、《台州市涉氨渔业冷藏船综合治理工作方案》(台政办函〔2017〕37号)、《台州市渔船应急管理预案》(台渔应急办〔2018〕1号)、《台州市渔船北斗船载终端设备升级改造工作实施方案》(台海渔〔2018〕38号)、《台州市渔业船舶领域安全风险分级管控和隐患排查治理双重预防工作机制》(台海渔〔2018〕74号)、《台州市渔船安全管理记分办法(试行)》(台渔振办〔2018〕29号)、《台州市渔船监护人制度(试行)》(台渔振办〔2018〕44号)、《关于落实冷空气天气渔船安全管控工作的要求》、《玉环县渔业船舶安全生产分类管理体系建设实施方案》(玉政办发〔2018〕41号)和《临海市应休渔船星级管理制度》(临海渔〔2018〕38号)。

2. 有关渔业安全管理的试点方案

除上述有关渔船管理的试点方案中对渔业安全管理作出规定外，台州还出台了5项有关渔业安全管理的专项试点方案，分别是：《台州市海洋与渔业局关于推进渔业生产领域安全生产责任保险的实施方案》（台海渔〔2018〕96号）、《严格落实渔业安全生产管理和敏感水域管控十条铁律》、《落实渔业安全生产管理和敏感水域管控五项保障措施》、《关于执行"铁十条"的具体要求》和《温岭市海洋与渔业局基层渔业安全管理组织考核奖励规定》（温海渔〔2018〕108号）。

3. 有关渔港管理的试点方案

在渔港管理方面，台州出台了6项试点方案，分别是：《台州市全面推行"港长制"实施方案》（台渔船综改办〔2019〕1号）、《台州市海洋与渔业局关于加强渔港综合管理的指导意见》（台海渔〔2016〕137号）、《台州市渔港管理站建设实施方案》（台渔振办〔2018〕30号）、《台州市渔船进出渔港报告办法》（台渔振办〔2019〕12号）、《深化台州国家渔船渔港综合管理改革试点实施方案》和《台州市人民政府办公室关于台州市加快推进渔业转型发展先行区、海洋生态建设示范区、平安渔业示范县创建工作的指导意见》。

4. 有关渔业资源管理的试点方案

在渔业资源管理方面，台州出台了4项试点方案，分别是：《关于推进渔业供给侧结构性改革加快渔业转型发展的实施意见》（台政办函〔2017〕69号）、《浙北渔场梭子蟹限额捕捞试点实施方案》（台海渔〔2017〕109号）、《浙北渔场梭子蟹限额捕捞试点奖惩办法》（台海渔〔2017〕108号）、《海洋捕捞渔获物管理报告和海洋捕捞渔获物绿色标签认证发放试点办法》（台渔船综改办〔2018〕1号）等。

5. 有关渔业行政执法机制的试点方案

在渔业行政执法机制方面，台州出台了4项试点方案，分别是：《关于印发〈台州市渔船安全管理"打非治违"2018专项行动方案〉和〈台州市联合清剿"三无"船舶专项行动方案〉的通知》（台市委办发电〔2018〕34号）、《关于明确办理渔业违法案件适用行政拘留处罚若干问题的通知》（台海渔〔2018〕57号）、《关于办理非法捕捞水产品刑事案件若干问题的会议纪要》（台检发侦监字〔2016〕4号）和《关于办理渔业资源损害赔偿案件的若干意见》（台检发民字〔2019〕8号）等。

2019年4月19日，全国渔船渔港综合管理改革现场会在台州举行。会议全面总结了渔船渔港综合管理改革试点经验，深入分析了形势和任务，对进一步深化改革、加快推进管理制度和体制机制创新作出了全面部署。台州以此为契机，与其他省市充分交流渔船渔港综合管理改革的经验和做法，取长补短，加快渔船渔港综合管理改革的步伐。经过两年多的探索实践，台州在建设国家级渔船渔港综合管理改革试验区过程中，形成"依港管船新体制、资源管理新机制、安全管理新方式、信息管理新平台、从严执法新举措、渔船管理新基础"的"六新"治理格局。台州被誉为新时代中国渔业改革的"小岗村"，相关成果被列入2019年中国渔业渔政工作十大亮点，《人民日报》2020年4月3日刊载的《"水上春耕"丰富居民菜篮子》用较大篇幅报道了台州渔船渔港综合管理改革试点。

第三节　渔船渔港综合管理改革推进期

为深入贯彻落实农业农村部在台州召开的全国渔船渔港综合管理改革现场会精神和《台州市人民政府办公室关于推进台州市渔船综合管理改革的意见》（台政办函〔2018〕74号），加快将试点"盆景"变为面上"风景"，把渔港建设成为现代化湾区建设、安全资源管控和渔区乡村振兴的大平台，台州渔船渔港综合管理改革由此进入推进期。

一、谋划深化渔船渔港综合管理改革试点实施方案

围绕到 2020 年基本建成国家渔船渔港综合管理改革试验基地，重点明确深化改革的十大任务。

1. 全面推行渔港"港长制"

贯彻《台州市全面推进渔港"港长制"实施方案》（台渔船综改办〔2019〕1 号），全部建立渔港"港长制"，全面提升渔港管理能力和水平。制定完善渔港管理相关制度，一级以上渔港完成港章制（修）订。落实港长责任，强化渔港综合监管，统筹加强渔业资源管理、渔船安全管理、渔港水域生态保护与渔港经营管理，实现依港管船、依港管人、依港管渔获物。

2. 实现主要渔港驻港管理

大力推广温岭中心渔港石塘港区、路桥金清渔港、临海红脚岩渔港等渔港管理站建设经验，通过新建、完善、提高相结合，确保 2019 年前高标准建成健跳渔港、洞港渔港、红脚岩渔港、椒江中心渔港、金清渔港、温岭中心渔港（石塘渔港、钓浜渔港、箬山渔港）、礁山渔港、坎门中心渔港、灵门渔港等 11 个主要渔港管理站，推进管理要素向渔港集聚，做到制度健全、职责明确、人员到位、设施齐全、实体运行，实现驻港管理。探索拓展渔港管理站功能向附近渔港辐射，形成以点带面实现全域渔港驻港管理，依托渔港管好渔船、管好船员、管好资源、管好安全。探索建立与安全考核挂钩的船籍港和靠泊港协同管理制度，明确渔船船籍港和停泊港管理职责以及安全责任，防止出现渔船管理真空。

3. 提升渔船渔港信息化支撑能力

坚持整合、开发和升级并重的开发路径，加快实施省政府数字化转型示范项目和农业农村部委托的渔船渔港管理系统开发，稳定完善已开发应用功能模块，开展技术培训，确保支撑 2019 年 8 月 1 日起全国渔船进出港报告制度实施。进一步拓展系统功能，开发应急管理子系统，接入海洋预报数据，开展系统技术规范、标准和制度研究，完成小型渔船船位监测系统建设，为台州渔船渔港综合管理改革试点全域推进提供支撑。

4. 全面实施渔船进出港报告制度

认真贯彻落实农业农村部实施进出港报告通告，总结试点经验，加强教育培训，强化管理责任，明确进出港报告主体与流程，确保渔船进出港报告工作落细落小落实。2019 年 8 月 1 日起，各地渔船进出港报告率要达到 90% 以上。对未按要求履行进出港报告的船舶，将其列为重点检查对象，做到未报告渔船必查，消除渔船安全隐患。

5. 提升渔船应急管理水平

充分发挥渔船应急管理指挥部作用，形成渔船应急管理合力。抓住事业单位机构改革契机，正式组建市县两级渔船应急管理指挥中心，明确渔船应急管理职责，配备足够的应急值守人员，实施 24 h 领导带班和应急值守制度。出台渔船应急管理预案，开展渔船终端离线、动态编组、敏感水域、恶劣天气等预警干预，预防和减少渔船安全事故发生。严格实施渔政船安全定点值班，开展渔船突发事件应急演练，加强渔船突发事件应急救援和处置，减少事故损失。

6. 加强渔船基层管理组织建设

进一步落实好《台州市渔船基层管理组织规范化建设指导意见》（台渔振办〔2018〕25 号），全面实施渔船定人联船和监护人制度，深入推进渔业公司（合作社）整合重组，促进规范化管理、规模化经营，提升渔船安全协管能力。借鉴路桥金清渔港经验，推广渔业村（公司）集中办公，开展预警干预，实现快速联动处置。基层管理组织要加强宣传教育，组织好船东船长、职务船员、普通船员、监护人的安全教育和技能培训，加强渔船终端离线、进出港报告、动态编组、敏感水域、恶劣天气和特殊航道、休渔管理等动态预警干预，协助做好渔船安全和资源管理工作。

7. 全面实行渔船记分管理制度

推进渔船"打非治违"行动常态化，严格执行法律法规的规定，完善固化"行刑衔接""行行衔接"机制，强化渔业违法行为刑事责任追究和治安管理处罚。严格执行《台州市渔船安全管理记分办法（试行）》（台渔振办〔2018〕29 号），对违反安全记分管理规定的渔船船东、船长和基层组织予以记分，对一个记分周期内已记满分的记分对象要按规定纳入安全黑名单，接受相应培训和惩戒措施后予以消分。

8. 扩大渔获物定港上岸追溯试点

巩固提高温岭石塘渔港、礁山渔港渔获物定港上岸追溯试点成果，增加椒江渔港、路桥金清渔港、玉环坎门渔港作为渔获物定港上岸追溯试点单位，实行渔获物可追溯管理。试点渔港要改善渔获物上岸传输设施，制定渔获物定港上岸制度，开展收鲜单位和个人的业务培训，配备必要的专兼职管理人员，加强渔获物上岸过程监管，确保所有在定港上岸渔港输出的渔获物都有二维码可追溯，渔获来源和去向明明白白。

9. 完善渔船渔获物报告和追溯试点

巩固温岭开展渔船渔获物报告和可追溯试点以及临海、三门浙北梭子蟹限额捕捞试点渔船渔获物报告成果，推进浙北梭子蟹限额捕捞试点渔船增加渔获物可追溯试点。提升信息系统功能，保障运行稳定，为渔获物报告和溯源提供可靠支撑。督促渔民按规范要求上报渔捞日志、交易/转载日志，按要求张贴并扫描二维码。争取融合玉环东海鱼仓等现代渔业公司自创追溯系统，适当扩大试点范围。尝试开展海上电子商务服务，努力提高渔获物附加值，促进渔民减量增收。

10. 开展渔船渔港生态环境综合治理

严格落实近海海域污染防治实施方案，统筹推进渔港经济发展和生态环境保护，合理规划渔港区域内产业布局，同步开展环境影响评价，制定分产业区域的环保措施，制定防污治污应急预案。加强渔港防污染设施建设和船舶防污染设备配备，二级以上渔港 2019

年底前要配套建设油污水、生活污水、固体垃圾等接收和处理设施，完成船长≥35 m国内海洋渔船防污染设备配备1 985艘、≥400总吨国内海洋渔船防生活污水设备配备181艘、船长≥12 m国内海洋渔船垃圾贮集器配备4 426艘、船长≥12 m国内海洋渔船垃圾公告牌配备4 945块，实现船舶污水、垃圾及时处置，实现渔港全天候环境清洁。

二、建设"船港通"海上安全智治多跨场景

在推进过程中，"船港通"模块不断开发、功能不断完善，已成为市政府数字转型重点项目、省政府"观星台"优秀应用项目。其中渔船进出港报告模块于2019年3月在全国上线试运行，并已迁移到中国渔政管理指挥系统。2019年8月1日，"船港通"系统在全国正式运行。2021年，迭代升级的"船港通"系统——"船港通"海上安全智治多跨场景已列入浙江省数字法治系统第二批重大多跨场景应用名单，在多个政务系统上线试运行，初步实现了在"浙里办"服务端面向所有渔民信息全覆盖，在"浙政钉"治理端面向监管部门渔船渔港全管控。该多跨应用场景于2021年8月20日在浙江省政法委举行的媒体通气会上正式上线发布，在全市24个最佳应用评价中得分76分、名列第二。

三、增设开展渔船水污染物数字治理改革试点

紧扣《农业农村部办公厅关于开展沿海渔港污染防治工作的通知》（农办渔〔2019〕40号）和浙江省"一打三整治"目标任务考核要求，在推进二级以上渔港防污染设施建设基础上，积极与浙江彩浤高科技有限公司对接，推动"海洋云仓"落户椒江中心渔港和大陈渔港，首创船舶污染物数字化治理新模式。2019年12月4日，召开现场会推广"物联网＋区块链"治理渔船水污染物这一新模式。2020年，结合长江经济带生态环境突出问题整改现场会精神和《台州市推动长江经济带发展领导小组办公室关于印发〈台州市船舶污染治理工作方案〉的通知》（台长江办〔2020〕2号），制定印发《台州市渔业船舶污染治理工作实施方案》（台港口渔〔2020〕30号，明确渔船渔港污染治理的工作任务、职责分工、工作步骤和工作要求，明确把推广"物联网＋区块链"一站式方案列入"一打三整治"工作考核，同年"物联网＋区块链"数字治理模式从椒江推广到玉环、温岭、路桥等地。2021年，借浙江数字化改革的东风，深入推进渔船污染物数字治理新模式，迭代升级海洋船舶水污染物防治平台，推动椒江建设"海洋云仓"2.0，渔船水污染物申报、"渔富贷"两个模块上线到"浙里办"的"渔省心"中。"海洋云仓"被评为省政府"观星台"优秀应用项目，渔船水污染物数字治理被央视、《浙江日报》、浙江卫视等报道推广，《台州市打造"海洋云仓"智慧治理船舶污染物》（《浙江政务信息（每日要情）》第93期）获高兴夫副省长指示肯定，台州市委书记李跃旗在黄岩调研时对"海洋云仓"也作出充分肯定。

四、持续深化渔船渔港综合管理改革试点

在渔获物定港上岸上，台州积极申报，成功使玉环坎门中心渔港、灵门渔港、温岭中心渔港、礁山渔港、钓浜渔港、椒江中心渔港、三门洞港渔港和健跳渔港被列入第一批国家海洋捕捞渔获物定点上岸渔港名录，路桥金清渔港被列入第二批国家海洋捕捞渔获物定

点上岸渔港名录，临海红脚岩渔港被列入第三批国家海洋捕捞渔获物定点上岸渔港名录。在渔获物溯源管理和限额捕捞上，进一步扩大试点范围，把路桥金清渔港、椒江中心渔港、三门"小海鲜"、温岭水产品加工企业、玉环海上加工船纳入其中，依据试点水域近年来定刺网作业梭子蟹捕捞量的平均值，结合梭子蟹资源基础调查及捕捞信息采集情况，不断进行动态调整，科学确定年总可捕量，为《渔业法》的修订提供支撑。《浙里改（领跑者）》专门刊登《溯源管渔、定点管渔、限额管渔，台州市积极探索海洋渔获物管理改革》，获省领导批示肯定。在渔船安全治理上，市委办公室、市政府办公室出台了《关于深入开展渔船管理十大问题专项整治行动的通知》（台市委办发〔2020〕1号），研究制定渔业安全系统治理、四大突出问题整治、渔船安全"百日攻坚"等实施方案，抓实渔业船员全员持证上岗试点，推进"六创六强"，探索征候管理，实现渔船"异地挂靠"全面清零，推动了渔船安全治理引向纵深。在渔区渔港振兴上，编制印发渔船避风锚地和渔港经济区规划，指导各地创建国家级渔港经济区。

第七章

港 长 制

　　渔港港长制是渔船渔港综合管理改革的重要制度设计，是落实渔港监管机构权力、内化产权制度、协调各方利益纠纷的有效手段，可有效弥补渔港监管主体责任空白，有利于规范渔港经济区建设，推动加快实现渔港振兴。

第一节　港长制的概念和源起

一、港长制的概念

　　"港长制"，就是以港长为核心，以渔港为依托，运用信息技术，配套实施各项制度和措施，统一各项规划，整合各方资源，协调各方力量，协同把渔港建设好、利用好、管理好，实现依港管船、管人、管渔目标的制度。

二、港长制的源起

　　港长制是河长制的延伸，与河长制、湾长制、滩长滩、湖长制一脉相承。河长制最早出现在夏朝，夏朝大禹治水、战国时期西门豹引水灌渠、唐朝姜师度凿渠灌田，均在一定程度上解决了河流问题，河长制的概念也在那时首次被提出。宋朝苏轼任杭州知州时解决苏堤淤泥问题，自封"湖长"。明朝诸暨知县刘光复针对县里河道的蓄水、防洪、疏浚、治污等问题，在全县推行圩长制，这是现代河（湖）长制的历史渊源。为彻底解决太湖水域污染的顽疾，2003 年，浙江省长兴县在全国率先实行河长制。初始，浙江省长兴县卫生责任片区、道路、街道推出了片长、路长、里弄长，责任包干制的管理让城区面貌焕然一新；同年 10 月，县委办公室下发文件，在全国率先对城区河流实行河长制，由时任水利局、环卫处负责人担任河长，对水系开展清淤、保洁等整治行动[①]。河长制由此而来。此后，无锡市在长兴县"河长制"的基础上，进一步强化管理，于 2007 年推出"党政负责人领导制"，即由各级党政负责人分别担任 64 条河道的河长，加强污染物源头治理，负责督办河道水质改善工作；同时建立"河长公示制度"，即在河道边的醒目位置竖立"河长公示牌"，写明河道名称、河道长度、河长姓名职务、联系部门、管护目标任务、举报电话等信息，并及时更新，以随时

---

① 　光明日报：《浙江探索实行河长制调查》，2018 年 2 月 12 日．

接受群众举报、投诉、监督①。由于河长制在保护水资源、防治水污染、改善水环境、修复水生态方面效果明显，其逐渐在全国各地铺开。2016年12月，中共中央办公厅、国务院办公厅印发了《关于全面推行河长制的意见》，并发出通知要求各地区各部门结合实际认真贯彻落实②。中国省、市、县、乡四级河长制由此全面建立。

国家层面首次正式提出"港长制"则是在2018年。2018年1月，农村部于康震副部长在渔业转型升级推进会上指出，要积极探索建立渔港港长制。2018年7月，农业农村部网站发布《对十三届全国人大一次会议第2204号建议的答复》，明确提出"实施港长制"，初步提出了渔港港长制职责范围和分工等。2019年6月，农业农村部网站发布《对十三届全国人大二次会议第8077号建议的答复》，明确提出要"建立渔港港长制"：渔港港长负责依法依规落实地方监管主体责任，协调整合各方力量，切实做好渔港及渔港经济区建设发展、综合管理、安全生产、生态保护及社会稳定等各项工作；中心渔港、一级渔港港长由县级党委或政府负责同志担任，二级及以下渔港港长由渔港所在地乡镇党委或政府主要负责同志担任③。

实际上在此之前，山东省烟台市、浙江省台州市等地已陆续开展了渔港港长制的尝试与探索。其中，山东省烟台市最早开展港长制实践，2017年6月，山东省烟台市正式发布了《关于印发〈烟台市全面推行渔港港长制实施意见〉的通知》，明确了市、县、乡、村及相关部门渔港管理责任，二级及以上渔港由县市区政府分管领导担任港长，三级渔港和自然港湾由沿海乡镇领导担任港长，渔船停泊点（渔船登陆点）由沿海村居领导担任港长。该制度已经覆盖烟台市内全部63处人工渔港④。2018年11月，台州市人民政府印发《关于推进台州市渔船综合管理改革的意见》，明确按照分级管理、属地负责的总体原则，市级设立渔港"港长制"工作领导小组，建立健全县乡村三级渔港"港长"组织体系，构建"县域统筹、分级运行、综合管理、全域覆盖"的渔港管理新模式。2019年2月，台州国家渔船综合管理改革试验基地建设工作领导小组印发《台州市全面推行渔港"港长制"实施方案》，对"港长制"提出了明确要求。温岭则在台州市最早开始"港长制"的实践探索，并在探索中形成温岭中心渔港"双港长制"，即由市人民政府分管负责人担任市级港长、石塘镇主要负责人担任镇级港长。2019年，台州市县一级均印发渔港"港长制"实施方案，"港长制"在台州全域推行，"布局一体、管理标准、信息共享、全域覆盖"的渔港管理新模式初步构建。

第二节　港长制的功能、组织构架和工作清单

一、港长制的功能

港长制是渔区渔港振兴、渔业安全管理和渔业资源管理的龙头，是渔船渔港综合管理

---

① 新华网：《河道有了"父母官"——"河长制"在全国渐次推开的背后》，2016年8月31日.

② 新华网：《两办：建立四级河长体系 省级主要领导任总河长》，2016年12月11日.

③ 渔业渔政管理局：《对十三届全国人大二次会议第8077号建议的答复》，访问网址：http://www.moa.gov.cn/gk/jyta/201907/t20190701_6320021.htm.

④ 新京报：《农业农村部：拟建立渔港港长制》，2019年7月2日.

改革的统领。

首先，渔港是重要的渔业基础设施，在防灾减灾、安全生产、渔船管理、服务渔业、发展经济等方面发挥了重要作用，但由于在实践中，我国渔港普遍存在综合监管不到位、区域经济发展带动功能发挥不充分等问题，严重影响到新时期渔港综合功能的发挥和渔区港区经济的振兴。港长制通过实行分管领导挂帅、压实主体责任，将渔港各项资源集中整合，大大加强了渔港综合监督和管理的能力，从而发挥渔港的综合功能和振兴渔区港区经济。

其次，在渔船管理由海上为主向渔港为主转变的背景下，港长制以渔港为平台和载体，通过实行驻港管理和建立渔港综合管理站，推动管理要素向渔港高度集聚。而渔船进出港报告制度、渔获物定点上岸制度等作为港长制的延伸，进一步将渔业安全管理和渔业资源管理的中心从海上转移到陆上，在提高管理效率的同时提升管理效果。

再次，依据渔港等级、服务功能和辐射范围，我国对渔港实行分级管理，相应地，港长的配置也有所不同，即中心渔港、一级渔港港长由县级党委或政府负责人担任，二级及以下渔港港长由渔港所在地乡镇党委或政府主要负责人担任。由此可见，我国要求实行二级港长制。二级港长制按需配置、因地制宜，在确保地方特色的同时促进渔区港区全面发展。

最后，港长制要求打造船港管理的信息化，通过升级船载终端设备和"渔港通"（后改名为"船港通"）系统，形成船港的闭环管理和智慧管理，从而推进渔港管理可视化、船人实时动态化和渔获物数据信息化。

二、港长制的组织架构

与河长制、湾长制、滩长滩、湖长制等制度类似，港长制实行地方领导挂帅，由地方分管领导担任港长，统筹负责渔港及渔港经济区的各项管理和建设工作。为确保港长制的落地，通常会设置港长制工作领导小组，领导小组下设办公室，吸纳相关职能部门为成员单位，领导小组及其办公室和各职能部门各有分工。可以说，港长制是港长统筹负责下的涉渔部门分工协作制（图7-1）。

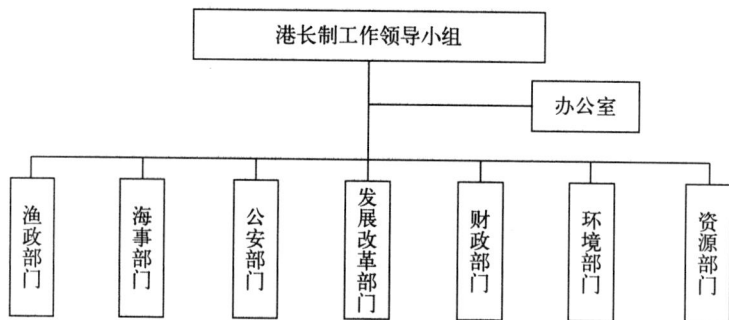

图7-1 港长制的组织构架

三、港长制的工作清单

渔港总港长统筹渔港建设管理，协调部门力量，定期开展督查，督促港长履职，推进渔港振兴，建设平安渔区。

渔港港长要落实人财物保障，整合各方力量，具体负责渔港综合管理站建设运行和驻港管理，完善相关制度机制，落实落细建设发展、安全生产、资源管理、生态保护、港区秩序、应急处置、社会稳定等各项工作，督促常态化开展巡港检查，定期向总港长汇报履职情况。

县级渔业部门要赋权渔港属地乡镇（街道），对履职不力引发渔港水域安全事故或污染事故的，或造成隐患渔船出港发生安全事故的港长，实施追责问责，压实渔港属地乡镇（街道）责任和依港管船责任。

第三节　台州渔港港长制的制度设计

如前所述，台州最早在温岭石塘开展港长制的探索。通过近几年的不断经验总结，台州的港长制已非常成熟，是国家渔船渔港综合管理改革的重要试点内容之一。为进一步推进国家渔船渔港综合管理改革试点工作，就实施"港长制"，台州市政府专门出台了《台州市全面推行渔港"港长制"实施方案》，对港长制的组织体系、工作职责、制度建设等作出明确要求。

一、组织体系

台州按照分级管理、属地负责的原则，市级设立渔港港长制工作领导小组，县级设立县乡两级渔港港长的组织架构，部分县市在中心渔港创设了"双港长制"。市级港长总负责，统筹负责全市各渔港、各渔港经济区建设发展、综合管理、安全生产、生态保护及社会稳定等工作；县乡港长属地管理，负责落实属地监管主体责任，协调整合各方力量，切实做好渔港及渔港经济区建设发展、综合管理等各项工作，每季度向市级港长报告各项工作进展情况（表7-1）。

表7-1　台州港长职责划分表

政府领导	渔港港长
市分管副市长	担任市"港长制"工作领导小组组长
属地县（市、区）分管领导	担任国家中心渔港、一级渔港港长
属地乡镇主要领导	担任二级渔港港长
属地乡镇分管领导	担任三级渔港港长
属地乡镇渔（农）业科室主要负责人	担任等级以下渔港港长

具体而言，椒江、温岭市（石塘港区、箬山港区）、玉环坎门等3个国家中心渔港和温岭钓浜、三门健跳、路桥金清、临海红脚岩等4个一级渔港由县（市、区）政府分管领导担任港长；椒江大陈、临海东矶、温岭礁山、玉环大麦屿、玉环栈台、玉环鸡山、玉环灵门等7个二级渔港由属地乡镇主要领导担任港长；路桥区海滨、玉环新洋、三门洞港等6个三级渔港由属地乡镇分管领导担任港长；临海达岛等13个等级以下渔港由属地乡镇

渔（农）业科室主要负责人担任港长；温岭东海塘渔港提级到属地乡镇分管领导担任港长。

为将港长制落到实处，台州在市级层面成立市渔港港长制工作领导小组，领导小组下设办公室，吸纳港航口岸和渔业管理局、发展和改革委员会、自然资源和规划局、财政局、公安局、市场监督管理局、海事局、生态环境局和沿海县（市、区）人民政府等相关职能部门为成员单位，领导小组及其办公室和各职能部门各有分工。其中，市渔港港长制工作领导小组主要负责渔港港长制组织领导，建立联席会议制度，定期听取全市渔港港长制工作落实推进情况，研究解决工作中遇到的重点难点问题，督促成员单位履行相关职责；市渔港港长制工作领导小组办公室主要负责渔港及渔港经济区建设发展、综合管理、安全生产等相关配套制度的制定和实施，制定年度工作安排和考核办法，督查、考评镇级港长及相关部门履职情况，协调组织各方力量实施联管联控；市港航口岸和渔业管理局主要负责履行港长制办公室和渔港管理职责，负责制定和督促指导渔港和渔港经济区规划建设，实施驻港监管，依法查处涉渔涉港违法违规行为；市发展和改革委员会主要负责渔港和渔港经济区项目管理，将涉渔企业或个人的违法违规记录纳入社会信用体系；市公安局主要负责管辖区域内海上各类刑事、治安案件处置，依法查处阻挠、妨碍国家机关工作人员依法执行职务行为，依法开展渔业船舶边防治安管理工作，协同开展港口执法检查；市财政局主要负责市级渔港公益性基础设施建设与管护、渔港管理站建设与运行等资金保障；市自然资源和规划局主要负责做好渔港和渔港经济区项目的规划选址，做好渔港和渔港经济区项目公益性基础设施建设的土地预审、海域使用论证，优先保障渔港公益性项目用地用海；市应急管理局主要负责督促指导相关单位制定安全事故处置预案，定期组织演练，负责定期进行消防安全检查，督促有关单位和个人落实防火责任制，及时消除火灾隐患，负责扑救火灾，保护火灾现场，协助有关部门调查火灾原因、处理火灾事故；市市场监管局主要负责市场流通环节渔获物食品安全监管，加强渔船交易活动和船用产品质量监管，依法协助开展渔具销售点、水产品批发市场等地违反渔业管理相关规定的违法行为查处；市生态环境局温岭分局主要负责加强做好渔港项目的生态环境保护准入，加强对陆源污染物进入渔港的监测、监管，严控陆源污染物超标排放，牵头开展涉海环保联合执法，严厉打击违法排污行为；台州温岭海事处主要负责协助开展港口执法检查、综合性渔港船舶油类污染防治、港内水上船舶事故调查处理等工作；市气象局则主要负责海洋灾害性天气和防灾减灾方面气象预报和发布。

除此之外，台州还设立了市级渔港港长制办公室，办公室设在市港航口岸和渔业管理局，与渔场修复振兴暨"一打三整治"行动协调小组办公室合署办公，负责日常工作。市港航口岸和渔业管理局主要负责人担任办公室主任。港长制办公室负责研究制定相关制度，审核年度工作计划，组织协调相关方案的制定与实施，协调处理部门之间关系，统筹协调重大事项，同时负责港长制组织实施的具体工作，拟定港长制相关制度和考核办法，监督、协调各项任务的完成，组织实施考核工作。

港长制按照"党政同责、一岗双责、失职追责"和"管行业必须管安全、管业务必须管安全、管生产经营必须管安全"的要求，履行渔船安全管理职责，建立责任清单，消除渔船渔港管理盲区和漏洞。

二、任务体系

台州按照构建"布局一体、管理标准、信息共享、全域覆盖"的渔港管理新模式，明确五项工作任务。

1. 明确渔港发展功能定位

综合考虑各地自然条件、渔船数量、作业区域、防灾减灾及经济社会发展需要等要素，按照"突出重点、区域统筹、功能互补、生态保护"的原则，合理利用港湾资源，科学编制渔港和渔船避风锚地建设规划，明确渔港功能定位，优化渔港布局结构，推动形成以中心渔港、一级渔港为核心，以避风锚地、二级渔港为支撑，以等级以下渔港或避风岙口为补充的渔港体系。贯彻落实《全国沿海渔港建设规划（2018—2025年）》，把渔港经济区纳入乡村振兴整体规划，利用渔港的地理区位、土地海域、人流物流、基础设施和交通畅通等优势，全面统筹规划渔港经济区建设，优化渔港产业空间布局，提升渔港多元化功能和现代化水平，打造现代化湾区建设的重要节点。

2. 推进渔港基础设施建设

将渔港和渔港经济区建设投资作为乡村振兴战略的优先项目，优先支持防灾减灾和综合监管需求突出、建设条件适宜、对周边经济和社会发展具有拉动辐射作用的渔港，完善渔港防灾减灾配套设施，重点提升渔船避强台风等级以上能力，提升渔船防灾减灾能力。优先安排定点上岸渔港建设鱼货装卸、物资补给、市场交易、物流配送、冷藏加工、信息平台等设施，保障渔获物绿色标签制度实施。加强渔港设施正常管护，完善渔港管理设施条件，建设渔港综合管理站，切实提高渔船安全监管、渔业资源管控能力。鼓励渔港建立渔业服务大厅，设立便民服务窗口，推进渔船审批和船员办证"最多跑一次"改革，方便渔民办证办事。

3. 推动船港管理信息化

按照落实依港管船、管人、管渔具、管渔获、管安全新要求，加快推进渔港管理可视化、船人实时动态化、渔获物数据信息化，实现船籍港和靠泊港信息共享和联动管理，把安全隐患消除在港内，把违规行为整治在港口，把非法渔获切断在港区。升级船载终端设备，实现渔船全天候、全时段、全区域管控。建设渔港和敏感水域电子围栏，配置渔船进出渔港报告、渔捞日志/转载日志报告、渔业船员身份信息报告三合一采报终端，确保渔获物日志和船员信息顺畅报送，加强渔船进出渔港和敏感水域管控。推进24 m以上渔船卫星电话及卫星宽带终端上渔船，打通语音、图文、视频等通信瓶颈。开展重点渔船视频监控系统试点，逐步实现随时调阅海上渔船作业情况和现场应急处置情况视频。建设流通环节渔获物电子标签，分步推进渔获物可追溯管理。

4. 积极打造渔港经济区

强化渔港资产管理和传统避风港湾与岙口的保护，推动县域范围内渔港资产整合，积极创新渔港经营管理机制，盘活渔港资源资产，保障渔港运营维护，促进渔港资产保值增值，实现"以港养港"的良性循环。加快水面、陆域、岸线的联合滚动开发，引导渔业产业集聚发展，延伸渔业产业链，巩固和提升传统功能，带动加工贸易、冷链物流、休闲渔业、海洋牧场、滨海旅游等多元化产业发展，深入挖掘渔港渔业文化，加强品牌渔港商标注册，打造人文渔港、景观渔港、主题渔港，建设特色渔乡小镇和渔业城镇，实现港产城一体化，重点打造玉环、温岭、椒江、临海等 4 个体制创新、内外开放、富有活力、特色鲜明的现代化渔港样板区。

5. 开展渔港生态环境治理

顺应人民群众对美好生活的新追求，对照"全国文明渔港"创建指标和评分标准，加强港容港貌整治，改善港区生产生活设施布局，切实开展油污水、废弃网具、生活垃圾等集中处理，彻底告别渔港"脏乱差臭"的旧面貌。开展渔港水域清理、港池航道疏浚，规范渔船停泊，推进渔港道路硬化、港区亮化、生态绿化、环境美化，建设文明、美丽渔港，把渔港打造成为生态良好、环境优越、具有独特魅力的新渔区。

三、制度体系

1. 建立渔港港章及配套制度

充分考虑渔港特定的自然环境、通航条件、渔船船型、渔民进出渔港习惯等，加快制定或修订渔港港章，划定陆域、水域范围，明确港界，报本级人民政府批准后发布实施。依据港章，制定和完善渔港船舶停泊、装卸、安全等管理制度，建立通信岸台值班、渔船调度指挥、纠纷调处、消防保卫、环境保洁、大风警报、海浪预报、灾情预报传送、险情处置等制度，编制港内安全事故应急预案及抢险救助预案。

2. 建立驻港协同监管制度

明确驻港监管机构性质，建立渔政执法和渔港监督队伍协同进驻渔港制度，协调渔船检验、公安（边防）、海事等涉海部门现场办公或合署办公，明确工作职责，落实管理人员，列出责任清单和履职标准，制定值班、检查、巡查、动态监控、处罚等制度，建立驻港监管机构履职情况的督查与考核制度，建立事权与资金、人员、装备相匹配的保障机制。引导渔业基层管理组织进驻渔港，强化渔船社会化服务。

3. 探索建立定点上岸和渔获物绿色标签制度

根据渔港分布、渔民交易习惯、渔业行政管理力量配备情况，按照渔获物定点上岸管理的总体安排和定点上岸渔港的标准要求，明确渔获物定点上岸渔港名录。制定《渔获物可追溯管理实施方案》，明确试点目标、范围、任务和保障措施。总结试点经验，探索建立渔获物绿色标签制度和相关流程。通过对渔盘、渔箱等运载载体进行标识，明确渔获物二维码等标签为渔获物合法性唯一标志，明确每艘捕捞渔船和运输船唯一对应标识码，实现渔获物可追溯管理。禁止无标签渔获物出港，加大执法监管、处罚力度，保证报告制度和定点上岸销售制度落实到位。

4. 建立渔船进出渔港报告制度

充分依托渔船渔港综合管理信息化系统，建立渔船进出渔港报告制度，进出港船舶均要报告抵离港时间、适航状态、渔具和渔获物情况等信息，且渔船出港后须保证 24 h 不间断报送船舶实时位置。对未按要求进出港报告或报送船位信息的船舶，要将其列为重点检查对象，实施重点查验，发现违法违规行为予以严厉处罚，逐步推行船舶位置信息与油补发放挂钩，通过倒逼机制引导渔船自觉遵守规定。

5. 建立渔业船员管理制度

建立渔业部门、公安（边防）、渔业互保部门间的信息互联互通，加强对海上职务船员和普通船员配备管理。推动渔业互保逐步试行实名制保险和船员参保报备制，准确掌握海上船员变化动态。在重点渔港建设船员培训中心、渔事纠纷民间调解中心，探索建立渔业船员流转市场，寓管理于服务，规范渔业船员流转。严格落实渔业船员配员标准，建立船东船长、职务船员、普通船员、监护人"四个必训"机制，引导长期在台州入渔的外地务工人员参加各类船员培训，增加职务船员供给。

6. 建立渔船安全记分管理制度

将渔船船东、船长和基层组织纳入渔业安全生产诚信管理，探索实行记分制。对自觉遵守渔业安全生产法律法规、严格履行渔业安全生产管理规定的船东、船长和所在基层组织给予奖励；凡出现不符合安全生产条件、违法违规生产、非法捕捞作业、报告信息不实等行为的渔船，视情节严重程度，分别给予渔船船长、船东和所在基层组织记分惩戒，记满12分列入黑名单，并限制办理证书证件审批、培训考试等涉渔业务。

7. 建立船籍港和靠泊港协同管理制度

明确渔船船籍港和靠泊港管理职责。船籍港要切实履行职责，加强对本船籍港渔船的管理，对在本地区登记的渔船进行全面核查和清理，摸清船舶、经营人、生产作业区域等情况，开展渔船检验、船员配备、安全教育培训、渔商船防碰撞、隐患排查治理等日常管理，加强回港休渔和防范跨区域生产的管控。靠泊港要积极履行港口管理职能，加强对非本船籍港渔船的监管，防止出现管理真空。船籍港和靠泊港相关管理部门要加强协作，对过港渔船数量多的地区要派驻专门人员，配合靠泊港做好渔船管理工作。

8. 建立渔船安全风险评估和动态干预制度

收集分析渔船风险排查数据，建立渔船安全风险分析研判预警机制，构建严密的隐患排查治理体系和标准。按照风险受控程度及可能造成的危害程度，对渔船安全生产风险等级进行评估，落实有针对性的风险分级管控措施。对恶劣天气生产、单船作业生产、渔船海上离线、渔船夜间回港、超航区生产、敏感水域生产等六类事故易发多发渔船，实行动态干预，提升精细化管理水平。

四、工作体系

1. 加强组织领导

构建以"港长制"为核心的渔港管理体制机制，是建设国家渔船综合管理改革试验基地的有力抓手，各地要高度重视，切实加强组织领导，结合本地实际，细化实施方案，明确任务职责，建立运行机制，确保所辖渔港全面实施"港长制"。市渔港"港长制"领导小组和县乡两级港长要切实履行职责，确保"港长制"各项工作真正落实到位。市县两级"港长制"办公室要充分发挥好牵头抓总、综合协调作用，定期组织督导检查。市渔港"港长制"领导小组成员单位和县级港长联席会议成员单位要各司其职，加强沟通，密切配合，协调联动，共同推进渔港及渔港经济区建设发展、综合管理、安全生产、资源养护、生态建设及社会稳定等各项工作。

2. 配强管理力量

理顺驻港监管职能和监管体系，强化驻港监管队伍建设，建设一支绝对忠诚、业务过硬、干事担当、干净自律的新时代基层渔政执法队伍。建设市县两级渔船安全应急指挥部，鼓励政府通过购买服务方式配置力量，承担渔船实时监控管理及指挥、调度、协调海上渔船突发事件的应急处置等行政管理职能。配强配足重点渔业乡镇（街道）管渔干部，充实渔业管理基层组织力量，提高一线渔业安全管理指挥和综合协调能力。

3. 落实资金保障

整合涉渔财政资金，利用渔业油价补贴一般性转移支付资金，加大对渔港和渔港经济区建设、渔港升级改造和整治维护的支持力度。将渔船渔港综合管理经费列入财政预算，加大对船载终端设备升级改造补贴。按照"谁投资谁受益"的原则，渔港建设的投资者可以对渔港享有使用权和经营权，引导金融资源向渔港经济区集聚，鼓励引导社会各界资金投入渔港经济区建设。鼓励以政府购买服务的方式推进渔港保洁和日常管护。

4. 实行严管严治

强化渔港联合执法检查，严格执行"铁十条""渔安六率""六个一律""七必查"等硬措施，深入推进涉氨冷藏船的严格整治，持续开展"一打三整治""打非治违"制度化常态化，依法集中清剿"三无"船舶，严防职务船员配备不齐、船载安全设备缺失、渔港消防设施失效等危及渔船安全的风险隐患，建立渔船安全管理新规矩。

5. 严格考核问责

完善考核制度，统筹整合、科学设定渔船渔港安全生产考核指标，增加考核权重，健全渔船安全生产绩效与履职评定、职务晋升、奖励惩处挂钩制度，严格落实渔船安全生产"一票否决"制度。坚持"五个必查"的工作原则，健全责任追究体系，加大问责力度，促进"政府领导、部门监管、乡镇属地、船东主体"责任机制的落实。

第四节　台州渔港港长制的具体实践

在市级渔港"港长制"实施方案的指导下，温岭、临海、玉环、椒江、路桥、三门等地因地制宜，均制定了本地关于实施渔港"港长制"的方案。整个台州地区实现33个辖区实施渔港"港长制"，渔港在服务渔业生产、保障渔船渔民安全生产、加强渔船资源管控方面的功能明显提升，在促进渔业一二三产业融合、打造渔业渔村文化、渔区乡村振兴方面的作用初步显现。

一、渔港港章制（修）定

早在1996年，台州市椒江区就出台了《台州市椒江渔港港章》，此后于2014年9月在对其进行修订的基础上出台了《椒江大陈渔港港章》；2017年，临海市颁布《临海市红脚岩渔港港章》（临政办发〔2017〕163号）。在试验基地落地后，渔港管理的规范化和成文化更为迫切，为进一步落实依港管船、依港管人、依港管渔，使渔港管理有章可循，台州市各地纷纷制定了渔港港章，将改革经验上升到渔港制度。温岭市于2019年4月、三门县于 2019 年 11 月、玉环市于 2019 年 11 月先后发布了《温岭中心渔港港章（试行）》（温政发〔2019〕11 号）、《三门县健跳渔港港章（试行）》（三政发〔2019〕46 号）和《坎门中心渔港港章（试行）》（玉政发〔2019〕24 号），实现了台州市域一级以上渔港港章全覆盖。由于温岭中心渔港在渔船渔港综合管理改革试点过程中积累了较多经验，以下以《温岭中心渔港港章（试行）》为例对港章的体例和主要内容加以简要介绍。

《温岭中心渔港港章（试行）》一共 7 章 38 条，分别是"第一章 总则""第二章 船舶的管理""第三章 渔获物的管理""第四章 作业和安全生产""第五章 生态环境管理""第六章 船舶事故处理""第七章 附则"。从上述体例可见，《温岭中心渔港港章（试行）》涵盖了渔船、渔获物、渔业安全、渔港环境等渔港管理的主要对象，实现了港、船、人、鱼、渔的综合管理。从具体内容来看，试点过程中形成的港长制、渔港管理站、渔船进出港报告、渔获物定点上岸、渔业安全管理、渔港综合环境治理等管理制度被写入港章，从而以地方立法的形式对上述制度加以总结和强化。

其中，关于港长制，《温岭中心渔港港章（试行）》第三条规定："温岭中心渔港实行'港长制'责任管理体系，市人民政府分管负责人担任市级港长，负责渔港发展规划的编制等各项工作，指导、协调、督查渔港相关责任单位按照职责开展工作。渔业行政主管部门协助市级港长做好渔港船舶停泊、航行、进出港报告、执法检查和渔获物监管等工作；石塘镇主要负责人担任镇级港长，负责渔港日常工作的开展和落实。"该款即是对实践中的双港长制予以总结。

关于渔港管理站，《温岭中心渔港港章（试行）》第五条规定："在温岭中心渔港石塘、箬山、钓浜三个港区分别设立渔港管理站，由市港航口岸和渔业管理局、市公安局、台州温岭海事处、石塘镇人民政府等单位派人员进驻管理。"该款即是对多部门一站式综合管理制度的总结。

关于渔船进出港报告制度，《温岭中心渔港港章（试行）》第九条第一款规定："进出本渔港的船舶应依照规定办理进出港报告，并服从渔港管理站管理。"关于渔船进出港报告的内容，根据《温岭中心渔港港章（试行）》第九条第二款和第三款的规定，渔船进港时应报告拟进港时间、配员情况、渔获物品种和数量等；渔船出港时应报告拟出港时间、携带网具情况、配员情况及安全通导、救生、消防等安全装备配备情况等。关于特殊情况下的报告制度，如渔船装运危险物品或有毒有害品进入渔港，《温岭中心渔港港章（试行）》第十条规定："渔船应在抵港前三天（船程不足三天的，应在驶离出发港前）直接或通过代理人向渔港管理站报告所装物品的名称、数量、性质、包装情况和进港时间，经相关部门批准方可进入本渔港，并在指定区域停泊和作业。"

关于渔获物定点上岸制度，《温岭中心渔港港章（试行）》专章就此作出规定，对管理对象、渔获物报告、溯源管理、渔捞日志填写、渔业资源养护与管理等内容均加以明确。其中，《温岭中心渔港港章（试行）》将该制度的管理对象明确为大中型捕捞渔船和各类辅助船舶，要求其在公布的上岸点（包括临时上岸点）进行渔获物装卸上岸[①]；渔船进入渔港装卸渔获物的，应在进港报告时报告上岸点名称、作业渔区、作业时段、下网次数、渔

---

① 《温岭中心渔港港章（试行）》第十五条.

获物品种、渔获物数量等信息[①]；渔船在渔获物取得相关合法标签后才能离港[②]；大中型渔船从事捕捞活动应当填写渔捞日志，具体包括渔船捕捞作业、进港卸载渔获物、水上收购或转运渔获物等信息，并在返港后提交渔捞日志，如使用电子渔捞日志的，则应当每日提交渔捞日志[③]；渔船捕捞幼鱼的，保护品种幼鱼总量不得超过本航次装载渔获物重量的百分之二十，其中灯光围敷网作业带鱼幼鱼比例不得超过百分之五[④]。

关于渔业安全管理制度，《温岭中心渔港港章（试行）》从渔船航行安全、渔船停泊安全、渔区施工作业安全、危险品装卸存放等方面对渔业安全提出明确要求[⑤]。

关于渔港综合环境治理，《温岭中心渔港港章（试行）》从倾倒和排放的物质、港内供油作业、突发事件的应急处理、防污设备和器材的配备等方面对渔港综合环境治理的手段和内容予以明晰[⑥]。

二、渔港配套制度建构

在港长制的组织体系下，台州构建了一系列制度来支撑港长制，其中包括"渔港港章及配套制度""驻港协同监管制度""定港上岸和渔获物绿色标签制度""渔船进出渔港报告制度""渔业船员管理制度""渔船安全记分管理制度""船籍港和靠泊港协同管理制度""渔船安全风险评估和动态干预制度"。本节将着重介绍"驻港协同监管制度"，其他制度将在其他章节加以介绍。

驻港协同监管制度是指渔政监管、渔船检验、海事海警、公安边防等涉渔部门及乡镇驻港现场办公、实施协同监管。由于机构设置和历史等原因，渔政监管、渔船检验、海事海警、公安边防等部门均有涉渔职能，但长期未形成监管合力，从而影响渔港的建设和管理。在此背景下，驻港协同监管制度要求上述相关部门进驻渔港综合管理站，首先在空间上促进协同监管。实行驻港管理后，涉渔涉港部门和沿海乡镇渔业管理力量集中在渔港综合管理站，并担负起港区及其周边管辖水域渔船安全管理、渔业资源管理和港区环境管理三方面职责。这既促进了管理部门间的协作沟通，也为渔民提供了一站式服务，大大提高了监管效率。其次，在制度上促进协同监管。台州积极推动渔船渔港综合监管关口前移，围绕"最多跑一次"改革，将渔政、海事、海警、公安（边防）、乡镇等管理力量整合集中，建立综合协调、信息共享的联动机制，优化涉渔审批服务流程，打破渔船检验、船舶登记、船员培训、执法检查、动态核查、证件办理等环节的隔阂，强化渔船挂靠、交易、租赁环节治理，实行隐患排查、登记、评估、监控、治理、销号等环节联动的闭环监管，从而打造集渔业行政执法、渔业资源保护、涉渔纠纷处理、渔船检验登记、渔港综合管理、渔船安全保障等功能于一体的综合性管理服务基地，形成港内渔船安全监管合力，推动各项渔船渔港管理制度落实落地。

---

① 《温岭中心渔港港章（试行）》第十六条.
② 《温岭中心渔港港章（试行）》第十七条.
③ 《温岭中心渔港港章（试行）》第十八条.
④ 《温岭中心渔港港章（试行）》第二十条.
⑤ 《温岭中心渔港港章（试行）》第十一条、第十二条、第四章.
⑥ 《温岭中心渔港港章（试行）》第五章.

三、试点案例

温岭地处浙江东南沿海，被誉为"曙光首照地、东海好望角"，经济实力位列全国百强。海岸线长 317 km，海域面积 1 521 km²，滩涂面积 8 000 hm²，国内海洋捕捞总量和产值多年位居全省首位、全国前列。作为海洋和渔业大市，近年来在海洋渔业经济加快发展的同时，也面临着渔业过度捕捞、渔场资源枯竭、海洋环境污染、渔船事故多发等问题。为保障海洋生态资源的绿色可持续发展，切实维护广大渔民的生命财产安全，温岭市深入贯彻习近平总书记关于建设海洋强国重要指示精神，认真落实浙江省委、省政府和台州市委、市政府的各项决策部署，以渔场修复振兴为目标，以港长制为统领，扎实推进渔船渔港综合管理改革，探索走出了"依港管渔、依港促安、依港管船、依港兴业"新路子，初步实现了"两减两增"目标。"两减"即渔船总量减少和事故明显减少，被评为浙江省平安渔业示范县；"两增"即渔民持续增收和机制活力增强，建立了渔船进出港报告、渔获物定点上岸、捕获渔获物管理报告、渔获物绿色标签管理、渔船安全记分管理等方面配套的渔船渔港综合管理改革体系，渔业管理实现从投入为主向产出为主转变，渔船管理实现由海上为主向渔港为主转变。

（一）以港长制推动大振兴

1. 构建港长制管理体系

在全省率先创新实施渔港港长制，研究出台全面推行渔港港长制实施方案，建立以分级管理、属地负责为主的港长制，即以 1 个国家级中心渔港和 6 个二级以下渔港为主阵地，整合乡镇、渔政、公安等力量，形成信息共享、执法联动的监管合力，推动驻港监管和管理重心下移。制定《温岭中心渔港港章（试行）》，修订渔船渔港配套制度，加强对港内船舶、渔获物、安全生产、生态环境等方面的管理，形成可复制、有实效的渔船渔港管理制度体系。

2. 实行渔港一站式管理

把渔船渔港综合管理改革试点纳入全市重点改革任务，在 4 个重点渔港设立渔港管理站，在港长的领导下，整合渔政执法、公安等管理力量，实行驻港管理，负责港区及周边水域渔船安全、渔业资源和港区环境，推动管理要素向渔港高度集聚。

3. 提升信息化管理水平

在渔船安全救助信息系统、渔政指挥系统等的基础上，全面推行运用"船港通"管理系统，搭建集渔港动态管理、渔业船员管理、渔船审验管理、渔政执法管理、渔业捕捞总量管理和社会化服务平台六大功能为一体的渔船渔港渔政综合管理平台。在渔港码头新建54 个高清监控探头，投入近 4 000 万元安装浮离式北斗渔船卫星定位终端，实现渔船全天候、全时段、全区域管控。

（二）以大平安保障大振兴

渔业安全生产一直是温岭市平安创建之痛，自 2004 年浙江省开展平安创建以来，温岭市有两次因为渔业安全事故在年度考核中被"一票否决"。温岭市痛下决心、破釜沉舟，盯牢"一条船"，打好翻身仗。

1. 配强队伍，铁腕监管

成立由分管副市长任总指挥的渔船应急管理指挥部，在渔业重点镇组建应急处置指挥中心，构建市镇村（公司）三级监管网络，落实 24 h 值班制度，重点加强对恶劣天气生产、单船作业生产、渔船海上离线、渔船夜间回港、超航区生产、敏感水域生产等事故隐患的动态干预，变安全事故被动处置为主动干预。2020 年动态干预 1.5 万次，处理海上各类接报警 351 艘次。将渔业执法大队从温岭市区整体搬迁至渔区松门镇，成立全省首个县级海洋渔业系统检察官办公室，实现渔业行政执法与刑事司法精准衔接，进一步形成执法必严、违法必究的强大震慑。

2. 规范整合，夯实基础

对渔船数量在 30 艘以下的渔业村（公司）一律予以整合重组，将全市 75 个渔业村（公司）整合成为 32 个，彻底改变渔业村（公司）管理"低散乱"现象。全面推行非捕捞小型船舶纳规管理，全市共纳规小型船舶 1 086 艘，其中公司化管理 524 艘、村集体管理 564 艘。

3. 压实责任，严管严罚

在干部层面，深化定人联船制度，对工作落实不到位的单位和个人，一律约谈问责。在渔业公司层面，健全完善渔业公司考核细则，实行责任捆绑、重奖重罚，倒逼渔业公司主动作为，打通渔船管理"最后一海里"。在船长船东层面，全面落实渔船安全记分管理，制定出台渔船船东船长主体责任追究十条规定，其中八条涉及刑事责任，对违反安全生产规定的渔船船东船长和所在渔业公司记分惩罚，列入安全隐患黑名单，并纳入渔业安全诚信管理。2020 年温岭市累计查办案件 122 起；记分处理船长 39 人次、船东 39 人次；移送司法机关 74 人，行政拘留 5 人。在强化严管严罚的同时，加强对渔民安全教育和技能培训，对渔船实行动态编组管理，要求出海渔船周边 10 n mile 内至少有两艘熟悉渔船编组，加强实时动态编组管理，有效保障渔业安全生产。

（三）以大管控倒逼大振兴

1. 全域推行进出港报告制度

全面落实渔船进出港报告制度，对不主动报告的渔船实行登船检查，对发现问题的船舶依法依规处罚，基本实现温岭籍渔船进出港报告 100%。对外地籍渔船停靠温岭码头装卸渔获物实行全过程监管，推动渔船管理精细化。

2. 率先开展可追溯标签试点

在温岭中心渔港石塘港区和礁山渔港开展渔获物溯源试点，探索渔获物定点上岸制度，落实 110 艘试点渔船，开展捕捞渔获物管理报告试点，对渔获物实施电子标签溯源管理，全面加强产出源头管控。试点以来，共溯源扫码 11 726 次、扫码总量 8 823 t，海上交易上报船舶数 79 艘，上报交易渔获物 10 169 t。

3. 全程落实闭环式联合管控

持续开展"幼渔资源保护战""打非治违利剑行动"，强化"海巡、港清、陆查"力度，从非法造船、捕捞、运输、购销、供给等全产业链入手，落实全过程闭环式管控，严厉打击涉渔非法捕捞经营行为。全面禁止伏休期间渔运船、海洋捕捞渔船在定点上岸名录以外的渔港上岸，全面加强伏休管理和资源管控。

（四）以大建设引领大振兴

1. 大力推动渔业转型升级

利用"三改一拆"形成的土地，建设占地200多亩①的水产品加工园区，将零散水产企业整合入园，实行统一规划、统一管理、统一治污，打造现代渔业园区新模式，彻底改变渔区"脏乱臭"面貌。比如，把10家鱼粉加工企业整合为1家，年产值是过去的2倍多。

2. 大力引导渔民转产转业

制定《温岭市传统海洋捕捞渔民养老保障实施意见》《加快发展远洋渔业发展若干政策》等文件，实施渔民再就业工程和创业补助，促进渔民转产转业和增收致富。全市共落实传统渔民养老保险11 490人，领取生活补贴3 408人，基本实现全覆盖。

3. 大力发展渔港休闲旅游

加快推进渔港经济区建设，谋划推进81省道支线等道路规划建设，加大最美渔村、渔业民俗节庆活动、渔业文化遗产等宣传推介力度，推动渔业一二三产业融合发展。小箬村、五岙村被评为"中国最美渔村"。在此基础上，依托独特的石屋风貌和渔村风情，引进工商资本发展民宿，累计建成精品旅游民宿35家，不断擦亮"曙光首照地、东海好望角"这张金名片。2020年石塘镇共接待游客约192万人次，实现旅游收入约3亿元。

第五节　台州渔港综合管理站

渔港综合管理站是驻港协同监管制度的依托和支撑，是港长制的触角和基点。台州协调整合"条条"与"块块"的力量，打造了17个与渔港功能定位相匹配、各种职能全覆盖的渔港管理站。这17个渔港综合管理站分别是椒江葭沚、前所、大陈渔港综合管理站，路桥金清渔港综合管理站，温岭石塘、箬山、钓浜、松门渔港综合管理站，玉环坎门、鸡山、灵门、大麦屿渔港综合管理站，临海红脚岩、东矶渔港综合管理站，三门健跳、浦坝港、海润渔港综合管理站。

一、渔港综合管理站管理内容

1. 渔船安全管理

以渔政管理、乡镇（街道）管理力量为主，协调公安（边防）力量驻港管理，不定期地对港内渔船开展安全监督检查，包括对渔船适航安全的检查、进出港报告制度执行情况的抽查及渔船停泊、锚泊、施工作业等安全秩序的监督。

2. 渔业资源管理

对港内渔船携带禁用渔具、涉渔"三无"船舶进行监管打击，开展伏休管理，并根据当地渔港渔获物定点上岸规划，监督检查渔船渔获物报告与定点上岸执行情况，制止、处理各种违反规定上岸现象，实施渔获物可追溯管理相关工作。

3. 生态环境管理

保持渔港的清洁卫生，防止渔港水域污染。

---

① 亩为非法定计量单位，1亩≈667 m²。

4. 生产经营管理

按照渔港经济区的理念，盘活渔港资源资产，加强渔港及其设施的经营管理，强化渔获物、渔需物资的装卸、驳运、仓储、交易等经营行为规范管理，实行"以港养港"。

二、渔港综合管理站1.0

1. 管理用房

渔港综合管理站用房可利用渔港附近的渔政管理分站或现有的渔港管理用房，租用或新建时要充分考虑渔港综合管理站的职能定位以决定用房面积。

2. 管理设施

除了保障管理人员办公、休息的基本设施外，逐步完善执法车辆、船艇等装备，增添渔船管理信息化系统、渔港特别是渔获物定点上岸码头可视化系统的接入。

3. 管理人员

渔港综合管理站运行初期，管理力量以渔政、乡镇力量为主，各地要协调公安边防等力量驻港管理。渔政、乡镇力量可采取政府购买服务方式补充，渔港综合管理站实行全年无休、每日 24 h 值守。随着渔港综合管理站职能的拓展，陆续安排专门力量进驻。

4. 管理经费

将渔港综合管理站工作及人员经费纳入财政预算，确保办公场所、日常运行、人员及巡查船艇、执法车辆等装备经费到位，并积极争取上级渔港专项管理经费的支持落实。

三、渔港综合管理站2.0

1. 规划建设

渔港建设符合相关规划，码头、防波堤、港池、航道等主体工程运行良好，消防、通信、监控、交通等配套设施完备，布局规划科学合理，满足渔船安全锚泊需要。

2. 驻港管理

全面落实驻港管理办公场所、人员、装备和监管经费，促进渔业管理要素向渔港集聚，渔业执法重心由水上为主向渔港为主转移，实现渔政执法、属地乡镇驻港管理，协调渔船检验、公安边防、海事等涉海部门现场办公，确保渔港综合管理站实体化运行。有条件的地区可实施渔船基层管理组织驻港集中办公。

3. 港章制度

深化渔港港长制改革，设立港长公示牌，明确港长履职清单，明确渔港综合管理站人员职责和工作任务，建立健全港章、渔船进出港报告、巡港管理、应急管理、船籍港和靠泊港协同管理、渔港环境管理、渔港资源管理等配套制度，能够满足依港管船需要。

4. 安全监管

承担船籍港管理职责，落实系统平台 24 h 值班、动态干预，加强对在航作业渔船开展日常安全监管，协调指挥渔船自救互救，配合安全事故调查。加强对在港渔船安全监管，落实渔船进出港报告、巡港等管理制度，保障渔港水域内安全生产作业秩序，实施进出港渔船报告抽查和登临核查，确保渔船"不安全不出港"。

5. 生态环境

加强渔港水域和陆上防污清污及垃圾清理等，推广"物联网＋区块链"数字治污技术，渔港水域清洁、水质良好，渔港环境优美，绿化率高，无违章搭建设施、障碍物，无严重污染源。

具体评分标准见表7-2。

表7-2　"渔港综合管理站2.0"评分标准

考核项	分项	考　核　内　容
规划建设 （15分）	渔港规划 （3分）	有渔港建设批文、规划，渔港建设验收手续齐全（1分）
		渔港所有权、经营权和管理权清晰（1分）
		渔港港界划分明确（1分）
	基础设施 （3分）	渔港基础设施符合渔船安全锚泊要求（2分）
		港区主要道路硬化，港区道路畅通（1分）
	安全设施 （4分）	港区配有消防设施（1分）
		消防设施运行良好（1分）
		港区航标设置齐全（1分）
		航标运行正常（1分）
	监控设施 （5分）	建成"智慧渔港"（2分）
		"智慧渔港"运行良好（1分）
		有渔船进出港电子识别系统（1分）
		渔船进出港电子识别系统运行良好（1分）
驻港管理 （15分）	人员保障 （5分）	渔政执法、属地乡镇进驻渔港管理（2分）
		协调渔船检验、公安边防、海事等涉海部门现场办公（2分）
		渔船基层管理组织进驻渔港集中办公（1分）
	设施保障 （6分）	落实驻港管理人员的办公场所（2分）
		配置巡查船艇、执法车、移动执法仪等执法设备（2分）
		配置计算机、通信系统和远程监控设备，实现"船港通"和渔船安全救助信息系统管理渔船（2分）
	经费保障 （4分）	落实专项经费预算，保障渔港综合管理站建设行动（4分）
港章制度 （16分）	制度创新 （9分）	落实港长制、设立公示牌、明确履职清单（2分）
		明确渔港管理站人员职责和工作任务（3分）
		获农业农村部命名渔获物定点上岸渔港（1分）
		建立渔获物定点上岸和溯源管理制度（1分）
		建立船籍港和停泊港协同管理制度（1分）
		建立巡港管理制度（1分）
	渔港港章 （2分）	有渔港港章（1分）
		港章适用性强（1分）

（续）

考核项	分项	考 核 内 容
港章制度 （16分）	进出港管理 （2分）	有渔船进出港报告工作制度（2分）
	应急管理 （3分）	有安全生产事故应急预案（1分）
		有渔港水域水污染应急预案（1分）
		定期组织开展应急演练（1分）
安全监管 （41分）	船籍港管理 （14分）	落实系统平台24 h班值守（3分）
		加强对在航作业渔船日常安全监管和动态干预（3分）
		渔船进出港报告率100%（6分），报告率90%及以上、100%以下（4分），报告率80%及以上、90%以下（2分），报告率80%以下（0分）
		协调指挥渔船自救互救，配合安全事故调查（2分）
	巡港管理 （10分）	保障渔港水域内安全生产作业秩序（2分）
		实施进出港渔船登临检查，检查率20%及以上（8分），检查率15%及以上、20%以下（5分），检查率10%及以上、15%以下（3分），检查率10%以下（0分）
	伏休管理 （5分）	加强在港渔船伏休管理且无擅自出港生产的（5分）
	事故隐患 （7分）	近两年港区无较大以上安全事故（3分）
		港区无渔船安全事故隐患（2分）
		港区无消防事故隐患（2分）
	社会治安 （5分）	有明确的纠纷调处机构和人员（2分）
		近两年港区内未发生群体性事件（1分）
		近两年港区内未发生刑事案件（1分）
		近两年港区内未发生重大社会治安事件（1分）
生态环境 （13分）	陆域环境 （2分）	港区无垃圾、杂物堆弃，港区整体清洁卫生、环境整洁（1分）
		港区内无违章搭建，绿化程度高（1分）
	水域环境 （2分）	水质良好（1分）
		无明显污染、油污或漂浮物（1分）
	污染防治 （7分）	有垃圾、废弃物集中回收处理设施（1分）
		有油污、废液集中回收处理设施（1分）
		有专人从事防污清污和垃圾处理（1分）
		推广"物联网＋区块链"数字治污技术（2分）
		防污清污和垃圾处理工作效果良好（2分）
	空气质量 （2分）	无明显异味（2分）；有轻微或局部异味（1分）；异味严重（0分）

注：1. 对港区发生较大以上安全生产责任事故的，实行"一票否决"。

2. 对未按规定比例实施登临检查，造成隐患渔船出港发生较大以上安全事故航次的，对所对应的最后渔港综合管理站实施"一票否决"。

3. 本表中"以上"均含本级。

四、渔港综合管理站规范化建设：以三门县为例

（一）制度建设

渔港综合管理站作为渔港的综合监管机构，根据渔港的功能、定位，明确工作职责、任务，厘清责任清单，制定相关工作制度。以三门县健跳渔港综合管理站为例，制度样式如下：

1. 渔港综合管理站工作职责

（1）安全管理职责。负责港内（或管辖水域）渔业船舶安全适航状况、进出港报告制度执行情况以及停泊、施工作业等安全情况的现场执法监管工作；协调做好港内渔业船舶防台避风的循序维护及防碰撞等安保工作；参与港内区块施工许可前的安全评估，协助开展施工水域的通航循序维护；对查处的违法违规渔船实行行政处罚和安全管理记分；加强渔港巡查，保护渔港产权，维护渔港设施正常运行，及时制止和处置破坏渔港产权和渔港设施的行为；承办上级渔业主管部门和港长制办公室交办的其他工作任务。

（2）渔业资源管理职责。负责查处港内渔船携带违禁渔具、擅自改变作业方式行为以及幼鱼保护等监管执法，协助开展港内"三无"船舶的清理打击；加强停港渔船伏休管理，对进港渔船是否存在违反伏休规定进行检查，对伏休期擅自离港渔船进行查处；监督落实港内渔获物定点上岸制度执行情况，查处进港渔船违反渔获物报告和定点上岸制度的行为；督促港内定点上岸码头按要求开展渔获物溯源相关管理工作。

（3）环境保护职责。负责港内渔船油污水排放等污染渔港水域的现场监督执法工作；协助开展港内渔船污染事故的调查处理工作；开展渔港保洁相关工作。

2. 渔获物可追溯报告制度

严格执行渔获物定点上岸报告制度，将不在定点渔港上岸卸货的渔船列入重点监管对象，实行严格的跟踪监管。定点上岸渔港为三门健跳渔港，渔船需提前 24 h 向渔港综合管理站报告生产船号、作业海域、上岸时间、上岸地点及渔获物品种、规格、数量等；如有变动，需在 6 h 前报告变动原因和情况。报告方式包括手机、北斗终端、书面，渔船报告人必须如实报告本渔船相关信息，不得虚报和谎报。实行渔获物可追溯绿色标签管理。

3. 事故报告制度

（1）报告内容。包括事故发生的时间、地点、气象、水域情况；事故船舶、设施概况及船东/船长或报告人员的姓名、联系方式等；事故的损害或者遭遇的情况，已采取的措施和效果；对方船舶的船名、颜色、国籍等特征；船舶沉没的，说明沉没的位置；其他与事故有关的情况。

（2）报告的形式及期限。可通过北斗终端、手机电话、传真或书面报告等方式。在渔港水域内发生事故的，应在事发后 24 h 内提交事故报告书；在渔港水域外发生事故的，应在进入第一个港口或事发后 48 h 内提交事故报告书。

（3）报告的单位电话。三门县农业农村局电话 0576-83331132，海上治安案件电话 967110，海上搜救中心电话 12395，渔业互保电话 967202。

4. 渔船进出港报告制度

（1）报告要求。全县渔船进出全国所有渔港要主动向当地渔港管理机构报告进出港情

况，进港须提前 3 h 报告，出港须在出港前报告，其中船长 12 m 以上渔船实行航次报告，船长 12 m 以下渔船实行月度报告，休闲渔船实行每日报告。

（2）报告方式。台州籍渔船通过安装台州船港通 App 或北斗系统进行报告；非台州籍渔船可到渔港综合管理站办理书面报告，也可采取下载台州船港通 App 或关注微信公众号后进行报告。

（3）报告内容。包括船名号、船长姓名、船上有效联系方式、作业类型或方式、携带渔具情况、船员情况，进港还需报告渔获物数量、拟上岸港口。

5. 渔港综合管理站工作流程

渔港综合管理站实行无休日 24 h 值守制度；港内每日巡查不少于 2 次；开展对港内渔船定期执法检查（图 7-2）。

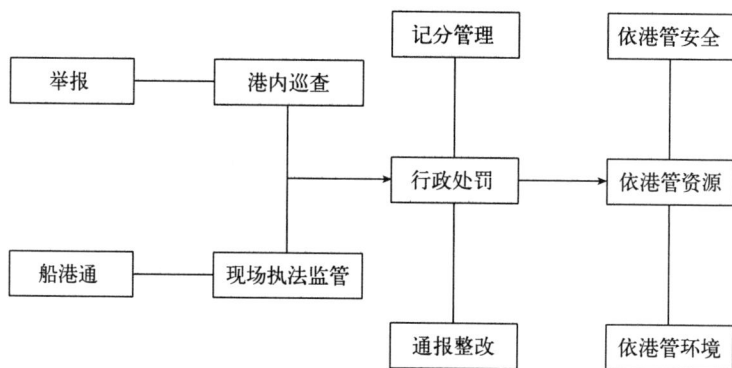

图 7-2 渔港综合管理站工作流程

（二）建设经验

为加强渔船规范化、信息化、防控专业化管理，该县深化渔船安全监管体制机制改革，科学构建以县渔船应急管理指挥部为中心，海润、健跳、浦坝港 3 个渔港综合管理站为阵地的日常监管架构，推动渔船全天候、全时段、全区域闭环监管。2020 年以来，累计通过 3 个渔港综合管理站开展渔船安全专项执法检查 59 次、宣教活动 16 场次，实行编组干预 426 次，发布航道提醒 112 次、北斗设备离线干预 48 次，全县渔船安全生产态势平稳向好，全年渔船安全事故零发生。

1. 统一建站规格，确保办事机构权责对等

人员配置上，要求 3 个渔港综合管理站工作人员均由不少于 3 名的属地乡镇（街道）工作人员、不少于 3 名的渔政执法人员和不少于 8 名的渔业公司值班人员组成。职权划定上，各站均由乡镇（街道）集中管理，由乡镇（街道）工作人员担任站长、副站长，渔政执法和渔业公司人员统一服从指挥，并由渔港综合管理站对其进行工作考核，有效破解了乡镇（街道）渔业安全监管权责不对等的问题。资金安排上，建站初期，共投入 300 万元用于执法车（船）采购、办公场所装修、设备购置等，后续每年拨付 100 万元用于日常维护，保障长效运维。

2. 统一管理制度，确保日常监管严密无漏

强化内控，制定《渔船应急管理指挥中心主要职责》《值班人员职责》《应急处置流程》《渔船几种常见情况处置步骤》等工作制度，明晰职责与操作规范，并在 3 个渔港综合管理站同步实施，做到以制度堵塞漏洞。对外实施"五个不准""五个一律"，明确安全设施配备、职务船员配备、编组生产制度落实、安全隐患整改等未到位及遇恶劣天气的情况下，一律不予出海，对因违反安全管理规定而发生重大事故的一律从油价补助、保险系数、理赔标准等方面进行惩处，共明确渔船监护人 508 名，督导整改灭火器失效、消防通道堵塞等隐患 89 处；共组织开展渔船安全专项执法检查 59 次，出动执法人员 523 人次，检查渔船 198 艘次，查处违反安全管理规定渔船 27 艘，罚款 87 400 元。

3. 统一应急机制，确保救援处置精准有效

依靠两级渔船应急指挥中心和北斗、AIS 系统，对全县所有渔船进行 24 h 监管预警，实时掌握每艘渔船的动态信息。统一实行凌晨"黑色 4 小时"点验抽查，确保对夜间、恶劣天气、离线、编组、值班瞭望等情况进行有效干预，及时将预警信息、行政指令通知到位，极大地提升了对渔船防台避风、应急救援等管理服务水平。2020 年共发布各类气象信息 18 736 条，县渔船应急指挥中心每日实行点验 6 次，各渔港综合管理站指挥中心每日点验 8 次。

4. 统一执法标准，确保船舶作业依法依规

全面推行《台州市渔船安全管理记分办法（试行）》，加强对船东、船长和渔船公司的记分制管理。对不符合安全生产条件、违法违规生产、非法捕捞作业、报告信息不实、管理履职不到位等行为，视情节轻重给予扣除油价补助、记分、停航等惩处措施。2020 年，对临水作业未穿救生衣、未按要求回县内伏休等渔船共进行警示约谈 43 艘次；行政处罚 101 起，结案 101 起，罚款额 95.3 万元；涉刑案件 8 起，刑拘 13 人。

5. 统一宣教方案，确保安全意识入脑入心

针对船东船长法律意识淡薄、从业人员安全生产意识淡化等问题，以 3 个渔港综合管理站为阵地，组建"渔嫂妇联"，发动"渔嫂"念紧渔民出海安全作业紧箍咒，从而提升涉渔政策法规鞭策力。同时，探索开展"县长局长渔船住夜"活动，分管副县长与业务主管部门负责人随船出海，在生产一线中面对面帮助渔民提高安全意识，征集渔民对政府开展渔业安全监管工作方面的建议诉求，进一步拉近行政部门与渔民的思想距离。2020 年，"渔嫂妇联"成员规模已达 482 人；共策划开展"渔嫂面对面""渔业安全生产千人培训会""海上救援逃生演练"等活动 16 场次，培训面覆盖全县所有船东、船员、渔嫂以及渔业公司。

第六节　台州渔港港长制改革方向

台州下一步将以港长制为抓手推进渔船渔港综合管理试点工作，继续向着压实港长管理责任、全面推行驻港监管、健全依港管船制度、强化数字治港支撑、完善依港管船基础等五个方面深化改革。

一、压实港长管理责任

港长制是实施依港管船的重要基石。深化细化港长制改革，推动港长职务由虚职变实职，港长职责由虚化变实化，促进港长制迭代升级。

一是明晰落实港长管理权限。按照"港长负责依法依规落实地方监管主体责任"的功能定位，明晰落实港长负责渔港整体发展，协调整合各方力量，切实做好渔港及渔港经济区建设发展、综合管理、安全生产、生态保护及社会稳定等各项工作。

二是创新港长制管理模式。总结各地港长制实践经验，取长补短，深化试点探索，丰富完善港长制内容，推进更大范围、更高程度渔船渔港治理，进而为渔港建设、渔船管理、资源养护、安全生产、环境保护、社会稳定等创造有利条件，加速推进渔港经济区建设，实现渔港渔区振兴。

三是建立港长湾（滩）长联动机制。坚持海陆统筹、港湾共治、区域协作，深化港长湾（滩）长治理体系与治理能力的融合创新、整合提升，探索建立数据共享、定期通报和联勤执法制度，在港湾环境管理、资源管控、综合整治、风险管理和灾害处置等方面通力合作，实现同步部署、同步治理、同步督查、同步考评。

二、全面推行驻港监管

驻港监管是依港管船的基础保障。把握依港管船新要求，全面推行驻港监管，加强港口联动执法，落实依港管船制度，把制度优势转化为治理效能。

一是完善建设渔港综合管理站。按照综合监管人员、管理装备、监管经费、管理用房等全到位和实体化运行要求，优化执法力量配置，实现管理要素向渔港集聚，渔业执法重心由水上为主向渔港为主转移，进一步建设和提升渔港综合管理站，完善值班、检查、巡查、处罚等制度，按照责任清单和履职标准开展常态化运行。

二是深化落实依港管船各项制度。落实船籍港和靠泊港管理职责，建立联系沟通、共管机制，深化限额捕捞、定点上岸和可追溯管理试点，加强登临检查，统筹实施海上目标管控、渔船进出港报告等智能化、实时化监管，加强高危渔船、超海区作业、敏感水域等的动态干预，充分运用安全记分、责令停航等，对发现隐患、违反指令以及未按规定开展渔船进出港报告的渔船落实整改措施，对非本地籍渔船要主动函告船籍港处理，着力破解"三无"渔船根绝难、违规渔具管控难、违规水产品流通管控难等问题。推广"物联网＋区块链"海洋船舶危废全流程处置体系，推动渔船危废处置低碳化、标准化和安全化，实现渔港环境治理的数字革命。

三是深化渔港综合执法监管联动。强化执法联动，结合伏季休渔、安全检查等工作，采用随机抽查、突击检查、定期检查等方式，对停靠在渔港内的渔船进行执法检查，对携带禁用渔具的捕捞渔船按使用禁用渔具处理、处罚，对涉渔"三无"船舶采取禁止离港、指定地点停放等强制措施。实行渔港综合监管，建立综合协调、信息共享的联动机制，实现违规渔船"一处违规、处处受限"。

三、健全依港管船制度

制度是管全局管根本的，是依港管船的治理之基。坚持问题导向，本着"缺什么、补什么"的原则，加快渔港建设、渔港维护、渔港管理、渔港经营等标准制度建设，基本建成标准化渔港管理制度体系的"四梁八柱"，实现"依港管船、依港管渔、依港管人、依港管安全"。

一是加快制（修）订渔港港章。按照依港管船的总要求，综合渔港的规模、服务辐射范围、影响程度及其重要性，充分考虑渔港特定的自然环境、通航条件、渔船船型、渔民进出渔港的习惯等，充分征求渔民老大、专家学者的意见建议，加快制（修）订等级以上渔港港章，明确渔港水域、锚泊区域、陆域范围、航标航道、监督机关、管理要求、应急处置、法律责任等，使之成为依港管船的总章程。

二是明确船籍港和靠泊港的渔船管理职责。船籍港要加强对本船籍港渔船管理，对渔船安全监管负总责。负责对在本船籍港登记的渔船核查登记、渔船隐患排查整治、日常监管和登船检查、安全应急值班、动态干预和出事渔船应急指挥救援，督促按规定配备职务船员和普通船员、动态编组，确保渔船安全适航和安全设备正常运行。靠泊港要协助船籍港做好渔船安全监管工作，负协助管理责任。负责加强对进港靠泊卸货、伏休期间的非本船籍港渔船监管，实施渔船靠泊期间的登临检查，全面履行靠泊期间综合监管责任，对问题渔船依法查处并移送船籍港渔业行政主管部门，协助依法查处非本船籍港渔船、责令停航整改和案件移送工作。

三是深化完善行之有效的管理制度。总结依港管船实践，深化完善渔港综合管理站建设、渔获物溯源管理、限额捕捞、渔船应急管理、基层管理组织规范化建设、渔船安全生产分类管理、应休渔船星级管理等依港管船配套制度。建立动态督导、分线联系、工作考核等机制，实现"清单式管理、动态式督查、一体式推进"。

四、强化数字治港支撑

数字治港是依港管船的数字利器。全面把握"数字治理"新趋势，以"船港通"为支撑，加强与城市大脑无缝对接，加快建设与依港管船相适应的智慧渔业网络架构，不断构建起数字治港网上网下同心圆。

一是深化"船港通"系统开发应用。着力将"船港通"作为依港管船的大数据中心，建立健全应急管理、渔船审验、交易平台、渔港建设、环境管理等关键模块应用，使系统各相关模块形成紧密的闭环，深入对接盒马鲜生、顺丰、京东等大型互联网平台，拓展电子商务新业态新模式，使"船港通"系统发挥出更大作用。

二是开发应用精密智控系统。建设海上 AIS 移动基站，开展智慧渔港建设，推进"宽带入海"，构建人、船、港一体智慧监管平台，实施船员管控"红、黄、绿"三色码和中国海域渔船动态管控图，实现"以码管人、以图管船、以指数管安全"。

三是推动系统互联互通和数据共享。以城市大脑为中枢，通过中枢系统协议，快速实现与公共安全、公安海防船舶管理、港航船舶管理、海事、生态环境、信用体系等系统业务协同、数据互通和政企协同，为实现依港管船、管人、管资源、管安全提供更有力支撑。

五、完善依港管船基础

渔港设施是依港管船的物质基础。要抓住"十四五"时期国家倾斜农业农村、防灾减灾、高质量发展、新基建的重大机遇，加快推进依港管船基础设施建设，为依港管理提供基础保障。

一是完善渔港防灾减灾设施。推进渔港和渔船避风锚地升级改造，重点改善渔港避风功能，实施除险加固工程，提高码头、防波堤和护岸工程质量，整合升级海洋水文、气象观测设施，加快渔港航标、通信、消防、环保等配套设施建设，推进渔港设施维护管理常态化，进一步提高渔港防灾减灾、渔船安全避风能力。

二是完善渔港定点上岸设施。坚持提升和扩充相结合，继续申报创建定点上岸渔港，结合渔港经济区建设，完善鱼货装卸、物资补给、市场交易、物流配送、冷藏加工、信息平台等设施条件建设，提升定点上岸渔港设施保障能力，满足渔船综合补给、交易、管理和服务功能。

三是完善依港管船设施。按照渔港等级要求，加快建设面积足额、设施设备完备的渔港综合管理站，升级渔港视频监控网络，实现港区监控无死角。提升渔港防污染设施建设水平，配套完善油污水、生活污水、固体垃圾等接收和处理设施，推动纳入城镇公共基础设施体系。要加强渔船渔港污染监测和监管，建立渔船渔港环境监测网络。配套建设渔政执法码头及扣船点，对违法违规渔船实施扣押或责令停航，提升渔政执法管理效能。

依法管港、依港管船是国外渔业先进管理国家的普遍做法。建议加快渔港管理条例的立法，对渔港规划、投资、建设、认定、维护、经营与管理进行规定，明确渔港的公益属性及权属，明晰渔港所有权、使用权、管理权、经营权，明确港长制法律定位，建立渔港港长制和统一经营制度，健全渔港建设管理、保护维护机制，完善渔船进出港报告制度法律责任，实现依港管船由制度体系向法律体系转变。同时加快修订渔业法，将渔船管理、船员管理、安全生产、渔港生态、渔港振兴等纳入其中，扩充渔港管理职能作用，实现依港管船的有法可依。

第八章

船　港　通

"船港通"是"'船港通'海上安全智治多跨场景应用"的简称，前身为"海洋渔业资源总量管理信息系统"，农业农村部渔业渔政管理局将其名称改为"渔港综合管理信息系统"，简称"渔港通"；台州市委全面深化改革委员会办公室、台州市大数据局因该系统主要管理船舶，又将其改名为"船港通"。2021 年，台州根据省市两级数字化改革的要求，将"船港通"迭代升级为"'船港通'海上安全智治多跨场景应用"。

第一节　"船港通"概念、开发背景、功能

一、"船港通"定义

"船港通"海上安全智治多跨场景应用依托数字化手段，坚持渔港"港长制"统领，突出渔船动态管控，构建海陆安全风险图码，强化风险干预、四大责任落实、安全闭环管理，促进渔船安全海陆共管、条块齐抓，着力解决渔船安全管理的堵点痛点，将渔船渔港综合管理纳入安全智治和社会治理轨道，实现治理高效、渔业安全、生产合法、渔民富裕。

二、"船港通"1.0 开发背景

1. 国家层面

2017 年初，农业部印发了《关于进一步加强国内渔船管控实施海洋渔业资源总量管理的通知》，要求坚持深化改革和依法治渔两轮驱动，坚持渔船投入和渔获产出双向控制，进一步完善海洋渔船"双控"制度和配套管理措施，实行渔业资源总量管理，努力提升海洋渔业管理水平，促进海洋渔业资源科学养护和合理利用，逐步建立起以投入控制为基础、产出控制为闸门的海洋渔业资源管理基本制度，实现海洋渔业持续健康发展。该通知下达了至 2020 年的海洋捕捞产量控制指标。由此，我国海洋渔业资源总量控制制度已进入正式实施阶段。

2017 年 7 月，农业部办公厅印发了《关于做好 2017 年水产品质量安全可追溯试点建设工作的通知》。为贯彻落实 2017 年中央 1 号文件、全国渔业渔政工作会议和《农业部关于加快渔业转方式调结构的指导意见》精神，推进渔业转方式调结构，打好水产品质量安全提升的硬仗，农业部决定 2017 年继续开展水产品质量安全可追溯试点建设工作。水产品质量安全可追溯试点建设要以责任主体和流向管理为核心、以追溯二维码为载体，推动

追溯管理与市场准入相衔接，逐步实现水产品"从池塘到餐桌"全过程追溯管理，切实做到"信息可查询、来源可追溯、去向可跟踪、责任可追究"。

2. 省级层面

近年来，浙江省委、省政府全面实施修复振兴浙江渔场行动，开展"一打三整治"专项行动、减船转产专项行动和"生态修复百亿放流"行动，大力修复浙江渔场，保护海洋生态环境，保障沿海群众长久生计，促进海洋渔业可持续发展。2017 年 1 月，浙江省人大常委会审议通过了《浙江省人民代表大会常务委员会关于加强海洋幼鱼资源保护促进浙江渔场修复振兴的决定》，以地方人大专项决定形式为海洋渔业资源保护工作提供法制保障。

3. 市级层面

台州市委、市政府多年来十分重视海洋渔业资源保护和渔业生产安全工作，把"一条船"综合管理列入全市重点工作之一，主要领导多次调研和部署渔业安全、"一打三整治"、幼鱼保卫战和伏休攻坚战等工作。台州市海洋与渔业局会同温岭市人民政府在温岭市石塘镇开展渔业安全综合管理试点工作，着手建设台州市海洋渔业资源总量管理（渔船渔港综合管理）信息系统，用信息化手段倒逼强化渔船渔港渔获管理，促进渔业安全和资源管理理念、机制、手段创新，实现渔业资源总量控制和渔业安全事故控制。

三、"船港通" 1.0 功能

"船港通" 1.0 系统主要功能包括：对接中国渔政指挥系统、中国渔业船员管理系统、省渔船安全救助信息系统、省海洋预报平台、近岸水域船舶污染物大数据防治系统等，实现数据共享；支持捕捞日志、交易/转载日志、定点上岸日志电子申报及渔获物管理和溯源管理；支持渔船进出港报告、渔业船员动态管理、渔船动态编组管理、定人联船网格管理、船东船长和渔业公司记分（消分）等闭环管理；支持渔船预防台风、冷空气、突发事件等预警预判和应急救援处置指挥调度；支持港口船舶油污水等收集、储存、运输、处置实时监测等（图 8 - 1）。

1. 实现渔船进出港监测电子化管理

利用北斗或 AIS 船位、小目标雷达、视频、RFID 等技术手段对所有进出港的渔船进行监测和管理，渔船能够手动填报电子进出港报告。

2. 实现渔船电子渔捞日志、销售/运输情况顺畅填报

通过配备船载采报终端，捕捞渔船能以最小生产单位为填报对象，顺畅填报海上渔捞日志、销售/寄运情况；渔业辅助船能顺畅填报海上渔获销售或寄运情况，并发送到渔业资源总量管理信息系统平台。

3. 实现渔获港口定点销售/交易情况顺畅上报

通过配备船载采报终端，捕捞渔船能以最小生产单位为填报对象，顺畅填报渔获港口定点销售情况，渔业辅助船能顺畅填报渔获港口定点销售/寄运情况，陆上渔获收购单位和个人能顺畅填报在港口定点收购渔获情况和大致去向（如进入加工厂、餐饮单位、批发市场等），并发送到渔业资源总量管理信息系统平台。

4. 实时掌握捕捞额度和最小生产单位限额捕捞执行情况

信息系统能自动统计接收到的捕捞渔船渔捞日志、销售/寄运情况，渔业辅助船收购销售/寄运情况，陆上收购单位和个人渔获收购与去向情况数据，并分析比对实际捕捞量与最小生产单位捕捞限额和区域捕捞限额总量执行情况，同时提供超额超限预警。无论生产渔船在何地上岸，渔获量均能自动计入该渔船的允许捕捞限额之内。

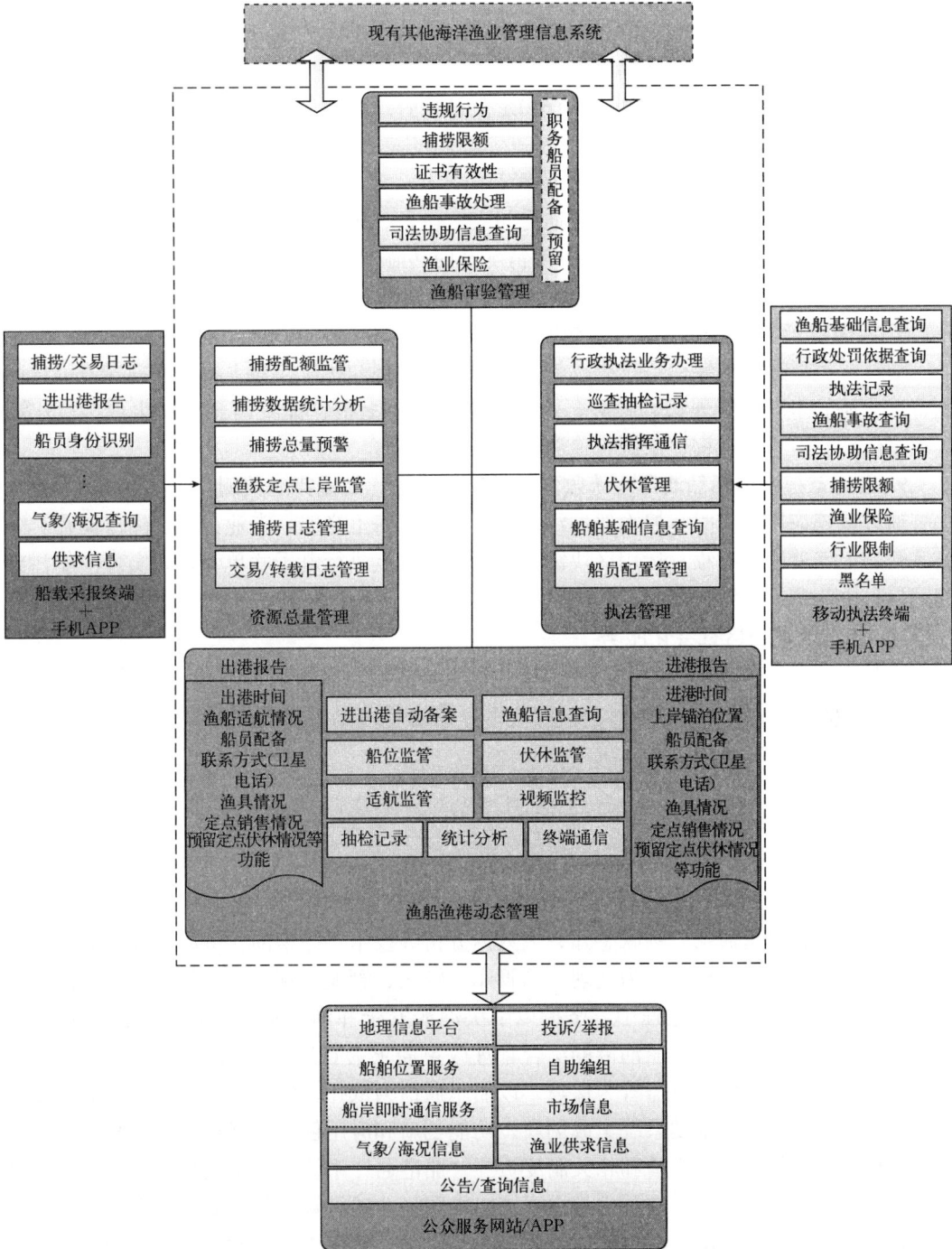

图 8-1 "船港通"总体功能结构

5. 实现渔船日常监管闭环管理

通过系统融合，以捕捞许可证年度审验为关口，实现对渔船违规行为、捕捞限额、证书有效性、职务船员、渔业保险和司法协助等各个节点的闭环管理，提高管理合力。

6. 推动依港管船管人管渔获管安全

通过系统应用，提高渔业管理信息化水平，形成以渔港为主的管理模式，实现对渔船在港停泊、进出港动态、适航情况、渔具情况、捕捞限额情况、职务船员配备等的全面监控管理和指挥调度，为伏休管理、渔获物定点销售管理、适航管理、安全生产监管等提供有力支撑，提高管理成效。

7. 实时将渔船的违法行为传输给监管部门

通过系统应用，实现将擅自关停通导与安全设备、不按时如实报送产量数据（交易数据）、越界捕捞、超限捕捞、违规记分等情况及时传输到执法监管部门。渔船有未处理的违法行为时，不得通过年检或发放当年油补。

8. 实现水产品质量安全的可追溯管理

通过发放可追溯的绿色二维码标签，加强渔港管理和执法，对上岸渔船捕捞或渔运船捎带、交易的水产品实现扫码核验、水产品信息采集上报、标签信息重新生成/发放等，实现水产品"信息可查询、来源可追溯、去向可跟踪"。

9. 实时掌控港口船舶油污水等收集、储存、运输、处置实时监测

通过系统应用，实时掌控渔船油污水等污染物从海上渔船、专业接收、港口储存、陆路运输、定点处置全过程，运用区块链不可篡改的特点进行电子联单管理，实现渔船污染物"信息化监测、网络化收集、联单化管理"。

10. 支持渔民渔区社会化服务

为渔区和渔民提供政策法规宣传、政务服务、渔船信息查询和通信、渔船自助编组、气象/海况信息发布、渔业市场行情、渔业供求信息等信息平台和服务，让渔民享受到信息化便利，从而自觉使用信息系统。

第二节　"船港通"1.0平台构成

"船港通"是台州承担全国渔船渔港综合管理改革试点的数字化支撑。该系统1.0版本利用互联网、卫星通信、物联感知、大数据分析等技术，探索渔业资源管理、渔船安全管理、渔港环境管理新模式，为实现一网管船、管人、管渔、管环境、管安全提供信息化保障。在系统设计和建设过程中，坚持以解决渔船安全和渔业资源管理存在的堵点、难点、热点问题为导向，以渔船渔港的综合管理改革需求为目标，形成以动态管理为核心、以渔船年审为关口、以渔政监管为保障、以船岸通信为依托、以提升渔民渔船线上服务为助力的闭环管理系统，推动系统集成创新、功能创新和应用创新。坚持整合、开发和升级并重，把渔业法律、改革举措和相关制度贯穿"船港通"系统开发全过程。融合海洋渔船安全救助信息系统、中国渔政管理指挥系统、中国渔业船员管理系统等现有海洋渔业相关信息化系统，升级渔船动态社会化监管服务平台，对接浙江政务服务网（台州市）、台州市公用信息服务平台；开发渔船进出港管理、海洋捕捞渔获管理、渔船审验管理、渔业执法管理、绿色标签认证发放溯源管理、渔船应急管理等模块，形成"一中心两终端"，即系统平台、手机移动终端和船载采报终端①。

系统设立了渔船审验、进出港管理、船员动态管理、渔业捕捞管理、渔港执法管理、渔港环境管理等子系统，建成了集渔船检验、许可管理、黑名单管理、进出港管理、伏休管理、休闲渔船管理、船员管理、渔港环境管理、港口水产品销售管理和渔港数理模型等为一体的综合管理平台。渔船渔港综合管理平台还增设渔船社会化监管服务平台功能，在该平台中增加政策法规宣传、气象/海况信息发布、渔船自助编组、公告/查询、远程医疗咨询、渔业市场行情、渔业相关供求信息平台、建议意见等功能，以网站和手机 App（台州渔信通）形式为管理人员和服务对象提供社会化服务。渔船渔港综合管理平台的建立，打破了渔船检验、船舶登记、船员培训、执法检查、动态信息核查、许可证发放等各个环节之间的隔阂，形成既相互制约又相互协作的工作流程，实行环环相扣的闭环管理，实现执法、船检、许可、渔港监督四驾马车齐头并进，形成渔业系统内部的渔船安全监管合力。

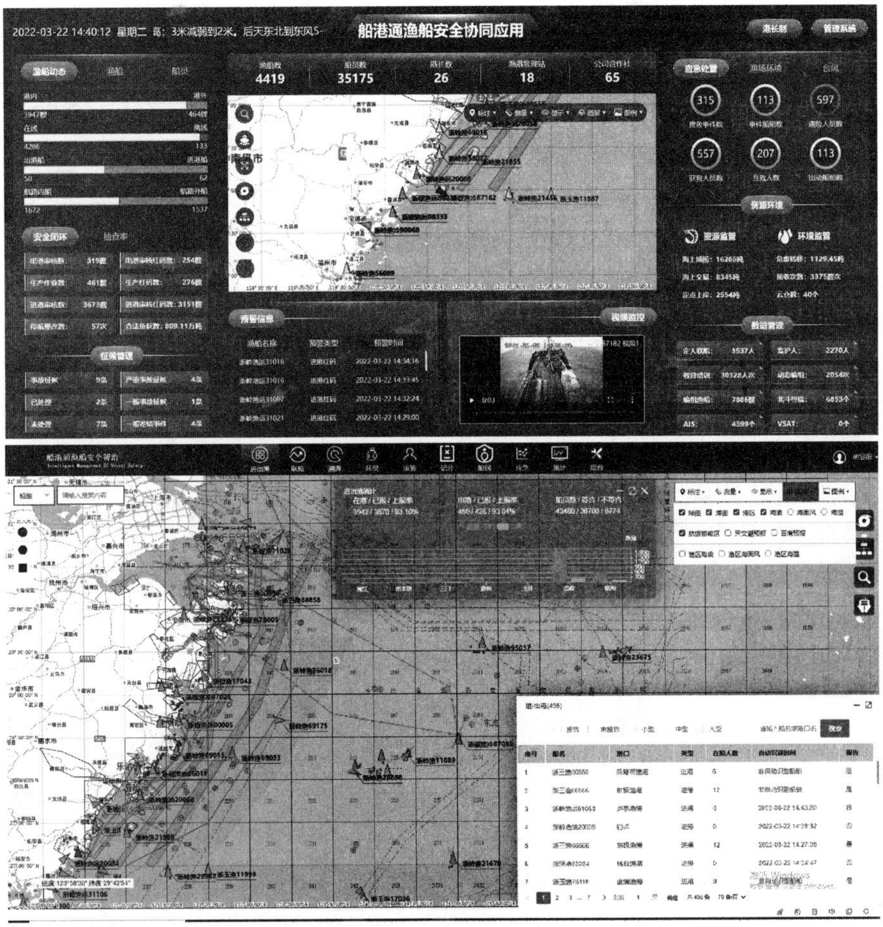

图 8-2 "船港通"协同应用平台

---

① 张宇，卢昌彩：《"渔港通"系统开发应用实践与探索》，中国水产，2020 年第 7 期，第 26-27 页.

图 8-3 "船港通"App

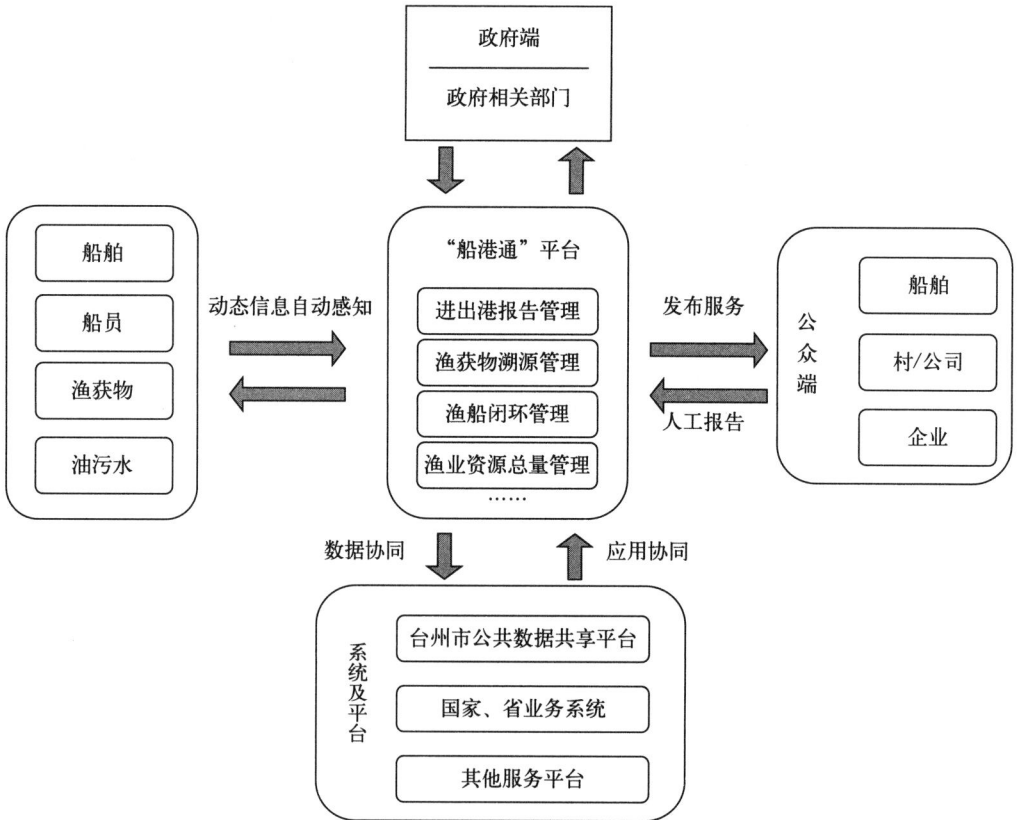

图 8-4 "船港通"平台应用整体架构

一、渔业捕捞总量管理子系统

渔业捕捞总量管理子系统融合了渔船安全救助信息系统和卫星通信系统，配置了船载采报终端，实现捕捞渔船、渔业辅助船、渔获物收购单位和个人的渔获物实时采集、报送和统计。通过将系统与视频监控、抽检联检等措施相配合，可以科学分析渔获物总量和结构，为限额捕捞管理和区域捕捞总量控制提供数据支撑和执法监管依据。

二、渔获物定点上岸和绿色标签可追溯管理子系统

渔获物定点上岸和绿色标签可追溯管理子系统明确每艘捕捞渔船和运输船唯一对应标识码，通过对渔盘、渔箱等运载载体进行标识，实现渔获物可追溯管理。渔业运输船和捕捞船在海上过驳、交易和进港前要及时通过系统上报渔获物来源、数量、品种等信息，并接受定点渔港的核验。市场主体在收购渔获物的同时要通过追溯管理系统填报交易信息，并获取渔获物绿色标签；市场监管部门要加强对市场流通渔获物绿色标签的监管，未取得绿色标签的渔获物不得在市场流通。

三、渔船审验管理子系统

渔船审验管理子系统融合了中国渔政指挥系统数据和流程，对中国渔政指挥系统的捕捞许可证年审流程进行关口限制，实现对捕捞限额、证书时效、违规行为、职务船员、渔业保险、事故处理和司法协助等各个节点的闭环管理，提高综合管理效率。

四、渔船渔港动态管理子系统

渔船渔港动态管理子系统融合了渔船安全救助信息系统、台州渔信通和渔港视频监控系统，对接台州海岸带三维可视化基础体系数据，配置前端感知设备，增加视频监控节点，升级终端管理系统，全面完成全市 12 m 以上渔船的北斗升级改造，推动"宽带入海"，深化"海上天网"建设，着力打通语音、图文、视频等通信瓶颈。通过对渔船位置管控、进出港识别与报告、视频监控等方式，实现了对渔船在港停泊、出港作业动态、适航情况、渔具情况、定点销售、分类管理的全面监控管理和指挥调度，为伏休管理、渔获物定点销售管理、适航管理、安全生产监管等业务服务。

五、渔业执法管理子系统

渔业执法管理子系统融合了台州渔信通系统，配置现场执法终端，实现对海洋渔业执法过程进行处理、记录、查询和告知功能，提高执法成效。

六、渔港环境管理子系统

渔港环境管理子系统对接台州海洋船舶水污染物防治平台，实现与"船港通"系统有机融合，实现数据共享、全流程监管，推动了政企协同、业务协同、数据协同。

第三节 "船港通" 1.0 应用成效

"船港通" 1.0 系统于 2018 年 9 月在台州上线试运行,其中渔船进出港报告模块于 2019 年 3 月在全国上线试运行,后迁移到中国渔政管理指挥系统,2019 年 8 月 1 日起在全国正式运行,并完成系统技术和管理标准的制定,推荐上报浙江省"最多跑一次"重点创新项目,入选浙江省政府"观星台"优秀应用项目。

一、主要做法

1. 领导高度重视,纳入全面深化改革

2018 年 4 月以来,台州市开展国家渔船渔港综合管理改革试点,创新开发"船港通"综合管理系统,加强渔船安全管理、应急管理、溯源管理、定点管理、限额管理等"五位一体"管理,深化海洋渔获物管理改革。2018 年 8 月,台州五届市委全面深化改革领导小组第五次会议研究了台州国家渔船渔港综合管理改革,市政府出台《关于推进台州市渔船综合管理改革的意见》,对"船港通"的运维、应用提出了明确要求,进一步促进了"船港通"的推广应用。

2. 开展宣传培训,提高用户使用水平

一是加强骨干培训。着重开展各级渔业管理人员和乡镇、村(公司)业务骨干培训,除教会使用"船港通"App 和平台外,重点培训如何指导渔民使用 App,提高以点带面能力。全市共举办培训班 12 场,培训骨干人员 512 人次。二是做好"手把手"培训。针对渔民文化程度低特点,坚持小班化、个体化,由业务骨干开展对渔民、监护人的培训,手把手教渔民学会 App 的下载安装、注册、使用和要求,教会渔民能够独立利用 App 开展渔船进出港报告、捕捞日志和渔获量报告、渔获扫码溯源等,打好"船港通"应用基础。三是坚持线上指导。安排专人开展线上服务,随时指导答疑,及时帮助解决渔民使用中碰到的问题。

3. 建立制度体系,推进系统全面应用

出台《台州市渔船进出港报告办法》《海洋捕捞渔获物报告试点办法》《海洋捕捞渔获物绿色标签溯源试点办法》等制度,对渔民使用"船港通"App 开展相关业务进行规范,明确具体要求,全面推进系统应用。同时,出台《台州市渔船安全管理记分制度》,对违反进出港报告规定等行为予以记分,实行"已报抽查、未报必查",推进"船港通"的应用和改革试点。

4. 盯牢改革重点,引领渔业改革创新

紧紧围绕国家渔船渔港综合管理改革试点需求,开发和应用"船港通"。一是在全国率先开展部分渔船捕捞渔获物报告和捕捞渔获物溯源、石塘渔港等 4 座渔港捕捞渔获物定点上岸等改革试点;二是在全国率先开展渔船进出港报告,全面推进渔船动态编组和定人联船数字化管理;三是根据应用实际,不断完善"船港通"功能,使其更切合实际和更具可操作性。

二、应用成效

"船港通"系统台州在册用户 4 866 个，已在涉渔相关部门、渔业乡镇、渔业基层组织和渔民渔船上得到普遍应用。真正实现了渔业的综合管理，"数据在手、管理无忧"，大数据的支撑大大提高了渔业管理的效率和减少了行政成本；同时也便捷渔民，渔民无须递交纸质材料至各个办事窗口，动动手指头便可完成各项申请。

1. 实现渔业资源总量管理"零突破"

试点渔船实现了海洋捕捞渔获物在海上捕捞、转载和交易、港口定点上岸各环节的渔获量电子上报和统计分析，实现了对高价值、高品质渔获物进行单独包装和赋码溯源及大宗渔获物的批量赋码溯源，在全国率先迈出海洋渔业资源产出管理新制度实施和海洋捕捞水产品全流程"一码"溯源管理的关键一步。从"船港通"上线至 2021 年底，累计上报渔捞日志、交易日志等 31 019 余次，上岸渔获物 10.08 万 t，溯源渔获物 5.25 万 t，玉环溯源试点拖虾渔船每船每年可增收 30 万～50 万元。

2. 实现渔民线上服务"全链接"

一是在全国率先开展了渔船进出港航次报告新制度，实现了渔民报备"零次跑"；同时，对报告上来的职务船员身份和证书等信息自动进行比对审核，为执法机构上船现场核实提供基础数据。从"船港通"上线至 2021 年底，全市渔船累计进出港报告 59.51 万次，报告率 100%，走在全国前列。二是为渔民提供了渔场和渔区海洋风力、海浪、水温、台风等预报实时查询服务，有效提高了渔船恶劣天气气象保障能力。

3. 实现安全管理"有实招"

一是推进定人联船、渔船监护人和渔船动态编组等安全管理实招落地，全市 4 700 多艘渔船，联船责任人 3 390 人，生产期间每天保持动态编组 1 500 组左右，基本形成网格化管理。二是推进对船东、船长和村（公司）违反安全管理行为进行记分和销分管理落地，共记分 1 844 次，实现渔船一处违规、处处受制，形成闭环管理。三是推进渔船动态干预落地，共动态干预渔船 10.3 万艘次，实现全市渔船北斗终端在线率 99.6% 以上，实际掌控率 100%，渔船动态编组有效率 92.5% 以上，互救人员 273 人，均居全国前茅。四是推进应急救援落地，共处置海上渔船各类应急事件 272 起，救助渔民 481 人。

4. 实现港口船舶油污水监测"全流程"

采用"物联网＋区块链"技术，在全国首创海洋船舶污染物数字化治理新模式，联动环保、运输、海事等部门，实现对港口船舶油污水的收集、存储、运输和处置的全流程、联单化监管和数据共享。累计收集处置渔船油污水 368.8 t。

5. 实现渔业和公安海防管理"一平台"

"船港通"提供了公安海防船员管理模块，实现了对渔船、商船、乡镇管理船舶的多跨场景应用，并把船员信息推送给公安相关系统。共报告各类船舶上船人员 3.1 万人。

第四节 "船港通"2.0 建设相关分析

根据《全省数字法治系统多跨场景清单 1.0》《浙江省农业农村厅办公室关于公布多跨应用场景第一批"先行先试"单位的通知》等文件精神，台州市"船港通"海上安全智治场景应用为第一批先行先试项目。其结合台州实际，以船岸智能感知为依托，以渔船渔港综合安全管理为手段，以动态管控为核心，以闭环管理为切入口，以监管执法为保障，以渔民渔船服务为助力，重塑渔船安全管理机制，将渔船渔港管理纳入安全智治轨道，实现渔船安全事故征候闭环管理，守牢海上安全底线，促进渔业高质量发展。

一、"船港通" 2.0 建设背景

1. 时代要求：安全生产受到前所未有的重视

人民安全是国家安全的基石，坚持人民至上、生命至上，保护人民生命安全可以不惜一切代价。党的十九届五中全会就统筹发展和安全、建设更高水平的平安中国提出明确要求、作出工作部署。习近平总书记多次对安全生产作出重要指示，亲自批准了第二轮安全生产专项整治三年行动。浙江省深入贯彻习近平总书记和李克强总理指示精神，浙江省委书记袁家军同志要求自觉从讲政治的高度抓好安全生产，严格落实安全生产责任，着力加强系统治理、源头治理、依法治理、协同治理，切实提高本质安全水平，推进安全生产治理体系和治理能力现代化。台州平安创建 16 年以来，共发生 11 起重大事故，其中 3 起导致 "一票否决" 的为渔业船舶事故。渔业生产安全是 "遏重大" 的重点领域，必须采取线上线下靶向治理，筑实渔船 "遏重大" 海上防线。

2. 痛点堵点：渔船安全事故多发频发

2021 年，台州渔业安全事故险情频发、渔业安全形势十分严峻，引起省市领导高度关注。3 月 12 日，渔商船碰撞造成 5 人死亡和 2 人失联；3 月 29 日，渔船间碰撞造成 3 人失联，人员与财产损失极其惨重，教训十分深刻。分析渔船事故的原因，客观上与台州沿海通航环境复杂、渔商船航路交汇、气象多变密切相关，但主观上与渔民、渔船、责任等不无关系：最直接的原因是 "人" 的问题，安全意识淡薄、船员不适任、航行生产不规范等主体责任未有效落实；最关键的原因是 "船" 的问题，异地挂靠、非法租赁难杜绝，隐患排查不全面；最核心的原因是 "事" 的问题，属地管辖、基层协管、部门监督手段不足，未形成闭环管理。

3. 重大机遇：数字化改革高质量推进

2021 年 2 月 18 日，浙江省委召开全省数字化改革大会，明确提出构建 "1＋5＋2" 工作体系，重点是打破条块分割、条线孤立的碎片化模式，关键是聚焦重点领域、设计重要场景、深化重大改革，目的是打造全球数字变革高地，并以一季一例会形式高质量推进，激发各地争当领跑者、赶超领跑者，创造基层最佳实践。数字化改革以 "浙里办" "浙政钉" 为主前端，依托数据资源体系、应用支撑体系，围绕重大任务细化量化闭环管理要求，对部门核心业务应用系统和数据资源进行系统集成，构建党政机关整体智治、数字政府、数字经济、数字社会、数字法治等领域的综合应用，并融合建设台州市 "城市大脑"，全面提升城市治理体系和治理能力现代化水平。浙江省级各部门相继发布 "揭榜挂帅" 项目，以 "船港通" 为支撑的渔船渔港综合管理改革经验在全国推广，台州有基础有条件对系统进行迭代升级、快跑领跑，已进入数字法治、数字政府两条跑道。

4. 根本支撑：渔船精密智控工程建设

浙江省农业农村厅借助信息化发展和智能感知设备，在省域范围内谋划建设渔船精密智控工程，包括"一库三网一平台"。"一库"指渔业综合数据库，实现全省渔业数据的接入、清洗、资源整理、对外共享和服务。"三网"指卫星宽带通信网、海上安全生产预警网和智慧渔港网：卫星宽带网实现宽带入海，为渔船提供全海域的卫星通信保障；海上安全生产预警网实现渔船视频的智能识别（识别驾驶室无人值守、识别船员临水作业未穿救生衣、船员的人脸识别），实现雷达和 AIS 信号东海全覆盖，实现区域船舶碰撞自主预警；智慧渔港网是在主要渔港及口门处安装小目标雷达、岸基 AIS、光电跟踪系统，实现渔港的前端感知，实现"三无"船只的识别。"一平台"指渔船精密智控平台，目前已完成渔商船防碰撞、敏感海域管控、渔业防台管控、落水人员漂流预测等功能。台州"船港通"和沿海 6 县（市、区）均纳入渔船精密智控工程的先行先试，台州市共有 3 700 艘 24 m 以上大型渔船纳入渔船精密智控能力建设，6 个渔港纳入智慧渔港建设，总投入约 1.4 亿元。浙江省渔船精密智控能力建成后，"船港通"2.0 可对接省渔船精密智控平台渔业综合数据库，借力渔船通信和前端感知硬件设备，为实现海陆宽带互联全覆盖提供基础条件，为实现渔船作业场景可见（船员的自动识别比对、驾驶舱有没有人值守、船员作业有没有穿救生衣、作业方式是否合规、"三无"船舶识别等监测）提供了可能，通过渔船自主预警和远程干预减少事故发生风险。

二、"船港通"2.0 数据支撑

"船港通"2.0 基于台州市一体化智能化公共数据平台中枢系统提供业务协同和数据协同功能。跨部门的数据调用和系统交互依靠现有的城市大脑中枢进行调阅访问。

一体化智能化公共数据平台是浙江省政府数字化转型的标志性成果，是打破信息孤岛、实现数据共享的重要抓手，通过数字资源供给侧改革，为全方位、全过程、全领域数字化改革提供强大动力和支撑。一体化智能化公共数据平台紧紧围绕数字化改革总目标，按照"以用促建、共建共享"的原则，打造健壮稳定、集约高效、自主可控、安全可信、开放兼容的公共数据平台，建设完善基础设施、数据资源、应用支撑、业务应用、政策制度、标准规范、组织保障、政务网络安全"四横四纵"八大体系和"浙里办""浙政钉"两大终端。

根据《省市两级公共数据平台建设导则》，浙江省公共数据平台由省级公共数据平台和市级公共数据平台组成。省级平台负责全省公共数据归集、治理、共享、开放和安全管理，建设五大基础库、大数据处理分析系统、开放域系统等基础设施，支撑全省政府数字化转型，助力省域、市域治理现代化；市级平台具备市域范围内个性化数据的归集、治理、共享、开放和安全管理能力，负责本地物联网感知数据库和其他特色专题数据库建设，支撑市域治理现代化。

台州市公共数据平台的数据资源能力部分于 2020 年 7 月快速建成全省最新标准的市级公共数据平台，累计归集数据 83 亿条，申请使用省级接口 2 315 个，开通批量数据空间 29 个，调用数据 13 亿次，支撑保障市县两级各类应用 202 个；9 月底部署浙江省最新版本的中枢系统，接入部门数 22 个、API（应用接口）数 156 个、日均调用 API 次数

2 万次；11 月上线市级数字驾驶舱，梳理接入 552 项数据指标，涵盖市级党政部门、群团组织、重点国企等近 50 家单位。

三、"船港通" 2.0 建设困难

1. 涉海涉渔相关数据共享不充分

渔业、气象、海洋、交通、海事等涉海涉渔相关数据还没有完全实现互通共享，导致在渔船生产和安全管理过程中获取渔场气象海洋预报、船舶检验证书、渔商船进出港信息、应急救援信息等渠道不畅，预报预警不及时。

2. 渔船渔港感知能力不全面

海上卫星宽带没有全覆盖，船岸通信能力制约信息化手段跟进。船员值班瞭望、临水作业穿着救生衣等行为管理缺少感知支撑，渔港进出港口门对"三无"船舶等自动识别能力弱，导致各类不规范行为预警能力不足，精密智控能力亟待提升。

3. 支撑渔船安全管理闭环能力不足

现有信息化系统对渔船进出港管理、编组作业管理等是相互独立的，没有把相关管理要素有机关联起来串成一条线，没有形成渔船从出港到海上航行生产再到回港的全过程闭环管理，造成各个管理要素如船员适任、隐患排查整改、动态编组、预防碰撞提示等互相脱节，容易产生安全生产漏洞。

4. 支持多跨联动管理责任闭环能力不足

现有信息化系统管理目标责任分解不清晰，支持船东船长的主体责任、渔业村（公司）的协管责任、涉渔乡镇的属地责任和管理部门的监管责任落实能力不够，纵向、横向多跨协同管理得不到体现，渔业、公安、检察院、法院等部门涉渔案件办理及渔业、海事、交通等部门管理船舶和应急救援等联动支撑能力不够，没有形成管理责任闭环，容易产生管理纰漏，影响应急响应效率。

四、"船港通" 2.0 建设意义

1. 贯彻数字化改革要求

建设"船港通" 2.0 是贯彻数字化改革，推进渔业治理体系和治理能力现代化的要求。渔船传统治理方式上存在着渔船和船员动态信息掌握不全面、相关涉海涉渔数据未共享、海上生产环境较复危险警示难覆盖、纵横联动管理难闭环等问题，需要通过数字化改革引领，聚集安全资源环境等要素，推进制度重塑、数字赋能、多跨协同、闭环管理，促进从改革前的船舶动态掌握不全面、船舶管理各自为政、案件办理效率低、应急管理力量分散、资源环境管控较粗放，向改革后的全监测、全闭环、一体化、全联动、可掌控转变，提升渔船渔港管理精细化和监管效率，实现全方位、一体化管船舶管船员管安全管资源管环境，创新治理体系，提高治理能力现代化。

2. 落实渔业"遏重大"的要求

建设"船港通" 2.0 是落实渔业"遏重大"，预防减少渔民生命财产损失的要求。2021 年，浙江省委、省政府开展了"坚决打赢遏制重大生产安全事故攻坚战"行动，涉海涉渔是八个重点领域之一。台州渔业安全事故险情频发、渔业安全形势十分严峻，主观上与渔民、渔船、责任等不无关系，如安全意识淡薄、船员不适配、航行生产不规范等主体责任未有效落实，渔船异地挂靠、非法租赁难杜绝，隐患排查不全面，属地管辖、基层协管、部门监督手段不足，未形成闭环管理等。这些都需要通过数字化改革，迭代升级"船港通"，加快场景开发应用，规范渔民渔船行为，形成齐抓共管的责任闭环管理，促进渔船安全生产。

3. 重塑安全管理新体系的要求

建设"船港通"2.0是重塑管理制度，建立安全管理新体系的要求。"船港通"多跨场景设计的业务流程，倒逼推进渔业管理制度重塑，确保渔船管理、安全管理有章可循。遵循制度建设规律，围绕"坚持和巩固什么、完善和发展什么"重点问题，在总结现有"渔船综合管理改革""港长制""行刑衔接""征候管理"等7项制度的基础上，推进制定完善"定人联船""动态编组""出港和航行作业闭环""船长制""航道（路）长制"等9项制度机制，建立起与"船港通"多跨场景和渔船安全管理相适应的制度体系。

4. 构建依港管理新模式的要求

建设"船港通"2.0是落实管理责任，构建依港管理新模式的要求。通过多跨场景硬约束推动渔船安全管理责任落实，压实乡镇（街道）属地责任、渔业部门监管责任、渔业村（公司）协管责任、船东船长主体责任，加强渔船网格化、多元化管理，推动渔船监管关口前移，促进隐患排查整治、定人联船、编组生产、船员适任等措施落到实处，构建"县域统筹、分级运行、综合管理、全域覆盖"依港管船新模式，实现依港管船、依港管人、依港管安全、依港管渔获、依港管环境。

第五节　"船港通"2.0建设方案

一、"船港通"2.0建设思路

以数字化改革为引领，以渔船安全征候闭环管理和多跨协同管理为改革突破口，在"船港通"1.0基础上进行迭代升级，形成渔船安全生产过程安全闭环和管理责任闭环，促进渔船安全生产。

1. 立足基础、开拓创新

立足于渔业信息化建设的成功经验，充分利用已建的"船港通"综合协同应用等信息系统，整合、迭代系统平台及各种数据资源，通过创新手段，打造业务价值高、综合集成强、辐射带动大、具有辨识度的场景应用。

2. 系统集成、协同高效

坚持运用系统观念、系统方法，将Ｖ字模型、业务协同模型、数据共享模型的方法贯穿项目建设全过程，整体推进事项集成、举措创新、应用多跨、制度重塑，实现高效协同。

3. 实战实效、好用管用

坚持问题导向、需求导向、效果导向，运用大数据分析聚焦影响渔船安全的突出问题，突出针对性、实效性、可操作性，形成常态长效管理机制，使数字化改革更好服务发展所需、基层所盼、民心所向，真正做到实战管用、干部爱用、群众受用。

4. 开放共享、标准规范

根据数字化改革要求，充分发挥一体化智能化平台作用，融合各类信息资源，确保信息共享和业务协同。立足资源整合共享，推进数据标准化建设，发挥信息化整体效益。

5. 安全可控、规范发展

执行信息化法律法规体系，完善信息化标准规范，强化网络安全意识，加强网络空间治理，增强关键信息基础设施、重要信息系统和网络信息安全管理，促进信息化规范有序发展。

二、"船港通" 2.0 建设目标

具体指标为：渔船安全事故下降率达 30%，渔船北斗终端在线率、进出港报告率、动态编组率、定人联船落实率、职务船员持证率、隐患排查整治率、应急处置响应率、涉海案件办结率、涉渔纠纷化解率均达 100%，渔港危废物收集率达 60%，渔获物定点上岸量达 60%。实现以下 3 个分目标：

1. 全面提升渔船安全智治能力

加快浙江省渔船精密智控能力建设，进一步强化动态管控，推进渔船安全管理实招落地。全面提升渔船应急事件联动处置和联动管理能力，资源管控、渔获溯源、港口船舶危废处置监管能力，渔民获取渔场预报、预防碰撞和不规范行为预警、办理进出港报告等即时服务能力，形成渔船安全生产过程管理闭环和责任落实双闭环。

2. 创新渔船治理方式

实现从改革前的船舶动态掌握不全面、船舶管理各自为政、案件办理效率低、应急管理力量分散、资源环境管控较粗放向改革后的全监测、全闭环、全联动、一体化、可掌控转变。

3. 推进制度重塑

在现有"渔船综合管理改革""港长制""行刑衔接"等 7 项制度的基础上，进一步推进"定人联船""动态编组""出港和航行作业闭环"等 9 项制度机制。

三、"船港通" 2.0 建设原则

1. 统筹规划、分步实施

按照国家、浙江省和台州市数字化改革和数字政府综合应用、数字法治重点场景应用的总体要求及部署，结合国家和浙江省公共数据开发利用要求，统筹规划项目建设。坚持通盘统筹，分步推进，边建设、边完善，边发展、边提高。坚持先易后难、效益先导、务求实效，推进项目建设深入发展。

2. 坚持规划、突出重点

坚持顶层设计先行，加强科学谋划，优化布局，统筹协调，创新体制机制，大力推进跨层级、跨地域、跨部门、跨业务的数据整合，建立科学的数据共享机制，实现资源共建共享。

3. 标准引领、共享资源

项目建设依据公共数据资源开发利用统一标准、统一规范。相关技术、标准、协议和接口等必须遵循国家、浙江省和台州市公共数据开放利用有关规定，保证系统标准化、规范化以及开放性、实用性和安全性，促进基础信息共享和系统的互联互通。

4. 数据驱动、全域监管

以全面的数据归集为驱动手段，通过构建"船港通"渔船安全智治，实现渔船管理和责任落实"双闭环"。

5. 先试先行、积极创新

结合数字化改革的要求，根据全业务、全场景监管的需求，实现业务监管模式和流程的先试先行，依托数字化技术积极创新。

6. 流程再造、数字赋能

对产品质量、药品、渔/农产品和网络交易市场主体的全流程环节监管流程进行优化和再造，通过数字化赋能流程改革。

7. 协同治理、部门联动

通过数据和业务的交互，实现与各部门的业务协同，推动政府部门协同治理。

四、"船港通"2.0建设任务

"船港通"2.0平台建设，包括政府侧（浙政钉）和服务侧（浙里办）。"船港通"功能全部集成在"数字政府""数字法治"的综合应用上。船舶进出港报告、渔场预报等涉及为民服务等功能全部在"浙里办"的台州"渔省心"里办理和查询。"船港通"2.0主要建设任务是全面提升完善"船港通"综合管理协同应用原有船舶动态监管、动态编组、定人联船、应急管理、资源环境管理等功能，新开发船舶动态管控、渔船事故征候管理、渔船安全闭环、涉渔案件协同办理、渔船应急联动处置等模块。

五、"船港通"2.0建设架构

按照浙江省政法委数字法治多跨场景应用建设和浙江省农业农村厅全省渔船精密智控能力建设先行先试的要求，打造"船港通"渔船安全智治场景应用。通过渔船精密智控能力建设，以船舶、船员、渔获物、危废物的全面感知和动态监管为基础，以基于港口的综合管理为切入点，以渔船安全管理为重点，突出多跨场景应用，对涉海涉渔相关信息及业务流程进行整合或重塑，重点突破任务细化的"标准关"、流程再造和制度重塑的"改革关"、业务和数据的"综合集成关"，实现一网管船舶管船员管安全管资源管环境。

系统主体架构采用B/S架构进行设计，满足国产化适配需求。总体架构包括基础设施体系、数据资源体系、业务支撑体系、业务应用体系、政策制度体系、标准规范体系、组织保障体系和网络安全体系。总体建设内容在已建系统的基础上，特别是精密智控能力建设的基础上进行扩展，整合台州市渔业管理相关数据，对内服务船舶动态管控系统，对外服务省精密智控平台和市大数据一体化智能化公共数据平台（图8-5）。

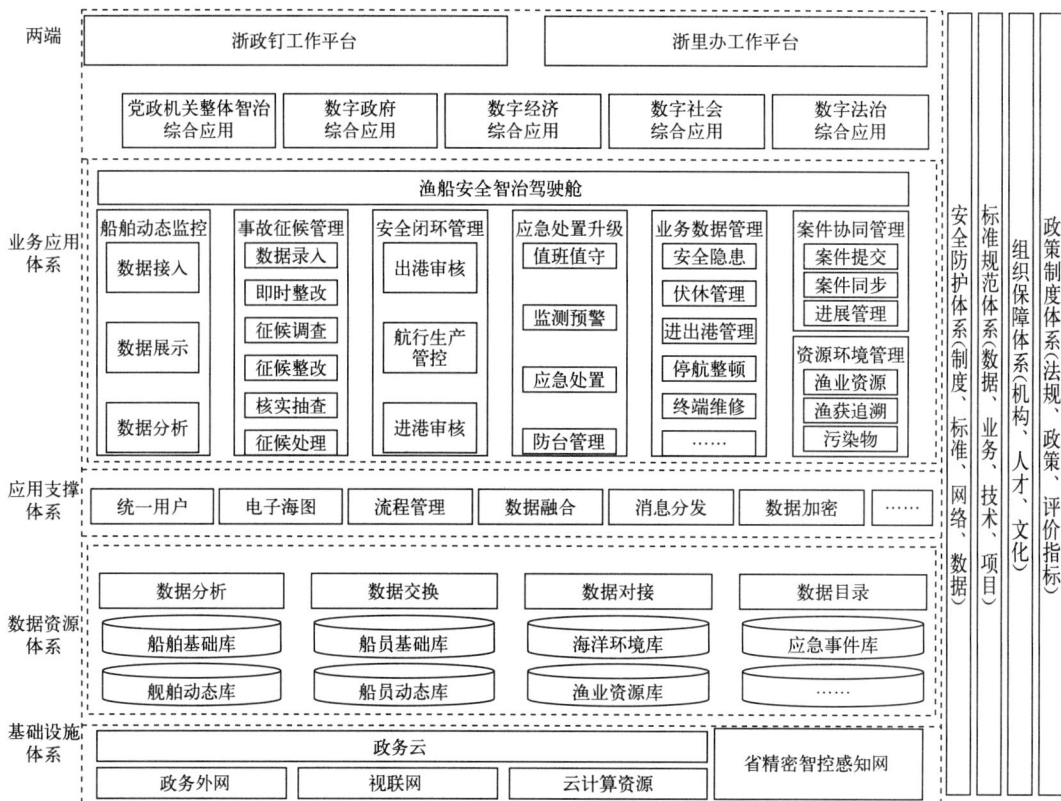

图 8-5　总体架构

1. 基础设施体系

基础设施体系是为"船港通"渔船安全智治场景应用提供运行支撑环境，运行支撑环境为台州市政务云和省精密智控感知网。

2. 数据资源体系

数据资源体系包括船舶基础库、船舶动态库、船员基础库、船员动态库、应急事件库、渔业资源库、海洋环境库等，数据归集以台州市公共数据平台数据高铁为数据采集通道，保证数据采集的实时性。依托城市大脑数据系统相关组件进行数据治理，提高数据质量，确保相关数据可用、有用。

3. 应用支撑体系

应用支撑体系主要为服务调用和数据交互提供支撑工具，包括城市大脑中枢系统和跨网交换平台，通过城市大脑中枢系统，实现跨系统的业务协同和数据共享，通过跨网交换平台实现互联网和政务外网 VPN2 网络间的数据交互。

4. 业务应用体系

业务应用体系充分利用省精密智控平台和台州市一体化智能化公共数据平台的数据升级，开发船舶动态管控、事故征候管理、安全闭环管理、案件协同管理、应急处置升级、资源环境管理和业务数据管理等模块。

5. 用户层

平台用户主要通过"船港通"2.0WEB 端获取服务，移动端主要通过"浙政钉"和"浙里办"获取服务，涉及的用户包括政府部门、涉渔乡镇、基层管理组织、船东和船长等。平台对"浙政钉"的用户体系和内容体系进行整合，并通过"浙里办"进行渔业服务的展示。

六、"船港通"2.0 建设方案

紧扣问题需求，"船港通"集成动态智控、事故征候、安全闭环、应急处置、执法协同、资源环境和业务数据 7 个管理子场景，跨省、市、县、乡、村、船东（船长）6 大管理层级和渔业、公安等 10 多个部门，实现"防、控、查、纠、警、避、救、治"多跨应用和综合治理。

1. 动态智控子场景

动态智控子场景通过一体化智能化平台实现同农业农村部、省农业农村厅及市级相关部门的系统对接，采集渔船商船乡镇船基础信息等静态数据和与之相关的船载 AIS、雷达、AIS 接收站、VSAT、气象信息、定位信息、船员行为数据等动态数据，以及渔船进出港、涉渔案件等管理数据，实现对渔船商船乡镇船的船舶动态、渔场生产环境、渔船进出港、渔船海上航行生产行为、船员危险行为、船舶会遇碰撞可能等前端感知，实现以船员码和渔船码实时动态管控船员和渔船、以三色图警示渔场生产环境风险，全面提升船舶动态管控、渔船安全警预智能化水平和服务渔民能力，满足渔业安全生产与执法监管等应用需求。

2. 事故征候子场景

事故征候子场景是学习借鉴民航系统事故征候分类标准和安全管理的经验做法，结合渔船管理实际，坚持问题导向，全国首创实现对渔船在渔港或在航行生产阶段发生的未构成事故但可能影响安全的事件进行管理，全面梳理渔船安全事故征候标准，划分为严重事故征候、一般事故征候、一般性事件 3 类，提出相应管理流程及责任措施，植入"船港通"管理，加强渔船安全事故征候闭环管理，把安全事故消除在萌芽状态。

3. 安全闭环子场景

全国首创把村（公司）协管、乡镇属地管理和部门监管各环节责任予以固化并对落实情况予以评估，渔船出海前实现对出港报告中船员配备、健康码、证书效力等相关内容的线上审核和渔船安全隐患排查整改的线下审查，严禁不适航渔船出港；在航行生产阶段对渔船编组作业、值班瞭望、穿着救生衣、船员变动、航次作业时间等予以分析评估并记分赋码，红码一律召回，线下停航整改等措施及时跟进，保障航行生产安全；在进港阶段实现对渔船船员身份进行扫码确认、对渔船状况进行检查，打好再次出海渔船本质安全基础。

4. 执法协同子场景

全国首创实现对船东船长和村（公司）违反安全管理规定予以记分，实现与渔业执法系统对接，自动推送渔船涉安涉渔有关信息到行政执法模块处置，打通渔业与公检法部门数据壁垒，实现渔业主管部门与公检法部门共享行政处罚、涉渔案件起诉、判决等相关数据，形成齐抓共管的工作格局。

5. 应急处置子场景

应急处置子场景是在原有"船港通"1.0 应急模块的基础上，对部分功能进行升级，实现渔业应急值守、应急力量管理、台风寒潮预判预警、渔船撤离决策分析、应急救援指挥调度等功能，提升应急处置效率。

6. 资源环境子场景

资源环境子场景是在"船港通"1.0 的基础上，全国首创对海洋捕捞渔获物进行合法性审查并赋码管理，同时通过渔船渔捞日志、渔获物海上交易/运输日志和定点上岸日志报告或赋码等实现渔获物总量管理和溯源管理；对港口油污水的收集、储存、运输、处置进行全流程监测和数字化联单化管理，为国家渔业综合管理改革提供有力支撑。

7. 业务数据子场景

迭代升级渔船社会化监管与服务系统，提升北斗终端维修管理、船舶动态监管、合作社服务、安全生产教育功能，提供海洋气象预报、船员网上安全培训、北斗终端维修跟踪等服务，实现对渔船定人联船、动态编组、禁止作业黑名单、安全终端运维等管理，夯实渔船安全管理基础。

七、"船港通"2.0 建设突破

"船港通"以实施渔港"港长制"为改革切入点，依港管理为轴心，渔船安全智治"三码一图"为主线，聚焦"人、船、渔、物、事"五个风险闭环管控要素，着力解决渔船安全生产、渔业资源养护、渔港环境管理诸环节的堵点痛点，打造渔船"审验—出港—生产—进港"全流程闭环管控。

1. 依托"港长制"实现安全治理模式创新

建立市、县两级政府分管领导担任渔港总港长和乡镇（街道）主要领导担任重点渔港港长的组织体系，明确港长管渔港、渔船、船员、安全、资源、环境职责，充分运用"县域统筹、分级运行、综合管理、全域覆盖"的渔船渔港管理新模式，实行渔船安全隐患排查、登记、评估、报告、监控、治理、销号等各环节联动的线上线下闭环监管，实现违规渔船"一处违规、处处受限"。设立渔港管理站，协同渔业、乡镇（街道）、公安力量联合驻站共管，促进管理要素向渔港集聚，落实各级管理组织责任，实现渔船安全社会综合治理。

2. 依托"三码"强化动态管控

通过渔业船员码、渔船安全码、渔获合法码进行动态管控，根据违法的严重程度进行分级，动态转码操作，为监管部门提供全链条全闭环的管理。其中，渔业船员码，是对每一个渔业船员的综合评价。通过集成船员身份、从业资格、违规记录等信息进行赋码，实现渔船捕捞从业人员的生产准入、安全责任落实与监督。船员可通过线上线下学习、做公益、再培训等措施进行降色。渔船安全码，是对每一艘渔船安全状况的动态评价，基于对渔船三证、船东互保、行政处罚、安全隐患整治、航行生产值班瞭望、穿着救生衣、编组生产、作业时间等信息进行分析和动态记分赋码，实现对渔船安全状况、渔船出海生产准许的动态实时监管：红码渔船予以召回，停航整治和处罚，整治完毕后方可降色出海生产；黄码渔船予以警示提醒，自行整改。渔获合法码，是渔船捕捞渔获物的合法性标签。

通过对捕捞渔船是否合法、生产渔场是否合法、作业时间是否合法、渔获规格是否合法等进行分析监管，判断渔获物是否合法并赋予相应色码，同时实现渔获物总量管理和溯源管理，对红码渔获物在定点上岸时予以查处。

3. 依托"一图"形成治理责任闭环

渔船安全管理风险警示三色图是对渔业村（公司）、渔业乡镇（街道）等管理组织和海上环境的风险等级综合评估图，以此推进渔船安全海陆共管和责任落实。其中，渔船安全管理组织三色图，主要是对渔业村（公司）和渔业乡镇（街道）两类组织的安全管理风险评估，如乡镇（街道）和村（公司）管理力量、宣传教育、渔船安全自查情况复核（抽查）、定人联船、动态干预、事故和险情等信息的分析评估，红色表示该组织渔船安全管理为高风险，黄色为中风险，绿色为低风险，而红色需纳入社会综合治理挂牌整改，验收销号后方可降色；海上环境风险三色图，主要是对船舶海上航路、风力、海浪、密集情况等以红、黄、绿三色实时显示不同海域的环境风险等级，提示基层管理组织和涉渔管理部门及时分析研判、预警、干预渔船采取行动避险，防止事故和险情发生。

第六节　"船港通"2.0保障措施

坚持场景开发与制度重塑并举、宣传推广与场景应用并行，一体推进国家渔船渔港综合管理改革示范区和高质量发展建设共同富裕渔区，守护平安台州建设的海上安全底线、美丽台州建设的海上生态红线。

一、加强安全保障

针对网络安全风险、系统安全风险、应用安全风险、数据管理风险、管理安全风险等，依据一系列有关信息安全的政策法规，从组织管理、技术保障、政策环境、标准体系、人才培养等方面着手，通过各个层面的安全建设，形成有效的安全防护能力、隐患发现能力和应急反应能力，建立起可靠的安全运行环境和安全的业务系统。邀请具有等保测评资质的第三方机构对系统开展测评，测评范围包括安全物理环境、安全通信网络、安全区域边界、安全计算环境、安全管理中心、安全管理制度、安全管理机构、安全管理人员、安全建设管理、安全运维管理等方面。

二、完善制度体系

针对公检法等部门数据共享问题，进一步加强对接沟通，研究解决办法和路径，及时共享办案结果，实现渔业行政案件和刑事案件"船港通"流转闭环管理。按照制度建设路线图，加快制定人联船、动态编组等与"船港通"系统开发对接制度，完善港长制、渔港综合管理站、渔获物溯源、渔船安全记分管理等制度，建立起符合"船港通"运行要求的制度体系，促进海上渔船安全闭环管理落实落地。

三、开展培训宣传

采用项目培训、实践培训、视频加书面培训等方式，使相关人员加快熟悉"船港通"

2.0。对系统管理员，主要培训其熟悉整个系统的硬件和软件结构、系统的配置，能进行相关模型的搭建和配置、数据库的运行和监管；熟练掌握系统基本组成及原理；熟练掌握系统的操作与运行管理；熟练掌握权限、用户配置等系统管理；熟练掌握系统的安装、检测、维护；熟练掌握排除故障的基本技术；熟练掌握部门机构设置、人员账号建立、内部授权等操作步骤，并提供全面的技术保障。对各单位、各级领导，主要培训其熟练掌握渔船安全闭环管理和涉渔案件协同等模块相关功能的操作。对普通用户，主要培训其熟悉系统业务功能以及在系统使用中可能涉及的数据、功能和模块；掌握计算机基本操作，能利用系统进行日常业务办理；了解信息安全和标准化知识，树立安全意识和标准化观念；熟练掌握系统登录、应用操作等基础操作功能。

同时，加快场景开发向应用转变，把宣传推广放到更加突出的位置，提高渔民群众知晓率和使用率，更好发挥"船港通""渔省心"在保安全、治污染、建信用、强管理、共富裕等方面的重要作用。

四、强化全域推广

强化"一地创新，全省共享"机制，加快"船港通"2.0全面贯通应用，促进渔船安全管理从改革前的船舶动态掌握不全面、船舶管理各自为政、案件办理效率低、应急管理力量分散、资源环境管控较粗放，向改革后的船舶动态全监测、船舶管理全闭环、案件办理一体化、应急管理全联动、资源环境可掌控转变，提升渔船管理效能。

第九章

渔获物定点上岸和溯源管理试点

近年来，农业农村部高度重视渔获物可追溯绿色标签管理。全国渔业转型升级推进会、渔业高质量发展推进会和 2018 年度、2019 年度全国渔业渔政工作要点都强调实施渔获物定点上岸制度和可追溯绿色标签管理。农业农村部在答复十三届全国人大一次会议第 2204 号建议时明确指出，要制定相关政策，分阶段实施渔获物定点上岸制度，推行渔获物可追溯绿色标签管理，对捕捞水产品实施可追溯管理机制。

第一节　海洋捕捞渔获物定点上岸

定点渔港是实施渔获物定点上岸管理的基础，渔获物定点上岸是海洋渔业资源总量管理的重要配套制度。2019 年 3 月 22 日，农业农村部办公厅印发《关于组织开展渔获物定点上岸渔港申报工作的通知》（农办渔〔2019〕17 号），启动了首批国家级海洋捕捞渔获物定点上岸渔港申报。2020 年 1 月 20 日，农业农村部渔业渔政管理局公布《渔获物定点上岸渔港申报标准》（农渔船港函〔2020〕10 号）。从 2019 年起，申报并公布了 3 批国家级海洋捕捞渔获物定点上岸渔港。

一、渔获物定点上岸渔港标准

渔获物定点上岸渔港标准主要可归纳为以下四项：

1. 基础设施健全

具备大中型海洋渔船停泊和渔获物装卸基础设施，在港区内或港区周边有一定规模的渔获物交易集散场所。配备渔港污染防治设备，上岸点配备视频监控设备并可通过互联网实现远程监控。

2. 有专门驻港监管机构

配备专职管理和执法人员，有固定的办公场所，能够实施 24 h 全天候驻港值守检查。执法装备配备符合《全国农业综合行政执法装备配备指导标准》等文件的要求。

3. 驻港监管机制完善

已制定渔港港章并正式发布执行，港章内容与渔港实际监管需求相适应；已制定驻港管理工作制度（包括值班、工作职责、渔船进出港管理、渔获物上岸管理、检查巡查等具体工作制度），驻港管理机构职责明确，责任落实到人；已制定渔港值班、检查、巡查、渔船进出港管理、渔获物上岸管理制度等具体工作流程，驻港机构能够对进出港渔船和上岸渔获物实施有效监管检查；已实施港长制的渔港优先支持。

4. 信息系统齐备

驻港监管机构应配备相关办公设备，实现渔船进出港报告、渔船在港定位追踪、渔船海上动态监控、渔业执法管理、渔获物可追溯检查等功能，渔船进出港报告率在 80% 以上。

二、台州国家级海洋捕捞渔获物定点上岸渔港

1. 椒江中心渔港

椒江中心渔港位于台州市的主城区椒江，海陆交通便捷，历来是椒江及台州各地渔船靠泊、装卸、补给、交易的重要渔港。椒江中心渔港由葭芷和前所两个渔业港区组成，陆域面积 2.53 万 m^2，有效掩护水域面积 100 万 m^2，可容纳大中型渔船约 1 200 艘，码头泊位长度约 1 100 m，年卸港量 37 万 t。

葭芷渔业港区位于椒江南岸、椒江大桥东侧，1999 年 12 月建成投入运行。葭芷港区以渔获物定点上岸、交易为主，有 500 t 级渔业专用浮码头 4 座、泊位 12 个，日均接纳渔船 100 余艘。港区内设有台州水产中心，占地面积约 40 亩，建筑面积 33 396 m^2，其中面积 5 000 m^2 的交易大棚 2 座，设有鲜、活、冻和码头直销等 4 大交易区，建有监控系统和无公害检测室等配套设施，集捕捞、养殖、加工流通于一体，是全国大型农产品加工流通企业、农业部定点市场、全国水产品批发市场信息采集定点单位、省级骨干农业龙头企业、三星级文明规范市场，是实施渔获物定点上岸的理想场所。

前所渔业港区位于椒江北岸前所街道，共建有 500 t 级渔业专用浮码头 12 座（其中 1 座为渔政执法专用码头）、泊位 44 个，可靠泊渔船 250 多艘，港池可锚泊渔船 1 200 多艘，码头岸线 1 200 m，海域面积 750 亩。前所港区以渔需物资供应、油水等污染物定点处置为主，港区拥有制冰厂 3 座、加冰泊位 3 个、渔船修造厂 3 座，渔需物资供网点众多，渔业生产后方设施齐全。

2. 玉环坎门中心渔港

玉环坎门中心渔港位于玉环市坎门湾、南排山与外黄门山之间，建有防波堤 1 560 m（其中东堤长 630 m、西堤长 930 m），陆域面积 0.7 万 m^2，渔港水域面积 420 万 m^2，有效掩护水域面积 33 万 m^2，港内航道设计宽度为 100 m，航道设计泥面标高 -6.20 m，可容纳大中型渔船 1 000 艘。根据渔港功能布局，西港区为避风锚地，码头主要集中于东港区，码头岸线总长度 633 m，共 14 个泊位，其中高桩梁板泊位长 116 m、重力式码头泊位长 301 m、浮码头泊位长 216 m，具备了 12 m 以上大中型海洋渔业船舶停泊和渔获物装卸的基础设施，年卸港量 12 万 t。渔港配套设施齐全，在渔港东侧鹰东社区建有 6 500 m^2 的玉环水产品交易市场，渔获装卸采用小型吊机，渔获物装卸有序，市场运营情况良好，2019 年水产品成交量 4 687 t 和交易额 2 735 万元。

3. 玉环灵门渔港

玉环灵门二级渔港地处玉环市沙门海岸，位于沙门镇灵门村境内。灵门渔港分东、西两个港区，东港区面积为 5.5 万 m^2；西港区 2003 年启动扩建工程，新增港区面积近 5 万 m^2，

新建岸线 650 m，整修东侧老岸线 180 m，锚地疏浚 25.2 万 m³，建造渔港道路 1 200 m 及水电等配套设施，可满足 200 多艘渔船的停泊，经受了 2008 年以来两次强台风影响的考验，有效地解决了沙门镇及周边乡镇渔船避风难的问题。玉环市灵门渔船避风锚地升级改造工程完成建设，建设挡浪闸 1 座，闸门采用提升横移平板门结构方案，孔口宽 15 m，护岸修复 9 m，配套建设港区监控、水文观测、信息、管理房等，提升渔获物定点上岸渔港的基础设施条件，年卸港量 2 万 t。渔获交易市场位于港区后方，占地 600 m²，港区渔获装卸采用皮带机及滑槽，市场运营良好。

4. 温岭中心渔港

温岭中心渔港由石塘港区和箬山港区组成。石塘港区位于素有"东方巴黎圣母院""东海好望角"之称的石塘镇，其前身为国家一级渔港石塘渔港，位于中心渔港中部，港区 1 号防波堤 355 m，于 1996 年建成，2 号防波堤 820 m，于 2015 年建成。港区有效掩护水域 150 万 m²，陆域面积 556 万 m²，岸线长 15 000 m，护岸长 4 500 m，码头泊位长 600 m，能供 800 艘各类渔船避风锚泊，避风等级为 12 级。港区生产配套设施完备，沿港冷冻厂、制冰厂林立，全港有 500 t 级码头 5 座，大小冷冻企业 72 家，日制冰量 2 100 t，储冰能力 1.5 万 t，日冻结能力 1 000 t，储藏能力 1.2 万 t。港区有大小油库 10 座，储油能力 3 万 t 以上。港区周边分布有多家水产市场、修造船厂，港区渔获装卸能力在 20 万 t 以上，是温岭乃至浙江东南沿海主要的渔港。

箬山港区，即原箬山渔港，2009 年浙江省发展和改革委员会立项建设温岭中心渔港二期工程，建设期至 2017 年，项目概算投资 39 136 万元，主要建设 1 268 m、838 m、143 m 防波堤各 1 条，水域面积 700 万 m²，有效掩护水域 215.56 万 m²，避风等级 12 级，可避风渔船 2 400 艘。陆域面积 556 万 m²，年卸港量 30 万 t。

5. 温岭钓浜渔港

钓浜渔港于 1990 年 12 月被列为国家二级渔港，2000 年 1 月—2003 年 7 月，投资 4 978 万元建成 550 m 防波堤。港区西南辟有 1 座隧道，道路与 81 省道相衔接，工程总投资 930 万元。2002 年 1 月，被农业部升格为国家一级渔港。2012 年 4 月—2014 年 10 月，投资 2 700 万元对钓浜渔港防波堤进行修复加固，建设标准由原来的 50 年一遇提高到 100 年一遇。避风等级 10 级，可避风渔船 600 艘。建有钓浜市场，码头提供渔获物专用装卸运输带，年装卸能力可达 25 万 t 以上。

6. 温岭礁山渔港

礁山渔港位于温岭市松门镇，是国家二级渔港，港区有效掩护水域 120 万 m²，陆域面积 100 万 m²，岸线长 16 000 m，护岸长 4 500 m，能供 700 艘各类渔船避风锚泊，避风等级为 12 级。港区生产配套设施完备，沿港冷冻厂、制冰厂林立，有 4 座 500 t 级码头、2 座 200 t 级码头，码头提供渔获物专用运输装卸运输带，周围有浙江省松门水产批发市场，年装卸量可以达到 20 万 t 以上，是温岭乃至浙江东南沿海主要的渔港。

7. 三门健跳渔港

健跳渔港位于三门县中部沿海，健跳大桥西侧。江口自黄门峡向里呈葫芦状，长度 12 273 m。峡口内腹江面开阔，宽度 300～500 m，水深最深处 47 m，5 000 t 级轮船可自由进出港。港区岸线长 28 000 m，水域面积 375 万 m²，陆域面积 20 万 m²，年卸港量 5 万

t。港区供电、供水、供油充足，防洪坝防灾、减灾能力达到 50 年一遇以上。健跳渔港避风等级达到 12 级，可停泊渔船 3 500 艘。周边交易市场有健跳海鲜码头、健跳农贸市场，市场面积超过 1 000 m²。

8. 三门洞港渔港

洞港渔港位于三门县城东南浦坝港镇泗淋片区境内，自洞港水闸出水渠向东沿右岸地带布置，渔船经白带门水道入海。港区中心坐标为东经 121°38′、北纬 29°07′，港域总面积 200 万 m²，其中水域面积为 80 万 m²、陆域面积 120 万 m²。渔港海岸线长约 2 000 m，年卸港量 3.5 万 t，可停泊渔船 350 艘。洞港渔港是个半封闭式港湾，12 级以下大风时海洋捕捞船可以进港安全避风。周边有泗淋农贸市场，面积约 800 m²，并规划在码头新建洞港海鲜一条街，进一步完善渔获物交易市场。

9. 路桥金清渔港

路桥金清一级渔港分为内外港区，一期建设引桥式高桩码头 225 m，桩台宽 10 m；引桥 4 座，单座长 43.5 m、宽 7 m；港池及航道疏浚 28 万 m³；港区道路 8 400 m²，执法办证中心 817 m²，以及配套水电、环保、临时工程和导航助航设施等。二期在闸内港区新建 300 hp 重力式渔业专用码头 1 座（适当兼顾 600 hp 渔船的靠泊），归顺护岸 600 m；改造港区道路 400 m、管理用房 600 m² 以及给排水、供电、消防等相关配套设施。在闸外港区，新建 300 hp 渔业专用码头 3 座，改造港区道路 1 600 m，港池、航道疏浚 90 万 m³，建设供电、给排水、消防等相关配套设施。渔业码头长 560 m，港外建成上塘农贸市场 500 m² 和金清菜市场 350 m²，渔获物年平均卸港量 3.73 万 t。

第二节　渔获物溯源管理的起源

一、溯源管理的基本概念

溯源管理是指追溯产品源头，明确产品身份，便于对产品质量和产品来源信息进行追踪，以确保产品质量安全和生产的合法性。溯源管理目前在农产品领域已被广泛运用，并建立了 ISO 9000 质量管理体系[①]、HACCP[②]、SSOP[③]、GMP[④] 等成熟的综合管理体系，涵盖了农产品从生产到流通的全过程。其中，ISO 9000 第 3.5.4 条将可追溯性界定为追溯所考虑对象的历史、应用情况或所处场所的能力。GB/T 20014.1—2005 第 2.7.3 条将可追溯性界定为通过记录证明来追溯产品的历史、使用和所处位置的能力。

[①] 国际标准化组织（International Organization for Standardization，简称 ISO）制定的国际标准之一，是质量管理体系通用的要求和指南。

[②] 全称为 Hazard Analysis and Critical Control Point，即危害分析关键控制点，《食品工业基本术语》（GB/T 15091—1994）对 HACCP 的定义为：生产（加工）安全食品的一种控制手段，对原料、关键生产工序及影响产品安全的人为因素进行分析，确定加工过程中的关键环节，建立、完善监控程序和监控标准，采取规范的纠正措施。

[③] 全称为 Sanitation Standard Operation Procedure，即卫生标准操作程序，是食品企业在卫生环境和加工要求等方面所需实施的具体程序。

[④] 全称为 Good Manufacturing Practice，即良好加工规范，是适用于制药、食品等行业的强制性标准，要求企业在原料、人员、设施设备、生产过程、包装运输、质量控制等方面按国家有关法规达到卫生质量要求，形成一套可操作的作业规范，帮助企业改善企业卫生环境，及时发现生产过程中存在的问题并加以改善。

二、水产品溯源管理的起源与发展

农产品溯源管理制度最早起源于欧盟。1997 年，欧盟为应对"疯牛病"问题而逐步建立并完善食品安全管理制度。2002 年，欧盟成立食品安全局，负责对输欧食品的安全性进行监控、跟踪和分析，并提供科学的建议。2006 年，欧盟颁布了《欧盟食品和饲料安全管理法规》，并建立了食品和饲料快速预警系统（RASFF），形成了完善的欧盟食品安全监控体系[①]。

依托溯源的一整套食品质量安全管理机制，政府期冀在食品尤其是农产品种植养殖、生产加工、终端销售等整个产业链条进行一揽子信息共享，以便提高监管的透明度并最终确保食品安全及合法性。随着信息技术的飞速发展，目前的大数据时代更是助推和便利了溯源管理，农产品质量安全及管理溯源系统综合运用了多种网络技术、条码识别等前沿技术，实现了对农业生产流通过程的信息管理、农产品质量的追溯管理、农产品生产档案（产地环境、生产流程、质量检测）管理、条形码标签设计打印管理、基于网站和手机短信平台的质量安全溯源等功能，基于单机或网络环境运行，以便能够对产品的各个环节做好追踪与回溯。

溯源管理应用到海洋捕捞管理方面，便是渔获物溯源管理。监管部门通过对上岸或转运的渔获物进行扫码登记，确保了渔获物在进入流通环节之前获得身份。这既有利于对渔获物进行追踪和回溯，也能有效消除非法捕捞渔获物进入市场，同时也是开展海洋捕捞限额制度的重要措施，可助推有序的渔业资源管理。

实际上，为满足欧盟对输欧水产品可追溯性的要求，国家质量监督检验检疫总局（以下简称国家质检总局）于 2004 年制定了《出境水产品追溯规程（试行）》和《出境养殖水产品检验检疫和监管要求（试行）》，对捕捞原料、养殖原料、来（进）料加工原料实行识别代码管理和追溯制度管理。根据《出境水产品追溯规程（试行）》的相关规定，每 1 个原料批确定 1 个原料识别代码，如 030725003H 表示 2003 年 7 月 25 日生产的第 3 批海洋捕捞原料的产品。当产品出现不合格时，可通过产品识别代码从成品到原料每一环节逐一进行追溯，并及时召回不合格产品，具体的追溯途径是：出口卫生证书→报检单→报检批清单→生产加工记录→原料验收记录→原料收购来源。海洋捕捞原料可追溯到船，养殖原料可追溯到养殖场或塘，淡水捕捞原料可追溯到捕捞区域，进口原料可追溯到进口批的有关信息。在欧盟水产品进口溯源机制倒逼下，2004 年国家质检总局首推水产品追溯制度，2006 年中国水产科学研究院开始提出"水产品追溯体系构建"项目。在农业部渔业局的支持和国家农业信息技术研究中心、广东省海洋渔业局的配合下，广东省开展了水产品追溯体系构建推广示范试点工作。2010 年新增天津市为示范区。2012 年农业部渔业局开展水产品质量安全追溯体系建设试点工作。2013 年起，中国水产科学研究院会同全国水产技术推广总站、江苏捷安信息科技有限公司，全面启动中央级水产品质量安全监管追溯体

---

① 商务部：《欧盟食品安全法概况及其最新改革动向》，访问网址：http://www.mofcom.gov.cn/aarticle/i/dxfw/jlyd/201104/20110407487627.html.

系的建设和示范，完成了覆盖中央、省、地市县、企业各级的监管追溯体系的构建[①]。

与上述水产品追溯制度相比，国家渔船渔港综合管理改革过程中推出的渔获物溯源管理功能更为广泛，前者主要是适用于水产品贸易领域，是欧盟水产品进口制度的倒逼产物，而后者则还适用于海洋渔业资源总量管理。

第三节　渔获物溯源管理的意义

国际标准化组织将"可追溯"定义为追溯所考虑对象的历史、应用情况或所处场所的能力。可追溯体系有利于确定食品的身份、历史和来源，增强通过生产与销售链追溯食品安全的能力，是食品安全管理成功要素之一。渔获物可追溯绿色标签管理就是可追溯体系在海洋捕捞管理方面的应用，将有力地助推渔业资源管理和渔获物安全管理，促进渔业高质量发展。

一、渔获物溯源管理是实施资源总量管理的重要内容

《农业部关于进一步加强国内渔船管控 实施海洋渔业资源总量管理的通知》确立了以投入控制为基础、产出控制为闸门的海洋渔业资源管理基本制度。推进渔获物可追溯绿色标签管理，实施渔获物定港上岸制度，可以把责任压实到每艘海洋捕捞渔船上，避免统计数据失真甚至"数字游戏"，提升海洋捕捞产量统计数据的真实性、准确性；可以依托"船港通"管理系统，推动船东船长实时填报渔捞日志或转载日志，实时报告渔获物捕捞海区、产量、品种及规格等，实时掌控海洋捕捞生产情况；可以综合运用大数据分析，有利于准确反映海洋捕捞生产、渔民收入、成本效益和渔区经济发展动态，为实施海洋渔业资源总量管理提供科学依据。

二、渔获物溯源管理是保障渔获质量安全的重要方法

随着我国全面建成小康社会和城乡人民生活水平日益改善，"绿色、安全、健康"已经成为广大消费者对海洋捕捞产品的共同期待。推进渔获物可追溯绿色标签管理，可以借助"船港通"管理平台密切跟踪渔获物捕捞海区、海上转载、上岸交易等。可追溯体系有利于确定食品的身份、历史和来源，增强通过生产与销售链追溯食品安全的能力，是食品安全管理成功要素之一。渔获物溯源管理是指在渔获物上岸时对渔获物进行扫码登记，在每一道环节确保渔获物质量安全；可以借助互联网平台和二维码技术，对渔获物进行信息回溯，清晰了解渔获物生产流通全过程，从而实现质量溯源，保障消费者知情权等合法权益，提升人民群众获得感。

三、渔获物溯源管理是杜绝非法捕捞渔获的重要手段

近年来，各地各部门认真贯彻习近平总书记关于"绝户网"整治、加强海上涉外渔业综合管理的重要指示精神，全面加强渔场渔船和渔业资源管理。如浙江开展了"一打三整

---

① 郑建明：《水产品质量安全可追溯治理研究》，上海交通大学出版社，2017年，第57页.

治"专项行动,涉渔"三无"船舶取缔、"船证不符"渔船和违禁渔具整治、伏季休渔管理取得了重大胜利。但是,"三无"渔船、"船证不符"渔船屡禁不绝,违规网具管控困难重重,近海捕捞强度仍然过大,"一打三整治"进入深水区。推进渔获物可追溯绿色标签管理,可以用改革思维和手段探索渔业资源管理新方法,改过程管理为结果管理,改原来"大海捞针"式的海上执法为"守株待兔"式的港口监管,结合渔获物定港上岸和港口监管核查,对报告渔捞日志和转载日志、张贴二维码的视为合法渔获物,对未在定港上岸的视为非法渔获物,从港口终端对渔获物实施有效管控,从而打击非法捕捞行为。

四、渔获物溯源管理是促进水产品国际贸易的重要举措

我国是世界水产品进出口贸易大国,海洋捕捞产品出口占据较大比重。欧盟、加拿大等要求强制实施可追溯体系,日本、美国等则主张实施自愿的可追溯体系,同时要求出具原产地绿色标签。FAO《港口国措施协定》2016 年正式生效,要求成员国采取措施履行国际义务,我国多部委已联合落实打击 IUU 渔船的港口国措施,并将 247 艘 IUU 渔船名单通报国内各港口。推进渔获物可追溯绿色标签管理,有利于建立符合国际通行的水产品质量安全体系和原产地标签制度,破解国际水产品贸易壁垒,拓宽捕捞产品国际市场渠道和占有份额,促进水产品国际贸易发展。

五、渔获物溯源管理是助推渔港渔区振兴的重要抓手

渔港是沿海渔区十分重要的基础设施,既是渔船安全锚泊的休憩地和渔获物上岸的通道,也是渔船管理和捕捞生产监管的关口,更是渔区经济社会发展的枢纽。推进渔获物可追溯绿色标签管理,选择重点渔港作为定点上岸渔港,通过渔获物定港上岸,促进各类生产要素向定点上岸渔港集聚,建设现代渔港经济区,巩固和提升传统功能,带动加工贸易、冷链物流、休闲渔业、海洋牧场、滨海旅游等多元化产业发展,推动特色渔乡小镇和渔业城镇建设,实现港、产、城一体化,塑造现代化渔港样板区,促进渔区产业兴旺和渔港渔区经济振兴。

第四节　渔获物溯源管理的具体举措和成效

台州自实施渔获物溯源管理以来,至 2020 年底,通过"船港通"系统累计上报渔捞日志、交易日志等 31 019 次,上岸渔获物 10.08 万 t,溯源渔获物 5.25 万 t,玉环溯源试点拖虾渔船每船每年可增收 30 万～40 万元。

一、建立海洋捕捞渔获物日志报告试点制度

坚持渔民自愿、适当激励、加强管理原则,建立海洋捕捞渔获物日志报告试点制度,报告主体应对报告的完整性和真实性负责。所谓渔民自愿,就是渔船自愿报名参加渔获物报告试点,并遵守渔获物日志报告相关规定,如实报告渔获物报告内容;所谓适当激励,参加渔获物日志报告试点渔船按规定完成报告工作的,除在享受国家规定相关政策上予以优先考虑外,还给予适当补助;所谓加强管理,就是加强宣传培训,督促报告主体按规定

报告相关日志，及时调换报告不到位渔船，确保渔获物日志报告试点工作顺利开展。

1. 报告对象

纳入海洋捕捞渔获物日志报告试点和梭子蟹限额捕捞试点的台州籍渔船，在捕捞、销售、转载海洋捕捞渔获物等环节应主动报告渔捞日志、海上交易/转载日志。在港口交易的渔船及收购海洋捕捞渔获物的单位和个人也应报告港口交易日志。

2. 报告主体

第一类是渔船，船长为渔船报告渔捞、交易/转载日志的第一责任人，并对报告的完整性和真实性负责。海上报告困难时，可以委托代理人（渔船所有人或经营人、监护人、渔业基层管理组织、协会）等进行报告；第二类是港口交易人，在港口收购海洋捕捞渔获物的交易人（单位和个人）为报告责任人。

3. 报告内容

渔捞日志报告内容包括作业时间段、下网次数、作业渔区、渔获品种、渔获数量等。海上交易/转载日志报告内容包括交易/转载海域、交易/转载时间、交易/转载方式（出售、转载、购买）、对方船舶、渔获品种、渔获数量等。港口交易日志报告内容包括进港时间、交易港口、渔船名称、港口交易方（单位或个人）、交易方式（出售、购买）、渔获品种、渔获数量等。

4. 报告方式

海上渔船报告责任人通过"船港通"App报告，委托代理人通过微信公众号报告。渔捞日志每天报告一次，海上交易/转载日志在交易/转载完成后报告，港口交易日志在港口交易完成后报告。

二、建立海洋捕捞渔获物溯源试点制度

试点渔船应遵守渔获物溯源相关规定，如实录入溯源信息并扫描溯源码上报，建立海洋捕捞渔获物溯源试点制度。

1. 试点对象

试点渔船为纳入海洋捕捞渔获物日志报告试点的台州籍渔船，在捕捞、销售、转载海洋捕捞渔获物等环节录入渔获物溯源信息并扫码上报；海洋捕捞渔获物定点上岸的试点渔港为温岭石塘渔港和礁山渔港，所有上岸转出的渔获物均需录入渔获物溯源信息并扫码上报。

2. 溯源主体

渔船船长为捕捞渔获物溯源信息录入并扫码上报的责任人，港口海洋捕捞渔获物的交易人（单位和个人）为捕捞渔获物溯源信息录入并扫码上报的责任人，溯源主体应对录入扫码上报的溯源信息的完整性和真实性负责。

3. 溯源内容

捕捞渔船溯源信息录入内容包括渔船名称、作业方式、生产海域、渔获种类、渔获数量、渔获规格、规格单位等；捕捞辅助船溯源信息录入内容包括对方渔船名称、交易海域、渔获种类、渔获数量、渔获规格、规格单位等；码头溯源信息录入内容包括买方名称、卖方名称、渔获上岸港、渔获种类、渔获数量、渔获规格、规格单位等。

4. 溯源方式

捕捞渔船在每网次渔获物装箱完毕后在"船港通"App上录入溯源信息并扫描溯源码上报，可以按品种规格批量录入或按品种规格逐一（如以箱或单个为单位）录入溯源信息。捕捞辅助船在交易/转载完成后在"船港通"App上录入溯源信息并扫描溯源码上报；如交易/转载渔获物已有溯源码的，在"船港通"App上录入对方渔船名称、交易海域等溯源信息，其他渔获种类、渔获数量、渔获规格、规格单位等溯源信息可以任意数字录入，并扫描溯源码上报；如交易/转载渔获物没有溯源码的，在"船港通"App上录入对方渔船名称、交易海域、渔获种类、渔获数量、渔获规格、渔获规格、规格单位等溯源信息，并扫描溯源码上报。港口交易人在"船港通"App上录入买方名称、卖方名称、渔获上岸港、渔获种类、渔获数量、渔获规格、规格单位等溯源信息并扫描溯源码上报。

三、探索渔获物全流程溯源改革试点

依托"船港通"系统的渔船船位监测、渔获物信息获取、渔获量统计分析等功能，台州在温岭和玉环部分渔船以及石塘渔港、坎门渔港、椒江中心渔港、路桥金清渔港等4大渔港开展渔获物标识码认证。

1. 上码标识

为每艘捕捞渔船和运输船设置唯一标识码，明确只有标识码认证的渔船才能进港上岸。在渔盘、渔箱等渔获物运载载体印刷或嵌入标识码，禁止无标识码的渔获物运载载体出港、转载、上岸销售，保障渔获物来源合法。

2. 扫码溯源

在渔获物的捕捞、装箱、转载、交易、上岸、加工等环节，通过"船港通"掌上终端扫描渔获物运载载体标识码，相应录入捕捞时间、捕捞海域、加工规格数量、成品生产批次和交易情况等信息，提高捕捞大宗渔获物可追溯管理效率，实现渔获物全流程"一码溯源"。

3. 赋码增值

对高价值、高品质单体渔获物单独包装、单独张贴溯源码，顾客使用微信、支付宝等应用程序扫描标识码即可查看渔获物全流程信息，增加渔获物产品附加值和品牌效益。以玉环市东海渔仓有限公司为例，使用标识码溯源后，2020年1—7月出口高品质溯源渔获物17个货柜、价值590多万美元，每艘拖虾船年均可增收30万～40万元。

四、推进渔获物定点上岸渔港管理试点

根据全市渔港分布、渔民交易习惯、渔政管理力量配备等情况，将椒江中心渔港、路桥金清渔港、临海红脚岩渔港等13座渔港设为渔获物定点上岸渔港，明确海洋捕捞渔船和渔获物不得在其他渔港上岸。

1. 渔获物到港"一站流转"

加强渔货装卸、物资补给、市场交易、物流配送、冷藏加工、信息平台等渔港配套设施建设，促进渔获物生产要素向定点上岸渔港集聚，实现渔获物加工、冷藏、交易、配送港内一站式流转，提升渔获物流转各环节监管水平，保障渔获物品质。

2. 渔获物进出"一港报告"

要求捕捞渔船和渔业辅助船出港前报告在港停泊、船舶适航、捕捞渔具等情况，进港前报告船上渔获物信息。目前，定点渔港渔船进出港报告率已达98％以上。加强对定点上岸渔港内渔船和上岸渔获物监管，实行已报抽查、未报必查，重点检查渔获物溯源信息提交是否准确、捕捞来源是否合法、转载去向是否清晰、幼鱼比例是否超标等。

3. 渔获物非法捕捞"一网打尽"

依托"船港通"系统、基岸雷达、渔港监控网等科技手段，联合渔业、海事、市场监督、公安（海防）、海警等执法部门，在港岙口、海域交界处、重点海岛开展常态化联合执法，实现执法"零盲点"，全面有效打击非法捕捞、违规捕捞等行为。2020年1—7月，全市共查处违法捕捞当事人52名，责令赔偿渔业资源损失83.4万元。

五、加快推进渔捞日志制度

渔捞日志是全面反映渔获物产量、幼鱼比例情况的真实记录，是科学评价渔业资源的重要依据，也是推进渔业科学管理的技术支撑。《渔业法》和《浙江省渔业管理条例》对大中型海洋捕捞渔船按规定填写渔捞日志和辅助渔船如实记录收购转载渔获物作出了明确规定。近年来，台州结合渔业油价补助政策，逐步推开渔捞日志制度。

1. 全面严格执行渔捞日志制度

要求大中型海洋捕捞渔船必须按规定填写渔捞日志，记录出航时间、值班人员、作业场所、捕捞品种数量等，便于渔业部门产量统计和渔政执法备查。

2. 探索渔获物转载管理制度

贯彻《浙江省渔业管理条例》，要求运销船在海上转载渔获物时填写《转载记录》，详细填写渔获物的来源、捕捞海域、种类、数量、规格组成等渔获物信息，以及转载时间、位置等操作信息。

3. 加大对非法捕捞渔获物的处罚

明确规定运销船不得收购、转载违规捕捞生产的渔获物。对来历不明、记录不实、无法核实来源或经核实为非法捕捞渔获物的，一律予以没收。

典型案例：浙江玉环用溯源系统为品质"保鲜"、为渔民增收

水产资源丰富的玉环市有"中国东海渔仓"之称，但过去因加工链断档、违法添加剂使用等问题，使水产品行业被许多"潜规则"所困扰。玉环市在全国首创集加工母船、过驳子船、生产船为一体的海捕虾全产业链海上加工中心，根据海上加工应用场景和业务流程进行虾类产品追溯，通过采集记录中心生产、流通、消费等环节信息，实现水产的来源可查、去向可追、责任可究。以渔船责任主体和流向管理为核心，追溯管理与市场准入得到了紧密衔接，水产品实现了"从海洋到餐桌"全过程的透明化。

案例意义：

采用溯源系统，对于监管部门来说，相当于使水产品拥有了一张二维码"身份证"，只要发现水产品质量安全问题，就能够通过水产品溯源系统判断企业是否存在过失行为，便于监管；对于企业而言，可借助水产品溯源平台查找内部哪个环节、哪个步骤出现了问题，明确相关责任人员，为后期工作积累经验；对于渔民来说，海捕虾收购单价从每斤不足 2 元升至 4.5 元左右，价格涨幅 125%，带动产业链中拖虾渔船单船年增收 30 万元以上，直接辐射 1 000 个以上渔民家庭。

第五节　海洋捕捞渔获物溯源扩面提质

以"船港通""浙食链""台渔链"为追溯平台，推进渔获物溯源扩面提质，构建渔产品从源头生产、码头运输、市场销售、餐桌消费的全程可追溯体系，推进质量安全监管精准化和可视化，拓展追溯系统功能，提升可追溯产品附加值，将台州打造成为中国渔获物溯源管理的领跑者。

一、温岭试点渔获物企业收购从码头到餐桌全程可追溯

1. 选择可追溯试点对象

选择温岭市金太水产冷藏有限公司为试点单位，带鱼为可追溯试点产品。该公司以海捕渔获物粗加工为主，与多艘渔船采取订单渔业方式联结，并紧靠市重点渔港——松门礁山渔港，上下货物便利，便于源头追溯，加上其已基本实现自动化操作，标准化程度高，自有注册商标，具备开展渔产品全流程质量追溯的基础。

2. 搭建可追溯管理平台

以追溯管理平台为桥梁枢纽，串联起渔产品采购、生产、流通、使用全过程追溯信息。利用现有"船港通"App，完善渔产品可追溯模块，实现数据对接共享，满足消费者对渔产品质量安全信息的查询需求，做到扫码溯源信息"一码通"。

3. 打造全过程可追溯链

设立可追溯平台企业账户，全面梳理可追溯各环节内容，对各环节的输入内容进行细分。编制可追溯流程图，串联起可追溯各流程环节，确保不遗漏、不偏差，形成全过程可追溯的渔产品追溯链。

4. 健全渔产品质量安全网络

整合渔产品质量安全检测资源，建立抽样监控制度，制订详细的检测计划，结合企业自行检测、主管部门例行检测、上级部门监督检测，强化产品质量抽检，确保产品质量安全。

二、玉环试点出口渔获物从生产船到餐桌全程可追溯

1. 规范追溯节点设置

以玉环市东海鱼仓现代渔业有限公司为试点提升单位，侧重产品外贸出口市场拓展，以原有渔获物质量追溯系统为基础，融入企业进出口结算和质量控制功能，重点对渔获物实时输入、海上加工流程记录、海陆仓储转运、出口检验跟踪等环节进行优化完善；以玉环市九宏渔业有限公司和玉环市海中舟渔业有限公司为新增试点单位，侧重产品国内市场

拓展，借鉴 SGS 等国际认证机构的质量管控经验，建立自生产船、经加工仓储、到市场端的全流程内控质量监管体系，重点探索海上产品过驳流转和产品进入市场端后的跟踪监管。

2. 提升智能管控水平

以试点企业渔获物质量追溯系统为基点，形成全市统一的对外追溯平台，从源头数据采集、可视留证溯源、环节运作提示、质控风险预警、投诉受理处置等方面融入信息化手段，实施数字化改造，赋予智慧化管控功能，以"直观、便捷、真实、共享"为突破口，切实提高平台的运作质量和效率；整合企业、部门质量管控力量，以信息化管理为载体，充分运用海上宽带、可视交流、数模分析等技术，通过"部门协作、政企联动"的方式，形成以线上管理为主、线下管理为辅的新管理模式。

3. 强化平台共享共管

渔获物从海上生产船到餐桌质量追溯平台实行"一码全程管控"，渔获物从一起捕就被纳入编码管理，随后各环节以码施管，各有侧重，形成合力，最终实现"放心水产让消费者放心、放心水产给渔民带来更大收益"。企业以码为依据，探索实现内部质控和财务结算无纸化管理，大大降低企业运营成本；渔业部门以码为依据，实行初级水产品质量安全在线监管，并促成纳入省农产品质量安全可追溯平台；市场监督部门以码为依据，作为包装渔获物进入市场的准入条件，并促成纳入省市场流通产品追溯平台；海关商检部门以码为依据，作为出口产品核验必备前置条件。

4. 建立奖惩激励机制

依托渔获物从海上生产船到餐桌质量追溯平台，切实加强质量安全信用体系建设，督促企业开展自律公开承诺，广泛接受监督，并建立健全内部质量管控措施，一律实行贴标、附码销售；渔业部门对企业追溯平台的建立和日常维护进行考评，每年组织评估，给予适当的以奖代补奖励，并探索建立初级水产品质量安全赔付保障金制度，一旦出现追溯责任问题，实行先赔付再顶格处置，倒逼质量管控；市场监督部门对追溯平台管理运作规范的渔业企业，实行定期免费上门产品检测，并为产品进入市场开通"绿色通道"。

三、三门试点小海鲜从鱼苗到餐桌全程可追溯

1. 打通部门业务系统，实现交互对接

按照"一个标准供应、一个平台流通、一个体系监管"运行模式，打造渔产品质量全流程追溯一体化架构，打通农业农村、市场、税务、金融等各相关部门系统，辅以电子证照和电子签单数据协同应用，实现多部门数据集成深度融合、系统互联互通。以三门县农产品质量安全追溯平台和"浙食链"等系统交互对接为首要任务，将养殖环节数据、检测数据、流通数据等主要数据进行采集存储，实现数据协同共享，针对渔产品质量安全管理建立统一的溯源体系与质量监管体系，充分保证质量监管过程中信息的完整性、统一性与可信性。对渔产品的生产、捕捞、运输、管理与销售的整个流程均建立信息化监控管理，并在整个过程中，对渔产品进行统一编码、采集、管理与溯源，并将这些数据融入归集到三门县数据共享平台，形成对信息的统一管理、查询与审核，构建"可管、可控、可信"的跨部门渔产品溯源创新场景应用，实现生产、加工、物流、销售等产供销全程多部门数字赋能。

2. 构建数据采集体系，整合数据资源

通过三门县农产品质量安全追溯平台对试点生产企业的渔产品进行管理，做到在生产基地"阳光生产"，生产基地对产品进行自检，在平台上传自检报告，实现在产地"逢出必检"；自检合格后，配送至试点商超和市场，由相应承检机构在平台上传法定第三方检测报告，实现进入试点商超和市场"逢进必检"；入场后在"浙食链"系统申报相关信息，自动生成电子虚拟码，最终到达消费者手中。构建数据采集监测体系，可实现扫码识别生产企业信息、产品基本信息、法定检测报告等内容，确保农产品质量安全全程溯源、产品流向可追踪。以税务、社保、金融等数据进行辅助协同，在稳定货量、物价、监管产品质量等方面，为监管部门和从业者提供数据分析信息，促进产业的健康发展。

3. 完善生产主体信息，配齐溯源设备

将从事养殖三门青蟹、缢蛏、对虾、血蚶及黄姑鱼的试点企业纳入三门县农产品质量安全追溯平台主体信息库管理，做到及时更新信息库数据。保障试点企业配备产品可追溯所需的设备，统一农产品包装标识，标示农产品质量安全追溯码；做好追溯系统数据更新和日常维护，保证追溯系统正常运营。试点生产企业要设立农产品质量安全检测室，购买检测设备，配备检测员，开展产品自检。

4. 制定产品溯源标准，加大监管力度

制定《三门县渔产品质量安全追溯管理标准》，明确追溯对象、追溯环节、追溯主体；界定执行机构、实施范围、实施对象、产品类型等；入场的各类渔产品按照商品规格大小均实行标准化包装，在每个商品包装箱及箱内包装盒（或商品）上均赋码标明产地、生产者名称、品名、重量、保质期、检测证书等。不定期对生产主体开展现场检查、指导和抽检，将农产品质量安全快速检测、巡查、执法、红黑榜等信息纳入信息化管理，确保农产品质量安全追溯平台信息实行动态管理，加大对违规行为的曝光和惩罚力度，进一步提升溯源系统的执行效力，并结合生产实际，做好相关制度制定、业务培训和宣传等工作。通过"统一包装、统一品牌、统一监管"，打造质量可追溯的现代化渔产品基地，为乡村产业振兴注入活力。

第六节　海洋捕捞渔获物溯源努力方向

中国特色社会主义进入新时代，我国渔业的主要矛盾已经转化为人民对优质安全水产品和优美水域生态环境的需求，与水产品供给结构性矛盾突出和渔业对资源环境过度利用之间的矛盾。推进渔获物可追溯绿色标签管理契合了渔业高质量绿色发展的目标，契合了渔业供给侧结构性改革的导向，契合了人民对优质安全水产品的需求，契合了保护渔业资源和水域生态环境的国策，契合了水产品国际贸易的惯例。为此，要深入总结台州试点经验教训，逐步推进大中型渔船渔获物定港上岸试点，加快将试点"盆景"变为面上"风景"，逐步构建具有中国特色的渔获物可追溯绿色标签管理体系。

一、加大溯源管理宣传培训

加大宣传培训是渔获物可追溯绿色标签管理的必备环节。一方面，要加大对渔民群众的宣传，宣传"船港通"溯源信息管理系统的特点和功能，使更多渔民群众了解溯源管理对提升渔获物质量和收益的好处。要借助职务船员考试培训平台，把渔获物可追溯绿色标签管理列入培训内容，增强渔民群众熟练掌握溯源系统和二维码张贴操作流程。另一方面，要加强全社会和水产出口企业宣传，使消费者了解用手机扫码来追溯渔获物来源，使水产品加工出口自觉选择收购可追溯绿色标签管理的渔获物，降低出口企业经营风险，从而倒逼渔民渔船开展渔获物可追溯绿色标签管理试点扩面。

二、实施渔获物定港上岸

实施渔获物定港上岸是推进渔获物可追溯绿色标签管理的前提条件。依据渔港分布、渔民交易习惯和渔业行政管理力量配备情况，申报公布我国海洋捕捞渔获物定点上岸渔港名录。定点渔港全部公布后，大中型渔船的渔获物将不得在定点名录外渔港上岸。同时优先安排项目立项和资金扶持，重点加强鱼货装卸、物资补给、市场交易、物流配送、冷藏加工、信息平台等设施建设，显著改善渔获物定点上岸渔港的硬件。

三、完善溯源管理信息系统

"船港通"溯源信息管理系统是推进渔获物可追溯绿色标签管理的技术支撑。针对台州试点实践和系统试运行中反映出来的问题，建议软件设计单位要组织力量加以改进完善，确保系统的稳定性。建议拓展系统平台功能，加强与各类公共服务机构的平台对接，及时提供天气、海浪和海产品价格信息；加强与国内知名电商平台连接，实施数据自动交换和共享，建立网上渔港，尝试网上拍卖、线下推送，增加渔民收益，为水产品出口企业和渔港经营者提供各类服务，吸引更多渔民、渔船自愿加入渔获物可追溯绿色标签管理，把"船港通"打造成服务我国渔业、渔民的开放、融合平台。与此同时，建议尽快启动海上宽带终端和北斗终端路由设备配置项目建设，为全面开展渔捞日志和海上交易/转载日志报告以及渔获物溯源等海上报告和扫码提供支撑。

四、探索渔获溯源方式方法

提供便捷的渔获溯源扫码方式是推进渔获物可追溯绿色标签管理的核心构成。我国海洋捕捞作业类型多样，现行渔业捕捞许可证核定的作业类为刺网、拖网、围网、张网、钓具、耙刺、陷阱、笼壶、地拉网、敷网、抄网、掩罩等12种；渔获品种繁多，构成主要捕捞对象的有100余种，这些决定了渔获溯源扫码方式必须多样化。要坚持分类指导，避免单一以张贴二维码方式追溯海洋捕捞渔获物的方式，进一步探索和测试追溯方式。建议明确每艘捕捞渔船和运输船唯一对应标识码，通过对渔盘、渔箱等运载载体印刷二维码或者嵌入RFID等，提高捕捞大宗品种可追溯管理效率；对高价值经济鱼类（如大黄鱼、大规格鲳鱼），建议单条包装张贴二维码，提高其附加值，增加渔民收益。

五、加强溯源管理监督检查

加强监督检查是推进渔获物可追溯绿色标签管理的重要手段。要从渔获物捕捞、海上交易或转载、渔港上岸进入市场等各个环节，加强溯源管理的全流程监督检查。要落实《农业农村部关于施行渔船进出渔港报告制度的通告》，要求大中型渔船通过进出渔港报告系统报告进出港信息，通过追溯管理系统报告进港时渔获海区、品种和数量等信息，并逐步推行到海上过驳、市场交易等环节。对未报告的渔船，要加强海上执法监督检查。要依托定点渔港，建立渔港综合管理站，整合各方力量实行驻港监管，重点加强渔获物定港上岸和绿色标签监管，核验核实渔获物溯源相关信息，推动市场监管部门加强对市场流通渔获物绿色标签的监管。

六、建立溯源管理法规制度

加强法规制度建设是推进渔获物可追溯绿色标签管理的根本保障。坚持顶层设计与基层探索相结合，建立完善渔船进出渔港报告、渔获物定港上岸、渔获物绿色标签和渔船安全记分管理等四大制度，构建以"港长制"为统揽的渔船渔港管理体系，促进依港管船管人管渔获物落到实处。渔船和渔民是渔获物报告和可追溯绿色标签管理的实施主体，要建立全国渔业系统联网的信用体系，将不如实报告的渔船渔民列入"黑名单"管理。建议总结吸收台州改革试点经验，将渔获物可追溯绿色标签管理列为《渔业法》修订的相关内容，用法律形式固化下来，成为推动新时代渔业高质量发展的重要利器。

第十章

浙北渔场梭子蟹限额捕捞试点

目前世界主要渔业国家的资源管理措施，既有投入控制，也有产出控制。实践表明，限额捕捞制度是渔业资源管理最有效的措施之一，是破解渔业资源"公地悲剧"最有效的方法。我国在 2000 年修改出台的《渔业法》中首次提到限额捕捞制度，并在法律层面予以保障，但其实施需要科学的资源评价体系、健全的渔获物监管制度、强大的渔业监督管理力量等条件。由于我国渔业资源种类繁多、渔业类型复杂、渔业资源监测体系不健全、渔获物监管难度大等诸多因素影响，该制度一直没有得到有效实施。农渔发〔2017〕2 号文件首次将限额捕捞提到渔业议事日程，开启了浙北渔场梭子蟹限额捕捞试点。

第一节　探索限额捕捞管理背景

我国自 1987 年实施以"双控"为主要手段的投入管理模式以来，渔船数量和功率指标持续下降，捕捞强度逐渐下降。但同时渔民为了争取利益最大化开始抢捕，捕捞的幼鱼比例高，渔获物平均价值却普遍不高。为调整国内海洋渔业结构和保护海洋渔业资源，解决海洋捕捞强度过大、渔业资源衰退及过度捕捞造成的生态问题，有必要加强以限额捕捞为主要形式的产出管理，对海洋渔业资源实施总量控制。浙江省多年来一直高度重视渔业资源养护，在农渔发〔2017〕2 号文件下发前，便早已开展了一系列的资源调查和管理制度研究。自 2006 年起，为了稳定渔场生产秩序，浙江省对每年年底在省属管辖的浙北渔场专门从事梭子蟹刺网作业的渔船实施网格化管理和专项（特许）管理：明确入渔的基本条件，确定刺网作业渔船总量，并发放专项（特许）捕捞许可证。近年来，浙江借鉴国外先进的海洋捕捞管理经验，探索产出管理模式，逐步开展限额捕捞试点工作。

一、国际背景

1982 年第三次联合国海洋法大会通过了《联合国海洋法公约》，其中强调沿海国应当确定可捕鱼种的捕捞限额。随着《联合国海洋法公约》的签署、生效及专属经济区制度被各沿海国普遍采用，管理措施也由过去的直接控制和投入控制转向以产出控制为主。同时，我国与日本、韩国分别签订了《中日渔业协定》《中韩渔业协定》，已实施总可捕捞量制度（TAC 制度）。在上述背景下，实施限额捕捞制度既是履行我国国际法义务的要求，也是负责任大国担当的表现。

二、国内法依据

《渔业法》等法律、法规为实施限额捕捞制度提供了国内法依据。《渔业法》第 22 条规定："国家根据捕捞量低于渔业资源增长量的原则，确定渔业资源的总可捕量，实行捕捞限额制度。"《浙江省渔业管理条例》第 16 条强调："根据捕捞量低于渔业资源增长量的原则，实行捕捞限额制度。具体办法由省人民政府按照国家规定另行制定。"但由于我国渔船数量众多、渔业资源基础数据不足、基层渔业组织结构松散低效、渔政执法能力不足等原因，限额捕捞制度尚未得到有效实施。

三、国家要求

近年来，中央从生态文明建设高度对海洋渔业资源总量管理和限额捕捞提出明确要求。2015 年中共中央、国务院发布的《生态文明体制改革总体方案》提出："完善海洋渔业资源总量管理制度，严格执行休渔禁渔制度，推行近海捕捞限额管理，控制近海和滩涂养殖规模。"2016 年中央 1 号文件《关于落实发展新理念加快农业现代化实现全面小康目标的若干意见》要求："完善海洋渔业资源总量管理制度，严格实行休渔禁渔制度，开展近海捕捞限额管理试点，按规划实行退养还滩。"国务院《关于促进海洋渔业持续健康发展的若干意见》（国发〔2013〕11 号）强调："严格执行海洋伏季休渔制度，积极完善捕捞业准入制度，开展近海捕捞限额试点，严格控制近海捕捞强度。"

四、限额捕捞制度试点进展

为贯彻落实中央要求，农业部下发多份文件，不断推动限额捕捞制度实施，稳步扩大试点范围。农业部《关于扎实做好 2016 年农业农村经济工作的意见》（农发〔2016〕1 号）强调："严格实行休渔禁渔制度，探索开展近海捕捞限额管理试点，持续清理整治'绝户网'和涉渔'三无'船舶，加强渔业资源调查。"2017 年 1 月，农业部印发的《关于进一步加强国内渔船管控实施海洋渔业资源总量管理的通知》（农渔发〔2017〕2 号）提出要积极探索海洋渔业资源利用管理新模式，选择部分特定渔业资源品种，开展限额捕捞管理，探索经验，逐步推广。2017 年，经地方申报和农业部批准，山东、浙江两省开展限额捕捞试点；2018 年，农业农村部又下发通知，启动辽宁省大连市普兰店海域中国对虾、福建省厦漳海域梭子蟹和广东省珠江口白贝限额捕捞试点工作。

第二节　浙北渔场梭子蟹限额捕捞试点设计

为探索出一条符合中国国情的限额捕捞道路，台州前期做了大量的准备工作。2016 年 4 月，农业部在台州组织召开了限额捕捞专题研讨会，研究浙江提出的梭子蟹、方头鱼、带鱼三个方案。浙北渔场梭子蟹专项捕捞浙江管辖水域位置固定、边界清晰，梭子蟹产量集中，捕捞渔船数量可控，作业方式固定，长期以来又实行网格化管理，有较好的监管基础。在经过充分听取渔民意见、多次召集专家进行可行性论证后，最终选择梭子蟹进行限额捕捞试点，并制定试点实施方案。

一、试点区域、品种、作业方式、渔船数量

按照农业部办公厅下发的《关于开展海洋渔业资源捕捞限额试点工作的函》（农办渔函〔2017〕5号）的文件要求，考虑到捕捞限额作为一项全新工作，浙江省又具有多年浙北渔场专项管理的基础，最终在该渔场中选定多年来渔船比较集中且相对固定的区域为试点海域。具体如下：

试点区域：浙北渔场浙江管辖梭子蟹捕捞专项特定水域，即为 30°00′N—31°00′N，122°30′E—123°00′E 的水域（面积约 2 300 km²，其中涉及嵊泗马鞍列岛国家海洋特别保护区的海域除外）。

试点品种：梭子蟹。

作业方式：定刺网作业。

捕捞渔船：临海 73 艘、三门 28 艘。

二、捕捞配额确定和分配

1. 确定总可捕量

由于试点海域梭子蟹的相关统计资料不够系统和完善，因此只能根据该海域入渔渔船的历年捕捞产量平均值，再结合浙江省海洋水产研究所近年来对浙北渔场梭子蟹资源进行监测所收集的数据，以及 2017 年上半年对梭子蟹资源的专项调查情况，估算出该海域梭子蟹资源量和许可渔获量，最终确定试点水域梭子蟹的总许可渔获量为 3 200 t。

2. 可捕量分配

组建 3 个渔业合作社，将临海的 73 艘捕捞船分为 2 个合作社（作业组），三门 28 艘捕捞船组建 1 个合作社（作业组）。将总可捕量根据各合作社（作业组）的渔船大小、数量切分成配额，分配到 3 个合作社（作业组），由其内部统筹，具体为临海市推船沟渔业专业合作社 1 800 t，临海市翻身渔业专业合作社 900 t，三门县运盛渔业专业合作社 500 t。合作社综合考虑本社内每艘渔船的吨位、主机功率等因素，将配额进一步分解至每艘作业渔船。允许渔船间可相互适当调剂，但必须呈报渔业主管部门进行备案。

三、捕捞配额管理

1. 入渔报告

捕捞船和渔运船均需遵守入渔报告。进入渔场前 12 h，由入渔渔船向合作社报告，报告内容包括进入的时间、大致点位、拟作业的区域等；退出渔场后 6 h 之内，由入渔渔船向合作社报告，报告内容包括退出的时间、大致点位等。

2. 产量上报

给捕捞船安装渔获物产量采集仪，由捕捞船每天通过采集仪自动报送产量，每日 12 时报告船位、生产情况、渔获物转载情况等；各合作社设一名岸上通报员，负责与本合作社捕捞船、渔运船及台州市涉外渔业协会通报台之间的联系，承担渔船进出试点水域、产量、收购量等通报工作（通报软件由台州市海洋与渔业局负责委托开发）；台州市涉外渔业协会通报台每天将各合作社的产量报台州市海洋与渔业局。

3. 交易管理

分别设海上交易点和陆上交易点。部分渔获物交易管理前移到捕捞船向渔运船出售渔获物环节，在省局限定的渔运船总数的前提下，由临海、三门渔业主管局核定各合作社配套渔运船名册，经公示无异议后向省局报送相关材料，由省局对渔运船核发特许证。各合作社的渔船只能将捕捞的梭子蟹出售给有特许证的渔运船，各渔运船在试点水域内只能收购有特许证渔船捕捞的梭子蟹。同时在嵊泗县设立2个陆上交易点（由临海市海洋与渔业局落实）进行补充，部分渔获物确需陆上交易的必须事先通过通报点报备。陆上交易点需配备交易监管员，在渔获物上岸时进行抽查，确保渔获物上岸监管到位。

4. 配额预警

在各渔船的配额接近完成时，由台州市海洋与渔业局对该渔船发出预警，在该渔船完成配额时指令其退出试点水域；在所有渔船均完成配额后，关闭试点水域的捕捞活动。

四、捕捞配额监管措施

捕捞配额监管措施主要包括：一是允许进入试点水域的渔船（包括渔运船），北斗卫星定位系统及 AIS 均需全天候开机，每天中午12时向合作社通报员报告船位；确因设备故障不能开机的，需事先向合作社通报员报告备案，由通报员转报通报台；关机期间不得进入试点水域，已进入的要立即退出。二是捕捞船和渔运船均需记载渔捞日志（由台州市海洋与渔业局统一设计印制），该渔捞日志记载的产量、交易量将与 AIS 航迹进行比对，并接受渔政船的现场核对。三是由台州市渔船安全救助信息中心对入渔渔船建立专门管理模块，以方便渔业主管局、通报台、合作社、执法船等的监管。四是只要气象、海况允许，都将派遣渔政船现场监督，防止瞒报产量，打击各类违反规定的行为。

为了有序推进限额捕捞试点工作，制定了《浙北渔场梭子蟹限额捕捞试点定点交易及配额管理办法》《浙北渔场梭子蟹限额捕捞试点海域入渔渔船监督工作方案》《浙北渔场梭子蟹限额捕捞试点资源监测方案》。这三个方案支撑了整个限额捕捞试点的框架。第一个方案明确了如何定点交易及配额管理，具体由浙江省海洋与渔业局全面协调，各级海洋与渔业局相互分工，建立定点交易制度、渔捞日志制度及日常通报等制度，实施配额预警，实现限额捕捞的闭环管理；第二个方案明确了如何进行入渔渔船的监督，入渔渔船凭《专项（特许）渔业捕捞许可证》捕捞，执法部门进行严格监管，确保各项工作正常、有序地开展，建立限额捕捞监管长效机制；第三个方案明确了试点水域梭子蟹资源监测方案，通过收集浙北渔场梭子蟹保护区历年生产数据初步确定2017年总可捕量，通过试点水域渔业资源调查、动态监测、岸上社会调查确定资源总量和最大可捕捞量。

第三节　浙北渔场梭子蟹限额捕捞配套制度

浙江省围绕浙北渔场梭子蟹限额捕捞总量确定、配额分配和配额执行三个环节，制定了渔捞日志、渔获通报、渔船监管、观察员上船、奖惩五项制度。

一、渔捞日志制度

利用已研发的手机 App 上报产量系统。通过强化培训，要求渔民在如实填写纸质渔捞日志的同时，还需通过手机 App 上报产量系统上传当日渔获产量数据；后台管理系统可通过船载北斗终端的传输获得渔获产量数据，以相互印证试点数据的准确性。由此，渔业主管部门就可掌握入渔渔船每天的生产作业情况，累计汇总产量数据后，还可对渔获产量已占配额额度 80％的渔船进行配额预警。单船电子渔捞日志每月汇总，打印留档备查，并作为下一年度入渔申请材料。捕捞船所填报的渔捞日志和配套渔运船所填报的转载日志还将与船载北斗终端的航迹进行比对。除此之外，渔政执法人员也会在现场要求渔船接受核对（表 10－1、表 10－2）。

表 10－1　浙北渔场梭子蟹限额捕捞试点水域渔捞日志（捕捞船）

船名：		专项证号：		年　月　日（昨日正午至当日正午）		
作业次数	放网开始		放网结束			排数
	时间（时：分）	位置（纬度·经度）	时间（时：分）	位置（纬度·经度）		
1	：	N　°　′ E　°　′	：	N　°　′ E　°　′		
2	：	N　°　′ E　°　′	：	N　°　′ E　°　′		
3	：	N　°　′ E　°　′	：	N　°　′ E　°　′		
4	：	N　°　′ E　°　′	：	N　°　′ E　°　′		
作业次数	起网开始		起网结束		梭子蟹渔获量（千克）	排数
	时间（时：分）	位置（纬度·经度）	时间（时：分）	位置（纬度·经度）		
1	：	N　°　′ E　°　′	：	N　°　′ E　°　′		
2	：	N　°　′ E　°　′	：	N　°　′ E　°　′		
日计（昨日正午至当日正午的梭子蟹渔获量）						
累计（日计的累加记录）						
让渔运船转载的梭子蟹渔获量						
船名号	专项证号		时间（时：分）	位置（纬度·经度）	梭子蟹转载量（千克）	备注
			：	N　°　′ E　°　′		
			：	N　°　′ E　°　′		
合计						

填表者签名：　　　　　　　　船长签名：

表 10 - 2　浙北渔场梭子蟹限额捕捞试点水域渔捞日志（渔运船）

船名：	专项证号：	年　月　日（昨日正午至当日正午）		
从捕捞船转载的梭子蟹转载量				
船名号	专项证号	时间 （时：分）	位置 （纬度·经度）	梭子蟹转载量 （千克）	备注
		：	N　　°　　′ E　　°　　′		
		：	N　　°　　′ E　　°　　′		
合计					

填表者签名：　　　　　　船长签名：

二、渔获通报制度

渔民每天下午要将生产情况通过卫星电话通报给岸上的合作社，由合作社将数据录入通报软件，再由拥有丰富通报经验的台州市涉外渔业协会进行数据审核。作为限额捕捞管理系统的补充，台州市海洋与渔业局开发的浙北渔场梭子蟹限额捕捞试点通报软件也可以实现配额预警。

三、渔船监管制度

参与捕捞限额试点工作的渔船必须持有专项（特许）捕捞许可证，必须将专门的船名牌悬挂至指定位置，并在试点水域实行网格化管理。允许进入试点水域的渔船（包括渔运船），北斗卫星定位系统及 AIS 均需全天候开机。捕捞船和渔运船均需记载渔捞日志，该渔捞日志将与航迹进行比对，并接受渔政船的现场核对。只要气象、海况允许，都将派遣渔政船现场监督，防止瞒报产量，对未按规定水域作业、未如实填报渔捞日志、超额捕捞等行为进行严厉查处，打击各类违反规定的行为。

四、观察员上船制度

渔业观察员制度是有关国家或国际渔业组织为实施其养护和管理措施，在其本国或其成员国捕捞渔船上派驻观察员直接监测捕捞活动的制度。观察员（observer）由政府主管部门正式授权，按工作性质可分为科学观察员和执法观察员两种。前者在船上以收集渔获物生物学资料和生产统计等数据为主，了解实际捕捞状况，为资源评估、完善管理和养护措施等提供依据；后者为实施其养护和管理措施的规定，对作业渔船进行执法检查，包括作业海域范围、渔具规格、可捕和兼捕对象、渔获配额、丢弃种类和数量等。

在浙江限额捕捞试点中，由浙江省海洋水产研究所负责向入渔渔船派遣观察员，观察周期为半个月，每期 2 名，在试点期内已派遣 7 批次。被派遣的渔业观察员应具有一定渔业知识，在船上与渔民同吃同住，并将捕捞梭子蟹时的放网、起网、转载等各阶段的情况详细记录下来。通过将渔业观察员记录的数据与渔民所填报的纸质渔捞日志进行比对，可以详细了解渔民所填报渔捞日志内容的真实性及完整性，以之作为资源监测与渔船监管工作的补充。

五、奖惩机制

以农业部拨付的 30 万补助经费和配额扣减为抓手，浙江省制定了《浙北渔场梭子蟹限额捕捞试点奖惩办法》。根据该办法，每艘渔船的起始补助奖励标准为 3 000 元，经北斗、AIS 轨迹比对或经举报查实在试点水域生产未达到 30 天的渔船不享受补助奖励；举报他船存在瞒报产量、违规销售等行为并查实的，每艘次奖励 1 000 元和被举报渔船全年 2% 的生产配额，奖励来源为被举报渔船的 3 000 元起始奖励和配额，如被举报渔船的 3 000 元被扣完后再被举报查实的，举报渔船仅获得被举报渔船的配额；30 万元的补助资金如有剩余的，剩余资金在试点结束后由台州市、县两级渔业主管局根据实际情况评选出 10 艘优秀的渔船进行平分。

对每艘渔船被举报存在瞒报产量、违规销售等行为并被查实的，每艘次从奖励的起始标准中扣除 1 000 元，扣完为止，同时扣减全年 2% 的生产配额，扣减的配额调剂给举报渔船，举报渔船可在被举报渔船的配额完成后，优先使用被举报渔船的下网位置进行生产。渔政现场检查发现存在瞒报产量、违规销售等行为的，每艘次从 3 000 元起始补助标准中扣除 1 000 元，扣完为止，同时扣减全年 2% 的生产配额，扣减的配额由台州市海洋与渔业局统一调配。对检查中发现渔船未按规定填写渔捞日志或渔运船收购、转载渔获物未按规定如实记录的，按照《浙江省渔业管理条例》第五十二条处罚。对未持特许证擅自进入试点水域生产的渔船，按照《中华人民共和国渔业法》第四十条处罚。

奖励和处罚记录工作由临海、三门两地渔业主管部门统一负责，通过浙北渔船梭子蟹限额捕捞试点通报软件进行。

第四节　浙北渔场梭子蟹限额捕捞具体实践

2017 年以来，台州市承担自 2000 年渔业法修订以来全国范围内首批限额捕捞改革，全力推进浙北渔场梭子蟹限额捕捞试点，积极破解海洋渔业资源总量管理改革难题，为我国限额捕捞管理政策的制定提供实践依据。在 2017 年 11 月 27 日农业部召开的限额捕捞座谈会上，于康震副部长对台州的浙北渔场梭子蟹限额捕捞试点工作给予了充分肯定。

一、实践具体做法

1. 方案制定

2016 年上半年，浙北渔场梭子蟹限额捕捞试点工作方案经多次召集渔船老大、渔业主管局和科研院所专家等座谈讨论，逐步完善，以浙江省海洋与渔业局的名义向农业部上报了《浙北渔场梭子蟹限额捕捞试点工作方案》。2017 年 6 月 1 日，在临海市召开了浙北渔场梭子蟹限额捕捞试点工作协调会，邀请农业部、浙江省海洋与渔业局领导及上海海洋大学等科研院所专家，对工作方案的细节问题进行了探讨补充。2017 年 6 月 21 日，在舟山召开了限额捕捞管理国际研讨会，吸收多位参会的国际限额捕捞管理专家经验。2017

年 8 月底，台州市的浙北渔场梭子蟹限额捕捞试点工作方案出台，至此试点工作方案已较为完善。

2. 事前筹备工作

2017 年 2 月 13 日，在农业部批复了《浙北渔场梭子蟹限额捕捞试点工作方案》后，台州市海洋与渔业局根据试点工作方案，积极准备各项前期工作，确保试点工作能顺利实施。在汇总多方意见后，制定了《浙北渔场梭子蟹限额捕捞试点奖惩办法》，以部拨的 30 万资金分配和配额削减为抓手，积极鼓励渔民支持试点工作。参照韩国入渔渔船模式，给所有入渔渔船都制作了特许证船名牌，以区分该船是否有在试点水域生产的权利。为准确掌握试点水域捕捞的梭子蟹产量，专门印制了捕捞船和渔运船的渔捞日志，并为其开发了一套梭子蟹限额捕捞试点通报软件，要求所有渔船必须在每日 12 时将生产情况通报至岸上的公司，再由公司录入通报软件；渔业主管部门可以每日掌握试点水域的生产情况，在配额到达一定比例时进行预警，配额用尽时关闭该试点水域。在汇总了临海市和三门县入渔渔船船名册和配额后，2017 年 9 月 11 日以文件形式上报省局，为特许证的发放工作提供依据。

3. 科技手段应用

为准确掌握试点水域的梭子蟹捕捞量，由浙江省海洋水产研究所开发电子渔获物采集仪。该采集仪通过手机终端和北斗系统相连，因北斗系统编号唯一，所以本船产量只能通过本船北斗每日上报，而且后台软件可自动比对捕捞船和渔运船上报的产量的偏离幅度，以监控捕捞船是否存在瞒报产量的行为。为加强船位监控，要求进入试点水域的渔船（包括渔运船）必须保持北斗卫星定位系统及 AIS 全天候开机；确因设备故障不能开机的，需事先向合作社通报员报告备案，由通报员转报通报台；关机期间不得进入试点水域，已进入的要立即退出。

4. 业务培训

2017 年 7 月 21 日，台州市海洋与渔业局在临海组织了业务培训会，拟进入试点水域作业的渔船船东船长、三家试点合作社的管理人员及具体负责每日通报的人员、临海市海洋与渔业局和三门县海洋与渔业局分管领导及承担试点工作的相关科室负责人参加会议。在会议上介绍了浙北渔场梭子蟹限额捕捞试点工作方案，对渔民填写渔捞日志、使用通报软件和电子渔获物采集仪进行了培训。同年 9 月 29 日，台州市海洋与渔业局召集了三家通报单位的通报员，对通报软件的使用再次进行了培训。10 月 12 日，台州市海洋与渔业局、临海市海洋与渔业局、三门县海洋与渔业局一起在嵊泗组织渔民进行了业务培训，要求渔民务必高度重视试点工作，同时对渔捞日志填写、通报软件操作、电子渔获物采集仪使用再次进行了培训。

5. 执法监管

试点期间，台州市海洋与渔业局 6 次组织协调执法人员赴嵊泗开展限额捕捞试点渔船执法检查，多次与嵊泗大队一起登临检查渔船。因前期试点工作准备充分、培训到位，检查过程中渔船违规情况较少。但也发现浙临渔 12588 和浙临渔 12081 未按规定填写渔捞日志、浙嵊渔运 80498 未携带证书，分别交由临海大队和嵊泗大队处理。在检查过程中，执法人员同时指导渔民规范填写渔捞日志，执行好通报制度和电子渔获物采集仪的数据上报，为试点数据的完善而努力。

6. 试行观察员制度

此次试点引入了欧美比较先进的观察员制度，由浙江省海洋水产研究所承担该项工作，2017年10月1日—2018年1月15日，分成7个航次，每航次15天，每航次派遣2名观察员上2艘渔船。观察员队伍由4～6名浙江海洋大学的学生和6名浙江省海洋水产研究所的科研人员组成，主要负责每航次生产情况和生物学资料记录，包括每天记录捕捞日志和转载情况。观察员须每日记录不小于30尾梭子蟹雌雄、甲宽数据（表格），每周期记录一次不少于100尾的随机取样数据（表格），同时督促船长按规定落实限额捕捞制度。

二、试点发现的问题

1. 渔民需进一步适应限额捕捞制度

长期以来，渔民已经适应了渔业主管部门控制渔船数量和功率等以投入管理为主的做法，现在要增加限额捕捞管理制度，需要有一定的适应时间。同时受渔民文化程度低、工作强度大、渔政监管力量薄弱等原因影响，在全国范围内全面实施限额捕捞制度尚有一定的难度。

2. 数据精确度需进一步加强

浙北渔场梭子蟹限额捕捞试点是国内首批进行的限额捕捞试点，虽然制定了一系列的制度，但受各种客观因素影响，试点的数据精确度有待进一步提高。有必要建设渔业资源总量管理信息系统，借助大数据手段，实现渔获物从水里到岸上的可追溯，准确掌握渔民的捕捞产量。

3. 法律法规需进一步健全

在诚信体系尚未全面建立的情况下，高额罚款仍是相对有效的管理手段。以韩国为例，对未按规定填写渔捞日志的渔船和无证捕捞的渔船处以高额罚款，对渔业违法违规行为予以震慑。但目前我国《渔业法》等相关法律并未对违反限额捕捞规定的法律责任作出规定，而地方渔业主管部门出台的制度缺乏上位法支撑，相关处罚的法律依据薄弱。

4. 基层组织能力需进一步挖掘

目前的基层渔业管理组织还是停留在为渔民代办证件等相关事务的阶段，需要进一步挖掘基层渔业管理组织的能力。

三、完善限额捕捞制度的路径

限额捕捞管理是我国渔业资源管理改革的方向，因而有必要进一步加大改革试点探索，持续开展浙北渔场梭子蟹限额捕捞试点，探索总结总可捕量确定和配额分配、渔获物交易监管、渔捞日志和转载日志核实、奖惩机制等一整套限额捕捞的做法，为限额捕捞扩面提质积累经验。积极探索深水流网方头鱼、灯光围网上层鱼等单品种限额捕捞试点，探索以县域为单位的渔获物总量限额管理，从更多作业品种、更大渔场范围、更广区域层面摸索限额捕捞做法。通过建立健全配额的确定、分配、管理、执法检查、通报制度，探索建立一套符合中国实际的限额捕捞制度。

1. 在技术层面建立确定总许可渔获量

限额捕捞的出发点和落脚点就是在渔业资源可持续利用的前提下，科学确定渔业最大渔获量。建议整合我国渔业资源方面科研院校的力量，组建高层次、跨专业的技术团队，开展科学系统的渔业资源调查，采集渔业资源的基础数据，综合渔捞日志、渔获物转载、观察员、港口采样、独立调查、增殖放流等数据，建立健全渔业资源调查评估模型，摸清我国海洋生物资源分布、海洋生物食物链"金字塔"、主要经济品种占比及生长规律等，沙盘推演、实践验证、不断修正渔业资源总许可渔获量和单品种总许可渔获量，为台州乃至各地限额捕捞试点提供基础数据和资源依据。

2. 在实践层面完善捕捞配额分配管理

按照公正、公平、公开原则，以捕捞产量为配额，以基层渔船管理组织为单位进行分配，经基层渔船管理组织内部统筹，以试点渔船主尺度、主机功率为主要因素将限额捕捞总量配额分配至各渔船，渔船间可适当调剂。持有配额的渔船应在开捕期内规定海域生产，满额度后要自动停止作业。要结合海洋伏季休渔制度改革，探索梭子蟹、虾类、小黄鱼等专项（特许）管理，推动限额捕捞扩面提质。

3. 在制度层面健全配额运行管理制度

用制度管理限额捕捞试点。重点完善定点交易、渔捞日志、配额预警等制度，试点渔船的渔获物必须在渔业主管部门指定的渔港或配套的渔运船进行交易，同时记录捕捞量（即配额的使用情况）；每艘试点渔船必须如实填写渔捞日志，或者安装电子渔获物采集仪，每天通过采集仪自动向渔业主管部门报送；在配额接近完成时，由渔业主管部门对渔船发出预警，等配额完成后，指令该渔船退出生产。配套渔运船需如实填写渔获物转载日志，渔捞日志记载的产量、交易量将与北斗终端的航迹进行比对，并接受渔政船的现场核对。

4. 在管理层面强化渔船全方位监控

所有渔业管理制度的落地都要依靠执法监管作保障。通过落实进出港报告制度，利用船载北斗终端全天候监控船位，掌握各渔船生产动态，与定点交易、渔捞日志制度相结合，共同管理渔船配额制度的实施动态；加强执法巡航，对违反作业场所规定作业、未如实填写渔捞日志、超配额生产、未按定点交易规定交易渔获物等行为进行查处。

5. 在教育层面提高渔民群众资源养护意识

加强对渔民群众的教育引导，正确处理眼前利益和长远利益、整体利益和局部利益、公共利益和个人利益的关系，培养其主体意识，增强其法治观念，认清限额捕捞实施必要性，促进他们将被迫执行的外在行为变为自觉遵守的内在行动，促进限额捕捞试点扩面落地。

第十一章

渔船安全管理改革

以经济水生生物为生产对象、以水上为生产场所的渔业生产活动，特别是海洋渔业，容易面临极端恶劣天气、船舶碰撞等多方面危险，并且受生产作业分散、基础设施和装备落后、人员技术素质差等因素制约，总体上属于高风险、多事故、高损失行业。渔船安全管理改革是台州试点的重要组成部分，对于实施乡村振兴战略、促进渔业健康发展、保障人民群众生命财产安全、建设平安台州具有重要意义。

第一节　台州渔船事故概况与原因分析

一、台州渔船事故概况

渔船安全事故是影响渔业健康发展的重要因素。台州海洋捕捞渔船作业水域包括台州港区和东海渔场水域，涉及事故类型主要有碰撞、触礁、搁浅、沉没、火灾、自沉、机损、落水、滑倒、中暑、触电、中毒、失踪等；事故船型主要有拖网、刺网、围网、钓具类、笼壶类、杂渔具渔船等。据统计，2007—2017 年，台州渔船安全生产事故总数达 424起，死亡 405 人。其中，较大及以上事故 27 起，共造成 202 人死亡：渔商船碰撞 13 起，死亡 101 人；渔船大风浪中沉没 6 起，死亡 60 人；渔船触礁事故 1 起，死亡 11 人；渔船火灾事故 1 起，死亡 6 人；其他各类事故 6 起，死亡 24 人；造成的经济损失难以估量。但值得注意的是，事故起数、死亡人数和直接经济损失这三项指标在 10 年间总体呈稳步下降趋势，事故起数和死亡人数每 5 年都有一个台阶式的下降。尤其是死亡人数从"十五"期间年均 70 余人，下降到"十一五"期间的年均 50 多人，到"十二五"期间又下降至年均 30 多人。其中 2007—2009 年、2016—2017 年降幅较大。2017 年渔船安全事故起数、死亡（失踪）人数及经济损失数与 2007 年相比，分别下降了 72.5%、70.1%、70.1%。

台州渔船安全事故呈现出 5 个方面的特点。一是事故发生有明显的季节性。冬春季是海洋捕捞生产的旺季，也是大雾、强冷空气等海上极端天气事件多发时期，渔业安全生产事故发生频率明显高于其他季节，事故起数和死亡人数占比均超过 70%。二是机械损伤、溺水事故呈直线上升趋势。这两类事故造成的死亡人数占 68%，其中机械损伤事故占 27.7%、溺水事故占 40.3%，且以外来劳动力为主。三是碰撞、风灾成为造成较大以上事故最主要的类型。碰撞、风灾事故大都发生在半夜或凌晨时段和单船航行状态下，作业类型涉及渔运船、帆张网船、围网船和刺网船，容易造成群死群伤。四是火灾成为威胁渔船安全的主要险情。电气设备使用不当、厨房用火不规范、非法使用电脉冲设备及电线老化、短路等问题容易引发火灾事故甚至造成较大事故。五是渔船安全事故与作业类型有密切关联。拖网类作业的事故发生率明显高于其他作业类型，占总事故起数的 54.7%。

审视台州 10 年来的渔船安全事故，造成事故的原因既有客观又有主观，既有天灾又有人祸。如果说冒险航行、疏于瞭望、操作不当、违规作业是事故诱发的人祸，那么船东船长主体责任不落实、属地管理作用发挥有限、部门监管能力不足不强则是事故高发多发、难以遏制的重要因素。

二、事故原因分析

（一）人员因素

1. 船东、船长安全意识淡薄

不少船东、船长举债造船买船进行生产，对安全设施配备投入较少。疲劳驾驶或夜间航行无人瞭望，半夜至凌晨发生事故概率较高；受经济利益驱使，职务船员配备不齐全、编组生产执行不力、超抗风力等级航行、超航区航行、隐患自查整改不力等是事故发生的重要原因。

2. 渔业船员素质普遍下滑

台州渔船数量众多，船员相对短缺，无论是职务船员还是普通船员均显不足，且本地从业人员逐渐退出捕捞行业，渔船外地船员比例逐渐攀升，外地来浙务工人员成为主力，船员流动性大，不利于船员的培训和培养，人员缺配、人证不符时有发生。船员整体素质呈下降趋势，遇到紧急局面往往手足无措、操作不当，导致事故频繁发生。常见事故包括起放网期间船员失足落水、操作不规范造成的机械伤害、在甲板作业时不穿救生衣等。

3. 船东、船长风险责任小、安全生产动力不足

部分船东不下海或自身直接安全风险较小，出事渔船由渔业互保理赔兜底，经济风险和责任追究方面所承担压力较小。这在一定程度上造成其主体责任履行不到位，形成制度漏洞。

（二）渔船因素

渔船自身的结构属性对于渔船的航行、作业安全有着至关重要的作用。多项研究表明，渔船的船龄、强度、吨位、动力都会对渔船的航行安全产生影响，风险因素主要包含 3 个方面：

1. 证业不符

部分渔船违规改变作业方式、作业工具，如桁拖作业擅自改单拖作业、流刺网作业擅自改帆张网作业或单拖作业、敷网作业擅自改单拖作业、渔运船擅自改流刺网作业等。

2. 船舶老旧

部分渔船船龄较长，船体质量较差，捕捞设备陈旧，安全适航性能堪忧。

3. 设备问题

部分渔船安全救生、消防通导设备配备不规范，达不到即时可用。

(三) 管理因素

从行业管理上看，渔业行政监管力量薄弱、监管手段滞后、渔船跨海域跨海区分散动态生产致使渔业安全管理力量明显不足，安全管理鞭长莫及，造成异地挂靠渔船易失管、非法租赁渔船监管难、涉氨冷藏船等高危渔船风险大。安全宣传、技能培训、执法检查、隐患整改等管理工作难度很大，特别是渔船异域（军港、商港及私营渔港）靠泊安全执法检查难，隐患渔船一旦逃脱监管视线违规出海便易酿成事故。

(四) 责任因素

从主体责任看，船东船长隐患排查整治不到位、进出港报告不真实；从协管责任看，基层管理组织对主体责任的检查、核查不到位；从属地责任看，涉渔乡镇对主体责任、协管责任的检查落实不到位、驻港管理未落实；从监管责任看，渔业主管部门审批、船检、执法、监管尚未形成闭环。

(五) 环境因素

海上自然风险巨大，海风和海浪均可能严重影响渔船稳定性，造成船舶倾覆、沉没。东海渔场作业海域岛礁多、海流复杂，水深随潮水涨落变化显著，渔船搁浅、触礁可能性极大，因此浅滩、暗礁也是影响渔船安全的重要因素。此外，浙江沿海为我国海上交通运输最繁忙的海域之一，国际航线纵横交错，沿岸航线交叉密集。由于交通运输船舶航线途经重要的传统渔场，商船通航路径往往与渔场交叉重叠，进一步增大了渔业安全生产的危险性，撞沉渔船事故时有发生。

为加强渔船安全管理，台州在改革试点中相继推进渔船应急指挥体系、船长制、船员全员持证上岗试点改革，开展了"打非治违""十大突出问题整治""百日攻坚"等专项行动，探索实施事故征候、系统治理等强基础、固根本、利长远的治理措施，以下予以分节阐述。

第二节　台州渔船应急指挥体系改革

在 2018 年机构改革中，台州渔船安全救助信息中心转为台州渔船应急指挥中心。2018 年 5 月 4 日，全国首个渔船应急管理指挥部在台州揭牌，化被动受理为主动干预，全面加强海上渔船管控，对渔船应急实行精细化和程式化管理。

一、改革背景

台州海洋捕捞业在保障渔民就业、提高渔民收入、促进渔区繁荣稳定的同时，也存在着渔船安全事故时有发生和渔船安全应急联动能力不足等问题，不能有效预防和减少渔民生命财产损失，主要表现为以下几方面：

1. 渔船海洋灾害预报预警能力不足

缺少对寒潮、大风、风暴潮、台风等海洋灾害性天气监测预警技术支撑和服务，直接影响了政府管理部门在灾害性天气下研判渔船进港避风、出港生产、应急救援的决策和部署。

2. 海上应急联动协作机制不足

主要是海洋与渔业、海事、气象、海洋预报、边防、海警、卫生等部门缺少协作机制和会商通道，应急响应指挥调度不畅，缺少海上救助船舶之间、海上船舶和陆上指挥部之间的指挥通信系统，渔船互救激励机制不健全，造成海上搜救效率不高。

3. 渔船应急处置能力不足

主要是没有明确的渔船安全应急机构和人员。市、县两级均由渔船安全救助信息中心等技术支撑单位承担安全应急工作，没有行政管理职能，且安全应急专业人员严重不足，现有人员基本上都是劳务派遣人员，专业技能差，流动性大，难以正确高效处置专业性很强的海上渔船应急事件。海上救援装备水平不高，公务船抗风能力弱，与渔民的救助期望值差距较大。

4. 信息化保障能力不足

海洋与渔业、海事、气象、海洋预报、边防、海警、卫生等相关部门之间信息系统共享不够，渔船北斗定位通信终端亟待升级，卫星电话和海上宽带通信上渔船等尚未全面实施，造成渔船应急通信指挥调度难，影响了对渔船的管控和安全应急处置效率。

二、设立指挥机构

（一）渔船应急管理指挥部

市政府设立台州市渔船应急管理指挥部，由市政府分管市长任总指挥，分管秘书长和海洋与渔业局局长任副总指挥。指挥部成员由市海洋与渔业局、卫生健康局、海事局、气象局、边防支队、海警一支队、海洋预报台等单位组成。指挥部负责组织、研判、指挥、调度、协调全市渔船安全应急处置工作。海上渔船安全应急工作主要包括海洋灾害性天气渔船安全应急措施研判和决策部署、渔船安全应急搜救指挥调度、渔事纠纷应急处置。

1. 指挥部的具体职责

（1）贯彻执行国家、省有关渔船应急管理工作的法律、法规和政策；

（2）制定渔船应急管理工作预案及其他相关制度；

（3）研判渔船防抗海洋灾害性天气应急措施；

（4）组织、协调和指挥渔船海上突发事件应急处置、渔船动态应急干预、渔船防御海洋灾害措施落实；

（5）研究解决渔船应急管理工作中存在的问题。

2. 指挥部成员单位主要职责

（1）市海洋与渔业局：负责指导事件渔船进行自救，组织调度事发海域附近渔船进行互救，指派系统内公务船前往搜救，指导、督促渔船监护人和基层管理组织对渔船动态进行应急干预；

（2）市海事局：负责协调指挥有关救捞船、公务船及其他海上搜救力量前往搜救；

（3）市气象局：负责提供中长期气象预报，热带气旋信息、恶劣天气的短期预报，每天的天气预报，以及海上应急行动所需的相关气象实测和预报信息；

（4）市海洋预报台：负责提供中长期海洋预报，每天的海洋预报，海上应急行动所需的相关海况实测和预报信息，落水人员和物体漂流趋势分析信息；

（5）市卫生健康局：负责协调伤病员的医疗救治工作及指派专业医护人员随船前往海上实行现场救助；

（6）浙江海警第一支队：负责应要求组织船艇和官兵参加海上搜救行动，负责海上涉渔治安、刑事案件现场处置；

（7）市公安（边防）局：负责应要求做好安全保卫和维稳工作；

（8）沿海各县（市、区）人民政府：负责辖区渔船应急管理工作。

3. 指挥部办公室

指挥部下设办公室，承担指挥部日常工作，实行全年每天 24 小时值守制度。办公室设在市海洋与渔业局，由局长兼办公室主任。指挥部办公室主要职责：

（1）负责市渔船应急管理指挥部的日常工作和基础工作；

（2）承担指导督促开展渔船动态干预、发布预警信息、处置海上突发事件的值班工作；

（3）根据指挥部的指令，收集、处理、传递各类应急信息，组织、指挥、调度渔船参与应急处置；

（4）组织、协调成员单位各类应急力量参与应急处置；

（5）组织渔船防御海洋灾害性天气应急措施的研判；

（6）组织渔船应急响应日常演练活动；

（7）完成应急管理行动的总结报告、分析评估工作；

（8）提出修订和完善市渔船应急管理预案的初步方案及其他应急管理建议；

（9）完成指挥部交办的其他工作。

（二）渔业应急处置指挥中心

成立渔业应急处置指挥中心，主要职能包括：负责渔船应急领导、渔船动态管理、渔船进出港报告、渔船安全信息服务等工作；负责渔船海上险情事故等突发事件应急处置、指挥协调过程中相关事务性工作；负责全市渔业和港航口岸大数据资源开发利用管理，提供信息化技术支撑；负责渔获物溯源管理等工作；负责渔业无线电管理事务性工作；完成台州市港航口岸和渔业管理局交办的其他任务。

三、应急机制和应急流程

（一）建立渔船应急运行机制

1. 建立渔船安全信息研判和预报预警机制

充分发挥气象、海洋预报对海洋灾害性天气的监测、预测和预警作用，融合海洋与渔业、海事等有关部门的信息资源，建立海洋灾害性天气预防预警信息共享系统，跟踪研判海洋灾害性天气对渔船应急工作的影响，实时交换共享渔船安全应急各类信息，及时向渔区、渔船发布海上大风大浪预报。依托台州视联网，建立视频会商系统，及时会商研判寒潮大风、风暴潮、台风对渔船航行、生产和海上渔船搜寻救援等应急工作的影响，提出应对措施，为渔船安全应急处置提供决策依据。

2. 建立渔船安全应急部门协同联动机制

建立由渔船应急指挥部成员单位共同参与的部门协调联动工作机制，渔船安全应急处置由指挥部组织研判，统一指挥，统一调度，确保当发生寒潮大风、风暴潮、台风及海上渔船搜寻救援等应急行动时，能够及时获取准确信息，快速反应，果断决策，迅速处置渔船应急事件。建立渔船应急指挥调度系统。以台州渔政指挥系统为基础，通过增配成员单位及其所属舰艇通信终端，建立部门之间、陆海之间、船舶之间即时通信畅通的渔船应急指挥调度系统，提高应急指挥调度效率。建立公务船安全定点值班轮值制度。组织海洋与渔业、海事等部门公务船在大陈岛开展全年渔船安全定点值班工作，承担渔船安全应急抢险救灾工作，保持船舶处于适航状态，随时做好抢险救援准备，接到指挥部指令或渔船求救信息，立即启航开展救援。

3. 建立渔船应急安全工作属地监管责任机制

渔船应急工作遵循统一领导、分级负责、就近救援、属地监管原则，市域内海域渔船应急事件由临近事发地指挥部协同船籍港指挥部统一指挥、统一调度、统一处置，市域外海域渔船应急事件报送辖区海上搜救中心请求组织搜救。船籍港所在地指挥部严格按规定要求和程序及时、如实报送应急事件信息。

（二）建立渔船应急处置流程

渔船应急处置流程如图 11-1 所示。

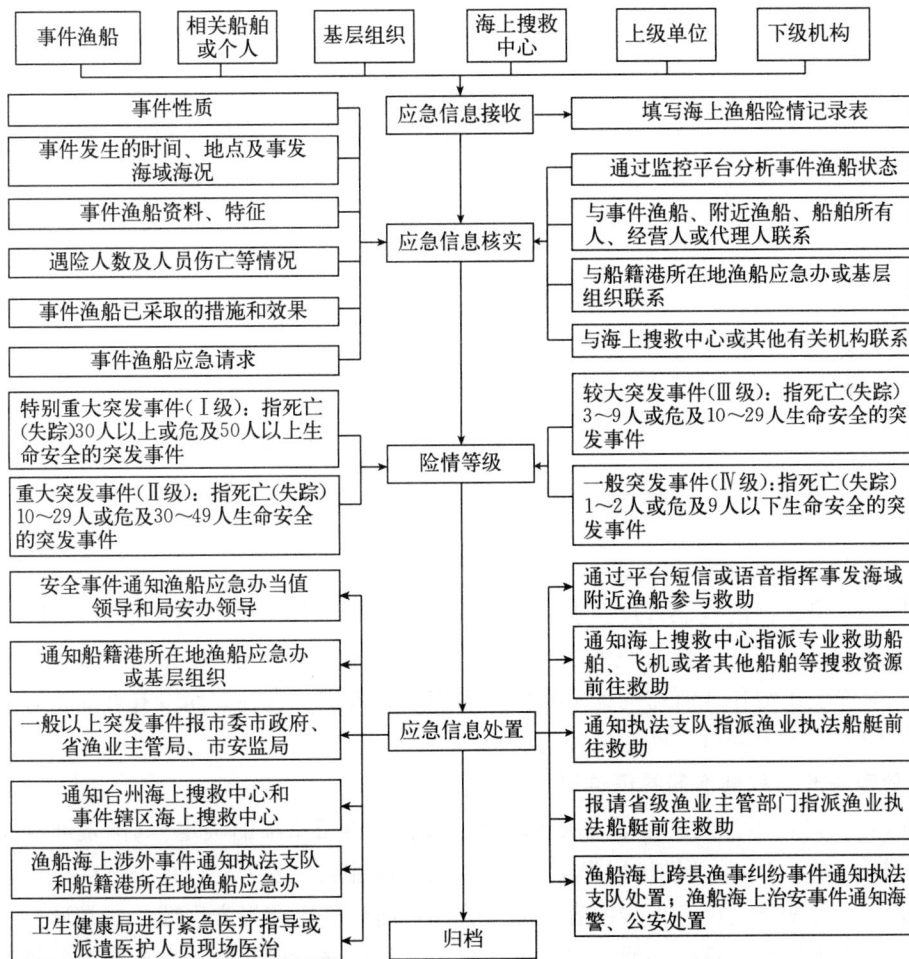

图 11-1　海上渔船应急处置流程

四、功能作用

1. 应急值守

建立值班值守制度，实行领导带班和 24 小时值守制度，每班保证 2 人以上值守。在指挥中心值班室安装监控设施，上级领导通过手机视频检查值班在岗情况，解决值班脱岗实时监测问题。

2. 动态干预

严格落实渔船安全动态干预管理，值班人员切实做好渔船终端设备离线、编组落单、超航区、通信联络、航道水域、敏感水域及恶劣气象海况（台风、寒潮、大雾等）等管控。若发生终端离线，要立即与海上渔船联系，能联系的要求其立即恢复在线或限期落实整改；联系不上的，一方面与其周边船舶联系，另一方面则通过系统数据分析确定船舶是否安全。若出现海上渔船超航区、在航道水域生产锚泊航行、接近敏感水域等情况，要立即电话联系或发送安全短信，提醒或警示其立即按要求落实整改。

3. 科学预警

气象、海洋预报等部门要按照职责分工，进行气象海况监测分析，并将可能导致渔船海上突发事件发生的气象海况等信息及时通报指挥部办公室。必要时由指挥部办公室召集相关部门进行专题会商研判。根据可能引发渔船海上突发事件的紧迫程度、危害程度和影响范围，渔船应急预警级别由低到高分为 III 级、II 级、I 级三个级别，分别有对应的应急响应措施。

4. 应急处置

通过系统平台管控，及时接警、报告、处置，协调加强海上遇险渔船搜救和渔船互救，有效地提高了应急处置能力。

第三节　渔船进出港报告

一、渔船进出港报告制度背景

1. 渔船进出港签证存在问题

根据船舶进出渔港签证管理要求，渔船进出港签证工作必须对渔船证书证件齐全性、有效性进行查验并对其适航条件进行现场确认，而我国实际情况是实行窗口签证、形式审查，即只对渔船出海作业所需的证书证件是否齐全有效进行查验，而没有登船检查渔船的实际适航能力，大大降低了渔船签证的实际效力。

2. 放管服改革取消渔船签证许可

2018 年 8 月，国务院发布了《关于取消一批行政许可事项的决定》（国发〔2018〕28 号），其中就包括"取消船舶进出渔港签证"。取消审批后，改为实行报告制度，加强事中事后监管。一是明确进出港报告内容，加强管理，简化进出港报告手续；二是通过信息系统或渔船身份识别系统掌握渔船进出渔港状况；三是加强重点时段、重点渔船的管理，伏季休渔期保证休渔地区渔船回船籍港休渔，大力整治涉渔"三无"船舶。

3. 渔船进出渔港报告制度施行

2019 年 1 月 21 日，农业农村部印发《关于施行渔船进出渔港报告制度的通告》，要求大中型（船长 12 m 及以上）海洋渔业船舶自 2019 年 8 月 1 日起开始进出港报告。船长为渔船进出港报告第一责任人，应当在渔船进出渔港前向拟进出渔港的管理部门报告，并对报告的真实性负责。出港报告内容包括拟出港时间、配员情况、安全装备配备情况、携带网具情况等；进港报告内容包括拟进渔港、拟进港时间、配员情况、渔获品种和数量等。渔船因天气或应急等特殊原因不能按照规定程序报告的，应当在进出港后 24 h 内补办报告手续。

4. 台州开展先行先试

台州率先开发"船港通"系统，船长可以通过"船港通"App 上传渔船进出港信息，渔业部门可以实时掌握渔船进出渔港信息。自 2018 年下半年先行先试以来，渔船进出港报告率一直居全国前列。

二、进出港报告制度和程序

1. 报告对象

台州籍渔船进出我国所有渔港（含综合性港口、港岙口）应主动办理进出港报告。非台州籍渔船进出台州市渔港也要办理进出港报告。商船进出台州市渔港按照海事进出港报告规定执行。军事船舶、公务船舶、受政府（部门）指令出海从事搜救等任务的渔船免予报告。

2. 报告主体

船长为渔船进出港报告第一责任人，应在渔船出港前 24 h 和进港前 12 h（小型渔船进港前 3 h）向拟进出渔港的管理部门报告，并对报告的完整性和真实性负责。报告困难时，可以委托渔船所有人、实际经营人、监护人、渔船基层管理组织、协会等个人和组织进行报告。

3. 报告内容

出港报告内容：出港时间、出发港口、船长姓名、海上联系方式、职务船员（姓名、职务、身份证号等）、普通船员（姓名、职务、身份证号等）、作业类型、渔具数量、安全隐患自查（捕捞许可证、安全通信导航设备、消防设备、救生设备）、编组落实情况等。

进港报告内容：进港时间、拟进港口、船长姓名、职务船员（姓名、职务、身份证号等）、普通船员（姓名、职务、身份证号等）、渔获上岸港、渔获品种及数量、编组落实情况等。12 m 以下渔船、休闲渔船的报告内容，各地可根据实际从简，船员人数变化情况由所在公司（村）负责更新，游客信息由经营公司另行登记备案。

4. 报告方式

船长 12 m 以上渔船（包括海洋捕捞渔船、渔运船、冷藏船、加工船）实行航次报告；船长 12 m 以下渔船实行月度报告，即每月的第一个航次办理进出港报告；休闲渔船实行每天报告，即每天首次出港办理出港报告，最后一次回港办理进港报告；渔业油船需要临时出港的，各地可设定港外区域，实行航次报告。

台州籍渔船进出港报告应通过"船港通"App 或微信公众号进入管理系统进行报告；

非台州籍渔船也可通过"船港通"App进行报告。无特殊情况，进港报告须在进港前12 h办理（小型渔船进港前3 h），出港报告须在出港前24 h办理。

渔船暂时无法进入管理系统进行报告的（例如非台州籍渔船），可采用书面报告方式。抵港后24 h内到港口附近的渔港管理站办理进港报告，出港前24 h内办理出港报告，在港内停留时间不足12 h的，可同时办理进出港报告。

三、进出港报告核查和监管

渔船进出渔港报告实行"自报抽查，未报必查"。重点核查渔船证书证件，以及安全、救生、消防、通信导航设备配备等情况，重点核查渔船出港时职务船员是否缺配、普通船员是否持证、船员实际登船情况是否与渔船核定载员要求及船员证件相符。对被列为重点核查对象的渔船实行逐船登临检查，合格后方可离港，严防渔船"带病"出港。对未报告、报告虚假信息、系统校验不合格等隐患渔船要纳入安全记分管理或停航整改，对非船籍港渔船要及时函告船籍港所在地渔业渔政主管部门。

第四节　船　长　制

为打赢涉海涉渔"遏重大"攻坚战，压实渔船管理属地责任，促进渔业安全生产平稳可控，台州根据《涉海涉渔领域遏制重大生产安全事故整治攻坚实施方案》（浙安委〔2021〕5号），探索建立县（市、区）、乡镇（街道）、基层渔船管理组织三级渔船"船长制"。

一、工作清单

船长制分为总船长、分船长、基层船长三个层级，分别承担各自职责，形成一个船长制系统。

（一）总船长职责

总船长承担以下几个方面的职责：

（1）统筹渔业安全管理资源和部门力量，落实人财物保障，保障"百船示范、千船整治"、渔船精密智控、海上安全救助体系、渔业船员培训机构建设，督促做好渔船险情事故应急处置和事故调查。

（2）牵头抓好渔船异地挂靠清零，督促渔业部门开展渔船隐患排查整治，建立"一船一档"数据库和安全风险动态管控"四色图"。

（3）指导在航作业渔船的日常安全监管，督促落实值班值守、编组生产、定人联船、定时点验、动态干预等管理措施。

（4）督促落实驻港管理，组织开展在港渔船安全检查，重点加强出港渔船登临检查，保障渔港水域内安全生产作业秩序。

（5）组建海上安全综合执法指挥部，协调海上安全联合执法行动，严打海上涉渔"三无"船舶和各类非法捕捞行为，严惩一批违反安全生产规定的船东船长。

（二）分船长职责

分船长承担以下几个方面的职责：

（1）牵头负责渔港综合管理站建设运行和驻港管理，完善相关制度机制，落实落细建设发展、安全生产、资源管理、生态保护、港区秩序、应急处置、社会稳定等各项工作。

（2）开展"五好渔业乡镇"创建，指导推动基层渔船管理组织优化整合，推动集中办公。开展"十佳渔业公司"创建，有效落实协管责任。有序推进"五星船长""百船示范"创建，有效落实船东船长主体责任。

（3）建立健全定人联船制度，实现所在乡镇（街道）定人联船全覆盖，确保渔船船位实时精准掌控。

（4）组织开展渔业安全生产宣传教育，落实渔船安全 24 h 值班值守，加强渔船安全应急处置，及时化解渔船险情事故，做好渔船安全事故善后工作。

（5）加强渔业安全检查，组织开展渔船异地挂靠、非法租赁、渔船安全隐患排查整治，对基层渔船管理组织核查整改到位的渔船安全隐患进行复核确认。

（三）基层船长职责

基层船长承担以下几个方面的职责：

（1）按照管理组织规模化、管理队伍专职化、管理制度规范化、管理手段信息化、管理服务一体化、经费保障制度化建设目标，提升基层渔船管理组织协管能力。

（2）全面掌握渔船实际数量、实际作业类型、船舶证书、股份构成、异地挂靠、买卖租赁、渔业保险及渔船作业实际人员等信息，有效开展渔船管理。

（3）落实 24 h 值班、动态监管、动态点验、编组生产、定人联船制度，强化离线、落单和进入敏感水域干预，做好渔船海上安全事故应急、渔事纠纷、涉外涉敏感水域等事件的调查处置。

（4）配足配强专职人员和设施装备，加强人员业务知识和实操技能培训，组织开展渔船安全警示教育、应急演练、安全隐患排查，督促船东船长整改安全隐患，对整改到位的予以确认。

（5）全力做好服务保障，督促和协助所属渔船办理进出渔港报告，做好渔船证书年审、渔船年检、参保、职务船员配备、安全设施配备等工作。

二、工作任务

1. 落实渔业安全生产责任体系

坚持"党政同责、一岗双责、齐抓共管、失职追责"的总要求，县级分管领导总船长和乡镇（街道）分船长要切实担负起渔船安全生产职责，将渔船安全生产工作纳入履职清单，推动纳入安全生产总体工作部署，依法依规落实属地监管主体责任。层层传导安全责任，县级分管领导总船长要督促渔业部门履行监管责任，乡镇（街道）分船长要督促基层船长履行协管责任，倒逼压实船东船长主体责任，确保渔船安全责任链条环环相扣、落细落实。

2. 建立渔船隐患排查整治机制

围绕碰撞、火灾、自沉、风灾等重点事故类型，从人的不安全行为、物的不安全状态、环境的不利因素和管理上的缺陷四个方面，督促抓好全方位、无死角的安全风险排查，突出异地挂靠清零、涉氨冷藏船和 10 人以上作业等风险渔船排查整治，建立"一船一档"数据库和安全风险动态管控"四色图"。完善渔船安全风险收集、识别、分析、研判、管控全链条闭环治理机制，对显示红、橙色码的渔船要列入整治对象，对在规定期限内整改不到位、尚未显示绿码的，一律停航、一律不得出海生产。

3. 提升渔业船员安全生产技能

强化工作担当，协调增设船员培训机构，拓展培训渠道，优化考试发证方式，全面推行普通船员线上理论培训和线下实操培训相结合模式，试点开展"学分制＋评估考核＋见习试用期"职务船员培训，分两年实现渔业船员全部持证上岗。开展船东船长、渔嫂等"面对面"警示教育活动，以案示警、以案说法。组织渔业船员安全技能比武和应急演练活动，提升渔民安全生产意识和应急处置能力。

4. 强化海上安全联合执法行动

坚持市县联动、海陆联动、部门联动，健全海警、渔政军地执法协作机制，定期开展渔业、海事、港航、海警等多部门协同的海上安全联合执法行动，加大日常巡查力度，以电脉冲制销使用、职务船员缺配与"人证不符""证业不符""五超"航行作业为重点，严格执行"新铁十条""五必要求"等硬措施，综合运用"查、改、停、罚、拘、判"等手段，严厉打击涉渔违法违规行为，涉嫌犯罪的坚决移送司法机关。加大案件通报和曝光力度，起到"处罚一批、震慑一片"的警示效果。

5. 加快推进"百船示范、千船整治"

统筹国家渔业发展一般性转移支付资金，加大减船转产政策资金投入，加快淘汰涉氨冷藏船、帆张网船、老旧船、木质船等高危渔船，切实减少渔船总量，引导海洋捕捞向友好型作业方式转变，持续推动海洋捕捞业转型升级。支持开展国内海洋捕捞渔船"百船示范、千船整治"，改造提升安全设施、清洁卫生、规范生产、生活起居等方面的软硬件，加快老旧渔船的更新改造，逐步推进"机器换人"，打造集"安全、环保、智慧、美观、舒适"为一体的百艘示范渔船。

6. 建设渔船精密智控能力工程

坚持系统思维、数字思维，以数字化改革为牵引，建成"一库三网一平台"，打造"船家福"海上安全场景，全面推进船载终端数字化改造，打造"海陆互联、标准统一、闭环高效、融合共享"的海洋渔业智慧监管与服务大平台，加强对船舶提前预警、动态干预、精准管控、应急处置，实现海陆互联"全覆盖"、风险防控"全智能"、渔船监管"全闭环"、管理服务"全链接"，全面提高海上渔船安全监管能力和效率。

三、工作要求

1. 加强组织领导

探索构建以船长制为核心的渔船管理体制机制，是涉海涉渔"遏重大"的创新之举，各地要高度重视，切实加强组织领导，细化实施方案，建立县级船长制工作领导小组，实行专班化运作，专班办公室设在渔业部门，可与涉海涉渔专委办合署办公。充分发挥总船长牵头抓总、综合协调作用，整合各方力量和资源，定期组织督导检查，及时协调解决出现的问题，确保船长制各项工作真正落实到位。

2. 广泛宣传发动

坚持传统媒体与新媒体相结合，公示三级船长名单和履职要求，接受社会各界监督。通过三级船长访谈，加大正面典型宣传报道，加强反面典型警示教育，树立模范标杆、扩大榜样效应，促进船长制落实落细，助推渔业安全治理现代化。

3. 健全工作机制

各地要建立船长会议、部门联动、信息共享、工作督查、考核评价、督查问责等船长制配套制度。编制船长工作手册，全面量化船长制事务，明确三级船长履职清单和免责清单。总船长要开展年初任务布置、年中督促推进、年终量化考核，分船长要定期不定期向总船长汇报履职情况。通过明察暗访、挂牌督办、督查通报等行之有效的手段，压实分船长、基层船长责任。

4. 完善激励机制

把探索推行船长制列入渔船安全生产专项考核，实行量化目标管理和规范化管理，健全船长工作绩效与履职评定、职务职级晋升、奖励惩处挂钩制度。鼓励"十优渔业公司"创建，对评定为优秀基层船长的，各地要对所在的基层渔船管理组织给予财政支持、审批办证、入渔特许、人员培训、渔业保险、信贷资金等相应政策扶持。

5. 实施严厉问责

严压落实工作责任，构建三级船长责任体系，实现分责、落责、问责、追责闭环管理。坚持"五个必查"的工作原则，对履职不力造成渔船安全生产责任事故的，实施约谈问责；对失职渎职的，严格按照有关规定追究责任，压实三级船长管船管安全的政治责任。

第五节　渔船安全管理"打非治违"专项行动

为全面贯彻落实全省建设平安浙江工作会议精神，台州根据全省"一打三整治"行动、渔业安全生产监管工作会议部署要求和市委书记重要批示精神，研究出台和推进渔船安全管理"打非治违"2018 专项行动。

一、行动背景

渔船安全管理"打非治违"2018 专项行动方案涵盖了排查、整治、打击、培训、建设和立制等六大方面、环环相扣的一套组合行动，之所以这样制定，主要基于以下 3 个方面考虑：

一是贯彻部、省推进渔船安全管理改革的具体举措。党的十九大以来，习近平总书记提出坚持以人民为中心、加强和创新社会治理等一系列新思想、新论断。在以人民为中心的安全观指导下，农业部、浙江省海洋与渔业局全面推进渔船安全管理的改革试点，先后在台州开展渔船安全综合治理、渔船渔港管理综合信息系统、第三方渔船检验、渔船安全管理记分办法、限额捕捞等一系列的试点，探索建立依港管船的新体制。2018 年 3 月，农业农村部办公室批复同意台州开展渔船管理综合改革试验基地建设，要求台州先行先试，为全国提供可复制、可推广的样本。

二是贯彻落实全国、省、市一系列关于平安渔业建设要求的实际行动。全国、省、市相继召开平安和安全工作会议，都对渔船安全生产管理提出了更高要求。尤其是 2018 年以来，台州连续发生一系列渔船安全事故和重大险情，市委、市政府领导高度关注渔船安全管理工作，先后作出一系列批示、指示，多次亲临市局应急指挥和专题研究，提出了明确的要求和具体举措，表明市委、市政府解决渔业安全生产漏洞短板的决心和力度。

三是破解台州渔船安全管理难题的顶层设计。综合分析台州 10 年来渔船安全重大事故和一般事故，根本原因是船东、船长安全意识淡薄，主体责任落实不到位，疲劳驾驶、疏于瞭望、违规作业、冒险航行、职务船员配备不齐等行为经常发生。船东、船长主体责任不落实的深层次原因，则是部门监管能力和属地管理能力不足不强，政策法规滞后，纵向横向、内部外部的合力尚未有效形成，渔船安全代价成本较低，难以压实主体责任。实践证明，综合治理、严管严治、动态干预、提升素质、压实责任是有效遏制事故高发、降低事故概率、减少死亡人数的重要举措。

二、行动内容和特点

1. 指导思想

坚持"安全第一、预防为主、综合治理"的方针，坚持问题导向、严管严打、多措并举、压实责任、标本兼治，建立责任明晰、管理规范、运行高效的网格化、信息化、常态化、机制化的渔船安全管理体系，预防和减少渔船安全事故发生，实现全市渔船安全生产形势稳中向好，为"平安台州"建设守牢渔业安全底线。

2. 目标定位

通过开展"打非治违"专项行动，集中排摸危及渔船安全的漏洞短板，集中整治危及渔船安全的风险隐患，集中打击危及渔船安全的违规行为，集中提升危及渔船安全的船员素质，集中夯实渔船安全的管理基础，集中建立渔船安全管理的长效机制，不断提升渔船安全生产管理水平和治理能力，实现渔船安全事故大幅下降。

3. 时间安排

2018 年 4 月起至 2018 年 12 月。总体采取边排查、边整改、边打击、边培训、边建设、边立制的基本方式。4—5 月突出排查、整改、打击三大重点，6—7 月突出培训、建设、立制三大重点，8—12 月突出机制运行、政策运用、修改完善三大重点。

4. 主要任务

专项行动包括以下 6 个方面的主要任务：

（1）全面开展风险大排查，重点做到纳规渔船基本信息、未纳规涉渔船舶（包括"三无"船舶）底数、渔船隐患点位和责任落实情况"四个必清"。

（2）全面开展隐患大整治，重点做到涉氨渔业冷藏船、渔船风险隐患、未纳规涉渔船舶（包括"三无"船舶）、责任落实不到位"四个必改"。

（3）全面开展执法大行动，重点做到对涉渔"三无"船舶和擅自改装（造）渔船、隐患整改不到位或职务船员配备不到位擅自出海的渔船、未按规定配备和使用安全救助终端设备的渔船、违法违规作业渔船"四个必打"。

（4）全面开展安全大培训，重点做到船东船长、职务船员、普通船员、监护人"四个必训"。

（5）全面开展基础大建设，重点做到渔船安全指挥中心、渔港管理站、渔港渔船综合管理系统平台、渔船海上"天网"工程"四个必建"。

（6）全面开展机制大构建，重点做到渔船安全管理记分制度、渔船安全领域行政处罚与治安处罚的"行行衔接"机制、渔业基层管理组织规范化建设制度、渔船安全指挥机制"四个必立"。

5. 主要特点

专项行动具有以下 3 个方面的特点：

（1）六大行动同步开展。行动方案是一个环环紧扣的有机整体，不可分割，六大行动既注重治标又重视治本，是一套综合治理的政策组合拳，同步实施、同步推进，才能达到预期效果。

（2）三大责任同步压实。行动方案对船东船长主体责任、部门监管责任和属地管理责任作了明确规定，一系列的建设和机制就是通过强化监管责任和属地责任，倒逼船东船长主体责任的落实。

（3）三大合力同步形成。行动方案着力推动市、县、乡三级的纵向管理合力形成、职能部门之间的横向管理合力形成、渔业部门内部的监管合力形成。

三、行动政策导向

政策导向的总原则有 3 条：一是要让守法守规的获益，让违法违规的受罚；二是让重视安全的船东船长获得安全带来的经济效益，让忽视安全的船东船长付出不安全带来的代价；三是对管得好的单位要表扬表彰奖励，对管得不好的单位要处罚问责追责。具体内容包括以下 5 个方面：

1. 关于"三无"船舶整治和打击

"三无"船舶清缴是本次专项行动的重点之一，这些船舶无序发展、失管漏管现象普遍，事故多发易发，风险隐患严重。要对这些船舶进行打击和整治，单打独斗、单兵作战都难以奏效，必须条块结合、综合治理、联合行动。打击整治"三无"船舶主要包含以下 3 个方面内容：

（1）明晰"三无"船舶的属地管理责任和部门的打击责任。

（2）对于确为群众生产生活所需的船舶，能纳规的实行属地规范管理，不能纳规的坚决一律清剿取缔。

（3）乡镇（街道）负责排查登记、纳规管理，海事、渔政、公安边防、海警成立联合执法组负责打击处置，县市区政府负责查扣点、拆解点的安排及保障工作。

2. 关于违规渔船打击和整治

（1）严格执行"铁十条""渔安六率""六个一律"等硬措施，综合采取"查、改、罚、停、拘、判"等手段，顶格处理违规行为，"一把尺子量到底"。

（2）隐患整改不到位、职务船员配备不到位、终端未配备或者故障未排除的，决不允许出海生产作业。

（3）隐患整改不到位擅自出海生产、拒不开启或拆除转移终端设备、擅自篡改和套用他船终端设备信息、擅自进入敏感水域或无证入渔他国专属经济区水域等行为的，一律责令停航并依法严肃处理。

（4）凡是发生安全事故或重大险情的，或违规冒险作业的，一律责令停航接受调查。

（5）对于冒用、租借他人或涂改职务船员证书的，一经查实，予以收缴。

3. 关于渔船安全指挥中心和渔港管理站建设

除了市县两级以外，重点渔业乡镇也同步推进指挥中心，承担渔船动态监控、预警预判、动态干预、应急处置的具体工作，重点对渔船安全终端离线、单独航行、夜间航行、超航区生产、恶劣天气航行生产、进入敏感水域等进行指挥干预。根据依港管船新机制建成渔港管理站，整合渔政、边防、乡镇等管理力量驻港监管，率先实行渔船进出渔港报告制度，全面提升渔港监督履职和依港管理能力，将渔船安全隐患消除在渔港。

4. 关于渔船信息化升级改造

根据省海洋与渔业局统一部署，对全市 12 m 以上渔船北斗终端进行更新，实现不间断报送定位信息、短信、应急示位标。推进卫星宽带终端上渔船和"渔信通"建设，通过同步记录，压实管理责任。

5. 关于减船转产和渔船更新改造

鉴于台州渔船数量仍然较为庞大，需持续推进减船转产，积极争取中央财政的减船补助资金，充分运用好渔业油价补助地方统筹资金，压减渔船产能，逐步缩减渔运船总量。要运用各种政策工具，严格渔船更新改造审批管理，鼓励渔船推进机械化和智能化改造，实施"机器换人"，支持渔船按标准化船型设计和建造，促进渔船转型升级。对发生渔商船碰撞、渔船触礁沉没负全责或主要责任的，或多次发生安全责任事故，原则上不予更新改造审批，由政府按减船补贴标准收回船网工具指标；对船东在一个记分周期内连续 2 次分值满 12 分的，限制渔船更新改造审批。

第六节　渔船安全隐患排查整治"百日攻坚"

为全面贯彻落实全市涉海涉渔安全工作紧急视频会议精神，深刻汲取"3·12"事故教训，坚持针对性和基础性举措相结合，阻断"人的不安全行为、物的不安全状态、环境的不利因素和管理上的缺陷"传导的重大事故风险链条，有效防范化解系统性安全风险，台州于 2021 年 3 月 15 日起在全市范围内开展了"隐患大排查、问题大整治、动态大干预、海陆大执法、能力大提升、工作大落实"六大行动，全力打好渔业安全隐患排查整治"百日攻坚"。

一、开展隐患大排查

渔船安全隐患大排查包括人、船、责任制度落实 3 个方面。

1. 万名船员适任大排查

全面梳理全市在岗船员，结合进出港报告信息，通过船员数据库比对，4 月上旬，建立船员名录，掌握普通船员持证情况及分布，严格执行职务船员最低配员标准，查清职务船员缺口。

2. 千艘渔船隐患大排查

全面排查辖区渔船隐患，重点深入排查 2018 年以来发生安全事故的险情渔船、老旧渔船、异地挂靠渔船、租赁渔船、双桁杆拖虾船、蟹笼船、涉氨冷藏船、10 人以上渔运船等渔船，重点查找船体稳性水密性、救生消防设施、逃生通道、号灯号型、电气线路、氨制冷设备、违法使用电脉冲等方面的隐患。

3. 责任制度落实大排查

围绕责任是否明确落实、制度是否健全执行进行全面排查，全面完成船东船长主体责任、渔业村（公司）协管责任、重点渔业乡镇属地责任和主管部门监管责任的短板排查。针对 2020 年以来 3 人以上落水事故、险情，开展责任倒查、"一案双查"。

二、推进问题大整治

从 3 个方面推进排查出的问题整治行动。

1. 建立"三张清单"

对排查问题分类梳理，形成问题清单、责任清单、整改清单，明确整改措施、整改时限、整改责任单位和责任人，建立"一档一册"，实施挂图作战、销号管理。

2. 突出"试点推进"

各地根据当地渔船安全突出问题，选择 1～2 个课题开展专题研究，拟定工作方案，试点推进，总结经验，固化成果。

3. 实施"挂牌督办"

对渔船安全生产责任不落实、制度不完善、船员不适任、渔船不适航、异地挂靠（租赁）等重大突出问题，实施领导领衔、挂牌督办，定期检查、定期督促、定期通报、限期完成。

三、加强动态大干预

从强化值班值守、强化动态干预、强化应急处置 3 个方面对渔船安全问题实施动态干预。

1. 强化值班值守

完善应急指挥体系建设，严格落实领导带班 24 小时值班制度，强化值班力量，严格执行"六个必复核"制度，扎实做好突发事故报告、紧急信息报送、渔船应急处置等工作。

2. 强化动态干预

实施 10 人以上渔船每航次返航前必报，实现 10 人以上渔船返航全过程跟踪监管，强化进入大轮习惯航路、渔商船碰撞易发高发区域、平台离线、编组落单的主动干预，加强 00：00—04：00"黑色四小时"点验抽查。对不报告、不听从干预、无故离线等渔船，一律停航整改。

3. 强化应急处置

落实公务船定点值班制度，强化渔业、海事、海警等涉海部门联动机制，实现应急救援信息互通、数据共享。依托定人联船、动态编组等机制，及时指挥编组渔船开展自救、互救，发挥海上救助联盟和民间救助站作用，全面提升海上救助能力。

四、实施海陆大执法

1. 重点检查

以涉氨冷藏船、蟹笼船、帆式张网船、拖虾船、老旧船、异地挂靠（租赁）船为重点，开展"全域覆盖、精准打击"的渔船安全隐患执法大检查，重点检查渔船持证情况、船员配备情况、进出港报告情况、隐患排查整改情况，严打渔船安全违法行为。

2. 联动执法

坚持市县联动、海陆联动、部门联动，全市所有执法船艇联勤联动。公安、市场监管、渔业等部门加强电脉冲制销源头管控；渔业、海警、海事等部门开展常态化海上巡航，严打违规携带、使用电脉冲行为，着力降低渔船火灾风险；渔业、海事部门加强渔商船防碰撞、航行安全警示提醒，开展船舶航行值班、夜航安全和应急反应等执法检查，严防渔商船碰撞事件发生。

3. 严厉惩处

对责任不落实、制度执行不到位的，实行责任追究。综合运用"查、改、停、罚、拘、判"等手段，强力惩处违法违规行为，尤其对职务船员配备不齐、不服从安全指挥及"人证不符""证业不符""五超"的，一律停航整改、顶格处罚，构成犯罪的，依法移送司法机关。

五、促进能力大提升

1. 狠抓渔船安全基础

以国家渔船渔港综合管理改革为统领，深化"港长制"建设，开展渔港管理站示范创建，实现人员到位、保障到位、制度到位、运行到位。进一步推动渔业村（公司）规模化运营，试点推进集中办公，配备专职安全员、保障工作经费。推进渔船精密智控建设，完成船员身份验证和人脸识别试点应用，逐步实现高危渔船宽带卫星终端全覆盖。

2. 狠抓人员能力提升

深入开展"万人大培训"，针对船东船长、渔业船员、渔嫂、渔业村（公司）工作人员、乡镇（街道）和渔业部门管理人员，采取多层次、多形式、多渠道等方式，加强实操培训与应急演练，实现培训教育全覆盖，全面提升安全意识和综合能力。

3. 狠抓监管制度完善

研究制定渔船安全管理新"十条铁律"，严格执行"六个一律""渔安六率"以及安全记分管理等铁律铁规，规范实施记分、消分、奖分和黑名单工作，做好与换发证、审验、征信等工作的衔接，发挥好记分制度的杠杆和导向作用。坚持问题导向，建立健全渔船安全责任体系，全面提升制度监管效能。

六、狠抓工作大落实

1. 施行专班运行体制

组建以政府分管领导为组长、相关部门负责人为成员的"百日攻坚"工作专班，下设办公室，系统谋划整治工作，强化专班的统筹协调作用，定期专题研究、定期组织会商，扎实做好隐患整治推进、安全动态掌控、专题简报编发、督促检查落实等工作，全力推动"百日攻坚"任务落实落细。

2. 建立专项督导机制

建立渔业部门领导班子市联县、县联镇专人联系制度，实行工作责任捆绑，全面掌握动态情况，督促、指导行动开展，帮助解决实际问题。适时组织专项督导、明察暗访、交叉检查等方式进行督查检查，对工作不到位、落实不力的相关责任部门及人员，严肃追责问责。

3. 开展专题宣传活动

坚持传统媒体与新媒体相结合，通过媒体专栏、领导访谈、安全专题片、新闻发布会、以案释法等方式，加大正面典型宣传报道力度，加强反面典型警示教育力度，全面营造渔船安全"百日攻坚"浓厚氛围。

第七节　台州渔船安全系统治理

渔业安全是平安台州"九连创夺金鼎"的重要领域，围绕涉海涉渔"遏重大"攻坚整治的目标要求，刘小涛副省长在台州调研期间提出的抓住"四大关键"、抓好"七大问题"等重要讲话精神，聚焦渔业船员持证、异地挂靠整治、老旧渔船治理等重点问题，突出隐患整治、突出要素管控、突出整体提升、突出执法监督、突出责任落实，努力实现系统治理、精密智控、本质安全。

一、关于隐患排查整治问题

1. 工作目标

围绕碰撞、火灾、自沉、风灾等重点事故类型，全面开展渔船风险隐患排查整治，实现渔船排查覆盖率和安全隐患整改率100％。

2. 工作要求

（1）船东船长开展渔船安全隐患自查、落实隐患整改。每次出航前必须开展安全隐患自查自纠，严防"带病出海"。

（2）渔业公司、渔业乡镇对渔船隐患自查情况进行全面排查，排查内容包括持证情况、救生设备、消防设备、信号设备、通导设备等，实现隐患排查全覆盖，建立"一船一档"，落实闭环管理。

（3）渔船检验主管部门负责渔船稳性、结构水密性、舱底水系统、涉氨冷藏船特种设备等专业性隐患排查，指定渔船检验机构或委托第三方检验机构负责实施。

（4）渔业主管部门对船东船长、渔业公司、渔业乡镇等排查情况进行全面检查。对排查整治不到位、责任不落实的，一律予以通报并倒查责任，一律列入重点挂牌督办。对在规定期限内整改不到位的渔船，一律停航、一律不得出海。

（5）全面开展"百船示范、千船整治"工程，全面落实隐患排查整治责任。

二、关于渔业船员持证问题

(一)工作目标

台州海洋渔船 4 647 艘,已培训职务船员 2.1 万人,应配职务船员 1.65 万人(实际上船仅 0.94 万人,缺配 0.71 万人);普通船员 4.5 万人,已持证约 2 万人,未持证约 2.5 万人。2021 年职务船员培训 4 880 人(椒江 300 人、路桥 260 人、临海 420 人、温岭 3 500 人、玉环 280 人、三门 120 人),普通船员培训 5 156 人(椒江 81 人、路桥 445 人、临海 600 人、温岭 3 000 人、玉环 800 人、三门 230 人)。通过 2 年努力,实现职务船员配备率 100%,普通船员持证率 100%。

(二)工作要求

1. 创新考培模式

(1)明确过渡期船员配备标准(过渡期 2 年,即 2021—2022 年)。过渡期内所有渔船船长、轮机长必须配备到位,其他轮机人员可按标准减少 1 人;其他职务船员可降低 1 个等级配备(如二级船副、二级管轮可用助理船副、助理管轮替代)。2021 年开捕前普通船员持证率必须达 80% 以上,到 2022 年开捕前普通船员持证率必须达 100%。

(2)优化考试方式。推进助理级职务船员考试改革,对于实际在渔船工作 2 年以上但未取得普通船员证书的,通过补训补考获普通船员证书后,直接考取助理级职务船员证书。对年满 50 周岁的渔民在全程参与培训、实操考试合格的基础上,可通过笔试等方式予以换发证书。

(3)推进培训点建设。2021 年 10 月底前县级培训点全覆盖,加强现有培训机构的规范化建设,全面推广普通船员线上培训,缩短培训时间,确保普通船员"随到随培",实现船员培训提质扩面。协调增设职业院校培训点,拓展培训渠道。

2. 落实监管措施

(1)严格船员报备。船东船长在开捕前 30 日向渔业公司、渔业主管局报备职务船员配备情况,如有临时变更的,应当及时报备。开捕后,船东船长应当在每航次出港前 24 h 报告,回港前 12 h 报告。

(2)加强船员审核。各地应急处置指挥中心通过进出港报告系统审查进出港报告人员持证情况,如发现人证不符、未持证或证书配备未达到要求的,立刻通知渔业公司或直接通知渔船返港并通报执法部门。

(3)强化执法检查。开捕前,各地渔港管理站必须对港内渔船进行登临检查,对不符合船员配备要求的一律停航,待符合配备要求后允许出港。开捕后,严查重点渔船(如涉氨冷藏船、10 人以上渔船),有针对性地开展海上执法检查,对人证不符、未持证上岗等行为,一律暂扣违规船员证书、一律责令返港停航。

(4)充分发挥渔业互保作用。全面落实雇主保险实名制,对船员未持相应证书上岗的,如发生意外伤亡,加大扣减力度。

(5)探索建立船员劳动力市场。积极引进长江沿岸渔民来台州从业,在温岭、临海、玉环等地设立渔业劳动力市场,解决船员供给不足的问题。

三、关于异地挂靠整治问题

1. 工作目标

台州全市共有异地挂靠渔船 950 艘（椒江 347 艘、路桥 91 艘、临海 55 艘、温岭 195 艘、玉环 71 艘、三门 107 艘、市本级 84 艘）。2021 年 6 月底前，完成可直接转籍渔船清零。2021 年 9 月 15 日前，实现全市省内挂靠渔船清零。2021 年底前，理顺挂靠渔船管理关系，压实渔船管理责任，消除挂靠渔船监管盲区，健全船籍港和靠泊港共管长效机制，提升渔船本质安全水平。

2. 工作要求

（1）对各类证书齐全、有效且"证业相符""船证相符"的挂靠渔船，在 2021 年 6 月 30 日前直接办理渔船过户手续。

（2）对证书不齐全、无效或"证业不符""船证不符"的挂靠渔船，由现船籍港地按照整改要求督促整改到位后，在伏休开捕前办理渔船过户手续。

（3）对已享受过标准化更新建造资金补助的挂靠渔船，按照资金补助政策相关要求，由现船籍港地责令渔船船东退回补助资金后办理转籍过户手续，或由转出地主管局、转入地主管局、持证人、实际所有人签订四方协议，满 5 年后办理转籍过户手续，视同异地挂靠清零。

（4）对整治期限到期后，确实因国家政策等原因无法办理过户手续的挂靠渔船，按现船籍港管辖，不再作为挂靠渔船整治，并列入减船转产政策对象予以淘汰。

（5）对整改不到位而无法办理转籍手续的挂靠渔船，一律不予办理渔船证书年度审验、暂缓发放年度相关补助资金。

（6）将异地挂靠整治完成情况作为评选"五星船长""五好渔业乡镇""十优公司""百船示范""渔政铁军"的重要依据。对工作不力、未按时清零的，不得评为"一打三整治"与渔业安全先进单位，并进行责任倒查。

（7）加强长效管控。强化渔船交易与捕捞许可管理，对私下买卖、以船籍港地户籍人名义注册登记等行为，一律扣证停航，坚决杜绝新增异地挂靠渔船。健全船籍港地与靠泊港地共管机制，严防渔船失管、漏管。

四、关于老旧渔船治理问题

1. 工作目标

台州全市共有老旧渔船 470 艘（椒江 141 艘、路桥 45 艘、临海 62 艘、温岭 41 艘、玉环 9 艘、三门 172 艘）。通过老旧渔船治理，确保老旧渔船有效管控、安全适航，2021 年减少现有老旧渔船数 20%，实现 2 年内减少现有老旧渔船总数 80% 的目标。

2. 工作要求

（1）停航一批不符合安全航行条件的老旧渔船。对职务船员配备不到位、船员无证上岗、进出港报告不实或有其他安全隐患的老旧渔船，一律停航整顿。

（2）淘汰一批不符合检验标准的老旧渔船。严格落实上排检验，强化船东、公司、船厂三级报检要求，对现有老旧渔船一律按换证检验标准执行且检验周期减半，不符合检验标准的予以淘汰。

（3）转产一批。充分运用油补资金县级统筹，制定转产转业政策，按时完成转产转业目标任务。

（4）更新一批传统生计渔业渔船。对传统生计渔船，通过优先发放老旧渔船更新补助资金等方式，完成更新改造。

（5）提升一批存量老旧渔船。深入实施渔船本质安全提升行动，县级政府制定出台政策，改造提升存量老旧渔船。

五、关于渔业管理体系建设问题

1. 工作目标

台州全市共有渔业乡镇 28 个，渔港管理站 17 个，渔业公司 68 家，海洋渔船 4 647 艘。通过打造"五星船长""五好渔业乡镇""五佳管理站""十优公司""百船示范""渔政铁军"等台州特色渔业安全品牌，压实主体责任、属地责任、依港管理责任、协管责任、监管责任，构建渔船安全管理体系。

2. 工作要求

（1）创建"五星船长"。制定"五星船长"评定标准，采取渔业公司推荐、乡镇政府审核、县级渔业主管局复核，报市级渔业主管局批准；定期复评，建立进出机制。给予"五星船长"通报表彰，优先安排渔运船配额、入渔特许证等优惠政策。

（2）创建"五好渔业乡镇"。明确创建标准、验收程序，实行动态管理，2021 年沿海各县（市、区）至少创成 1 个渔业乡镇（街道）；2022 年沿海乡镇（街道）创成"五好渔业乡镇"50% 以上，实现"伏休无违规、滩涂无违禁、渔船无违建、陆上无违禁渔获物、渔业安全无事故"。将"五好渔业乡镇"创建作为"一打三整治"和"海上渔船安全"考核的重要依据，并进行通报表彰。

（3）创建"五佳管理站"。坚持以"港长制"为统领，建立健全驻港管理、规划建设、港章制度、安全监管、生态环保等工作体系，全面开展渔港管理站示范创建。建立"五佳"渔港管理站动态复评机制，将"五佳管理站"创建作为"一打三整治"考核的重要依据，并进行通报表彰。

（4）创建"十优公司"。明确公司建设、日常工作、管理绩效等考评标准，经公司申报、乡镇推荐、县级渔业主管局审核、市级渔业主管局审定。建立动态进出机制，全市创成 10 家"十优渔业公司"，将入选情况作为年度考核、等级评定、奖励补助的重要依据，对入选公司予以通报表彰。

（5）创建"百船示范"。坚持示范引领，制定创建方案、明确示范标准，加强软硬件建设，打造安全、智慧、绿色、整洁、守法的百艘示范性渔船。

（6）锻造"渔政铁军"。坚持以政治建设为统领，在安全管理、渔业执法、渔船检验、应急指挥、疫情防控等一线培育、挖掘先进典型，评选全市"渔政铁军"先进个人 20 个、先进集体 5 个，致力打造"政治过硬、作风优良、业务精湛、敢于担当、廉政为民"的渔政铁军。

六、关于渔船精密智控问题

1. 工作目标

坚持系统思维、数字思维，实施渔船精密智控能力建设工程，建成"一库三网一平台"，打造"船家福"海上安全场景，全面推进渔船船载数字化改造，增强对渔船安全管理的基础支撑作用。

2. 工作要求

（1）强化项目建设。2021 年开捕前完成 905 艘大型渔船卫星宽带网和安全生产预警网建设，年底前建成 6 座智慧渔港；2022 年完成全市大型渔船能力建设，实现海陆互联"全覆盖"、风险防控"全智能"、渔船监管"全闭环"、管理服务"全链接"。开展数字对讲机、AIS 升级、进出港报告身份认证和人脸识别终端等试点，创新解决船岸应急指挥通信保障、进出港报告真实性及渔船自主预警难等问题。

（2）加快迭代升级。依托"船港通"，融合公安、海事、交通、卫生等部门涉渔数据，打通"船港通"与"台海天网""海上飞虎队"等系统间的数据壁垒，打造"船家福"多跨场景应用，2021 年 7 月底前在"浙政钉"上线，提高海上预警研判、网格管理、动态管控和应急处置能力。

（3）突出动态干预。加强渔船穿越商船航道、渔船离线、落单作业、进出港报告、敏感水域管控及恶劣天气等的预警提示。

（4）完善制度体系。建立健全涉海涉渔部门应急指挥机制、联合执法机制、信息共享机制、安全记分机制、案件互送机制、闭环管控机制、线上线下联管机制。

第八节　台州渔船事故征候管理制度

为全面贯彻党中央、国务院和浙江省委、省政府及台州市委、市政府关于渔业安全决策部署，根据《浙江省渔业管理条例》《关于坚决打赢遏制重大生产安全事故攻坚战的实施意见》（浙委办发〔2021〕10 号）等，台州结合自身实际，建立了渔船事故征候闭环管理制度。

一、适用范围

渔船事故征候管理制度适用于渔船严重事故征候、一般事故征候和一般性事件，不适用于海上治安案件和刑事犯罪案件。

二、基本概念

渔船事故征候是指渔船停泊在渔港或锚地，或渔船生产作业或出港返港途中与渔船有关的，未构成安全生产或海上交通事故但影响或可能影响渔船、船员安全的事件，分为渔船严重事故征候、一般事故征候和一般性事件。渔船严重事故征候是指渔船在生产作业或出港返港途中，具有很高事故发生可能性的事故征候；渔船一般事故征候是指渔船在生产作业或出港返港途中，未构成严重事故征候的事故征候；渔船一般性事件是指渔船停泊在渔港或锚地，或渔船生产作业或出港返港途中发生渔船损伤、人员受伤或影响渔船安全航行作业，但其严重程度未构成事故征候的事件。

三、管理流程

1. 征候发现

事故征候的发现主要分为以下情形：渔船船东船长主动报告，渔业基层管理组织及乡镇发现报告，渔业应急处置指挥中心依托"船港通"等平台感知或接警，渔政海上执法或港口检查发现。

2. 征候整改

发生事故征候的渔船，第一时间按职责要求，落实整改措施，有效遏制事故发生。

3. 征候调查

渔船事故征候实行分级调查，渔船严重事故征候由县级渔业部门负责调查，视情况可提级调查；渔船一般事故征候由属地渔业乡镇（街道）负责调查；渔船一般性事件由挂靠的渔业村（公司）负责调查。

4. 征候通报

对发生事故征候的渔船，定期分析、查找原因、进行通报、举一反三，避免其他渔船发生同类征候。

5. 后续处置

未按规定报告征候、未按时完成整改的，倒查责任、从严处理。

6. 植入"船港通"管理

实施"宽带入海"、船载视频监控、船载平台系统等精密智控能力建设，实现多跨场景应用。将事故征候从发现、即时整改、调查到处罚、后续处置等各环节录入"船港通"，加强闭环管理，有效预防和遏制渔商船碰撞、渔船火灾、渔船自沉等各类事故发生。

四、管理标准

渔船严重事故征候、一般事故征候和一般性事件的管理标准、原因分析及整改措施见表 11-1 至表 11-3。

表 11-1　台州市渔船严重事故征候管理标准

序号	严重事故征候	原　因	整改措施
1	发生未造成严重后果的碰撞	a. 驾驶台无人值守； b. 疲劳驾驶、醉酒驾驶； c. 长时间注意力转移导致危险驾驶； d. 浓雾天气冒险航行； e. 号灯缺失或不符合要求，未及时更换修理； f. 防避碰系统故障或关闭； g. 在航道作业或锚泊； h. VHF16 频道无人守听。	1. 通过精密智控和"船港通"感知实现渔船自主预警提示或提示干预，规范驾驶行为，消除危险状态；对遇险渔船进行救助； 2. 渔业乡镇做好属地渔船日常监管工作； 3. 对因危险驾驶造成后果的，依法处罚。

（续）

序号	严重事故征候	原　因	整改措施
2	发生可能造成沉船的事件	a. "抢风头""赶风尾""抢船头""压航线"等行为； b. 超抗风等级、超航区航行； c. 恶劣天气下，渔船不服从安全指挥。	1. 通过"船港通"平台发出预警，指令相关渔船改正违规行为；对遇险渔船进行救助； 2. 船长（船东）积极履行渔船安全主体责任，严格遵守驾驶行为，开展安全再教育，服从安全指令； 3. 对危险驾驶或不服从指令的，依法处置； 4. 渔业乡镇做好属地渔船日常监管工作。
3	主甲板上浪产生积水且无法及时排水，船体横倾 10 度以上	a. 天气极端恶劣，风浪大； b. 排水舷口堵塞导致排水不畅。	1. 指令船长（船东）严格按照规程操作，及时处置安全险情； 2. 渔船检验机构根据检验规范要求进行核验。
4	不当装载导致船舶横倾进水	a. 渔具、冰、水、油等物资超高、超载或移位； b. 物资未正确有效固定，发生位移。	1. 指令船长（船东）严格按照船舶装载要求进行整改； 2. 渔业主管局对相关渔船责令改正，依法处罚，完成整改前不得离港。
5	台风期间渔船倒排走锚	a. 台风期间，渔船锚泊在避风等级不能满足需求的渔港或避风锚地。	1. 通过"船港通"平台指令船长（船东）及时转港避风； 2. 渔业主管局做好防台指挥调度工作，对于不服从指令的，依法处罚。
6	船舱进水导致船舶可能倾覆	a. 海底阀或船体舱底管系出现故障，机舱内水位报警器无效； b. 舱底泵无法正常运行； c. 船体受外力撞击，船体破损导致进水。	1. 通过"船港通"平台指令船长（船东）严格按照规程操作，及时处置安全险情； 2. 回港对舱底泵进行维护； 3. 渔船检验机构根据检验规范要求进行核验。
7	搁浅、触礁并造成渔船严重损伤	a. 驾驶人员对海况不熟悉； b. 驾驶人员驾驶水平低。	1. 通过"船港通"或安全平台开展对遇险渔船进行救助； 2. 船长（船东）积极履行渔船安全主体责任，做好驾驶技能提升、设备维护等工作； 3. 渔业乡镇做好渔船属地监管责任，督促船东落实整改。
8	发生火灾或火警未达事故等级	a. 油船船员吸烟、乱扔烟蒂； b. 未经批准擅自进行明火作业； c. 在主机、辅机排气管周围摆放易燃易爆物； d. 电线、插座、用电设备线路破损、裸露、起火； e. 对电脉冲进行充放电； f. 厨房燃气泄漏聚集未有效通风。	1. 船长（船东）积极履行渔船安全主体责任，迅速组织消除火情，严格落实消防管理措施； 2. 渔业乡镇做好属地渔船日常监管工作，加强消防应急教育、演练； 3. 渔业主管局对相关渔船停航整改，依法处罚，涉嫌犯罪的一律移送司法机关。

（续）

序号	严重事故征候	原　因	整改措施
9	涉氨制冷设备破损、溢出、渗漏	a. 管道意外破损； b. 操作人员操作不当。	1. 船长（船东）根据渔业船舶检验要求进行整改，加强操作人员教育培训； 2. 渔船检验机构根据检验规范要求进行涉氨制冷设备核验； 3. 渔业主管局责令相关渔船整改，完成整改前不得离港。
10	硫化氢中毒未造成人员死亡	a. 通风系统发生故障； b. 鱼舱未清洗，产生污物污水。	1. 船长（船东）加强通风设备维护，及时冲洗鱼舱； 2. 加强船员教育培训，提高安全防护意识； 3. 渔业主管局责令相关渔船整改，完成整改前不得离港。
11	失去动力或动力不足等严重影响船舶操纵机动性	a. 主机、辅机、舵机、齿轮箱发生故障，运转不正常； b. 螺旋桨发生掉落或被异物缠绕等故障。	1. 通过"船港通"或安全平台指令渔船消除险情或锚泊等待救援； 2. 船长（船东）按时开展日常保养维护，渔船检验机构根据检验规范要求进行核验； 3. 渔业主管局责令相关渔船整改，完成整改前不得离港。
12	3人以上落水并被救回	a. 渔船碰撞，导致船员落水； b. 渔船在大风浪中航行，导致船员落水； c. 作业时操作不当。	1. 船长（船东）督促船员按规定穿着救生衣、规范操作等； 2. 渔业乡镇做好渔港、码头日常监管工作； 3. 渔业主管局对相关渔船责令改正，对3人以上落水进行调查，依法追究责任；情节严重的，暂扣直至吊销船长职务船员证书。
13	机械损伤可能导致多人伤亡	a. 缆绳发生破损等机械性破坏； b. 安全标识不明显； c. 船员生产操作流程不规范。	1. 船长（船东）积极履行渔船安全主体责任，做好设备维护、规范操作等工作； 2. 渔业乡镇履行好渔船属地监管责任，督促船东落实整改； 3. 渔业主管局对机械损伤导致2人以上重伤进行调查，依法追究责任。
14	进入军事演习、敏感水域等限制区域航行或作业	a. 通信不畅，未有效获取相关管控信息； b. 非法捕捞行为。	1. 通过"船港通"发布动态提醒，精准监控到位； 2. 船长（船东）立即退出相关区域； 3. 渔业基层组织确保应急指令传达，督促所属渔船严格落实。
15	航行或锚泊时发生主电源失效或驾控台电源失效	a. 电源突发故障； b. 线路发生故障。	1. 船长（船东）加强设备日常维护； 2. 发生故障后及时开展排查及维修。

表 11 - 2 台州市渔船一般事故征候管理标准

序号	一般事故征候	原 因	整改措施
1	搁浅、触礁并造成渔船损伤，未导致船舶进水或倾覆	a. 驾驶人员对海况不熟悉； b. 驾驶人员驾驶水平低； c. 海图类辅助设备出现故障。	1. 船长（船东）积极履行渔船安全主体责任，做好驾驶技能提升、海图设备维护等工作； 2. 渔业乡镇履行好渔船属地监管责任，督促船东落实整改。
2	可能发生火灾或火警的事件	a. 船员吸烟、乱扔烟蒂； b. 未经批准擅自进行明火作业； c. 在主机、辅机排气管周围摆放易燃易爆物； d. 厨房燃气泄漏聚集未有效通风。	1. 船长（船东）积极履行渔船安全主体责任，严格落实消防管理措施； 2. 渔业乡镇做好属地渔船日常监管工作； 3. 渔业主管局对相关渔船停航整改，依法处罚，涉嫌犯罪的一律移送司法机关。
3	长时间无法与渔船取得联系	a. 渔业公司未及时处置所属渔船终端设备未开机或开机情况异常； b. 渔船无线通信设备同时出现多个故障且未及时消除； c. 船长故意关闭、拆卸或未保持北斗、AIS 等渔船终端处于有效状态即出海生产。	1. 渔业主管局依托"船港通"监控，督促恢复北斗终端在线，并实时报告实际船位；对于故意关闭北斗终端的，依法处罚； 2. 船长（船东）严格按照规定，保持渔船通信设备处于正常有效状态； 3. 渔业公司严格执行工作规章制度； 4. 渔业乡镇履行好渔船属地监管责任，督促船东落实整改，责令相关渔业公司立即整改。
4	未落实动态编组或脱离编组单船航行	a. 未纳入基层渔船管理组织或未纳入编组生产； b. 编组长经验不足，日常编组管理不到位； c. 渔业公司未及时对脱离编组渔船进行干预。	1. 通过"船港通"责令渔船立即恢复动态编组，无法实现编组及多次脱编渔船责令回港整改，并进行"一对一"跟踪，完成整改前不得离港； 2. 船长（船东）立即恢复编组状态或组成临时编组； 3. 渔业公司根据实际情况，对所属渔船进行编组并严格落实； 4. 渔业乡镇履行好渔船属地监管责任，督促船东落实整改。
5	1~2 人落水并被救回	a. 船员临水作业操作不当且未按规定穿着救生衣； b. 船员未参加安全培训； c. 渔船从事违章搭客。	1. 通过精密智控和"船港通"感知船员救生衣穿着情况，对临水作业未穿救生衣者予以自主提示，对相关渔船责令改正； 2. 船长（船东）督促船员按规定穿着救生衣、参加安全培训等； 3. 对落水情况进行调查，依法追究责任，情节严重的，暂扣直至吊销船长职务船员证书； 4. 渔业乡镇做好渔港、码头日常监管工作。
6	出现主机停止或需要停止的情况	a. 主机维修保养不到位； b. 主机故障未及时消除。	1. 船长（船东）积极履行渔船安全主体责任，做好主机维护工作； 2. 渔船检验机构根据检验规范要求进行核验； 3. 渔业乡镇履行好渔船属地监管责任，督促船东落实整改； 4. 渔业主管局责令相关渔船整改，完成整改前不得离港。

（续）

序号	一般事故征候	原　因	整改措施
7	进入军事演习、敏感水域等限制区域边缘航行或作业	a. 通信不畅，未有效获取相关管控信息； b. 非法捕捞行为。	1. 通过"船港通"加强动态监控、动态提醒，精准监控到位； 2. 船长（船东）立即远离相关区域； 3. 渔业基层组织确保应急指令传达，督促所属渔船严格落实。
8	海上遇大风浪致使渔船起伏颠簸较大，导致人员轻伤	a. 未采取正确避风操作； b. 未执行安全操作规则。	1. 通过"船港通"加强风浪提醒，发出避风指令，监控避风转港； 2. 船长（船东）积极执行渔船安全主体责任，严格履行大风浪应急处置措施； 3. 渔业公司根据实际情况，充分掌握所属船员实际身体情况。
9	主要职务船员突然丧失工作能力	a. 受伤； b. 突发疾病； c. 未配备基础的急救箱； d. 未充分掌握船员身体状况。	1. 船长（船东）积极履行渔船安全主体责任，保障船上急救基本条件； 2. 渔业公司根据实际情况，充分掌握所属船员实际身体情况。
10	酒后驾驶	a. 航行生产过程中饮酒。	1. 船长（船东）积极履行渔船安全主体责任，杜绝酒后驾驶； 2. 渔业乡镇做好属地渔船日常监管工作。
11	机械损伤导致1人重伤或多人轻伤	a. 缆绳破损、老化； b. 安全标识不明显； c. 船员生产操作流程不规范。	1. 船长（船东）积极履行渔船安全主体责任，做好设备维护、规范操作等工作； 2. 渔业乡镇履行好渔船属地监管责任，督促船东落实整改。

表 11-3　台州市渔船一般性事件征候管理标准

序号	一般性事件	原　因	整改措施
1	人员跌落且未造成严重伤害	a. 照明灯具失效； b. 栏杆扶手破损或折断。	1. 船长（船东）积极履行渔船安全主体责任，做好设备保养； 2. 渔业乡镇履行好渔船属地监管责任，督促船东落实整改。
2	机械损伤致人轻微伤	a. 缆绳破损、老化； b. 安全标识不明显； c. 船员生产操作流程不规范； d. 船员生产作业时不穿戴保护性装备。	1. 船长（船东）积极履行渔船安全主体责任，做好设备维护、规范操作、救生衣穿着等工作； 2. 渔业乡镇履行好渔船属地监管责任，督促船东落实整改。
3	各类器械故障或发生异响但未影响有效操控	a. 维修保养技能欠缺； b. 维修保养不及时。	1. 船长（船东）积极履行渔船安全主体责任，做好渔船安全管理工作； 2. 渔业公司根据实际情况，开展日常检查，组织所属船员参加各类实操培训； 3. 渔业乡镇做好属地渔船日常监管工作。

（续）

序号	一般性事件	原　因	整改措施
4	应急救生能力不足	a. 救生衣破损超过定员数 20%，或救生圈脱落或破损 3 个及以上； b. 救生筏脱落或遗失； c. 未参加应急演练。	1. 船长（船东）积极履行渔船安全主体责任，积极参加救生演练； 2. 渔业公司根据实际情况，组织应急救生检查； 3. 渔业乡镇做好属地渔船日常监管工作。
5	应急消防能力不足	a. 脱险通道不畅通； b. 消防设备未有效配置或不符合即时可用要求。	1. 船长（船东）积极履行渔船安全主体责任，确保脱险通道畅通、救助设备有效； 2. 渔业公司根据实际情况，开展应急消防设备日常检查； 3. 渔业乡镇做好属地渔船日常监管工作。
6	应急通信能力不足	a. 通信设备备用电源无效； b. 通信设备故障未及时消除。	1. 船长（船东）积极履行渔船安全主体责任，做好渔船安全管理工作； 2. 渔业公司根据实际情况开展日常检查； 3. 渔业乡镇做好属地渔船日常监管工作。
7	普通船员突然丧失工作能力	a. 受伤； b. 突发疾病； c. 未配有基础的急救箱； d. 未充分掌握船员身体状况。	1. 船长（船东）积极履行渔船安全主体责任，保障船上急救基本条件； 2. 渔业公司充分掌握所属船员实际身体情况； 3. 对需要救助的船员，利用"船港通"随时保持联系沟通，及时提供帮助、救援。

第九节　船员全员持证上岗试点

为破解船员持证上岗突出问题，台州被列为"全省渔业船员全员持证上岗"试点。坚持短期治标与长期治本相结合，从宣传造势、拓宽渠道、创新考培、强化打击、精密智控等方面入手，深入开展渔业船员全员持证上岗试点。其中，一级职务船员培训 124 人，占培训人数的 2.2%，同比增长 174%；二级、三级、助理级职务船员培训 5 264 人，占培训人数的 93%，同比增长 235%；机驾长培训 275 人，占培训人数的 4.8%，同比增长 52%。全市累计渔业安全警示教育 4 万人（次），同比增长 361%，全部发放涉渔人员安全教育培训证，基本实现全覆盖；应急演练 2.67 万人（次），同比增长 1 942%，船员安全意识和技能得到有效提升。伏休开捕后，台州市多次组织开展安全检查和暗访督查，通过检查、抽查发现船员持证率明显提升、"人证不符"现象得到有效遏制，有效保障了全市渔业安全生产。

一、背景分析

近年来，台州各地经常开展渔民学习培训、宣传教育、信息沟通等活动，但实效性、覆盖面、警示度还有待提升，船员未持证上岗现象屡禁不止，主要表现为以下几方面问题：

1. 船员缺口较大，人证不符多

全市应配职务船员 1.65 万人，持证近 2 万人，实际出海 9 400 余人，缺配约 7 100 人，导致持证不出海、人员缺配、"人证不符"现象依然普遍。从近年渔业安全事故分析来看，80% 的事故与职务船员配备不到位、船员未持证上岗有关。

2. 外来渔民较多，整体素质低

由于本地用工短缺，实际上船渔民大多来自河南、贵州、四川等内陆省份人员，占比达 60% 以上。外来渔民普遍存在经验不足、流动性大、缺乏基本的安全意识和救生技能等情况，一旦遇险往往造成人员伤亡。近 3 年，单人伤亡的机械损伤或溺水事故中外来渔民占 75% 以上。

3. 标准要求较高，培训考证难

按规定，晋升职务船员有 4～5 门理论科目、1～3 门实操科目，考证标准较高；而台州传统渔民文化程度总体低下，高中学历仅占 5%，初中学历约占 62%，小学及以下学历约占 33%，理论考试对文化程度普遍较低的渔民群体而言挑战极大。

4. 法律惩处较弱，震慑效应差

依照现行法律法规，对职务船员未持证的通常仅罚款 1 500 元以内，对普通船员未持证的通常罚款 1 000 元，对租借船员证书行为的处罚还存在争议，造成违法成本极低，难以形成震慑效应。

二、主要做法

1. 全域宣传发动

充分利用伏休"黄金窗口期"，利用船东船长集中培训、渔船风险普查、渔船年度检验等有利时机，进行"面对面"安全宣传，宣传人数达 5 万人（次）。利用信息平台、微信公众号、主流媒体、短消息等，推送职务船员、普通船员培训考证信息，推送相关信息 6 万余条。

2. 强化安全教育

聚焦职务船员、普通船员、渔船"监护人"、渔业基层管理组织等重点人群，涉渔部门、渔业乡镇、渔业公司等联合行动，深入开展"万人大培训、警示大教育、应急大演练"。根据不同群体、采用不同方式、突出不同重点，全面建立安全教育培训台账，严格落实培训纪律，对未经安全培训的一律按无船员证书处置，对渔业公司管理人员未参加培训的一律通报批评并限期补学。专门梳理近年来典型事故案例，专题制作《渔业安全·生命至上》警示片，要求渔民登船必看，全面提升渔民安全意识与安全技能。各地结合实际，突出教育实效，如椒江区突出逃生救生应急演练，举办船舶应急逃生实操演习，模拟水上场景，参加现场观摩船员达 380 人。

3. 拓展培训渠道

规范县级培训机构建设，实现沿海 6 个县级培训点全覆盖，做到常态化开班，确保普通船员"随到随培"。指导椒江区海洋职业培训学校，强化师资力量配备，根据渔船作业需求开办渔民迫切需要的培训班。积极与台州职业技术院校沟通并达成一致意见，开拓公办学校渔业船员培训新渠道。各地因地制宜创新培训形式，如三门县与上海海洋大学合作开展"渔船船东、船长安全生产"专题培训班，采用封闭式培训教育，全县 12 m 以上渔船船东、船长共 146 人全部参加培训，成效明显。

4. 创新培训模式

全面推广普通船员 App 线上理论培训和线下实操相结合的培训模式，将集中培训时间从 5 天缩短到 2 天。推出"普通船员＋助理级职务船员"直通班，对在船上工作确实满 2 年及以上但未考取普通船员证书的船员，经参加普通船员培训和考试后直接参加助理级职务船员培训，有效破解了老船员考证时间长的难题。全力推进小班化培训，将原来80～90 人一班拆分为 40～50 人一班，着力提高教学质量，保障疫情防控。

5. 改进考试方法

改变以往理论考试和实操评估分别评定的做法，突出船员海上实际安全操作能力，采取将理论考试和实操评估合二为一的方式，按实操评估占比 50%、理论占比 40%、课堂纪律占比 10%，综合评定船员考试成绩。针对文化水平较低、年满 50 周岁的传统渔民，适当降低理论考试门槛。

6. 推进退江入海

积极推进长江流域退捕渔民来台州渔船工作，努力开拓渔民来源新渠道。主动加强同市发改委沟通联系，会同四川省南充市人力资源和社会保障局联合制定《南充市退捕渔民赴台州转移就业对接工作方案》。通过免费技能培训、增加意外保险、安排就业岗位等政策，吸引长江流域退捕渔民来台州从事海洋渔业捕捞。已有 20 多名长江退捕渔民签订意向书，首批 6 名渔民经培训后已在温岭海洋渔船上工作。

7. 实施过渡政策

在保证渔船航行值班到位的情况下，实行船员配备一年过渡期政策，确保船员持证实际情况与渔业生产有效对接。除船长、轮机长外，其他职务船员允许适当降低一个等级配备，确保 2022 年伏季休渔前所有职务船员必须按最低配员要求配备到位。

三、保障措施

1. 专班统筹推进

台州市涉海涉渔专委会第一时间成立"渔业船员全员持证上岗"工作专班，制定实施方案、量化工作目标、明确工作职责、加强统筹协调，及时解决实施过程中存在的问题，督促指导工作落实，有力推动难题破解。

2. 最严执法打击

市港航口岸和渔业管理局牵头，联合海事、公安、海警等部门，开展渔业船员全员持证上岗专项执法行动，通过市县联动、海陆联动，达到"打击一批、教育一批、震慑一方"的良好效果。严格要求各地落实开捕渔船提前 15 天如实上报出海渔船船员名单，渔船出港必须仔细核查船员持证上岗情况，未持证人员一律不得出海。加强海上执法巡查频率，对重点渔船如涉氨冷藏船、10 人以上渔船开展有针对性的执法检查，严厉打击未持证上岗、"人证不符"等行为，一经查获，一律暂扣违规船员证书、一律停航。全市出动执法人员 2.09 万人（次），登检船舶 1.1 万艘（次），查处案件 2 030 起，其中查处未持证上岗案件 626 起。

3. 加强精密智控

市、县两级指挥中心严格落实进出港报告渔业船员持证上岗核查，以"出港必查、平台点验、海上抽查"等方式，建立形式审查与海上抽查协调机制，严格处罚，倒逼船东船长如实报告船员实际情况。路桥区金清渔港率先推进智慧渔港建设，通过渔港岸线监控系统、渔船码头卡点记录系统、渔船进出港报告系统，落实船员身份识别，有效推进船员"定点上岸"试点。通过试点推进"三合一"终端配备，采用身份证与人脸识别相结合，实现对船上人员信息的远程实时掌控。

4. 全力扶持激励

各县（市、区）出台激励政策，对普通船员实行免费上岗培训，对职务船员予以适当补助。临海市开展"浙渔好老大"评选，强化先进榜样的示范引领作用。温岭市推出补助职务船员培训费用 50% 的政策，补助资金 250 万元，实现职务船员培训提质扩面，有效激发船员参训考证热情。

5. 推动互保协作

全市各地渔业互保组织认真落实有关理赔政策，加大对存在渔业违法违纪行为、渔业安全事故过错方的互保理赔率扣减幅度。全面开展实名制备案制度，努力解决实名制保险中"参保人员变更难"的问题，充分发挥互保的经济杠杆作用。

第十节　渔船安全记分管理

为切实加强渔船安全管理，落实渔船安全生产船东、船长主体责任和基层渔业管理组织管理责任，根据《安全生产法》《渔业船员管理办法》等规定，推进渔船安全记分管理。按照从严管理、奖优惩劣的原则，记分管理适用于船长 12 m 以上台州市登记在册渔船的船东或实际控制人（本节简称船东）、船长和渔业公司、村、合作社（本节简称公司）。

一、记分情形

根据船东、船长、公司违法违规行为以及未履行职责情况，对照记分情形实施记分。依行为的轻重程度，一次记分的分值分 4 档：12 分、6 分、3 分、1 分。

1. 对有下列情形之一的，记 12 分

（1）发生渔船安全责任事故，造成人员死亡（失踪）的，对船东、船长分别记 12 分；

（2）伏休期间非法捕捞或辅助捕捞的，对船东、船长分别记 12 分；

（3）擅自改变捕捞作业方式从事捕捞、使用禁用渔具从事捕捞或渔业辅助船改装从事捕捞的，对船东、船长分别记 12 分；

（4）渔船擅自进入敏感水域，或无证入渔他国专属经济区的，对船东、船长分别记 12 分；

（5）不服从政府和主管部门防台、避风、召回等指令，造成较大影响的，对船东、船长分别记 12 分；

（6）渔船再次发生重大险情或重大安全隐患未整改到位出海生产的，对船东、船长分

别记 12 分；

　　（7）渔船未经批准擅自更新改造、改建的，对船东记 12 分；

　　（8）渔船航行生产未按规定配备船长、船长无证驾驶或职务船员配备不足 2 人的，对船东记 12 分；

　　（9）因渔事或海事纠纷，召集他船聚众斗殴，造成人员伤亡或严重影响的，对船长记 12 分；

　　（10）发生船舶碰撞事故，造成沉船或人员死亡（失踪），如擅自逃离事故现场或负事故主要责任的，对船长记 12 分；

　　（11）公司所属渔船发生较大以上安全责任事故的，对公司记 12 分。

　　2. 对有下列情形之一的，记 6 分

　　（1）渔船发生重大险情，调查后明显属于主体责任未履行到位的，对船东、船长分别记 6 分；

　　（2）故意关闭、拆卸或未保持北斗、AIS 等渔船安全终端处于有效状态出海生产的，对船东、船长分别记 6 分；

　　（3）渔船遇海洋灾害性天气未落实动态编组或单船航行未提前报告的，对船东、船长分别记 6 分；

　　（4）渔船检验证书、登记证书、捕捞许可证等证书未处于有效状态出海生产的，对船东、船长分别记 6 分；

　　（5）渔船职务船员配备不到位出海生产的，对船东、船长分别记 6 分；

　　（6）渔船未履行进出港报告或虚假报告的，对船长记 6 分；

　　（7）蟹笼船、帆式张网船、涉氨冷藏船等高危作业渔船，超员、超渔具数量生产作业的，对船长记 6 分；

　　（8）渔船违章搭客、超载或携带禁用渔具的，对船长记 6 分；

　　（9）公司所属渔船发生一般安全责任事故，造成人员死亡（失踪）的，对公司记 6 分；

　　（10）公司未正常开展所属渔船每日点名、遇海洋灾害性天气未保持平台 24 h 值班或未掌握所属渔船动态编组和单船航行情况的，对公司记 6 分；

　　（11）公司所属渔船终端设备未开机或开机情况异常，达到本公司渔船数 5%的，对公司记 6 分。

　　3. 对有下列情形之一的，记 3 分

　　（1）无正当理由未按要求参加各类安全教育培训或应急演练的，对船东、船长分别记 3 分；

　　（2）渔船未按规定办理船舶检验或其他船舶证书未年审、换证的，对船东记 3 分；

　　（3）渔船航行、生产期间普通船员持证率低于 70%的，对船东记 3 分；

　　（4）渔船涉嫌违法违规行为在查获后 30 日内未及时接受调查处理的，对船东记 3 分；

　　（5）发生各类水上事故、险情，船东接报后未立即报告县级渔船安全救助信息中心的，对船东记 3 分；

　　（6）发生各类水上事故、险情，船长未立即报告船东或其他第一接报人的，对船长记 3 分；

（7）渔船航行、生产未随船携带船舶证书的，对船长记3分；

（8）渔船未按规定及时记载和报告渔获物渔捞、过驳、转载、交易等情况的，对船长记3分；

（9）渔船未执行渔获物定点上岸规定并接受定点渔港核验的，对船长记3分；

（10）渔船没有及时向公司上报本船船员变动情况的，对船长记3分；

（11）公司管理不到位，对所属渔船动态编组和船员实有情况未及时掌握的，对公司记3分。

4. 对有下列情形之一的，记1分

（1）渔船在渔港内未经批准擅自进行明火作业的，对船东、船长分别记1分；

（2）渔船航行、生产期间普通船员持证率低于90％的，对船东记1分；

（3）渔船未按规定配齐救生、消防、信号、通信导航等安全设备或不符合即时可用要求的，对船东记1分；

（4）渔船船员在临水作业时未穿着救生衣的，对船长记1分；

（5）公司未落实所属渔船隐患自查工作或未对自查情况进行核查并敦促船东整改的，对公司记1分；

（6）公司对定人联船责任人、船东、船长基本信息未及时更新的，对公司记1分；

（7）公司未对所属渔船开展日常预警信息发送或未及时传达安全管理要求的，对公司记1分；

（8）公司未按要求配备足额的专职安全员或管理人员，未开展所属渔船安全生产宣传教育工作的，对公司记1分。

二、奖分情形

对渔业船舶听从指挥调度、积极参与海上事故救助的，经渔业主管部门核实，每次奖1分；获得国家、省政府（部）、台州市政府（省级部门和部局）、县（市、区）政府（台州市级部门）表彰的，分别对船东、船长加奖10分、6分、4分、2分。

对公司先进管理经验受到国家、省政府（部）、台州市政府（省级部门和部局）、县（市、区）政府（台州市级部门）表彰或经验推广的，分别奖10分、6分、4分、2分。

对船东、船长或公司工作人员举报他船违法违规，被渔业主管部门查实的，对举报者奖3分；有重大立功的，对举报者奖6分。

三、记分方式

渔船安全管理记分实行系统管理，其中对船东的记分以船名号为记分对象。记分周期为1年，记分周期从每年1月1日起至12月31日止。一个记分周期内，船东、船长满分为12分，公司满分为24分。

渔船安全管理记分由查处的各级渔业主管部门及其所属执法、船检、渔船安全救助信息中心、渔政渔港监督管理机构、渔业镇（乡、街道）政府分别或共同实施。其中现场执法查获的，由查处的执法机构记分；发生安全生产事故的，由牵头的调查单位记分；离线或进入敏感水域的，由渔船安全救助信息中心或查处的执法机构记分；对公司的记分由渔政渔港监督管理机构或渔业镇（乡、街道）政府负责。渔业镇（乡、街道）政府可以对船东、船长不服从安全生产管理的情况提出记分意见。同时具备两种以上记分情形的，应当分别记分，分值累加。被记分对象对记分情况有异议的，可以在被记分之日起 30 日内向实施记分的渔业主管部门或渔业镇（乡、街道）政府提出。实施记分的渔业主管部门或渔业镇（乡、街道）政府应当在接到申请之日起 10 日内告知申请人核查结果。

四、消分管理

一个记分周期内有记分记录的，必须消分清零，下一个周期重新开始记分。消分清零统一由船籍港渔业主管部门所属的渔政渔港监督管理机构负责进行。在一个记分周期内分值满分的，应当在满分之日起 7 日内开始消分；分值不足满分分值的，可以在周期内适时或者周期结束后 7 日内完成消分。船东、船长在一个记分周期内分值不足 12 分的，可以采取参加公益服务（如参加渔港垃圾清理、参加巡滩等）的方式消分，参加一次消 1 分。

船长在一个记分周期内累计分值满 12 分的，上交渔业船舶船长职务船员证书，参加 30 学时的渔业安全知识学习，经考试合格后消分并返还证书。学习、考试可以采取线上或线下方式进行。无正当理由逾期 6 个月拒不参加学习和考试的，如需要继续从事船长职务船员工作的，应当重新申请原等级职级证书。

五、结果运用

船东在一个记分周期内累计分值满 12 分的，采取渔船停航整改的方式消分，停航整改完毕，报经渔政渔港监督管理机构检查通过，方可恢复生产作业。船东在一个记分周期内，有 2 次以上分值满 12 分或者被一次性记满 12 分的，纳入安全黑名单并接入征信系统，实施诚信惩戒，在证书证件换发、渔船更新改造许可、渔业生产成本补贴发放、融资等方面依法予以限制或禁入。

船长在证书有效期内没有记分记录的，可以免于考核直接换发新证。船长在一个记分周期内，有 2 次以上累计分值满 12 分或者有被一次性记满 12 分的，必须参加线下（课堂）渔业安全知识学习和考试，纳入安全黑名单并接入征信系统，实施诚信惩戒；此记分周期的服务资历不得作为申请证书考试、考核的有效服务资历，换证考核时加考全部科目。

各级渔业主管部门、渔业镇（乡、街道）政府将公司的记分情况作为对公司考核的主要依据，按分值高低分档给予考核奖励。公司在一个记分周期内有记分记录，不足 24 分的采取通报批评、减扣安全考核奖的方式消分；满 24 分的采取整顿整改、重组或取消挂靠管理资格的方式消分，公司负责人接入征信系统，实施诚信惩戒。

第十一节　台州渔船安全管理下步措施

渔船安全管理没有完成式，只有进行时。下阶段，台州市按照"三线一体系"和《台州市渔业船舶安全专项整治三年行动实施方案》要求，突出问题导向、坚持系统治理、强化精密智控、着力补齐短板、确保本质安全，坚决守牢海上安全底线。

一、强化源头管控

全面加强渔船建造、检验、登记、捕捞许可核发及渔船购置、报废拆解等环节管理，严把图纸审查关、建造检验关、营运检验关，做到图纸符合检验技术规范要求、船舶与图纸相符、证书与实船相符，严防渔船"脱检"；严格船网工具指标转移审核，规范渔船交易行为，强化交易环节管控，严防出现新的"异地挂靠"渔船，构建审批、检验和执法等信息共享机制。对发现安全缺陷及隐患的，一律不得签发检验证书；对"证业不符""三证不齐"及具有安全隐患的渔船，采取有力措施及时予以打击，对"证业不符"从事蟹笼、帆张网作业等高危渔船整改不落实的，一律禁止出海生产，对检查发现问题的一律停航整改，严防安全隐患严重渔船进入海洋捕捞业。

典型案例：向未取得船网工具指标非法建造渔船 Say No，拆除船体并罚款

2021年1月7日，浙江省台州市海洋与渔业执法队执法人员在开展常态化执法巡查时，发现位于三门县健跳镇的台州海滨船舶修造股份有限公司和位于浦坝港镇的台州恒州船舶制造有限公司正在采用分段施工方式建造渔船，船东林某和郭某某未能出示《渔业船网工具指标批准书》，在建渔船部分船肋骨和驾驶台基本成型。经确认，林某和郭某某《渔业船网工具指标批准书》尚在办理中，也未经渔船检验机构受理初次检验。执法人员立即责令停工。

经调查，林某和郭某某在未取得《渔业船网工具指标批准书》的情况下擅自建造渔船，事实清楚、证据确凿。2021年1月20日，台州市海洋与渔业执法队依据《浙江省渔港渔业船舶管理条例》规定，责令当事人拆除已建船体，并处罚款25 000元。这是台州市2021年对未取得船网工具指标非法建造渔船开出的首张罚单。

案例意义：

规范渔船建造行为是保障渔船安全生产的首道关口，更是防止不法渔民违规建造"三无"渔船、避免出现"一证多船"乱象的重要环节。台州市渔政执法机构将进一步加大对非法建造渔船的打击力度，增加巡查频次，建立"一厂一册、一船一档"巡查台账，重点检查是否取得《渔业船网工具指标批准书》及船检部门是否核发开工令、受理初次检验等情况，进一步规范修造渔船企业的行为。

二、强化专项整治

推动渔船安全隐患排查整治正常化、制度化，充分利用海洋伏季休渔"窗口期"，建立"问题清单、责任清单、整改清单"。

强化高危渔船安全生产隐患排查整改，对排查出有重大安全隐患、船舶不适航的，要严格按照渔船检验项目及验收标准整改到位，实行挂图作战、销号管理，实现渔船检查建档落实率100%、高危渔船隐患整改落实率100%。

深化开展渔商船防碰撞专项整治，建立"商渔安全协作对话平台"，组织开展商船船长与渔民交叉登轮、渔商船碰撞防范警示教育活动，提升船舶驾驶人员安全意识，强化"黑色四小时"值守预警和避让操作；深化渔船无线电管理专项整治，全面核查渔船 AIS

设备、应急示位标、九位码、北斗终端的 ID 号，推广应用插卡式 AIS 设备，加强和规范渔业无线电设备及其电台识别码管理，实现大中型渔船"一船一码一设备"；深化渔船号灯专项整治，重点整治号灯配备数量、规格、安装位置、电源、有效性等内容，督促开展自查自纠，指导各渔船修造企业按照规则规范要求施工。

深化涉氨冷藏船专项整治，核查氨机房"硬隔离"、液氨监测报警系统有效性，落实氨制冷系统安全操作规程，不断完善涉氨冷藏船设备设施核查、人员教育培训、应急演练、制度落实督改等机制。

三、强化船员管理

深化船员全员持证上岗试点，继续推进船员培训考试改革，围绕实操技能、警示教育、应急处置等重点内容，分类开展船长船东、职务船员集中教育培训，大力推广普通船员"线上＋线下"培训模式，加大船员对沉船、火灾、氨泄漏、硫化氢中毒等常见险情处置的应急演练和实操训练力度，严把考试发证关，确保船长船东培训发证率 100％、普通船员持证上岗全覆盖，基本解决职务船员缺配问题。

推进渔业劳动力中介服务规范化，加强渔业船员流转管理。加强船员安全意识教育，实现大中型渔船船员岗前安全教育全覆盖、10 人以上渔船岗位安全生产责任制全覆盖。

加大渔船船员缺配和"人证不符"查处力度，严厉打击冒用、租借、涂改、伪造、变造、转让船员证书行为。对持证出租、出借而实际不出海的船员证书，一律予以注销。加快推进涉氨冷藏船、蟹笼船、帆张网船等 10 人以上高危渔船船员缺配及"人证不符"整治。

四、强化精密智控

加快建设"船港通"海上安全智治多跨场景，升级改造台州市渔船动态管理社会化系统，建设海上 AIS 移动基站，建成"一库三网一平台"，即渔业综合数据库、卫星宽带通信网、海上安全生产预警网、沿岸智慧渔港网、渔船精密智控平台，打造人船港一体渔业智慧监管平台。

在全市 4 700 余艘渔船上配置渔业专用频道数字对讲机，实现船船数字化通信和陆船即时通信。严格落实领导带班 24 h 值班和正式在编人员 24 h 在岗值守制度，加强动态干预，抓实离线干预、敏感水域防范、动态编组、进出港报告审查、恶劣天气预警等常态化干预。

五、强化责任落实

厘清和明确渔业、海事、交通运输、应急管理、自然资源、公安、海警等部门的渔业安全生产管理权责清单，制定渔业安全生产约谈实施办法。渔船船籍港所在地渔业主管部门每年要与船东船长签订安全生产责任书，每艘大中型渔船指定一名船员作为安全员，并纳入进出港渔港报告事项。

构建行政处罚、停航教育、补考补训、扣减补贴、分责理赔、信用记录等综合惩戒机制，大幅提高违法成本，倒逼船东船长主体责任落实。对履职不到位、暗访中发现重复问题或已指出问题未整改销号的渔业部门、属地乡镇（街道），将实行通报约谈；对因履职或整改不到位造成重大险情或安全事故的，将严肃追责问责；对暗访中发现问题未整改销号的渔业村（公司），将扣减或取消考核奖励。

通过渔业部门、属地乡镇、渔业村（公司）三家发力，进一步排查整治渔船安全隐患，压实船长船东主体责任。

六、强化应急处置

健全市县两级渔业安全应急指挥体系，探索乡镇应急指挥体系建设，完善渔业安全突发事件、台风防御等应急预案和处置流程。优化海上气象预警信息共享和应急救援联动机制，提升避风锚地、气象预报、禁航通告等安全公共服务。在全省统一部署下，进一步完善市海上搜救中心架构，健全台州市水上搜救联席会议制度。

进一步落实《台州市海上渔业民间救助行为补助实施办法（试行）》，完善救援队伍社会化服务补助机制，鼓励和引导社会力量参与渔船应急救援，探索建立台州市海上渔船救助联盟，形成自救、互救、搜救一体化救援模式，构建"政府领导、统一指挥、属地为主、专群结合、就近就便、快速高效"的工作格局。

第十二章

渔港污染治理改革

渔港污染一直是渔港管理中的突出问题，不仅影响到渔港环境，也影响到渔区振兴和渔民安居乐业。渔港污染治理一直是个老大难问题，究其原因，污染成因多、来源杂、牵扯面广，既有陆源污染，也有船源污染，致使污染治理千头万绪。因此，台州在渔船渔港综合管理改革进程中从源头抓起，厘清渔港的主要污染源，有的放矢，综合治理，努力改善渔港环境。

第一节　渔港污染的主要来源

渔港是渔船停泊补给维修、渔获物装卸加工运输、渔民生产生活、游客旅游休闲的产业集聚区，因此，渔港的污染源复杂多样，既有渔船污染、渔获废弃污染、水产品加工污染，也有城镇生活污染。

一、渔船污染

由于渔船普遍使用柴油机作为制动设备，因此在作业过程中，除了会排放大量氮氧化物、硫氧化物等有毒有害气体以及二氧化碳等温室气体外，也产生一定数量的油污水。同时，船员生活污水、固态垃圾和渔船维修作业，也对海洋和渔港水域造成污染[①]。

二、渔获废弃污染

渔港是渔获物上岸的通道，也是重要的水产品产地集散中心和水产品批发交易市场。台州市目前有华东水产品交易中心、浙江松门水产品批发交易市场、玉环坎门水产品批发市场等 13 个水产品产地集散中心和水产品批发交易市场，年交易水产品达 70 多万 t，交易额达 100 多亿元。渔船停靠码头卸载渔获物以及渔获仓储交易会给渔港带来渔获废弃物、场地清扫的废水以及车辆运输跑冒滴漏等污染[②]。

三、加工企业污染

渔港作为海洋捕捞补给保障基地，集散了一批水产品加工企业。台州水产品加工企业306 家，水产冷库 285 座，拥有冻结能力 5 888 t/日、冷藏能力 11.26 万 t/次、制冰能力

---

①② 卢昌彩：《台州渔港集污治污能力建设实践与探索》，中国水产，2020 年第 1 期，第 63 页.

8 029 t/日、水产品加工能力 55.9 万 t/年。2018 年，水产品加工总量 50.56 万 t，占海洋捕捞产量的 53.82%，其中冷冻品 38.23 万 t、罐制品 1.27 万 t、鱼糜及干腌制品 6.71 万 t、鱼粉 3.54 万 t、藻类加工品 3 110 t。在水产品加工过程中，会产生大量的废水废气，不排除有些水产品加工企业环保设施建设滞后或运行不正常，导致加工废水通过管道排入渔港[①]。

四、城镇生活污染

依港兴城是台州渔区和沿海特色，台州中心渔港、一级渔港集聚一批要素资源，催生和推动椒江、石塘、坎门、松门、健跳、洞港等一批城镇崛起和发展，为台州沿海经济和新型城镇化作出不可磨灭的贡献。近几年，台州较注重渔港防灾减灾基础设施建设，加快推进防波堤、码头、护岸及相关配套设施，渔船防台避风上了一个台阶，但渔港环保设施建设基础差、起点低，防污染设施设备配备不到位，有些渔港也没有连接城镇污水管线，一些渔港连厕所都没有，油污水回收、垃圾收储和配套绿化等成为渔港环境治理的硬伤，造成部分城镇、渔区生活污水直接排入渔港，成为台州渔区环境整治的重点和难点。

第二节 在港船舶水污染物的特点

废机油、含油污水、压载水等船舶水污染物已成为海洋石油烃类第二污染源，是海洋生态环境治理的一个全球性难题，已越来越受到政府和社会的关注。在港渔业船舶水污染物具有以下特点：

一、多样性和危害性

船舶排放的物质有油类、毒性有害物质、船舶垃圾、船上生活废水等。其中主要是油类物质，来自船舶任意或意外排放。船舶水污染物使港口水域水质受到损害，港口生态系统遭到破坏，严重影响水体本身的调节功能。

二、分散性和隐蔽性

船舶水污染物本是一种点源污染，但是由于海水所具有的流动性特点，港口水域是一个连通的整体，一旦港内某处发生船舶水污染物的偷排，水污染面积就会随之扩散。虽然在港船舶每次船舶水污染物偷排的数量不大，但往往很难被及时发现，这些船舶水污染物逐渐演变为对环境有害的物质随水体流动，也会扩大水域污染面积。

三、随机性和不确定性

船舶水污染物中的船舶垃圾、生活污水等更多地具有随机性和不确定性。在港船舶水污染物污染事件不断发生，"人"的因素占据着主要部分。很多在港船舶的船员环保意识

---

① 卢昌彩：《台州渔港集污治污能力建设实践与探索》，中国水产，2020 年第 1 期，第 64 页．

淡薄，会随意地将一些生活垃圾投入水中。因此，由于部分船舶船员素质相对低下，致使减少船舶垃圾、控制船舶垃圾污染困难重重。

四、不易监测性和侵权性

在同一时间内，港口可能会存在多艘船舶，而且船舶具有移动性，如果对在港船舶进行监测，就需花费大量的人力、物力。有的港区的地理环境、水文条件特殊，监测更是不易进行。船舶污染也属于一种环境侵权行为，污染物质进入港口水域的污染行为在主观上表现为人的故意或过失，如洗舱污水、机舱污水未经处理排入水域。在这种侵权行为关系中，与船舶污染有关的人为侵权人，包括船舶所有人、经营人、承租人和对环境污染事件负有直接责任的人员；污染受害人为沿海国家、当地政府、居民、渔民和企业。

第三节　我国沿海港口船舶防污法律法规

我国有关沿海港口船舶防污的法律法规和国家标准主要包括《中华人民共和国海洋环境保护法》（以下简称《海洋环境保护法》）、《港口法》、《中华人民共和国防治船舶污染海洋环境管理条例》（以下简称《防治船舶污染海洋环境管理条例》）、《船舶水污染物排放控制标准》等。

一、海洋环境保护法

《海洋环境保护法》颁布于 1982 年，并于 1999 年、2013 年、2016 年和 2017 年进行了四次修订，是海洋环境保护领域的基本法。该法第六十二条规定："在中华人民共和国管辖海域，任何船舶及相关作业不得违反本法规定向海洋排放污染物、废弃物和压载水、船舶垃圾及其他有害物质。"第六十三条规定："船舶必须按照有关规定持有防止海洋环境污染的证书与文书，在进行涉及污染物排放及操作时，应当如实记录。"

二、港口法

《港口法》颁布于 2003 年，并分别于 2015 年、2017 年和 2018 年进行了三次修订。该法第三十七条规定："禁止向港口水域倾倒泥土、砂石以及违反有关环境保护的法律、法规的规定排放超过规定标准的有毒、有害物质。"

三、防治船舶污染海洋环境管理条例

《防治船舶污染海洋环境管理条例》于 2010 年 3 月开始生效。该条例借鉴了《港口法》和《港口经营管理规定》关于港口经营人资质的要求，赋予了海事部门对船舶污染物接收处理工作进行源头管理的权利。其第十七条明确规定："船舶污染物接收单位从事船舶垃圾、残油、含油污水、含有毒有害物质污水接收作业，应当依法经海事管理机构批准。"海事部门由此开始对船舶垃圾接收单位的资质进行严格审核，各船舶垃圾接收单位尤其是一些小型港口的私营垃圾接收公司的接收工作逐步得到了规范。

四、船舶水污染物排放控制标准

2018 年 7 月 1 日实施的《船舶水污染物排放控制标准》（GB 3552—2018）是我国目前唯一的水上移动污染源水污染物排放控制标准，适用于我国领域和管辖海域内非军事船舶实施的法律所允许的排污行为的监督管理，但不适用于为保障船舶安全和水上生命安全所实施的临时性排污行为。该标准适用于除军事船舶之外的船舶，包括各种规模和船龄的客船、渔船、油船、化学品船、集装箱船、散货船和特种船舶等。

第四节　渔船渔港污染治理面临的主要困难

一、基础设施差

受经济社会发展水平限制，我国以前的标准渔港建设仅考虑防波堤、码头、护岸、道路等涉及防灾减灾和渔港服务功能的基础设施，渔港污染防治设施设备配备未列入总体规划、必建内容和补助环节，给渔港污染防治留下了设施建设的硬伤。近年来，农业农村部和省级各部门对渔船污染治理高度重视，农业农村部印发了《关于开展沿海渔港污染防治工作的通知》（农渔发〔2019〕40 号），对进港船舶含油污水接收处理设施、渔港卸货区及交易区污水收集设施、渔港及进港船舶垃圾接收处理设施、渔港水域清污和防治应急设备等 9 大类提出了配备标准和明确要求。浙江各地根据相关要求对渔港污染防治设施设备配备进行了补课，但总的来说资金短缺、配备起点不高，逃脱不了基础设施落后状况，与现行配备指导标准差距不小。现有渔港收储能力有限且落后，满足不了渔船数量大、品种杂的污染收治需求。

二、渔船产废多

《船舶污染物接收和船舶清舱作业单位接收处理能力要求》（JT/T 673—2006）将"船舶污染物"定义为"船舶在装卸、运输、运行过程中加注、产生、储存和排出的可能对环境造成污染损害的任何废物，包括油类、生活污水、货物残余物，以及船舶营运产生的其他残余物"。渔船在航行作业过程中，将产生一定的含油污水、生活废水、生活垃圾，同时在使用过程中也造成废机油、废旧蓄电池等污染物种类，虽然单船产废不多，但渔船总量决定整体产废数量庞大，加上部分渔船老旧、设备落后、维护保养不到位等问题，致使渔船产废数量成倍增加。

三、法律要求严

《中华人民共和国固体废物污染环境防治法》《国家危险废物名录》《危险废物鉴别标准通则》《危险废物经营许可证管理办法》《危险废物贮存污染控制标准》等法律法规和国家标准对危废收集、运输和处理作出了明确的法律规定。《最高人民法院、最高人民检察院关于办理环境污染刑事案件适用法律若干问题的解释》（法释〔2016〕29 号）在原来非法处置危险废物 3 t 以上入刑的基础上，增加非法排放、倾倒、处置危险废物 100 t 以上应当认定为"后果特别严重"的规定。渔船水污染物、废机油、废旧蓄电池属危废物品，涉及收集、贮存、转运、处置等环节，处置专业性强、资质要求高、链条长。若处置不当，极可能引发环保法律风险。

四、协同监管难

渔船污染物收集、运输、处置等业务及环节分属不同部门管辖，涉及渔业、生态环境、交通运输、住建等部门，尤其是水污染物、废机油、废旧蓄电池等危废物品监管没有统一的平台、机制和可视化技术，缺乏信息共享和协同联动，单艘船联单手续操作烦琐，多达 27 道，审批流程长，且管理边界不清。目前，各部门使用传统的纸质联单跨部门流转，标准不同，操作复杂，缺乏先进的监管手段和工具，导致监管不能形成合力，无法确保数据一致、真实，存在产废家底不清、产废去向不明、监管盲区等问题。

五、处置费用高

据了解，按照国家、地方及行业规范要求，对船舶污染物进行规范处置，一般采用收集、运输、处置分段招标方式，处置流程叠加，船舶污染物传统付费处置单价在 1 734～3 600 元/t。如，杭州市港航管理局对 2019 年度杭州航区油污水回收处理项目（CTZB－F190711GWZ）进行政府采购，标的额 433.60 万元，折后均价 1 734 元/t；嘉善县交通运输局、嘉善县银通有限公司对 2020 年度嘉善航区船舶防污染作业项目进行政府采购，标的额 42 万元，折后均价 2 800 元/t；桐乡市达通航道养护有限公司对船舶油污水等污染物处理项目进行政府采购，标的额 28.8 万元，折后均价 3 600 元/t。

第五节　渔船渔港污染治理实践

一、国家对渔港污染治理要求

农业农村部办公厅依据《海洋环境保护法》《港口法》等有关要求，印发《关于开展沿海渔港污染防治工作的通知》（农办渔〔2019〕40 号），对沿海二级及以上渔港加强渔港污染防治设施设备配备、开展沿海渔港环境监测评价提出明确标准和要求。

1. 沿海渔港污染防治设施设备配备

要求沿海各地按照《沿海渔港污染防治设施设备配备指导标准（试行）》要求，压实二级及以上渔港经营主体污染防治主体责任，积极协调推进辖区内渔港污染防治设施设备配备和升级改造，指导做好渔港含油污水、生活废水、固体垃圾等的清理和处置工作。具备条件的地区可适当提高标准，制定适用于本地区的升级或细化标准。各地还可参照上述标准对三级及其他渔港的污染防治设施设备配备标准作出规定。环渤海三省一市的渔港防污染设施设备配备工作应于 2020 年 12 月 31 日前完成，其他沿海地区应于 2021 年 12 月 31 日前完成。

2. 沿海渔港环境监测评价规程

沿海渔港年度监测名单采用中心渔港全覆盖与一、二级渔港抽检相结合的方法确定。中心渔港每年开展监测，一、二级渔港实行随机抽查，其中一级渔港应在 2～3 年内实现全覆盖、二级渔港应在 5～7 年内实现全覆盖。沿海渔港水域环境监测评价的时间、频次和方法等按照《沿海渔港水域环境监测评价技术规程（试行）》执行，结果分为合格和不合格两类。沿海渔港陆域环境监测应在监测年度内的捕捞作业期开展一次；监测时应对渔港整体外观、垃圾处理、含油污水处理、公共厕所、排污口、绿化等情况进行调查并拍照留存，并依据《渔港陆域环境评价记分表（试行）》进行记分评价，结果分为良好、合格和不合格三类。负责承担渔港环境监测的单位于每年 12 月 15 日前向相关渔业主管部门提交本年度渔港监测评价结果。二级及以上渔港的相关评价结论将作为渔港管理成效的重要评判指标。

二、台州渔船渔港污染治理工作方案

台州坚持共抓大保护、不搞大开发，以国家渔船渔港综合管理改革为统揽，以降低污染风险、减少污染排放和提升应急能力为目标，坚持标本兼治、协同推进、落实责任，全力推进渔业船舶污染治理工作，为打赢船舶污染攻坚战作出贡献。

1. 深化渔船渔港防污染设施建设

贯彻浙江省环境保护厅等 11 个部门《关于印发〈浙江省近岸海域污染防治实施方案〉的通知》（浙环函〔2018〕25 号），深化渔船渔港防污染设施建设，严格执行《国内海洋渔船法定检验技术规则（2019）》，对新建渔业船舶严格按要求落实防污染结构与设备，对现有渔业船舶一律按《浙江省国内渔业船舶防污染配备指南》要求完成防止油污染、防止生活污水污染和防止垃圾污染设备的配备，对达不到相关要求的，一律不予发放检验证书。按照《农业农村部办公厅关于开展沿海渔港污染防治工作的通知》（农办渔〔2019〕40 号），依据《沿海渔港污染防治设施设备配备指导标准（试行）》，推动所有渔港配备含油污水、生活废水、垃圾收集等设施设备，确保全市所有渔港实现全覆盖。

2. 健全渔船污染物接收机制

落实交通运输部、生态环境部、住房和城乡建设部《关于建立完善船舶水污染物转移处置联合监管制度的指导意见》（交办海〔2019〕15 号）和台州市《关于船舶水污染物接收、转运、处置联单制度的通知》（台海危防〔2019〕151 号）相关要求，建立健全渔船污染物接收与处置船岸衔接机制，对船上的污染物、废弃物接收、转运、处置实行闭环管理，并要求渔港所有人、经营人采取防扬散、防流失、防渗漏等防止污染环境的措施，不得擅自倾倒、堆放、丢弃。

3. 推广"物联网＋区块链"一站式方案

抓住"船港通"已列入政府数字化转型典型示范项目的契机，增加"船港通"防污染管理子模块研发，充分发挥"大数据＋物联网＋区块链"技术，加快向渔船较为集中的二级以上渔港推广应用，有效链接渔船水污染物产废端、运输端、处置端，探索实现监测信息化、收集网络化、运输统筹化、处置集中化、监管可视化、运作市场化，实现渔船水污染物处置一站式、全流程智慧管理，促进渔船水污染物处置继续走在全省前列。

4. 建立渔船防污染应急机制

按照《台州市防治船舶及其有关作业活动污染海洋环境应急能力建设规划修编（2014—2020 年）》，对渔港水域可能发生污染的情形、造成的损害程度进行风险评估，提前准备好防污染设施设备等物资，建立应急处置机制，并组织开展演练，做到发生事故后能快速反应、有效处置。

5. 强化渔船污染治理执法监督

依法加大渔船污染执法力度，对渔港内违规修造船舶的行为、向海洋排放船舶垃圾等污染物的行为，按有关法律法规予以重罚。发挥"一打三整治"协调办公室作用，联合海事、市场监督等相关部门开展常态化执法行动，严厉查处渔船使用不符合规定要求的燃油的行为，减少渔船大气污染物排放。

三、台州渔船渔港防污染设备配备

以政府购买服务的方式对全市60艘国内渔船进行专项抽查，以验证渔船防污染设备配备状况。2020年全面完成35 m以下渔船防油污整治2 622艘，完成全部年度计划。对92艘（其中椒江原66艘中的1艘已于2020年初拆解）内河渔船已基本完成油污水贮存柜（桶）的安装、防止生活污水污染设施配备、可回收和不可回收垃圾贮集器配备、垃圾公告牌张贴、防污染设备图纸的绘制和存档等工作。巩固提升13座二级以上渔港15个污染防治设施建设，新建24座渔港的防污染设施，实现渔港防污染设施建设全覆盖。

第六节　渔船渔港污染治理数字化改革

习近平总书记指出，要探索"区块链＋"在民生领域的运用。近年来，台州市以国家渔船渔港综合管理改革为引领，把加强渔船水污染物治理作为打赢海洋海湾污染防治攻坚战的重要一环，充分运用"物联网＋区块链"数字治理技术，渔船水污染物数字化防治走在全国前列。"物联网＋区块链"渔港综合污染防治管理被《人民日报》点赞，在2021年国际海洋日被央视报道，被《浙江日报》、浙江卫视多次报道推广。

台州渔船渔港污染治理数字化改革的成效主要体现在三方面。一是为环境解围。"海洋云仓"累计完成368.8 t污染物收集转运作业。二是为渔业赋能。相比传统污染物处置，可降低建造成本约79.4％，减少运营支出约80％。三是为治理加分。区块链技术具有数据不可篡改的特点，改变了传统多部门交叉管理，让渔船水污染物全流程信息可视化，可实现政府全时段数字化监管。

一、平台开发

借助浙江彩渔高科技有限公司的技术力量，开发统一规范数据信息库、电子围栏系统、天网系统、电子联单系统、便民服务系统为一体的海洋船舶水污染物防治平台。开展海洋船舶水污染物防治平台与"船港通"系统有机融合，实现数据共享、全流程监管，推动了政企协同、业务协同、数据协同。"海洋船舶水污染物防治平台"与"船港通"系统双双被评为浙江省政府"观星台"优秀应用项目，"海洋清道夫"在2020年浙江数据开放创新应用大赛总决赛中获三等奖，系统已成为台州市"城市大脑"首批18个数字"驾驶舱"之一，平台的污染物智能物联设施"海洋云仓"已被认定为2020年度台州市装备制造业重点领域首台（套）产品。

二、试点落地

依托海洋船舶水污染物防治平台,推动"海洋云仓"落户椒江中心渔港和大陈渔港,首创船舶污染物数字化治理新模式,对污染物收集船舶、贮存设备、转运车辆、处置单位等产业链资源进行统筹优化,对海洋船舶污染物的产生、收集、运输、处置全过程监管,有效链接渔船水污染物产废端、运输端、处置端,探索实现了网络化收集、规范化贮存、靶向化运输、集中化处置、电子化联单、可视化监管的有效防治体系。

三、全面推广

在试点成功的基础上,综合台州各地渔船数量、渔港分布,统筹规划、优化布局,以县为单位对"物联网+区块链"数字治理渔船污染物进行政府采购,重点在二级以上渔港铺设智能"海洋云仓",打造具有台州特色的渔船污染物"精密智控"体系。目前,椒江、温岭、玉环、路桥已建成运行了含油污染物、生活污水、废铅酸电池、生活垃圾等"海洋小云仓"模块 39 台(套),覆盖 19 座渔港,惠及 4 200 多艘渔船。

四、迭代升级

总结渔船污染数字治理的成功经验,汲取产业互联网的理念,联动政企银三方,实现产业数字化和技术迭代升级。运用数字化改革赋能传统渔业,重构资金链、供应链、产业链,推动公共基础数据、企业生产数据、供应链数据、消费服务数据、贸易流通数据融合应用,创新设立金融产品,集中批量采购渔需物资,重构海鲜流转环节,实现资源要素的高效配置、经济社会协同高效,打造"海上驿站"多跨场景。目前,"渔省心"海上驿站已在"浙里办"平台上线,首批渔船污染物申报、"渔富贷"2 个模块开始运行。

第七节 渔船渔港污染数字治理的主要特点

通过试点的探索实践,采用"物联网+区块链"数字治污技术,使用物联智能设备进行源头分类减量,利用云管理平台把渔船油污水等危废垃圾与其运输、处置、监管、市场等关联方链接起来,可以实现危废处置低碳化、标准化、安全化,主要有三方面特点。

一、信息化监测

融合物联网通信、北斗定位、传感器技术,自动获取渔船行驶轨迹、行驶速度、发动机型号和船舱含油污水等数据,系统自动提醒船长开启船舶油水分离器,在离海岸超过12 n mile 的外海按《船舶水污染物排放控制标准》(GB 3552—2018)排放经分离后的废水、生活污水及食物残渣。渔船入港申报并完成污染物交接的被系统标定为"绿码",二次入港未申报未完成污染物交接的被系统标定为"黄码",连续三次未申报未完成污染物交接的被系统标定为"红码",对系统标定为"红码"的渔船实施重点监管。

二、网络化收集

在渔船较为集中的渔港布置"海洋云仓"，包括含油污水、生活污水、废机油、生活垃圾、废铅酸电池等全品类收集和单一含油污水收集两类。大型中心海洋云仓安装预处理装置，将自动启动油水分离、污水处理，实施源头减量。入港时，船长通过"浙里办"手机 App 的"渔省心"即可直接完成污染物种类、数量申报。系统自动通知停泊在渔港的收集船实现污染物接收，并运送到就近的海洋云仓，直接在渔港实现油污有效收集和数据同步采集。通过"海洋云仓"和"天网系统云服务平台"，可实现源头减量、精准分类和实时精准掌握油污水数量变化。依据"天网系统云服务平台"系统分析各渔港的油污水数据，实行靶向发力，提前对接危废运输单位和处置企业，统筹运输车辆和运输路线，合理安排仓储、生产计划，可降低运输成本、提升处置效率。

三、联单化管理

借助 VR、MR 技术，链接监管部门、渔船主、水污染物运输处置企业三方，让油污水全流程信息可视化，可实现政府全时段数字化监管。区块链技术具有数据不可篡改的特点，通过手机 App 扫描，油污水从渔船到"海洋云仓"，再经过中途运输到达处置终端。在污染物接收处理过程中，系统自动生成《船舶水污染物接收联单》《危险废物转移联单》《船舶水污染物转运及处置联单》等电子联单，可解决船舶污染物管理部门职能交叉、数据失真，实现统一申报、统一联单、联防联控、闭环管理，符合"最多跑一次改革"和数字化改革要求，为环保联合执法和有效监管提供区块链管理工具。

第八节　渔船渔港污染数字治理下步举措

党的十九届五中全会通过的《中共中央关于制定国民经济和社会发展第十四个五年规划和二〇三五年远景目标的建议》明确指出，加强数字社会、数字政府建设，提升公共服务、社会治理等数字化智能化水平。这为渔船污染物数字治理拓宽了视野，也提出了更高要求。从台州试点来看，"物联网＋区块链"海洋船舶水污染防治管理创新模式，改变了传统多部门交叉管理，具有渔民获得好处有积极性、企业降低成本有赢利、政府监管数字化形成共管合力等特点，实现了传统收集处置方式的颠覆性革命，具备了可复制、可推广的初步基础。要深入贯彻党的十九届五中全会精神，抓住浙江数字化改革机遇，善于借力数字技术，充分利用数字利器，全面推广应用"物联网＋区块链"技术，加快实施渔船污染物数字治理，建设清洁渔港、美丽海洋，把渔港打造成美丽中国示范区和共同富裕示范区的环境样板。

一、以系统迭代建设多跨应用场景

场景谋划是渔船污染物数字治理的核心关键。坚持系统思维、数字思维，牢牢把握"多跨场景应用是数字化改革牵一发动全身的抓手"的总体要求，建议总结提炼台州迭代升级的渔船污染防治多跨场景建设应用经验，按照"大场景、小切口"要求，在更高层级、更大范围内突出跨层级、跨地域、跨系统、跨部门、跨业务等"五个跨",突出系统互联互通和数据资源统一共享,以整体智治的理念进行渔船污染治理流程再造、制度重塑和综合集成,打造具有浙江辨识度的渔船污染防治多跨应用场景。建议把渔船污染防治多跨应用场景列入省渔船精密智控"一库三网一平台"项目模块,引上新的跑道,在"浙政钉"上线展示,在"浙里办"上线服务终端,打造"海陆互联、标准统一、闭环高效、融合共享"的海洋渔业智慧监管与服务大平台,实现海陆互联"全覆盖"、风险防控"全智能"、污染监管"全闭环"、管理服务"全链接",全面提高渔船污染治理服务能力和监管效率。

二、以升级设施优化布设"海洋云仓"

"海洋云仓"是渔船污染物接收贮存的重要设备。综合考虑渔船数量、渔港等级及分布、现有渔港污染物收集贮存等基础设施状况,统筹规划,合理布设。建议在渔船停泊较为集中的中心渔港、一级渔港布设带有预处理装置的大型海洋云仓,在二级以上渔港布设智能"海洋小云仓"模块,按渔船污染物产废数量布设海上收集船只,打造渔船渔港污染物"海洋云仓"接收体系。对新建渔港项目,建议把渔港防污染设施作为项目必备建设内容之一,按标准配套建设生活污水、固体垃圾接收和处理设施,推动纳入城镇公共基础设施体系,配套建设含油污水接收或预处理"海洋云仓",并作为公益性设施加大省级以上财政扶持补贴力度。高度重视渔港污染治理设施的改造提升,建议把渔船污染物数字治理列入政府目标责任考核内容之一,敦促各地加大渔船污染物治理的投入,加快推进"海洋云仓"建设,织密渔船污染物接收网,提升渔船污染物收集处置的覆盖率、覆盖面,压实渔船渔港污染治理的政治责任。

三、以再造流程强化部门无缝监管

省委书记袁家军强调,以数字化改革撬动各领域改革,不能局限于细枝末节的小单元,要打破条块分割、条线孤立的碎片化模式。要通过数字化改革,围绕渔船污染物产废端、运输端、处置端等全链条,破解单艘船联单手续操作烦琐、审批流程长、管理边界不清等难题,用数据赋能政府监管业务,倒逼各部门通力合作、完善相关工作机制,统一使用电子联单制度,推动渔船污染物监管去中间化,实现信息共享和协同联动,推动《船舶水污染物接收联单》《危险废物转移联单》《船舶水污染物转运及处置联单》等电子联单在网上传递,加强渔船污染物全生命周期全流程管理,实现监管数字化、数据透明化,推动渔船污染物处置一站式、全流程智慧管理。

四、以重塑制度实现精准精细管理

省委书记袁家军强调,数字化改革是一场重塑性的制度革命,是技术理性走向制度理性的跨越,本质是改革,根本要求是制度重塑。建议用数字管理理念推进渔船污染物治理改革,统一使用渔船环保健康码管理,实行渔船"红黄绿"三色码环保管理:对"绿码"渔船,出台配套管理政策,提供优质服务,给予信用等级评优;对"红码"渔船,加强精准化执法,依法追究责任、记入诚信"黑名单";对"黄码"渔船,系统自动预警,提醒渔民主动上交渔船污染物。通过渔船"红黄绿"三色码管理，实施精准执法，依法查处"红码"渔船，对向渔港海域排放船舶垃圾、生活污水、压载水、洗舱水等污染物、废弃物或其他有害物质的，按有关法律法规予以重罚，确保渔船污染物应收尽收、安全处置。

五、以提效服务推动数字治理赋能

渔民是渔船污染物数字治理的最大受益者。要加大对渔民群众的培训宣传，督促他们自觉在"浙里办"上报渔船污染物种类、数量、到港时间，便于及时接收。数字赋能是渔船污染物数字治理的激励机制。建议拓展数据应用，加强数字赋能，通过购买第三方专业运营服务，组织源头供应商，为高信用渔民提供物资集买、渔获集运、去中间化销售、金融贷款、渔获溯源等增值服务，解决渔业供应链冗长、渔获销售渠道单一、渔民融资难融资贵等堵点痛点，实现资源要素的高效配置、经济社会协同高效，既保证渔获产品质量、满足人民群众高品质生活，又降低生产成本、实现渔民利益最大化，切实增加新时期渔民群众经济收入，提升渔民群众获得感、幸福感，确保在渔船污染物数字治理中推动渔区的共同富裕。

> **典型案例："渔省心"多跨场景设想**
>
> 按照社会治理能力现代化的要求，迭代升级已建成的海洋云仓、船港通、渔富贷、台渔链等场景应用，打造"一仓一网六场景N模块"的"渔省心"场景应用基本架构。其中，"一仓"为归集政府、渔企、渔民行为信用的渔业治理专题数据仓；"一网"为渔业管服一张网，实现信用一码存取、服务一键惠达、管理一屏智控、产业一链促富；"六场景"为船舶污染物协同治理的生态育渔，渔船进出港申报、安全自查的平安护渔，打通渔民对渔需物资的采购环节进而实现直接采购的市场兴渔，运用信用评价结果并以低利率贷款惠及渔民的金融助渔，惠渔政策官方发布的政策惠渔，在党建引领下推动社会组织涉渔公益服务的公益扶渔等"六个渔"核心场景；"N模块"为渔船水污染物防治、渔港环境及安全应急管理等十个子模块，接下来还将进行新的增量开发。
>
> 通过对渔船主动交纳污染物、进出港报告、安全自查自治等进行信用赋分，渔船按照得分确定绿、黄、红"三色码"，在金融保险普惠、市场集采直销等方面享受差异化服务，以此倒逼船东船长主动落实安全、排污的主体责任。如某渔船基础信用分为80分，主动申报交纳油污加5分，举报违法行为加3分，参与救援加5分，在安全检查中发现救生衣、灭火器缺失各扣1分，信用分为91分，被评定为"绿码船只"。按照评价体系，该船可获得金融贷款授信100万元，免息4个月，并获得其他优惠奖励；若该船有违规行为，扣分降至黄码乃至红码，则将预警处置，暂停或取消优惠政策支持。

第十三章

渔业执法体制机制改革

从严执法是台州试点的基础支撑。试点批复以来，台州渔政执法围绕渔业资源保护、渔船安全管理和渔场秩序维护，坚持"零容忍"的态度，发扬"敢担当、敢执法、敢碰硬"的渔政铁军精神，不断探索创新，完善工作理念、工作方法、工作机制，整合执法船艇和执法力量，加强省际合作和联合执法，采取"海上打、港口堵、陆上查"的联勤联动执法形式，组织中国渔政"亮剑"系列专项执法行动，加强渔业行政执法与刑事司法、治安行政拘留相衔接，采取顶格处罚、将相关当事人记入征信体系、取消或限制享受政府各项优惠政策资格等措施，严打严管"绝户网"、涉渔"三无"船舶和非法捕捞，根治南上北下跨海区越界捕捞和禁渔线外非法捕捞渔船，保障台州渔船渔港综合管理改革试点的有序推进。

第一节　铁规铁律

法律的生命在于执行。台州通过改革实践，根据行政管理"木桶理论"，倡导通过全面管理来保障渔业生产安全、保护海洋渔业资源、保护海上生态环境，维护正常渔业生产秩序，建立渔业管理的基本规矩。

一、渔业安全生产管理和敏感水域管控十条铁律

严格落实渔业安全生产管理和敏感水域管控的十条铁律（以下简称"铁十条"）。具体如下：

（1）严禁进入敏感水域或无证进入他国专属经济区捕捞生产，一旦发现，一律责令回港接受调查处理。拒不回港的，一律暂扣直至吊销船长职务船员证书，强制渔船停航1个月以上。

（2）必须确保北斗、AIS等安全终端处于正常有效状态，一旦出现安全终端离线或故障，必须第一时间向村（公司）和船籍港海洋渔业主管部门报告，并一律回港检修，确认合格后方可出海生产。拒不回港的，对船舶处5 000元罚款，对船长处2万元罚款，并强制停航1个月。

（3）不得擅自改变渔船安全终端静态信息，不得出借或借用他船安全终端，一旦发现，一律责令回港接受调查处理。拒不回港的，一律暂扣直至吊销船长职务船员证书，强

制渔船停航 1 个月以上。

（4）必须服从渔业主管部门指挥调度，对拒不听从指挥调度的，一律暂扣直至吊销船长职务船员证书。在敏感水域内生产作业渔船，拒不听从指挥调度的，强制停航 2 个月。拒不听从指挥，出现重大伤亡事故或者其他严重后果的，依法追究船东、船长刑事责任。

（5）全面加强对在敏感水域附近生产作业的渔船和渔业辅助船的证件、网具、设备、渔获物等检查，一旦发现问题，一律先行扣船调查，依法依规从重处罚。

（6）对在敏感水域内生产作业渔船，违反捕捞许可证关于作业类型、作业方式、场所、时限或渔具数量的规定进行捕捞的，一律视为情节严重，从重处罚，强制停航 2 个月，取消渔业柴油补贴资格，直至吊销捕捞许可证。

（7）对在敏感水域附近或敏感水域内无证捕捞或非法采捕红珊瑚渔船，一律限期拆解或没收船舶，涉嫌构成犯罪的，一律移送公安机关追究刑事责任。

（8）对蟹笼船、帆式张网作业、冷藏船等高危作业渔船，超限、超载、超员生产作业的，一律停航整改。拒不整改的，强制渔船停航 1 个月以上。

（9）对涉嫌无证驾驶机动船舶的或阻碍执法人员依法执行职务的，一律移送公安（边防）部门，依照《中华人民共和国治安管理处罚法》（以下简称《治安管理处罚法》）给予行政拘留。

（10）对发生海上渔业安全责任事故的，一律不得申报渔船更新改造补助；对非法改建（造）渔船或非法供油、供冰、代冻、收购、销售、转载渔获物的单位和个人，一律记入诚信档案和征信系统。

二、台州市渔船安全管理新"十条铁律"

为深刻汲取"3·12"事故沉痛教训，开展"遏事故"整治，守住海上安全底线，特制定渔船安全管理新"十条铁律"。

（1）船员配备必须标准。严格渔业船员标准配备，严禁职务船员缺配、不适任，严禁普通船员超员，违者一律停航整改，并依法从重追究责任。

（2）船员信息必须真实。严格渔船进出港报告，严禁报告虚假船员信息，严禁租赁、借用船员证书，违者一律停航整改，收缴、扣押、吊销证书，并依法从重追究责任。

（3）生产行为必须规范。严格船员临水作业穿着救生衣，严禁携带、使用电脉冲设备作业，严禁航道锚泊、作业，违者一律停航整改，并依法从重追究责任。

（4）渔船性能必须适航。严格保持渔船稳性和水密性，严禁超高、超载、超抗风力航行，严禁擅自改装、加装甲板结构，严禁破坏水密隔墙、水密设施，违者一律停航整改，并依法从重追究责任。

（5）值班编组必须执行。严格渔船按规定值班瞭望和编组生产，严禁无证驾驶、"无人驾驶"、脱编航行生产，违者一律停航整改，并依法从重追究责任。

（6）通导设备必须正常。严格渔船通信、导航、号灯、应急设备规范使用，严禁擅自拆卸北斗、AIS 设备，严禁更改九位码、遮蔽应急示位标，违者一律停航整改，并依法从重追究责任。

（7）消防救生必须齐全。严格按要求配备渔船消防、救生设备，严禁消防设施设备失效，严禁捆绑救生筏（具），违者一律停航整改，并依法从重追究责任。

（8）作业场所必须合规。严格按证书核定作业场所作业，严禁超航区作业，严禁进入敏感水域、禁捕区、保护区作业，违者一律停航整改，并依法从重追究责任。

（9）作业类型必须规范。严格按证书核定作业类型（方式）作业，严禁证业不符，严禁违规搭客载货，违者一律停航整改，并依法从重追究责任。

（10）调度指令必须服从。严格服从渔业主管部门指令，严禁拒不服从防台、防寒潮、应急救援的指挥调度，严禁妨碍执法、暴力抗法，违者一律停航整改，并依法从重追究责任。

三、执行"铁十条"的具体要求

（1）各地要加大对"铁十条"的宣传力度，要通过多种渠道营造氛围，各渔业主管局、渔业乡镇、村（公司）要发动一切力量对渔船开展点对点宣传，要宣传到每一条渔船的船东、船长，确保渔船对"铁十条"的知晓率达到100%。

（2）各地要加强渔船安全救助信息系统终端在线率管控，所有海上作业的 60 hp 以上渔船，终端在线率要求达到100%。对离线渔船要逐艘核对、调查，经查属于未按规定安装、使用安全救助信息系统终端设备的，按照"铁十条"规定进行处罚。

（3）各地要敦促所有渔船向渔业村（公司）和渔业主管局提供有效联系方式并翔实登记，确保能随时与海上航行作业渔船取得实时联系，联系方式有效率要求达到100%。联系方式无效的渔船应在相关补助发放、许可证年审上予以暂缓。

（4）各地要加强对渔船安全隐患的排查工作，发现隐患的渔船要即知即改，情节严重的要及时停航整改，整改完成才能准予出海，隐患整改率要求达到100%。

（5）各地对发现的渔船安全违法违规行为应及时予以立案，并对照"铁十条"规定从严处理，各县（市、区）对渔船安全违法违规行为的处理率要求达到100%，所有案件立案后要从速从快作出行政处罚决定。

（6）各地要敦促渔业乡镇、村（公司）落实对渔船安全定人联船工作，要求联系人掌握所联系渔船的准确信息、实时动态、有效联系方式等情况，定人联船有效率要求达到100%。

（7）各地要责令渔业村（公司）强化渔船安全值班检查工作，每天对渔船开展点名、抽查，重点加强晚上十一时至次日凌晨五时时间段点名，抽查渔船夜间两人瞭望值班情况。值班人员要掌握离线渔船、进入敏感水域渔船、穿越大轮航线渔船等情况，及时发出安全提醒。各地渔业主管局、渔业乡镇要做好抽查工作。

（8）各地要加强信息报送和通报工作，每天 15:00 前及时报送"铁十条"执行情况等相关信息至市局信息中心。各级渔业主管局要将渔船处罚情况及时通报给所有渔船，起到警示教育作用。市局定期将"渔安六率"达标情况通报给县（市、区）党政主要领导。

（9）市县两级渔业主管局每天 15:00 召开渔业安全工作会商会，会商会由当天值班带班领导主持，专题讨论新情况和新问题的解决对策，推进渔业安全监管工作。

（10）各地应高度重视，不折不扣落实"铁十条"，市局将"铁十条"规定的执行情况纳入对渔业安全考核的重要内容，对执行不力的，由县（市、区）局向市局作出说明，并追究相关人员责任。

典型案例1：台州对擅自改变渔船吨位行为予以行政处罚的首案

2021年1月29日，浙江省台州市港航口岸和渔业管理局渔船检验中心工作人员在给浙台渔运32XX5进行年度检验时发现该船驾驶甲板室存在未经批准擅自加长情形，改变了该船吨位。接信息后，台州市港航口岸和渔业管理局立即指派执法人员厉某、林某、毛某对该船进行调查。当事人王某出示船舶检验证书，证书上显示该船总长48 m，总吨位297 t。经执法人员测量，驾驶甲板室长度为12 m，比对证书上的船照及数据，驾驶甲板室内部由钢结构支撑向前嫁接拉长了5 m。

执法人员对船东王某未经批准擅自改变渔船吨位进行立案调查，对当事人船东王某、船长阮某进行全面的调查询问，确认该船船东未经批准擅自改变渔船吨位事实。随后，台州市船检中心验船师对该船进行实船勘验，并出具了《勘验报告书》。报告中显示该船总长48 m，总吨位由原来的297 t增加至330 t。

经调查，王某（浙台渔运32XX5所有人）未经批准，擅自改建渔船、改变渔船吨位，违法事实清楚，证据确凿。鉴于当事人王某能主动配合调查处理、积极整改，台州港航口岸和渔业管理局根据《渔业船舶检验条例》第三十四条第三项之规定及《浙江省海洋与渔业行政处罚裁量基准》等规定，对当事人作出停航、处罚款人民币12 000元的行政处罚，并责令立即改正、补办相关手续。

案例意义：

1. 本案船东未经批准，擅自拉长增大甲板室，改变渔船吨位，使船舶重心升高，受风面积增大，导致该船稳性变差，存在安全隐患。船舶稳性对船舶安全来说是至关重要的，船舶一旦稳性丧失，就丧失了抵御风浪的能力，任何外力都可能导致船舶倾覆。通过对往年渔船沉没事故数据分析，大多数的渔船沉没事故都是由船舶稳性的丧失而导致的。渔船检验工作人员在检验过程中，通过严格仔细检查，及时发现安全隐患并落实整改，实现渔船安全管理全覆盖。本案浙台渔运32XX5稳性符合规则要求，仍需提醒驾驶人员提高驾驶技术，谨慎驾驶，确保船舶营运的安全和可靠。

2. 本案为台州港航口岸和渔业管理局实施渔政许可、渔船检验、渔政执法监管三个部门渔船内控闭环运行机制后，因渔船检验过程中发现涉嫌违法被移送并处以行政处罚的第一案。通过闭环式管理机制的高效应用，提高了渔船违法行为的发现率，同时提高了违法整治的成功率，尤其对于本案当事人，通过三个部门对案件联合会审，一次性对当事人处以责令立即改正、补办相关手续和予以行政处罚，减轻了当事人的负担，又提高了行政管理效率。

3. 本案办理中，执法人员从证据的合法性、客观性和关联性来综合认定本案"擅自改变渔船吨位"的违法事实。从发证单位渔船检验中心组织年度验船中发现甲板室存在加长情形，到执法人员当场检查测量驾驶甲板室长度，对比图纸和数据，确认存在擅自加长并改变吨位情形，再经船检中心检验，以及当事人自认，认定当事人存在擅自改变渔船吨位的事实，并予以行政处罚，程序严谨，证据环环相扣，形成完整严密的证据链。

典型案例2：浙椒渔休××船使用过期渔业船舶国籍证书案

台州市××有限公司所属的浙椒渔休××船船长26.51 m，其渔业船舶国籍证书发证日期为2015年8月26日，有效期至2020年8月25日。2020年12月2日，台州市椒江区农业农村和水利局行政审批科通报，浙椒渔休××船的渔业船舶国籍证书已过期，又不申请换发。当日，台州市椒江区农业农村和水利局渔业行政执法人员向台州市××有限公司直接送达了《责令改正通知书》，责令当事人自收到之日起至2020年12月10日前申请换发该船的渔业船舶国籍证书。当事人未在期限内提起申请，继续使用过期的渔业船舶国籍证书。

2020年12月11日，台州市椒江区农业农村和水利局对台州市××有限公司涉嫌使用过期渔业船舶国籍证书的违法行为予以立案调查。当日，执法人员向当事人台州市××有限公司直接送达了《责令停航通知书》，责令浙椒渔休××船立即停航，在整改完成并得到准许前，禁止离开椒江港前所港区（以紧急避险为目的除外）。12月22日，台州市椒江区农业农村和水利局对其作出罚款人民币柒仟元整的行政处罚决定。12月29日，台州市椒江区农业农村和水利局根据整改情况对其解除停航指令。

案例意义：

1. 坚持依法行政，确保执法有据、程序合法，处理结果符合相关法律规定。行政机关实施行政处罚时，应当纠正当事人违反渔业生产经营秩序的违法行为，坚持处罚与教育相结合，守好渔业生产经营秩序底线。

2. 体现过罚相当，对违法行为给予行政处罚必须以事实为依据，综合考虑违法行为的性质、情节以及社会危害程度，做到过罚相当。

3. 转变执法理念，促进严格规范公正文明执法，扭转"行政处罚＝罚款"的观念。实施行政处罚要灵活运用责令改正等执法方式，纠正违法行为，规范渔业生产经营秩序，实现法律效果和社会效果的统一。

第二节　行刑衔接

2016年7月12日，由台州市海洋与渔业局牵头，会同检察院、法院、公安局、海警一支队、边防支队等相关职能部门认真梳理了非法捕捞水产品罪案件办理过程中的一系列问题，就严厉打击非法捕捞水产品违法犯罪行为、进一步统一法律适用尺度、规范行政执法与刑事司法衔接工作等问题召开了联席会议，并达成了共识，出台了全国渔业领域首个《关于办理非法捕捞水产品罪案件若干问题的会议纪要》。2016年7月21日，浙江省检察院予以转发。截至2021年8月底，台州市移送司法机关案件409起、移送人数747人。

一、渔业行刑衔接的法律基础

1. 有关渔业执法的涉刑事责任追究的法律规定

根据《渔业法》第三十八条第一款、第三十九条、第四十三条、第四十六条应予处罚的违法行为，构成犯罪的，依法追究刑事责任。

根据《野生动物保护法》第四十五条、第四十六条、第五十一条、第五十二条、第五十五条应予处罚的违法行为，构成犯罪的，依法追究刑事责任。

根据《渔业船舶检验条例》第三十二条第二款、第三十四条、第三十七条应予处罚的违法行为，构成犯罪的，依法追究刑事责任。

根据《濒危野生动植物进出口管理条例》第二十七条应予处罚的违法行为，构成犯罪的，依法追究刑事责任。

2.《刑法》中有关渔业犯罪的规定

《刑法》第三百四十条规定："违反保护水产资源法规，在禁渔区、禁渔期或者使用禁用的工具、方法捕捞水产品，情节严重的，处三年以下有期徒刑、拘役、管制或者罚金。"

《刑法》第三百四十一条规定："非法猎捕、杀害国家重点保护的珍贵、濒危野生动物的，或者非法收购、运输、出售国家重点保护的珍贵、濒危野生动物及其制品的，处五年以下有期徒刑或者拘役，并处罚金；情节严重的，处五年以上十年以下有期徒刑，并处罚金；情节特别严重的，处十年以上有期徒刑，并处罚金或者没收财产。违反狩猎法规，在禁猎区、禁猎期或者使用禁用的工具、方法进行狩猎，破坏野生动物资源，情节严重的，处三年以下有期徒刑、拘役、管制或者罚金。"

3. 最高人民法院、最高人民检察院关于海洋渔业的犯罪行为入刑标准的规定

《最高人民法院关于审理发生在我国管辖海域相关案件若干问题的规定（二）》第四条规定：违反保护水产资源法规，在海洋水域，在禁渔区、禁渔期或者使用禁用的工具、方法捕捞水产品，具有下列情形之一的，应当认定为刑法第三百四十条规定的"情节严重"：（一）非法捕捞水产品一万公斤以上或者价值十万元以上的；（二）非法捕捞有重要经济价值的水生动物苗种、怀卵亲体二千公斤以上或者价值二万元以上的；（三）在水产种质资源保护区内捕捞水产品二千公斤以上或者价值二万元以上的；（四）在禁渔区内使用禁用的工具或者方法捕捞的；（五）在禁渔期内使用禁用的工具或者方法捕捞的；（六）在公海使用禁用渔具从事捕捞作业，造成严重影响的；（七）其他情节严重的情形。

《最高人民检察院、公安部关于公安机关管辖的刑事案件立案追诉标准的规定（一）》第六十四条规定：非法猎捕、杀害国家重点保护的珍贵、濒危野生动物的，应予立案追诉。本条和本规定第六十五条规定的"珍贵、濒危野生动物"，包括列入《国家重点保护野生动物名录》的国家一、二级保护野生动物及列入《濒危野生动植物种国际贸易公约》附录一、附录二的野生动物以及驯养繁殖的上述物种。第六十五条规定：非法收购、运输、出售国家重点保护的珍贵、濒危野生动物及其制品的，应予立案追诉。本条规定的"收购"，包括以营利、自用等为目的的购买行为；"运输"，包括采用携带、邮寄、利用他人、使用交通工具等方法进行运送的行为；"出售"，包括出卖和以营利为目的的加工利用行为。

二、非法捕捞水产品罪认定标准

1. 非法捕捞水产品罪的定罪标准，严格按照《刑法》第三百四十条和《最高人民法院关于审理发生在我国管辖海域相关案件若干问题的规定（二）》第四条规定执行。

2. 禁渔区，是指由国家法令或省级以上渔业行政主管部门依法划定的禁止全部或部分渔业生产作业的区域。

3. 禁渔期，是指由国家法令或省级以上渔业行政主管部门依法规定的禁止渔业作业或限制渔业作业的一定期限。

4. 禁用工具，是指国家法令或省级以上渔业行政主管部门依法规定的禁止使用的捕捞工具，包括小于国家针对不同捕捞对象所分别规定的最小网目尺寸的渔具。

5. 禁用方法，是指国家法令或省级以上渔业行政主管部门依法规定的禁止使用的捕捞方法，如电鱼、毒鱼、炸鱼等。

三、非法捕捞水产品单位犯罪和自然人犯罪认定

1. 根据《刑法》第三百四十六条规定，公司、企业等以单位名义实施非法捕捞水产品犯罪，非法所得归单位所有的，是单位犯罪。

2. 单位犯非法捕捞水产品罪的，对单位判处罚金，并对其直接负责的主管人员和其他直接责任人员，依照《刑法》第三百四十条的规定处罚。

3. 根据《最高人民检察院、公安部关于公安机关管辖的刑事案件立案追诉标准的规定（一）》第一百条规定，非法捕捞水产品单位犯罪和自然人犯罪的追诉标准一致。

4. 对于非法捕捞水产品行为，应当重点追究主要获利者、组织指挥人员及主要操作人员的刑事责任，对于被动消极参与非法捕捞、仅领取一般劳务工资的船上普通雇员，可以不追究刑事责任；但对主观故意明显、主动积极参与或者多次参与等情节相对较重的船上普通雇员，应当追究刑事责任。

5. 在禁渔区或禁渔期内，非法收购渔获物、与非法捕捞人员事先有共谋的人，根据其地位和作用，依法以共同犯罪论处；事先没有共谋的，依法以掩饰隐瞒犯罪所得罪论处。

四、非法捕捞水产品罪主要证据收集与确认

（一）非法捕捞行为发生地证据证明

1. 显示非法捕捞渔船正在放网、拖网、起网等作业过程及经纬度位置的照相、录像等视听资料。

2. 渔船 AIS 及卫星导航系统轨迹等电子证据。

3. 船上人员等当事人言词证据。

4. 现场检查笔录。

5. 必要时，可由执法人员提供查获时情况的证人证言或出庭作证。

（二）禁用工具、禁用方法认定

1. 非法捕捞水产品刑事案件的禁用工具以及禁用方法使用的工具应当扣押，且应当采用照相、录像等方法固定、收集证据。

2. 禁用工具、禁用方法的认定意见由渔业行政主管部门或渔政执法机构结合物证、视听资料等证据出具。

（三）非法捕捞水产品数量的确认

1. 原则上应当采用逐件称重的方法予以计算确认，但案件当事人没有异议的，可以

采用抽样称重的方法予以计算确认。

2. 称重的数量应当即时告知案件当事人，当事人有异议的，可以在当事人见证下重新进行称重。对于称重及计算确认的过程，应当采用同步录音录像进行证据固定。

五、非法捕捞水产品刑事案件的移送和接收

1. 发现违法行为

进行视频、拍照取证，制作现场检查笔录。海上执法时，确需采取行政强制措施或先行保存证据的，报请执法机关负责人、承办机构负责人同意后制作《扣押决定书》《禁止离港通知书》或《先行登记保存证据通知书》，待回港后补齐相关审批表（正常流程应在立案审批后，在调查取证阶段制作《扣押决定书》等文书）。

2. 立案阶段

填写《立案审批表》（内部流程），并将已制作完毕的文书及掌握的案件来源相关材料一并报执法机关负责人、承办机构负责人审核。

3. 调查取证阶段

由2名以上具有执法资质的案件承办人员就案件相关事实对当事人或证人进行询问，并制作《调查询问笔录》。调取当事人身份证复印件、渔业捕捞许可证等相关渔业船舶证书等案件相关证据材料。处置涉案渔获物，制作渔获物转运过磅称重阶段的现场检查笔录、现场照片及违禁渔获物过磅入库情况说明，向渔获物暂扣单位索取《渔获物过磅称重清单》。调查完成后，制作《案件调查终结报告》。

4. 移送司法阶段

制作《案件处理意见书》（内部流程），报承办机构负责人审批。如需移送司法机关的"行刑衔接"案件，制作《案件移送函》《案件相关材料清单》《移送案件涉案物品清单》，并随案移送涉案船舶、渔获物、捕捞许可证等相关证书及《网目尺寸认定书》、相关法律法规（节选）、伏休通告、涉案船舶航行作业轨迹等材料。向"行刑衔接"案件接收单位索取《受案回执》《立案告知书》《接受证据材料清单》。

5. 结案归档

案件移送后，制作《结案审批表》，提交审批后结案、归档。

6. 后续跟进

根据"行刑衔接"案件接收单位的要求，配合做好相关证据材料的补齐、渔获物拍卖处置、涉案船舶处置；跟踪案件办理进度，索取法院的判决书等。

六、非法捕捞水产品刑事案件的管辖

根据《最高人民法院、最高人民检察院、中国海警局关于海上刑事案件管辖等有关问题的通知》（海警〔2020〕1号），海上非法捕捞水产品刑事案件由海警机构管辖，具体管辖规则如下：

1. 在中华人民共和国内水、领海发生的非法捕捞水产品刑事案件，由犯罪地或者犯罪嫌疑人登陆地的海警机构管辖，如果由犯罪嫌疑人居住地的海警机构管辖更为适宜的，可以由犯罪嫌疑人居住地的海警机构管辖。

2. 中国公民在中华人民共和国领海以外的海域实施非法捕捞水产品行为的，由其登陆地、入境地、离境前居住地或者现居住地的海警机构管辖。

3. 外国人在中华人民共和国领海以外的海域实施非法捕捞水产品行为的，由该外国人登陆地、入境地、入境后居住地的海警机构管辖。

以上犯罪地包括犯罪行为发生地和犯罪结果发生地。入境地包括进入我国陆地边境、领海的地点。

七、赃物及违法犯罪工具的处置

1. 非法捕捞水产品刑事案件的渔获物，属于易腐烂、变质等不宜长期保存的，渔政或海警部门可以依法出售、变现或先行变卖、拍卖，所得款项统一存入各单位赃款专用账户。出售、变卖或拍卖前应当统一登记造册，并采取拍照、录像等方式予以记录保存、随案移送。

2. 需要称重或检验鉴定的，应当及时按照程序进行。称重或检验鉴定报告在告知相关当事人时，应当同时告知其不宜长期保存的情况。要求补充称重或重新检验鉴定的，应当在涉案物品腐烂、变质期限之前提出申请。

3. 涉案禁用工具应当一并扣押，并作为重要物证移送司法机关。不宜长期保存或保存确有困难的，可以在依法提取样品、作出检验认定并告知相关当事人且相关当事人无异议后，组织销毁。

4. 对扣押的"三无"船舶或者"船证不符"渔船，在采用照相、录像等方法收集、固定证据后，由渔政部门依据《浙江省渔港渔业船舶管理条例》规定，就渔船本身违法事项，依法没收或作出其他行政处罚。

八、妨害公务罪及妨害公务治安违法问题

1. 在海上执法人员多次（三次及以上）表明身份要求停船接受检查，违规渔船拒不配合、迂回逃避检查的。

2. 在渔船上采取违规插钢管、涂黄油、抱煤油瓶、身体悬挂船沿、以自杀相威胁、故意冲撞执法船艇等方法抗拒登临检查的。

3. 对登船后的海上执法人员辱骂、撕扯甚至扣押执法人员后开船逃跑的。

4. 以其他暴力、威胁方法阻碍海上执法人员依法履行公务的。

对上述妨害公务的行为人，可以采取追击、拦截、强行铐梆、喷射水炮等方法予以缉拿归案，采取照相、录像等方法收集、固定证据，严厉打击妨害公务行为，保护执法人员的人身安全和职业安全。

典型案例1：全国首例违反禁渔期规定以"非法捕捞水产品罪"被刑事追责的案件

2010年7月19日，台州市海洋与渔业执法支队所属的中国渔政33015船在执行渔政巡航任务时，发现鲁寿渔09XX船正在生产作业。经检查，该船船长现场不能出示捕捞许可证等相关船舶证书，且船上有新鲜渔获物残留，GPS终端接收仪轨迹显示该船7月16—19日在东海海域生产作业。

相关证据证明，鲁寿渔09XX船的相关人员在禁渔期使用网目尺寸仅为2 cm的禁用渔具进行捕捞，非法渔获物超过3.2万kg，已达到非法捕捞水产品罪的立案标准。

随后，台州市海洋与渔业执法支队将该案移送浙江省公安边防总队海警第一支队立案侦查。8月9日，渔政人员配合海警前往福建省连江县对收购鲁寿渔09XX船非法捕捞渔获物的闽连渔FXXX船进行了调查取证，调取了相关证据，并制作了询问笔录。

台州市椒江区人民检察院审查后提起公诉。经审理，法院认为，马某等十名被告违反保护水产资源法规，明知是禁渔期，在休渔海域使用禁用渔具，采用双拖作业非法捕捞水产品超过3.2万kg，销赃得款3万余元，情节严重，其行为已构成非法捕捞水产品罪。根据各被告的犯罪情节和悔罪表现，马某等十名被告分别被判处有期徒刑一年、有期徒刑一年缓刑一年六个月、有期徒刑九个月缓刑一年三个月和罚金人民币6万～7万元等刑事处罚。一审判决后，马某提起上诉，二审维持原判。

案例意义：

渔业行政主管部门及所属渔业行政执法机构对渔业资源、渔业生产活动和渔业水域环境依法进行管理和保护，离不开国家强制力的保障，不仅需要运用行政处罚手段惩治违法者，还需要以刑事制裁手段作为强有力的后盾。依法运用刑罚手段惩治非法捕捞水产品犯罪是治理非法捕捞问题的有力手段，也是维护捕捞秩序、实现渔业资源科学合理有序利用、推动生态文明建设、积极回应社会对环境资源保护的关注与呼声的有效途径，更是修复振兴东海渔场的重要举措之一。

近几年，随着我国沿海及大江内河等水域渔业资源趋向枯竭，同时捕捞强度不断增强，渔业领域涉嫌刑事犯罪案件有不断攀升的趋势，特别是非法捕捞水产品犯罪行为逐渐增多，单靠渔业主管部门的行政处罚已经难以有效遏制这些违法犯罪现象，渔业领域"行刑衔接"机制越来越受到各地的重视。

台州市在非法捕捞水产品罪"行刑衔接"领域较早开始探索。该案是全国首例违反禁渔期规定以"非法捕捞水产品罪"被刑事追责的案件。本案件的查处，不仅对犯罪者本人起到极大的震慑作用，而且对其他可能实施这种犯罪的人起到一定的警示作用，使其悬崖勒马，放弃违法犯罪念头，从而有力保护渔业资源，保障正常渔业生产秩序，维护渔业法律正义，推进渔业经济健康稳定、可持续发展，促进人与自然和谐相处。

典型案例2：非法捕捞红珊瑚，受到刑事处罚和没收渔船的行政处罚

2017年7月21日，当事人吴某某、梁某经事先预谋，伙同梁某某、陈某、杨某、金某、谢某、胡某、孙某等驾驶一艘"三无"渔船从台州市路桥区金清剑门渔港码头出发至外籍某海域，使用国家明令禁止的禁用渔具拖曳束网耙刺（俗称"珊瑚网"）非法猎捕动物红珊瑚。7月25日，梁某等人经外方查获后被遣返，26日浙江省海洋与渔业执法总队组织中国海监7008、中国海监7038至专属经济区外海域将人、船接收，29日返回路桥区金清剑门渔港码头。当日，路桥区海洋与渔业执法大队对该案立案调查。经检查，现场查获疑似红珊瑚物品2.56 kg。经中国科学院南海海洋研究所和华南野生动物鉴定中心鉴定，送检的疑似红珊瑚确定为珊瑚虫纲（Anthozoa）柳珊瑚目（Gorgonacea）红珊瑚科（Corallidae）红珊瑚（*Corallium* spp）原枝，系国家一级保护水生野生动物，涉案价值1 024 000元。8月5日，路桥区海洋与渔业执法大队将该案移送台州市公安边防支队路桥区大队处理。

经审理，吴某某、梁某目无法纪，伙同梁某某、陈某、杨某、金某、谢某、胡某、孙某等7人结伙非法猎捕国家重点保护的珍贵、濒危野生动物，事实清楚、证据确凿，其行为已构成非法猎捕珍贵、濒危野生动物罪。嫌疑人吴某某、梁某在共同犯罪中起主要作用，系主犯，依法按照其所参与的全部犯罪处罚。依照《刑法》第三百四十一条第一款、第二十五条第一款、第二十六条第一款和第四款、第六十七条第一款之规定，判处吴某某、梁某有期徒刑三年九个月，并处罚金人民币8万元。梁某某、陈某、杨某、金某、谢某、胡某、孙某等其余7人分别判处有期徒刑三年三个月并处罚金6万元，有期徒刑一年九个月、缓刑二年六个月并处罚金1万元。路桥区海洋与渔业执法大队作出没收"三无"渔船行政处罚。

案例意义：

由于采捞过度，红珊瑚资源日趋濒危。我国早在1988年就将红珊瑚列为国家一级重点保护动物，禁止猎捕。2008年，红珊瑚也被列入《濒危野生动植物种国际贸易公约》（CITES）目录，严格限制猎捕及贸易。同时，珊瑚群落是海洋生物多样性的重要组成部分，盗采者多以大功率禁用渔具拖曳束网耙刺非法猎捕动物红珊瑚，在其拖曳区域内，所有珊瑚海床都将毁灭，整个珊瑚生态系统遭到破坏。目前，我国珊瑚礁破坏率高达80%，生物多样性下降导致的生态灾害不断加剧。

台州市严管严控非法捕捞红珊瑚行为氛围全面形成，部门联合、共构法网，严打严惩工作全面铺开，全市渔业系统形成了"两个绝不"（绝不能让台州成为非法捕捞红珊瑚渔船的发源地、绝不能让台州成为非法捕捞红珊瑚渔船的避风港）和"三个一律"（台州籍渔运船的检验一律不得委托检验，由船检会同执法共同实施登船检验；查获的非法捕捞红珊瑚"三无"船舶一律没收拆解；查证属实从事非法捕捞红珊瑚案件一律移送公安机关刑事处罚）的共识。本案的查处，有力打击了跨境出海捕捞红珊瑚行为，不仅对非法捕捞者实施了严厉惩戒，而且对其他可能实施这种犯罪的人起到极大的震慑和警示作用。

典型案例3：浙江省首例在禁渔区使用禁用方法非法捕捞水产品移刑案件

2019年2月26日，台州市海洋与渔业执法支队在开展"五大攻坚"执法行动时，在28°28′N、122°12′E海域（禁渔区范围内），发现浙岭渔XX船正在从事拖虾作业。执法人员对该船实施登临检查，发现该船上安装并使用电脉冲从事拖虾作业。执法人员对当事人戴某方（浙岭渔XX船船主兼船长）、戴某岳（浙岭渔XX船船主兼轮机长）进行了全面的调查询问，证实浙岭渔XX船在禁渔区线内使用禁用方法从事捕捞生产等事实。该船涉嫌在禁渔区线内使用禁用方法进行非法捕捞，违反了《渔业法》第三十条第一款之规定，已构成违法，其非法捕捞行为已达到最高人民检察院、公安部《关于公安机关管辖的刑事案件立案追诉标准的规定（一）》（公通字〔2008〕36号）

第六十三条第一款第三项等规定的立案标准，涉嫌构成犯罪，依据《行政执法机关移送涉嫌犯罪案件的规定》（国务院令第 730 号）第三条、第六条的规定，台州市海洋与渔业执法支队将该案移送浙江省公安边防总队海警第一支队处理。

案例意义：

一般情况下，非法捕捞水产品达到一定数量或者价值方可入刑。但在禁渔区或禁渔期内使用禁用工具或者禁用方法进行捕捞（即"双禁"）的情况下，按照相关司法解释即满足《刑法》第三百八十条规定定罪条件，此时便无须再考察非法捕捞渔获物的数量或价值。本案的查处对当事人及渔民起到很好的警示教育作用，同时对保护渔业资源、保障正常渔业生产秩序、维护渔业法律公平正义、推进渔业经济健康可持续发展、促进人与自然和谐相处起到积极作用。

第三节　行行衔接

行政处罚有四个层级：申诫罚、财产罚、行为罚、人身罚。而人身罚即行政拘留只能由公安机关实施。针对无证甚至使用假证驾驶渔船、不听从防汛防台指令等违法行为导致渔船安全事故多发等现状，台州市渔业主管部门深入开展讨论研究，会同台州市公安局、浙江海警第一支队等相关职能部门就《渔业法》与《治安管理处罚法》衔接问题进行深入对接，于 2018 年出台了《关于明确办理渔业违法案件适用行政拘留处罚若干问题的通知》（全国首创）。截至 2021 年 8 月底，台州市移送治安处罚案件 112 起、移送人数 127 人，有力打击了违反渔船安全管理要求的行为，切实维护正常渔业生产秩序。

一、行政拘留处罚认定

以下情形应当依据《治安管理处罚法》由公安机关处以行政拘留。

1. 渔船船长（船东）拒不执行人民政府在紧急状态情况下依法发布的防台、防汛、防寒潮等决定、命令、指令，情节严重，但尚未构成犯罪的，适用《治安管理处罚法》第五十条第一款第一项进行处罚。有下列情形之一的，属于"情节严重"：

（1）纠集、煽动他人抗拒执行人民政府及其有关部门决定、命令、指令的；

（2）造成人员受伤、财产损失等后果，影响恶劣的；

（3）同一次紧急状态下，拒绝执行人民政府及其有关部门决定、命令、指令三次以上的；

（4）其他情节严重的。

2. 在非法捕捞水产品过程中，抗拒、阻碍渔业行政执法机关工作人员依法执行职务，情节严重，但尚未构成犯罪的，适用《治安管理处罚法》第五十条第一款第二项进行处罚。有下列情形之一的，属于"情节严重"：

（1）煽动、纠集他人阻碍渔业行政执法机关工作人员依法执行职务的；

（2）以泼洒污物、公然辱骂、使用轻微暴力等方式，阻碍渔业行政执法机关工作人员依法执行职务的；

（3）抢夺、扣留、污损执行职务使用的交通工具、公务标志、证件、器械等物品的；

（4）造成人员受伤、财产损失等后果的；

（5）当场隐匿、撕毁执法机关法律文书的；

（6）致使执法行为无法继续进行或者执法对象逃离的；

（7）其他情节严重的。

3. 伪造、变造渔业职务船员证书、捕捞许可证、船舶检验证书、船舶登记证书，尚未构成犯罪的，适用《治安管理处罚法》第五十二条第一项进行处罚。

4. 渔船船长（船东）买卖或者使用伪造、变造的渔业职务船员证书、捕捞许可证、船舶检验证书、船舶登记证书，尚未构成犯罪的，适用《治安管理处罚法》第五十二条第二项进行处罚。

5. 涂改、擦除渔船发动机号码，尚未构成犯罪的，适用《治安管理处罚法》第五十二条第四项进行处罚。有下列情形之一的，属于"情节较轻"：

（1）不以牟利为目的的；

（2）因更换发动机，不愿履行登记手续，涂改、擦除渔船上发动机号码的；

（3）其他情节较轻的。

6. 渔船船长驾驶渔船擅自进入、停靠国家管制的水域、岛屿，情节严重的，适用《治安管理处罚法》第五十三条进行处罚。有下列情形之一的，属于"情节严重"：

（1）组织他人进入、停靠国家管制的水域、岛屿的；

（2）多次进入国家禁止、限制进入的水域或者岛屿的；

（3）不听制止，强行进入的；

（4）其他情节严重的。

7. 购销国家、省禁止购销的涉渔相关物品，或者明知是违禁渔获物而窝藏、转移或者代为销售，尚未构成犯罪的，适用《治安管理处罚法》第五十九条第四项进行处罚。

8. 隐藏、转移、变卖或者损毁渔业行政执法机关依法登记保存、扣押、查封、冻结的财物，尚未构成犯罪的，适用《治安管理处罚法》第六十条第一项、第三项进行处罚。

9. 伪造、隐匿、毁灭证据或者提供虚假证言、谎报案情，影响渔业行政执法机构依法办案，尚未构成犯罪的，适用《治安管理处罚法》第六十条第二项进行处罚。

10. 无证驾驶机动渔船，情节严重，但尚未构成犯罪的，适用《治安管理处罚法》第六十四条第二项进行处罚。

其中渔船驾驶操作人员有下列行为之一的，可认定为无证驾驶机动渔船：

（1）未取得渔业驾驶职务船员证书的；

（2）使用伪造、变造的渔业驾驶职务船员证书或其他非法途径获取的渔业驾驶职务船员证书的；

（3）渔业驾驶职务船员证书超过有效期或被暂扣、吊销、撤销的；

（4）所驾驶渔船的航区、种类和等级或者所任职务超越所持渔业驾驶职务船员证书限定范围，包括持非渔业船员职务证书驾驶渔船、持轮机部船员职务证书参与甲板部驾驶等情形的；

（5）渔船所有人、经营人或其他直接责任人员明知船员无证或者持有假证情况下，仍招录、唆使、安排其驾驶渔船的，按照共同违法行为论处。

无证驾驶机动渔船，有下列情形之一的，属于《治安管理处罚法》第六十四条的"情节严重"：

（1）多次无证驾驶机动渔船的；

（2）驾驶的机动渔船未按照规定取得主管机关核发的有效船舶证书的；

（3）驾驶的机动渔船运输危险化学品或载运旅客3人以上的；

（4）在处于或即将处于大风、大雾等不适航的恶劣天气情况下驾驶机动渔船的；

（5）发生危险或紧急状况，致使有关机关采取应急救援措施的；

（6）无证驾驶机动渔船进入国家、省禁止或限制进入的海域、岛屿生产作业或停靠的；

（7）发生水上交通事故或造成其他损害后果的；

（8）禁渔期无证驾驶机动渔船非法捕捞生产的；

（9）十二个月内因无证驾驶机动船舶受过处罚的；

（10）其他情节严重的。

典型案例：因拒不执行防台指令受到行政拘留处罚

2019年9月2日8时，第13号台风"玲玲"在菲律宾以东洋面生成，台风移动路径从南到北贯穿浙江省海域，带来海上大风狂浪。浙江省农业农村厅于9月2日17时下达通知，要求全省渔业船舶于4日15时前回港或撤离到安全海域避风。椒江区农业农村局于9月2日18时通过渔业指挥平台向各渔业村（公司）和全区渔船下达命令，要求全区渔业船舶于4日15时前回港或撤离到安全海域避风，又分别于3日、4日、5日通过渔业指挥平台和其他途径发送避风指令。

2019年9月3日上午，当事人浙椒渔运88XX船船长李某某在收到渔业部门要求全区渔船于4日15时前就近回港或撤离到安全水域避风的指令后，未立即撤离避风，仍驾驶浙椒渔运88XX船在江苏省外海域进行捕捞辅助作业至3日24时。2019年9月4日零时，浙椒渔运88XX船改变航线向南航行，其间又收到要求于当日15时前回港或撤离避风的指令，但该船仍拒不立即撤离避风。该船于2019年9月5日10时至11时才开始撤离，最终于5日19时30分进入舟山桃花岛海域进行避风。

经批准，椒江区海洋与渔业执法大队于2019年9月5日对当事人李某某以涉嫌渔业船舶船长不服从渔业部门安全指挥予以立案调查。渔业行政执法人员依法调取浙椒渔运88XX船2019年9月3日零时至5日20时期间的航行轨迹。9月8日，渔业行政执法人员对当事人李某某进行调查询问并制作调查询问笔录，当场提取照片证据，认定当事人李某某的行为违反了《浙江省渔业管理条例》第二十二条第二款、《中华人民共和国治安管理处罚法》第五十条第一款第一项等规定，已构成治安违法。9月11日，椒江区海洋与渔业执法大队将该案移送至台州市公安局椒江分局依法处理。当日，台州市公安局椒江分局对当事人李某某处行政拘留8日，并处罚款300元。

案例意义：

台风来临前，渔船应听从指挥，立即到避风场所避风。李某某应按规定组织安全生产，服从渔业部门安全指挥。案发时正处于台风期间，在渔业部门根据政府指令指挥渔船回港避风时，李某某却不服从渔业部门安全指挥，使渔船处于危险状态，在渔区造成了恶劣的影响。本案执法人员依法进行全面调查，既重视对证据的收集工作，提取涉案船舶在防台期间的航行轨迹，并进行分析、研判，同时又严格按照相关规定从渔业公司等多方面入手调查，证据收集较齐全，证据之间能相互印证，使证据链更加完整，既查清了当事人不服从安全指挥的违法行为，又查实了其未按规定履行安全生产责任的违法事实，事实清楚、证据确凿，说服力强。

根据台州市公安局、台州市海洋与渔业局、浙江海警第一支队联合出台的《关于明确办理渔业违法案件适用行政拘留处罚若干问题的通知》（台海渔〔2018〕57号）规定，及时将案件移送公安机关，依法对其作出行政拘留的行政处罚，保护了渔民人身、财产安全，维护了渔场生产秩序的安全、稳定以及国家法律法规和政府部门的权威。同时，本案在渔业船舶间引起较大反响，起到较大的震慑效果，有力地维护了渔业安全生产秩序。

二、行政拘留案件的移送和接收

1. 渔业行政执法人员在执法过程中发现违法行为涉嫌违反治安管理规定应适用行政拘留处罚的，应当立即向所在单位负责人报告，渔业行政执法机关负责人应当自接到报告之日起3日内作出批准移送或者不批准移送的决定。决定移送的，应当在24小时内向有管辖权的公安机关或海警机构移送；决定不移送的，应当将不予移送的理由记录在案。

2. 渔业行政执法机关移送案件时，应当附有下列材料：

（1）案件移送书；

（2）案件情况调查报告；

（3）涉案物品清单；

（4）有关检验报告或者鉴定意见；

（5）现场照片、现场笔录、询问笔录、视听资料等与案件有关的证据材料；

（6）已作出渔业行政处罚决定的，应同时移送行政处罚决定书和证据材料；

（7）其他有关涉嫌违反治安管理处罚法相关规定的材料。

渔业行政执法机关移送的案卷材料应当为原件，移送前应当将案卷材料复印备查，并对移送材料的真实性、合法性负责。公安、海警机关接收材料后，应当办理交接手续，并在案件移送书回执上签字。

3. 公安、海警机关应当自接到案件之日起3日内，依法对所移送的案件进行审查，作出受案或者不予受案的决定，书面通知移送案件的渔业行政执法机关；认为案件违法事实不清、证据不足的，可以在受案后3日内书面告知案件移送部门补充移送相关证据材料；对于有违法嫌疑人一并移送的案件，拟接收机关应当立即审查，对不属于本机关管辖的，应当在12小时内告知渔业行政执法机关，并退回案卷材料。

4. 渔业行政执法机关移送案件前已经作出的行政处罚决定，不停止执行。

三、渔业行政执法机关与公安机关、海警机构之间的协作配合机制

1. 公安机关、海警机构对渔业行政执法机关移送的违反渔业生产秩序行为案件，应积极调查，依法及时作出处理决定，并在作出决定之日起 3 日内将决定书副本抄告移送案件的渔业行政执法机关。

2. 公安机关、海警机构对移送的案件，认为不符合行政拘留条件的，应当书面告知案件移送机关并说明理由，同时退回案卷材料。

3. 实施行政拘留的涉渔违法案件案卷原件由拘留决定机关结案归档。移送案件的渔业行政执法机关如需将实施行政拘留处罚的决定书、送达回执等拘留决定机关制作的文书以及其他证据补充材料复印存档的，拘留决定机关应当予以配合。

4. 当事人不服行政拘留处罚申请行政复议或者提起行政诉讼的，渔业行政执法机关应当协助拘留决定机关做好行政复议、应诉相关工作。

5. 公安机关、海警机构依法提请渔业行政执法机关作出检验、鉴定、认定等协助的，渔业行政执法机关应当予以配合。渔业部门要建立渔船职务船员数据库并实现全国联网，及时提供给公安机关、海警机构。在数据库建立、完善之前，应全力配合公安机关、海警机构做好调查取证工作。

6. 渔业行政执法机关应加强内部稽查，严格案件移送，不得降低处罚标准，以罚款代替行政拘留。

第四节　行检衔接

渔业资源是自然资源的重要组成部分，关系到人类生存的生态环境。根据《渔业法》《浙江省渔业管理条例》《最高人民法院、最高人民检察院关于检察公益诉讼案件适用法律若干问题的解释》《最高人民法院关于审理海洋自然资源与生态环境损害赔偿纠纷案件若干问题的规定》等相关规定，台州市渔业主管部门会同台州市各相关职能部门就办理渔业资源损害赔偿案件、进一步统一法律适用尺度、规范行政执法与司法衔接工作等问题召开了联席会议，达成了共识，出台了《关于办理渔业资源损害赔偿案件的若干意见》。该意见指出，公民、法人或其他组织破坏渔业资源构成犯罪，造成国家渔业资源损失的，依法应予赔偿。截至 2021 年 8 月底，台州市收缴渔业资源损害赔偿 267.5 万余元，主要用于渔业资源增殖放流等相关渔业资源修复费用支出。由于渔业资源损害索赔职责主要由人民检察院承担，因此该机制简称为"行检衔接"。

一、部门职责界定

渔业、海警、公安、人民检察院、人民法院按以下分工参与渔业资源损害赔偿工作。

1. 渔业、海警部门按照各自职责负责渔业资源损害赔偿、修复等工作。具体包括：渔业资源损害案件的调查取证、责任认定、赔偿数额与方式的确定等。

2. 公安部门负责直接办理的涉刑事犯罪渔业资源损害赔偿案件前期调查取证工作，配合相关职能部门做好索赔磋商或诉讼工作。

3. 人民检察院监督有关职能部门履行渔业资源损害索赔职责，对存在违法行使职权或不作为，致使国家利益或社会公共利益受到侵害的，应当向行政机关提出检察建议，督促其依法履行职责。行政机关不依法履行职责的，人民检察院依法向人民法院提起诉讼。人民检察院对相关职能部门提起的损害赔偿诉讼可支持起诉；对涉刑事犯罪的渔业资源损害赔偿案件可提起刑事附带民事公益诉讼；相关职能部门不提起诉讼的，人民检察院可以向人民法院提起诉讼；协同有关职能部门做好渔业资源损害修复工作。

4. 人民法院负责渔业资源损害赔偿案件审判工作，协同有关职能部门做好渔业资源损害修复工作。

二、渔业资源损害赔偿责任

1. 赔偿范围

渔业资源损害赔偿包括渔业资源损失费用、渔业资源修复费用、渔业生态整治费用、应急处置费用、环境监测费用、资源修复过渡期损害费用以及资源损害赔偿调查、鉴定评估、诉讼等合理费用。

2. 赔偿原则

渔业资源损害赔偿适用以下几个方面的原则：赔偿责任与行为危害性相适应原则；补偿与威慑相结合原则；货币赔偿与实物赔偿、劳务代偿相结合原则；对造成的实际损害进行全部赔偿原则；依法磋商原则。

3. 赔偿标准

使用禁用渔具、不合规格网具、禁渔期禁止作业渔具，或采用电鱼、拦河设栅捕鱼等禁用方法捕捞的，一般按照非法捕捞渔获物价值的 10～30 倍予以赔偿，但最低不低于人民币 2 000 元。采用毒鱼、炸鱼等毁灭性方法捕捞的，一般按照非法捕捞渔获物价值的 30～100 倍予以赔偿，但最低不低于人民币 5 000 元。采用其他方法非法捕捞渔获物破坏渔业资源的赔偿，按照实际受损程度计算；受损程度难以计算的，按照有关法律法规相应条款的罚款额度的 1～3 倍计算。

除上述情况外，对相应赔偿标准有争议或有关管理机关确实难以估算的，可委托有关鉴定评估机构或专业人士进行损害评估，并根据评估结果进行渔业资源损害赔偿。

4. 赔偿方式

渔业资源损害赔偿可以采用增殖放流、缴纳赔偿金或劳务代偿等方式。

5. 赔偿金缴纳

渔业资源损害赔偿金作为政府非税收入，全额上缴渔业资源管理部门的同级国库，纳入一般公共预算管理。

赔偿责任人应按规定将渔业资源损害赔偿金上缴渔业资源管理部门的同级国库。确因经济困难难以缴纳的，可以分期缴纳。具体实施由职能部门视情况确定。

三、渔业资源损害赔偿案件证据收集

1. 证据类型

渔业资源损害事实可由职能部门收集下列证据：

（1）现场检查笔录；

（2）案件相关人员言词证据，必要时，可由执法人员提供查获时情况的证人证言或出庭作证；

（3）视听资料（记录非法捕捞渔船或船员正在放网、起网等作业过程，违法行为发生地，违禁渔获物等）；

（4）渔船自动防碰撞系统 AIS 轨迹和卫星导航船位轨迹等电子证据；

（5）禁用渔具、不符合规格网具、禁渔期禁止作业渔具以及禁用方法的认定意见，由渔业管理部门根据省级以上渔业行政主管部门相关规定并结合物证、视听资料等证据出具；

（6）其他能够证实渔业资源损害的证据。

2. 违法渔获物数量的确认

违法渔获物数量由职能部门按以下原则进行确认：

（1）应当采用逐件称重的方法予以计算确认，但案件当事人没有异议的，可以采用抽样称重的方法予以计算确认；

（2）称重的数量应当即时告知案件当事人，当事人有异议的，可以在当事人见证下重新进行称重；

（3）对于称重及计算确认的过程，应当采用同步录音录像进行证据固定。

四、部门协作配合机制

1. 管辖分工与协作

渔业资源损害赔偿案件以属地管辖为主，对管辖有争议或者情况特殊的案件，由行为地职能部门协商确定管辖；协商不一致的，由共同的上级职能部门指定管辖。

渔业、海警、公安等部门应加强渔业资源损害赔偿案件的查处力度。对可能引发暴力抗法的案件、涉案人员逃逸或证据灭失的案件以及影响社会稳定的案件，渔业管理部门可以要求海警、公安部门提前介入，海警、公安部门应当提前介入，但调查取证仍然以渔业管理部门为主。

2. 诉讼与执行

人民检察院对相关职能部门提起的民事公益诉讼，可以支持起诉，提供法律咨询、提交书面意见、协助调查取证。

人民检察院提起的刑事附带民事公益诉讼案件由审理刑事案件的人民法院管辖，由人民法院审理刑事案件的同一审判组织审理。

人民检察院提起的刑事附带民事公益诉讼，符合《民事诉讼法》第一百一十九条第二项、第三项、第四项规定的起诉条件的，人民法院应当登记立案。为节约司法成本，提高诉讼效率，人民检察院提起的刑事附带民事公益诉讼案件已履行诉前公告程序，人民法院立案后不再进行公告。

人民检察院提起的刑事附带民事公益诉讼，诉讼请求以货币赔偿方式为主。

刑事附带民事公益诉讼案件审理过程中，人民检察院提起的刑事附带民事公益诉讼请求全部实现而撤回起诉，人民法院应予准许，仅就刑事部分进行判决。

人民法院对发生法律效力的裁判需要采取强制执行措施的，应当移送执行。

3. 多部门合作制度

人民法院、人民检察院、公安、海警、渔业管理、财政等部门建立联席会议制度和重大复杂案件会商制度。对于渔业资源损害赔偿的法律政策研讨和解释的，可以召开联席会议研究；对于案情重大、复杂、疑难的案件，可以专门召开会议进行会商。

典型案例1：船老大在禁渔期使用"三无"船舶从事非法捕捞，终被判资源赔偿和职业禁止

2019年9月2日，台州市海洋与渔业执法支队（下称"支队"）在开展"中国渔政亮剑2019"执法行动时，在28°36′N、122°05′E海域，发现一艘船名号标写为"岭松港辅XX"的钢质渔船正在从事拖网生产作业。经登临检查，当事人李某某未能出示渔业捕捞许可证等渔业船舶相关证书；船上共有船员3人；船主甲板安装起网机2台、吊杆1副，船尾甲板上网囊里有新鲜渔获物；船上共携带拖网网具1张，现场测量该网具的网囊最小网目尺寸为20 mm。

支队执法人员制作现场检查笔录，现场拍摄照片，对船上其他工作人员进行全面的调查询问并制作了调查询问笔录，证实岭松港辅XX船股份情况、船舶基本状况、未按规定配备职务船员及使用小于最小网目尺寸网具从事拖网捕捞生产作业等事实。随后，执法人员对该船进行了现场勘验。勘验结果与在温岭松门港区内已纳规从事摆渡服务的"岭松港辅XX"船在外观、甲板布局、船名牌、船舶总长、型宽等方面明显不同，确定此次查获的"岭松港辅XX"船为套牌涉渔"三无"船舶。

当事人李某某未依法取得捕捞许可证书、擅自将非海洋捕捞渔船改造成海洋捕捞渔船、在禁渔期期间使用小于最小网目尺寸的网具非法进行捕捞等行为，均是为了实施非法捕捞、达到非法获利目的，根据《浙江省渔港渔业船舶管理条例》第四十三条及《浙江省海洋与渔业行政处罚裁量基准》等有关规定，对当事人李某某作出没收船名号标写为"岭松港辅XX"的钢质涉渔"三无"船舶一艘的行政处罚。李某某在禁渔期内使用禁用工具非法捕捞的行为已涉嫌构成非法捕捞水产品罪，按相关规定移送台州市公安局椒江分局依法处理。同时，责令其赔偿国家渔业资源损失1万元。

2020年3月19日，台州市椒江区人民法院对此案进行了判决，以非法捕捞水产品罪判处李某某拘役三个月，并禁止李某某在刑罚执行完毕之日起三年内从事海洋捕捞作业及相关活动。

案例意义：

1. 关于渔业资源赔偿

为切实加大渔业资源保护力度，改善和保护海洋、陆域和水域生态环境，促进渔业资源可持续发展，根据《渔业法》《最高人民法院关于审理海洋自然资源与生态环境损害赔偿纠纷案件若干问题的规定》等规定，2019年台州市港航口岸和渔业管理局联合市检察院等相关职能部门出台了《关于办理渔业资源损害赔偿案件的若干意见》（台检发民字〔2019〕8号）。这是全国首个关于办理渔业资源损害赔偿案件的规范性文件。该文件规定，公民、法人或其他组织破坏渔业资源构成犯罪，造成国家渔业资源损失的，依法应予赔偿。本案当事人李某某违反渔业法律法规，被追究刑事处罚的同时，赔偿国家渔业资源损失 1 万元。

2. 关于职业禁止

2015 年 8 月 29 日《刑法修正案（九）》第三十七条新增了关于"职业禁止"规定：因利用职业便利实施犯罪，或者实施违背职业要求的特定义务的犯罪被判处刑罚的，人民法院可以根据犯罪情况和预防再犯罪的需要，禁止其自刑罚执行完毕之日或者假释之日起从事相关职业，期限为 3～5 年。"职业禁止"对于预防再犯罪、维护社会安定具有重要意义。在全面推进依法治国这一时代背景下，该条款的设定立足犯罪分子的人身危害性，关注预防犯罪，不断强化预防再犯罪的发生，由惩罚犯罪转向预防犯罪，倾注了大量的人文关怀。本案当事人违反渔业法律法规，多次在禁渔期从事非法捕捞，同时符合了"因职业相关犯罪被判处刑罚"和"具有较高的再犯罪风险"等要素，被法院判处"职业禁止"。

典型案例 2：非法使用电脉冲造成重大事故，刑事处罚、赔偿高额渔业生态资源修复费用

2019 年 10 月，浙岭渔 XX 船使用电脉冲惊虾仪从事桁杆拖虾作业时引发火灾，造成 3 名船员死亡、2 名船员轻伤的严重后果。经台州市人民政府授权，台州市港航口岸和渔业管理局组织市公安局、市应急管理局、市消防救援支队联合成立事故调查组。

事故调查报告显示，该船违法使用禁用渔具电脉冲惊虾仪进行拖虾作业，并从机舱私拉电线给电脉冲惊虾仪备用电瓶充电，且无人看管，充电过程中引发火灾，是事故发生的直接原因。同时，陈某作为船长，法律意识和安全生产意识淡薄，在日常安全监管中主体责任履行不到位，招募无证人员上岗工作，事故过程中未有效组织人员撤离，未尽力救助遇险人员，导致 3 名船员死亡，对本次事故负有主要责任。

因陈某违反《渔业法》，与人结伙，使用禁用的工具、方法捕捞水产品，违法渔获物达到刑事立案标准，调查组将案件移送温岭市公安局，后者以非法捕捞水产品罪对其予以刑事拘留。检察官审查案件后认为，陈某在生产、作业中违反安全管理规定，因而发生重大伤亡事故，致 3 人死亡，情节特别恶劣，对本次事故负有主要责任；同时又构成非法捕捞水产品罪，应当以重大责任事故罪、非法捕捞水产品罪追究其刑事责任；由于陈某的行为造成了生态环境损害，侵害了社会公共利益，需要承担相应的民事责任，应赔偿渔业生态资源修复费用，并在温岭市级以上媒体公开赔礼道歉。2020 年 6 月，温岭市人民法院经审理后当庭宣判，陈某犯重大责任事故罪，判处有期徒刑 3 年 2 个月；犯非法捕捞水产品罪，判处有期徒刑 11 个月，决定合并执行有期徒刑 3 年 7 个月，追缴违法所得 176 308 元；10 日内赔偿渔业生态资源修复费用 896 050.5 元，并在媒体公开赔礼道歉。

案例意义：

在拖虾作业发展过程中，以电脉冲惊虾仪为辅助电子设备的捕捞方法，曾对提高单船的产量和产值起到了很重要的作用。但一些厂家为迎合某些渔民的不正当要求，任意改变脉冲参数，增加电脉冲功率，提高脉冲电压，加大脉冲频率。强大的电流下，即便是生命力旺盛的章鱼、海鳗也被电击致死。经估算，被电击死亡的鱼虾仅不到

50%被拖入网囊，其余大量鱼虾沉积海底，腐烂变质，对海洋生态造成极大破坏。在现行法律下，电脉冲惊虾仪是明令禁止使用的电鱼器具，且均为"三无"产品，使用时易造成发热起火，具有严重的事故隐患。浙江全省已发生数十起因使用电脉冲而造成的火灾、触电等安全事故。本案中，不仅有三个家庭失去了顶梁柱，当事人也受到刑事处罚并支付了巨额赔偿。庭审过程中，石塘镇、松门镇组织辖区内船老大、船东等渔业从业者通过视频直播的方式进行了旁听，以案释法的形式起到了良好的警示教育作用。

第五节　部门协作

加强部门协作联动是制止和有效查处各类海上违法违规及犯罪行为的重要举措。台州市创新执法举措，加强港航口岸渔业与海警机构的联系和执法协作，切实维护港航、海洋渔业生产和管理秩序，有力推进"平安渔场""平安港口"建设，为渔船渔港综合管理改革保驾护航。

一、设立台州海警局驻市港航口岸和渔业管理局联络室

台州海警局驻市港航口岸和渔业管理局联络室设主任1名，由台州海警局分管副局长兼任；副主任2名，由台州海警局执法办案队和市海洋与渔业执法支队领导兼任；成员2～3名，由双方相关业务科室负责人组成。

联络室具体负责以下事务：

1. 负责港航口岸和渔业管理部门、海警机构之间开展协作执法工作的沟通和协调。

2. 推进"法条衔接""机制衔接""行动衔接"，制定相关工作制度，确保《渔业法》《港口法》《治安管理处罚法》《刑法》等法律规定实现无缝衔接。

3. 组织实施部门联席会议确定的工作任务。

4. 做好涉港航口岸和渔业管理事项的行政和刑事案件移送衔接，组织协调重大行政、刑事案件办理。

5. 开展相关执法信息的交流和共享。

6. 开展相关法律法规宣传，努力提高涉港航口岸和渔业单位、个人的遵纪守法意识。

二、建立联席会议机制

联席会议成员由台州市港航口岸和渔业管理部门、海警机构、海警局执法办案队、市海洋与渔业执法支队以及各相关业务科室负责人组成。联席会议每季度召开一次，由港航口岸和渔业部门召集；对重大复杂案件线索，可临时召开联席会议。联席会议负责协调沟通衔接配合机制，共同研究执法中遇到的新情况、新问题，通报工作开展情况，开展业务交流，协同开展执法行动。

三、建立执法协查机制

协调落实港航口岸和渔业管理部门、海警机构通报的船舶、人员、违法案件线索核查

工作，依法保障双方执法活动的正常开展，必要时邀请其他执法部门参加，共同会商、研究案情和打击措施，切实加大打击力度。台州海警局及其所属海警机构在办理各类海上案件时，需要对相关涉案船舶和证书进行检验认定时，港航口岸和渔业部门应当给予协助。

四、建立协作执法机制

定期组织执法力量开展常态化执法巡查，对重大海上安保任务、伏季休渔等特殊时间节点，"一打三整治"、渔船港航安全管理、平安渔场建设等重点内容加大执法检查力度，有计划地开展巡航、检查行动。要动用海警船艇、兵力的，按批准权限规定执行。

五、建立案件移送机制

港航口岸和渔业管理部门在海上查处涉渔违法行为过程中发现有涉嫌违反海域使用、海岛保护、环境污染、治安管理或犯罪行为以及在机动渔船底拖网禁渔区线外侧违法违规作业的，按照《关于办理非法捕捞水产品刑事案件若干问题的会议纪要》（台检发侦监字〔2016〕4号）、《关于明确办理渔业违法案件适用行政拘留处罚若干问题的通知》（台海渔〔2018〕57号）、《关于办理渔业资源损害赔偿案件的若干意见》（台检发民字〔2019〕8号）及相关法律法规规定，及时移送海警机构立案查处，并积极配合海警机构做好案件调查取证工作，提供技术支撑；案件重大或情况紧急的，海警机构应提前介入；海警机构发现渔业船舶涉嫌在机动渔船底拖网禁渔区线内侧违法违规作业的，应及时通报渔业执法部门并实施登临检查，对确有违法违规行为的，移交相关地方渔业执法部门依法处理。

六、建立重大案件会商机制

对于拟移送的案件数量较多，或者案情复杂、案件性质难以把握时，港航口岸和渔业管理部门、海警机构应及时进行案件会商。对复杂、重大的案件要及时邀请检察院、法院、司法局等部门召开部门联席会议及时进行专题会商，组织会审。

七、建立信息共享机制

以大数据围城、智慧港区、智慧渔政平台建设为依托，港航口岸和渔业管理部门、海警机构要开展经常性的信息交流、疑难问题研究，互通重大案情信息。港航口岸和渔业管理部门发现涉嫌犯罪、抗拒、妨碍港航渔业执法等行为时，应及时通报海警机构，向海警机构提供有关渔业违法活动的案件和情报信息。海警机构在日常工作中要注意发现和收集涉及港航口岸和渔业违法犯罪行为的信息和敏感海域台州籍渔船活动情况，及时通报给港航口岸和渔业管理部门。双方要指导各县（市、区）局、海警工作站成立相应机构，并落实相关机制。

第六节　进一步加强渔政执法改革的举措

加强渔政执法改革，关键要立足渔业现代化建设的需求导向，围绕监督检查、行政强制、行政处罚等主体职能，聚集日常巡查、案件受理、执法处理、监督管理和涉案物品处置五大环节，合理配置执法队伍，强化设施装备建设，切实保障现代渔业高质量发展。

一、推进渔政队伍建设

渔政事业的发展，关键要看渔政队伍整体素质。要把握好"组织指挥、沟通协调、引领示范、督查督导"四个关键环节，坚持政治建队不放松、坚持业务强队不放松、坚持廉洁塑队不放松，努力建设一支"忠诚担当、以民为本，法治为基、整体智治，装备精良、业务精通，善作善成、久久为功"的高效、廉洁、文明的执法队伍，做到"熟悉岗位职责、熟悉法律法规、熟悉执法程序，会法言法语、会调查取证、会案卷制作、会做渔民工作"，树立一流渔政执法形象窗口。

二、提升渔政装备水平

围绕渔政执法要求，着重改善船艇装备、码头设施、扣船所等条件，提升渔政执法效率。借助互联网、物联网等信息技术，利用"船港通"协同办案模块，建立上下贯通、内外互联的渔政执法管理信息化网络平台，利用数字化、信息化、智能化等现代科技手段开展各项执法活动，为搜集证据链提供可靠保证。加快构建渔业联动执法网络体系，促进渔政执法信息与渔业行业管理、其他执法信息互联互通，实现渔政高效执法和协同执法。

三、做强渔政执法业务

从"心中有图、心中有底、心中有招、心中有戒"四个方面，不断提高渔政执法业务能力和水平。

心中有图：有清晰行政区划的地理概念图、完整的办案流程图、翔实的工作结构图。

心中有底：全面掌握了解渔业资源保护、渔船安全管理、水生野生动物保护、水产品质量等方面法律法规的规定。

心中有招：把好调查取证关和程序关，确保主体合法、程序合法、证据完整。

心中有戒：恪守"法律面前人人平等"，始终坚持"一把尺子量到底"，严格按照自由裁量标准进行处罚，坚决排除"法外之地"，不偏不倚，公正裁量，把所有的案子办成实案、铁案，始终守牢廉洁红线、底线。

四、严格渔政执法监督

坚持日常监督与专项监督、主动监督与受理投诉举报、事前事中规范与事后监督追责相结合，坚持"双随机一公开"，全面开展行政执法监督工作，办结的案卷全部实施网上公开，接受评议监督。全力推动行政执法公开制度、行政执法诚信制度、重大行政执法合法性审核制度、行政执法全过程记录制度、重大案件集体会审等相关制度落实。加强对渔政执法案卷检查评查，重点对行政执法程序、法律适用、调查取证、裁量基准适用、决定执行、文书规范等进行监督检查评查，切实规范行政执法程序，提高行政执法水平。对执法过程中故意或者过失侵犯行政相对人合法权益的，要追究其执法责任。

五、完善执法绩效管理

把是否干事担当作为检验渔政队伍的试金石，作为衡量新时代基层渔政执法能力强弱、素质高低的标尺。

解放思想，打破"论资排辈"的弊端，形成良好的竞争机制，真正实现"强者上、平者让、庸者下、劣者汰"，从而提升渔政执法岗位的吸引力，并促使现有行政执法人员提升自己的竞争力。

健全考核管理机制，合理设置渔政执法考核指标，建立渔政执法量化目标、执法履职免职清单和赏罚分明的奖惩机制，把"忠诚、公平、正义、廉洁、科学、高效"作为主要价值追求，重点考核对上级部署的执行力、对渔民群众诉求的回应力、对渔区社会稳定的维护力和对渔业事业发展的促进力，发挥实绩考核的"指挥棒""风向标"作用，不断提高渔政执法人员的积极性和服务渔业渔民水平，促进渔政执法效能提升。

第十四章

渔船基层管理组织改革

渔船基层管理组织是渔船渔港综合管理改革的"末梢神经"。近年来，台州对渔船基层管理组织进行一系列改革，加强绩效考核，实行重奖重罚，健全退出机制，推行集中办公，配足安全管理人员，落实建章立制、"一船一档"、应急值守等，管理水平、服务能力全面提升。

第一节　渔船基层管理组织理论和要求

渔船基层管理组织是沿海渔业乡镇（含街道，下同）渔船所有者为了渔业生产依法成立并实行自我管理和服务的组织，是渔业乡镇渔船管理机构的协管组织，是各级党委政府和渔民群众之间沟通的桥梁，也是渔业政策措施落实和渔船安全管理的参与者。

一、理论支撑

目前运用于基层治理的相关理论主要为协同治理理论。协同治理理论是指政府与非政府机构之间互动的合作治理模式，即社会力量利用机制。该理论具有以下特点：

1. 治理主体的多元化

协同治理的前提就是治理主体的多元化。这些治理主体，不只是政府组织，民间组织、企业、家庭以及公民个人在内的社会组织和行为体都可以参与社会公共事务治理。

2. 各子系统的协同性

协同治理就是强调政府不再仅仅依靠强制力，而更多的是通过政府与民间组织、企业等社会组织之间的协商对话、相互合作等方式建立伙伴关系来管理社会公共事务。社会系统的复杂性、动态性和多样性，要求各个子系统的协同性，只有这样才能实现整个社会系统的良好发展。

3. 自组织组织间的协同

自组织组织是协同治理过程中的重要行为体。政府能力受到了诸多的限制，其中既有缺乏合法性、政策过程复杂，也有相关制度的多样性和复杂性等诸多原因。政府成为影响社会系统中事情进程的行动者之一。在某种程度上说，它缺乏足够的能力将自己的意志施加在其他行动者身上。而其他社会组织则试图摆脱政府的金字塔式的控制，要求实现自己控制——自主。这不仅意味着自由，还意味着自己负责。同时这也是自组织组织的重要特性，这样自主的体系就有更大程度上自我治理的自由。自组织体系的建立也就要求削弱政府管制、减少控制甚至在某些社会领域的政府撤出。这样一来，社会系统功能的发挥就需要自组织组织间的协同。

虽然如此，政府的作用并不是无足轻重的，相反，政府的作用会越来越重要。因为在协同治理过程中强调的是各个组织之间的协同，政府作为嵌入社会的重要行为体，它在集体行动的规则、目标的制定方面起着不可替代的作用。也就是说，协同治理过程是权力和资源的互动过程，自组织组织间的协同离不开政府组织。

协同治理理论尊重竞争，更强调不同子系统或者行为体的协同，以发挥整体大于部分之和的功效。这对于因片面强调竞争所带来的社会问题的解决更具有现实意义。所以，协同治理理论有助于治理效果的改善，从而促进社会协同发展。

二、省厅要求

浙江省农业农村厅印发《关于基层渔船管理组织规范化建设的指导意见》，对加强基层渔船管理组织规范化建设提出要求，全面构建权责明晰、规模合理、制度规范、办事高效的基层渔船管理组织，促使基层渔船管理组织的协管责任有效落实，渔船安全协管能力明显提升。

1. 管理组织规模化

基层渔船管理组织的形式有渔业公司、协会和合作社。其设立、重组、合并、撤销应经所在乡镇同意，经市场监管、民政等部门登记注册，并报县（市、区）渔业主管部门备案。每个基层渔船管理组织内渔船数量不少于 20 艘，同一乡镇渔船不足 20 艘的除外。基层渔船管理组织按纳管渔船规模分为三类：一类组织 100 艘以上，二类组织 50～99 艘，三类组织 20～49 艘。

2. 管理队伍专职化

基层渔船管理组织的负责人或法定代表人应具有高度的安全责任意识，较丰富的渔船安全管理经验，较高的思想政治觉悟，较强的组织协调能力。根据规模配备专职工作人员（负责人或法定代表人可兼任），其中一类组织不少于 6 名，二类组织不少于 5 名，三类组织不少于 4 名。专职工作人员（除特聘渔业专业人员）应具有高中及以上学历、电脑常用操作技能和较强的安全管理与服务意识。

3. 管理制度规范化

基层渔船管理组织建立健全应急值班值守、安全分析例会、渔船分级管理、渔船动态点验、渔船跟踪分析警示、渔船编组生产、渔民安全教育、渔船隐患排查、船人信息统计、渔船台账管理等制度，制定渔船海上突发事件和防台应急预案。

4. 管理手段信息化

基层渔船管理组织日常办公管理要有固定工作场所，应配备渔船安全救助信息系统终端管理设备、卫星电话或无线电台等通信设备和必要的办公设备。专职工作人员要会使用渔船上配备的安全生产设备，熟练掌握运用渔船安全救助、渔船进出港报告等信息化设备系统，建立渔船船长通信网络，推动事后处理向事前预测预警预防转变。

5. 管理服务一体化

基层渔船管理组织要增强对渔民和渔船的管理服务功能，负责做好证书办理、限额分配、入渔安排、资源费收缴、相关惠渔政策组织实施等初步审核并出具意见，协助开展船员教育培训、隐患排查整改、海事渔事纠纷调处、违法违规行为上报等工作，在管理服务实践中提升组织能力。

6. 经费保障制度化

基层渔船管理组织运行经费主要来自所在地县级政府补助和向渔船收取一定的服务费。服务费收取以非营利为目的，各地可以根据管理服务范围、渔船实际情况、以往惯例确定合理标准。基层渔船管理组织的日常运营经费及管理人员工资的资金保障应由各县（市、区）政府、乡镇政府（街道办事处）负责，原则上基层渔船管理组织专职管理人员应不低于村级管理人员收入待遇，负责人应不低于村级负责人收入待遇，收入部分绩效考核工资应占一定比例。省、市级渔业主管部门每年安排一定经费补助基层渔船管理组织，用于安全基础设施建设和日常管理等。

第二节　台州市渔船基层管理组织规范化建设 1.0

渔船基层管理组织主要存在"两个不强"：一是责任意识不强，侧重于服务，与安全协管要求有一定差距；二是业务素质不强，总体年龄结构老化、学历层次偏低，主要依靠经验管理，业务素质有待提升。通过实施渔船基层管理组织建设指导意见，明确渔船基层管理组织的管理职责、运行要求和考评措施，严格要求，严格评估，严格考核，优胜劣汰，奖惩并举，规范渔船基层管理组织建设，促使渔船基层管理组织协管责任进一步得到落实，形成能进能出的建设机制，推动渔船基层管理组织健康发展，更好地保障渔区平安和渔场的修复振兴。

一、基础运营要求

1. 登记备案要求

经市场监管部门登记注册，并报当地渔业乡镇政府和县（市、区）渔业主管部门备案。

2. 负责人要求

具有高度的安全责任意识，并有较丰富的渔船安全管理工作经验。

3. 管理规模要求

管理的渔船数量不少于 20 艘。按管理规模分三类：一类 100 艘以上，二类 50～99 艘，三类 20～49 艘。管理渔船数量未达 20 艘的需重组以达到要求。

4. 人员配备要求

根据实际配备足额的专职工作人员，包括专职管理员和专职安全员，确保各项管理职责得到履行。根据组织规模，专职工作人员人数分别为一类组织不少于 6 名、二类组织不少于 5 名、三类组织不少于 4 名。其中专职安全员均不少于 2 人，由具备一定海上相关行业工作经验的人员担任。

5. 办公场所要求

组织日常办公管理要有固定工作场所，并配备电脑、打印机、复印机、传真机、扫描仪、电话、档案柜等必要的办公设施。

6. 船岸通信要求

配备渔船安全救助信息系统终端管理设备、卫星电话或无线电台等通信设备。

二、基本管理职责

1. 组织开展渔船安全隐患自查、排查，及时督促整改，对较大隐患或难以及时整改的隐患，上报主管部门并配合查处、整改。

2. 做好船东船长和船员的安全教育，开展防碰撞、防台、防寒潮、防"三超"等安全防范教育，及时传递气象预警信息，协助主管部门开展安全教育和应急演练工作。

3. 建立和完善渔船一船一档、定人联船、动态管理、编组生产、应急预案、安全值班等安全生产管理制度，落实安全生产责任制。

4. 开展渔船动态监管，督促渔船规范使用安全救助终端，及时干预离线、落单等渔船，落实渔船动态编组、船员变动报告和定人联船等举措，确保渔船动态清晰、干预有效。

5. 开展值班和应急处置，遇特殊情况及大风寒潮恶劣天气，保持24小时值班。协助做好渔船海上应急、事故、涉外等事件的调查处置工作。

6. 协助渔船按要求做好证书年审、渔船年检、签证、参保、船员培训及配备、安全通导设施配备等工作。

7. 协助做好渔场秩序维护、海事纠纷调处工作，维护渔区社会稳定。

8. 履行法律、法规规定的其他安全生产方面的职责。

三、运作管理机制

1. 岗位设置

根据管理需要，设立负责人、专职安全员、专职管理员等基本岗位。

负责人是渔船安全协管的第一责任人。负责组织的日常运营管理，承担渔船安全协管责任，组织履行各项职责，确保各项管理制度得到落实。

专职安全员是渔船安全协管的具体责任人。协助组织负责人开展渔船安全监管，负责定人联船、动态报告、编组生产等制度的具体实施，协助渔业主管部门、渔业乡镇开展船员培训教育、应急演练、事故应急处置、纠纷调解，监督平台值班、隐患排查整改等工作的落实。

专职管理员负责公司的渔船安全救助信息系统平台日常维护和渔船船岸通信联络，确保海上每条渔船动态清晰、可联络。负责相关文件收发、会议记录、渔船一船一档和信息动态登记，建立完善管理台账。

2. 管理制度

建立完善管理制度，落实安全生产责任制，定期召开安全例会。建立完善渔船信息登记、渔船动态监管、编组生产、定人联船、安全检查、教育培训、渔船监护人联络等安全管理制度和海上救助应急、渔船事故处置应急、渔船防火防台防硫化氢中毒等应急预案，完善相关工作台账。

四、考评结果运用

属地渔业主管部门每年对组织管理状况进行半年度考核与年度考核，考核依据组织基本管理职责履行情况、责任书考核指标达标情况和记分情况客观公正进行，根据考核评分确定考核等次，分优秀、良好、合格、不合格四档，考核结束后向被考核组织书面通报考核结果。对考核等次为优秀的组织，给予通报表扬；对考核等次为不合格的组织，给予通报批评，并纳入评估对象。考核不合格或被认定具有较大安全隐患的组织需由属地渔业主管部门组织开展评估，对其是否适合继续开展渔船管理工作书面提出评估意见，评估意见需在考核结果公布的7个工作日内出具并及时进行书面告知。

实行考核和评估结果与奖惩机制挂钩。对考评合格的渔业组织，各地根据实际发放考核奖励补助；对考评优秀的渔业组织，允许管理规模提级，优先享受各类政策扶持和试点；对考评不合格的渔业组织，要约谈负责人并限期整顿，对管理规模降级，直至取消挂靠资格并重组。实施惩罚期间保持对组织的评估，如管理无改观则加大惩罚，直至取消挂靠资格并重组。组织被取消挂靠资格的，在全市予以通报，并将负责人信息导入征信系统，实施诚信惩戒。渔业主管部门及渔业互保协会应停止为该组织办理相关业务，渔船船东可自行办理或通过其他组织办理年审、检验、签证、参保等业务。

第三节　台州市渔船基层管理组织规范化建设2.0

在台州市渔船基层管理组织规范化建设1.0基础上，督促渔业村（公司）落实协管责任，保障人、财、物与运行机制，突出抓好严准入、促履职与强管理，创建"十优渔业公司"，打造台州市渔船基层管理组织规范化建设2.0。

一、创建对象

台州市范围内经当地渔业乡镇（街道）和县（市、区）渔业主管部门同意设立的渔业公司。

二、创建标准

1. 公司建设

积极推进制度化、规范化、规模化、专业化、年轻化的"五化"基层管理组织。

2. 日常工作

在全面行使对渔船船网工具指标、渔业捕捞许可证申请人出具意见等相关权利的基础上，按照《浙江省渔业管理条例》《浙江省渔港渔船管理条例》等相关法律法规规定，协助做好渔业安全生产管理工作。

3. 管理绩效

所管理渔船年度安全类案件不超过总数的 5%（同艘渔船多次查处按累计计算）；积极配合渔业主管部门开展安全检查、暗访督查工作，台账完备，不弄虚作假。

4. 加分项

基层管理组织自行开展分类管理、风险预警、渔船调度等工作，贯彻落实渔业主管部门相关通知、规定到位的，予以加分。

三、否决条件

所管理渔船发生安全生产责任亡人事故、涉外涉敏感水域渔业违法违规事件、涉刑案件等的，对该公司的年度考核予以一票否决。

四、创建程序

每年度对基层渔船管理组织的管理情况进行考核评估，由渔业公司自评申报，各地区审核推荐，市渔业主管部门考核评定。考核评估结果与基层管理组织和管理人员的绩效奖励挂钩，被评为"十优渔业公司"的奖励 5 万元，并纳入考核加分。

表 14-1　台州市"十优渔业公司"创建标准

项目	考核内容及要求	评分细则	分值
一、公司建设（20 分）	积极推进公司制度化，根据公司功能、定位，明确职责、任务，任务清单明确，制定值班、检查、应急处置等公司规章制度并将制度上墙。	1. 未建立公司职责清单、管理人员名录、应急处置、日常值班、安全检查等相关制度的，每项扣 1 分，上限 3 分。 2. 制度未上墙的，扣 1 分。	4
	积极推进公司规范化，根据公司规章制度，严格按照标准执行，并建立相应工作台账。包含安全制度、安全责任、文件管理、培训宣传、一船一档、通信联络、动态管理、事故档案等。	1. 有固定工作场所，并配备电脑、打印机、复印机、传真机、扫描仪、电话、档案柜等必要的办公设施以及渔船安全救助信息系统终端设备、卫星电话或无线电台等通信设备。硬件配备不完善的，扣 1 分。 2. 台账内容缺失，不够详尽的，每项扣 0.5 分，上限 2 分。 3. 台账内容更新不及时的，扣 1 分。 4. 台账未建立或内容弄虚作假的，此项不得分。	4
	积极推进公司规模化，管辖渔船达到一定数量，实行规模化管理。	管辖渔船规模 20 艘以下且配有管理人员不少于 3 人的得 1 分，20～49 艘且配有管理人员不少于 4 人的得 2 分，50～99 艘且配有管理人员不少于 5 人的得 3 分，100 艘及以上且配有管理人员不少于 6 人的得 4 分。	4
	积极推进公司专业化，管理人员（除特聘渔业专业人员外）应具有高中及以上学历、电脑实务操作技能和较强的安全管理与服务意识。	公司具有高中及以上学历且有实际上船经验的管理人员，每达到占比 25% 即得 1 分。	4
	积极推进公司年轻化。	公司 45 周岁以下管理人员每达到占比 25% 即得 1 分。	4

269

（续）

项目	考核内容及要求	评分细则	分值
二、日常工作（65分）	全面掌握渔船船员信息。根据渔船变化，及时准确掌握渔船实际数量、实际作业类型、船舶证书、股份构成、异地挂靠、买卖租赁、渔业保险以及渔船作业实际人员数量、持证、户籍、参保等情况。	1. 掌握渔船信息不准确的，扣5分。 2. 渔船信息更新不及时的，扣5分。	10
	落实值班值守应急处置，开展渔船实时动态监管、编组生产管理。督促渔船规范使用安全救助终端，及时干预离线、落单等渔船，落实渔船动态编组、船员变动报告和定人联船等举措，确保渔船动态清晰、干预有效。及时上传下达各种信息；协助做好渔船海上应急、事故、渔事纠纷、涉外涉敏感水域等事件的调查处置工作。	1. 未落实日常值班、动态监管、编组生产、定人联船制度的，每项扣2分，上限8分。 2. 未落实重要时间节点24小时值班制度的，扣2分。 3. 各类信息传导不及时、准确的，扣2分。 4. 未协助做好应急事件处置的，扣2分。 5. 有渔船处于离线状态，长期不纠正的，扣2分。 6. 实际船员与登记船员信息不一致或船员信息变动更新不及时的，扣2分。 7. 渔船脱离编组，落单生产或航行，不及时干预的，扣2分。 8. 跨区域编组未同对方基层管理组织书面确认的，扣2分。	22
	开展渔业船员安全教育。协助乡镇（街道）和渔业主管部门开展以防碰撞、防风灾为重点的安全警示教育和渔船应急演练工作。	1. 未开展安全警示教育的，扣5分。 2. 未开展应急演练的，扣5分。	10
	组织渔船安全隐患排查。协助做好渔船安全隐患排查工作，及时督促渔船船东船长自查自纠和整改；对较大隐患或难以及时整改的隐患，主动上报乡镇（街道）和渔业主管部门并配合查处、整改。	1. 未开展渔船安全隐患排查工作的，扣5分。 2. 渔船安全隐患排查工作开展不全面、不及时的，扣5分。 3. 排查出的安全隐患未通知船长及时整改的，扣5分。 4. 渔船安全隐患排查存在弄虚作假的，此项不得分。	15
	全力做好服务保障工作。督促和协助所属渔船做好办理进出渔港报告、证书年审、渔船年检、参保、职务船员配备、安全通导设施配备等工作，确保渔船安全适航。	1. 进出港报告不及时或不准确的，每艘船扣0.5分，上限3分。 2. 未协助做好渔船保障工作的，扣5分。	8
三、管理绩效（15分）	管辖渔船发生水上交通及捕捞作业事故险情。	管辖渔船发生未亡人事故（险情），每起扣1分。	5
	管辖渔船受到安全类行政处罚（同一艘渔船多次查处按累计计算）。	每查处1起扣1分。	5
	积极配合渔业主管部门开展安全检查、暗访督查工作。	不配合渔业主管部门开展工作的，此项不得分。	5

（续）

项目	考核内容及要求	评分细则	分值
四、加分项 （6分）	积极探索渔船安全管理新制度、新手段、新方式的，视情况加1~3分。		3
	基层管理创新性工作被当地或市级以上渔业主管部门肯定和推广的，视情况加1~3分。		3
	以上加分同一内容仅按最高分记，不重复记分，以当年相应书面材料证明为准。		

第四节　台州渔船监护人管理

渔船监护人指渔船在岸安全监护民间人员，可以是不出海的船东、出海船东（船长）直系亲属，以及船东指定有能力承担监护职能的人员。推进监护人管理，有利于落实船东船长安全生产主体责任，实现对渔船动态的有效干预和监管，坚决遏制渔船安全事故的发生，促进台州市渔业安全生产形势持续稳定好转。

一、渔船监护人职责

1. 掌握渔船有效联系方式。确保与渔船保持即时联络，联系方式如有变动，及时在台州渔信通客户端上更新，并向渔业公司报告，进行信息更正登记。

2. 掌握渔船进出港动态。督促或协助渔船做好进出港报告工作，及时将船员实际动态变化报告渔业公司，对不适航渔船及时进行劝阻干预并报告渔业公司。

3. 掌握渔船安全终端在线情况。发现终端离线要第一时间同渔船取得联系，了解核实渔船位置、离线原因，提醒督促其尽快恢复上线。对暂时难以恢复在线的要及时主动报告当地渔船应急管理指挥部，并与渔船保持联系。

4. 掌握渔船动态编组情况。及时督促落单渔船尽快恢复编组。对暂时难以恢复编组的渔船，要及时主动报告当地渔船应急管理指挥部，并与渔船保持联系。

5. 做好渔船在恶劣天气时的预警提醒。及时传递气象预警信息，督促渔船不超抗风力、超航区航行生产，督促渔船服从防台防寒潮避风等应急管理指令。

6. 掌握渔船在敏感水域附近作业情况。及时提醒不得进入敏感水域航行或生产。

7. 掌握渔船航经商船主航道及夜航时的动态。提醒加强值班瞭望，对在商船主航道水域锚泊、作业渔船实行劝阻。

8. 遇到紧急或异常情况第一时间报告。发生应急示位标报警、人员伤亡、渔船失联、渔商船碰撞、渔船触礁等，应及时向当地渔船应急管理指挥部报告、报警，及时联系施救力量。

9. 传达政府部门的通知通告等信息。及时提醒、督促开展渔船隐患排查和整改。

10. 根据实际需要，协助主管部门、乡镇（街道）政府、渔业公司做好渔船安全管理的其他相关工作。

二、渔船监护人管理要求

1. 渔船监护人基本要求

台州市12 m以上渔船每艘船均要指定1~2名渔船监护人，12 m以下渔船根据实际参照配备渔船监护人。

渔船监护人要求年龄为 18~65 周岁，具有责任心和履行职责相应的基本能力，与出海渔船船长沟通顺畅、密切，具有基本的电脑或智能手机操作能力及学习能力，确保可通过电脑或手机监控渔船动态。

2. 渔船监护人申报审核

按照属地管理原则，由船东船长提出监护人人选，向所属渔业公司申报；渔业公司初审合格后，汇总报所属乡镇（街道）政府；乡镇（街道）政府审核后，报县级渔业主管部门审核；县级渔业主管部门审核通过的，同时报市级渔业主管部门备案。审核未通过的，船东船长应重新提交申请。渔船监护人变更时，船东船长应及时向所属渔业公司报告，后者审核后逐级上报。

3. 渔船监护人培训

各地应当定期组织对渔船监护人进行安全基础培训，落实监护责任，提高安全防范意识，提高安全素质，熟练掌握相关手机 App 或电脑平台的使用操作和使用规定要求。渔船监护人培训工作由渔业主管部门或属地乡镇（街道）政府牵头，渔业公司协助实施。

4. 渔船监护人工作的组织领导

各地渔业主管部门应成立渔船监护人工作领导小组，明确责任分工，落实申报、审核、培训等工作的组织领导，建立完善相关档案台账。加强对渔船监护人履责情况的监督，对于不适合担任渔船监护人的，及时提出意见。强化渔业公司的基层管理作用，将渔船监护人工作实施情况逐步纳入对渔业公司的考核。

第五节　渔船基层治理的探索

一、以整合提升管理规模

实行渔船公司化经营、法人化管理是台州市开展渔船渔港综合管理改革、夯实渔船安全管理基层基础的关键一招。温岭市将 75 家渔业村（公司）整合为 33 家渔业公司，其中石塘镇将原 54 个行政村所辖渔船整合到 22 家专业渔业管理公司，管辖着石塘镇 1 500 多艘渔船，实现了从以前村级"不愿管、没人管"到现在的专业公司"主动管、积极管"的转变，打通了渔船安全管理"最后一海里"。为配合推进涉氨冷藏船"异地挂靠"整治，温岭市采取公开公平公正方式确定涉氨冷藏船专业管理公司，实行专业化管理，渔业公司成为渔船渔港综合管理改革的"桥头堡"。目前，台州市基层渔业公司从 160 家整合到 37 家，彻底改变了渔业公司"低散乱"现象。

二、以考核推进规范建设

渔业公司是区、镇渔业管理部门与渔船沟通联系的桥梁和纽带。例如，路桥区委、区政府对渔业公司建设高度重视，积极采取政府购买服务的形式实施渔业公司管理考核，2018 年根据《台州市渔船基层管理组织规范化建设指导意见》文件精神和路桥区渔业公司管理实际情况，进一步完善了《路桥区基层渔业组织公司化管理实施办法》，区财政每年安排的考核补助资金增加至 82 万元，每年根据实际工作情况制定考核记分办法。有效实施渔业公司考核并合理安排补助经费，其中基础经费部分按一类渔业公司配备管理人员 6 人、二类渔业公司配备管理人员 5 人、三类渔业公司配备管理人员 4 人，每人每月补助 2 000 元，按公司实际配备人员结算；考核奖励补助经费按渔业公司所属渔船以每艘 1 000 元为基数，按管辖实际渔船数量核定，根据年终考核百分制得分计算奖励。渔业公司基础资金得到了有效保障，渔业公司管理人员也相应地落实了有效配备，保持了管理人员的相对稳定。渔业公司基础财力和人力得到切实落实后，有效地保障了渔业公司的规范化建设，渔业公司切实落实渔船动态干预管理、渔船每日点验管理、渔船隐患排查整改、渔船伏休管理及渔船有关证书办理服务等工作，公司管理能力和服务水平得到提高。

三、以合署办公提高效率

为解决渔业公司租房办公、渔业公司分散难管理等问题，路桥区要求 5 家渔业公司全部进驻指挥中心，三门县要求渔业公司进驻渔港管理站，温岭石塘镇 23 家渔业公司全部进驻石塘镇政府提供的办公用房，探索统一办公管理，逐步建立"统一管理、联动处置"模式。渔业公司在一起办公管理，一是便于上级对工作进行部署、督促、检查、监管；二是便于公司管理人员日常互相交流学习、取长补短；三是便于渔民渔船日常事务办理，特别是切实有效地解决渔业公司 24 小时值班管理问题，渔业公司根据指挥中心统筹安排，抽调管理人员参加联合指挥中心 24 小时值班管理，有效落实渔船安全动态干预管理。

四、以示范强化基层管理

启动"创十优渔业公司，强基层管理"活动，坚持"优者上、劣者汰"原则，坚持平时抽查和明察暗访相结合，对照申报条件和打分标准，细致考评各项申报指标。对于成功创建的，由市涉海涉渔专委会予以通报表彰和命名授牌。实行滚动创建，进行次年复核，复核合格的，保留命名；复核未达到标准或发现有关材料、数据弄虚作假或有重要事项隐瞒不报的，复核不合格，撤销其荣誉称号，予以摘牌。对于十优渔业公司，树立模范标杆、扩大榜样效应，在财政支持、审批办证、人员培训、养老保险、信贷资金等方面依法给予相应政策扶持，确保渔业安全治理工作取得实效。

第十五章

渔区渔港振兴

渔区渔港振兴是渔船渔港综合管理改革的重中之重，建设渔港经济区是促进渔港振兴的重要路径。渔港经济区是在建设现代渔港的基础上，密切结合城镇建设和产业集聚，使之形成以渔港为龙头、城镇为依托、渔业为基础，集渔船避风补给、渔获物交易、冷链物流、精深加工、海洋药物、休闲观光、城镇建设为一体，区域产业结构平衡、产业层次较高、辐射效应明显的现代渔业经济区。

第一节　渔港经济区建设背景

一、打造现代渔业经济区，助推乡村振兴战略

党的十九大报告提出实施乡村振兴战略，农业农村农民问题是关系国计民生的根本性问题，必须始终把解决好"三农"问题作为全党工作重中之重。我国是世界渔业大国，渔业是我国"三农"工作的重要抓手，渔业经济的健康发展对促进实施乡村振兴战略具有重要影响。为贯彻落实《国务院关于促进海洋渔业持续健康发展的若干意见》（国发〔2013〕11 号）、《全国农业现代化规划（2016—2020 年）》，进一步提高渔业防灾减灾能力，促进海洋渔业持续健康发展，2018 年，国家发展改革委、农业农村部联合发布了《全国沿海渔港建设规划（2018—2025 年）》。该规划提出推动形成 10 个沿海渔港群、93 个渔港经济区，带动一二三产业融合发展，形成新增万亿产值的产业规模，成为渔业的增长点和沿海经济社会发展的增长极。台州中北部渔港经济区及台州南部渔港经济区均在该规划之列。

二、推进渔业高质量发展，落实质量兴农任务

为贯彻落实党中央、国务院关于实施质量兴农战略的决策部署，加快推进农业高质量发展，2019 年，农业农村部等七部委联合发布《国家质量兴农战略规划（2018—2022 年)》（农发〔2019〕1 号），提出加快农业绿色发展，调整完善农业生产力布局，建设渔港经济区。围绕这些重点任务，农业农村部提出加快推进渔港经济区建设，将渔港经济区建设作为乡村振兴的优先选项，不断加大对渔港基础设施建设的支持力度，推动将渔港经济区建设纳入沿海地方政府的约束性指标进行目标责任考核，推进渔港经济区成为渔业高质量发展的重要平台。

三、探索渔业经济新模式，促进产业融合发展

为贯彻实施"八八战略"，积极践行"两山"理念，秉持"干在实处、走在前列、勇立潮头"的浙江精神，落实乡村振兴战略，助推渔区乡村振兴，2017 年，浙江省出台《渔港和渔船避风锚地建设"十三五"规划（2016—2020 年）》，提出进一步建设渔港经济区，以渔港为平台和载体，在满足传统渔港功能基础上，推进渔港综合开发，提高防灾减灾能力，加快渔港的改造、扩容、升级，推动形成渔港经济区，使其具有为渔业生产提供渔船避风锚泊、鱼货卸载、保鲜加工、交易中转、网具修补、渔船修造、生产生活物资补给的综合功能，突出区域性重点渔港建设。2018 年，浙江省人民政府印发了《浙江省人民政府办公厅关于加强渔港建设管理推进渔港经济区建设的意见》（浙政办发〔2018〕118 号），提出初步建立 12 个渔港经济区。为深化供给侧结构性改革，深入实施"最多跑一次"改革，全面落实"一带一路"倡议和长三角一体化发展国家战略，全力打造渔业高质量发展高地，台州市深入贯彻浙政办发〔2018〕118 号文件精神，推进渔港经济区建设工作，探索渔业发展新产业新模式新业态，打造一批各具特色的美丽渔港小镇、美丽渔村，大力培育海洋文旅产业、健康幸福产业等经济增长点，让生态资源更好地成为生态资本、生态红利，促进渔业产业融合发展。

四、践行渔业发展新理念，加快港城融合步伐

海洋渔业一直是台州沿海渔民群众赖以生存的重要产业。早在 2002 年，台州市便提出了渔港经济区概念，并一直探索实践，以助推渔港渔区产业发展。2008 年以来，台州抓住浙江省委、省政府高度重视标准渔港建设的历史机遇，积极推进渔港建设，努力营造渔港经济区开发条件。台州市陆续印发了《关于加快渔业转型升级发展现代渔业的意见》（台政办发〔2012〕37 号）等文件，以促进渔业健康可持续发展，推进渔业产业转型升级，保障渔民生命财产安全，为渔港经济区建设提供了有力保障。目前，台州市沿海重点渔区呈现出"港城融合"发展趋势，渔港经济区雏形已形成。

五、适应经济局势新常态，保障渔业健康发展

新冠肺炎疫情发生后，世界政治经济格局变化加速，我国发展的外部环境不稳定性、不确定性较大。2020 年 5 月，习近平总书记指出"要逐步形成以国内大循环为主体、国内国际双循环相互促进的新发展格局"。新冠肺炎疫情暴发对台州市渔业产业带来了很大影响，水产品销售渠道不畅，部分水产品价格下跌、效益下滑。为适应新冠肺炎疫情影响下的国际经济政治形势，满足后疫情时代台州市渔业可持续发展需求，提高渔港综合服务能力，保障渔民生命财产安全，优化产业结构，辐射带动其他产业及渔区城镇化建设，台州市亟待开展渔港经济区建设规划工作，以突出战略性、前瞻性、指导性和可操作性，作为台州市"十四五"时期甚至更长时间内现代渔业建设的重要载体。

在上述背景下，台州市渔港经济区拟规划以沿海国家级中心渔港、一级渔港为龙头，以二、三级渔港为补充，以传统渔业村镇为依托，形成沿海渔业经济产业带。综合考虑地理位置、渔业基础设施条件、渔船避风条件、渔业总产值、水产品总产量及捕捞渔船数量

等因素，划分为台州中北部、台州南部两个区域，分区建设渔港经济区，以促进产业集聚，发展高质量渔业经济。

第二节　渔港经济区建设基础

2003年12月9日，浙江省海洋与渔业局在椒江召开全省渔港建设现场会，会议代表们实地参观椒江中心渔港建设现场和椒江中心渔港经济区控制性详细规则沙盘，听取了台州关于渔港经济区思路和实践的介绍。从那时起，台州就开始了现代渔港经济区建设之路。

一、从调查研究入手，理清渔港经济区建设思路

调查研究是决策之源、谋事之基、成事之道。建设渔港经济区是一个全新思路，没有现成的经验可供借鉴。在围绕渔港经济区如何建设和怎样建设问题上，台州展开了一系列的调查研究，提出了渔港经济区建设的战略构想。把"政府牵头、统筹规划，市场运作、综合开发，以港养港、多业发展"作为建设思路；通过反复比优，确立了重点建设渔港经济区；把强化组织领导、加大政策扶持、多方筹措资金、科学管理项目、建立督查机制作为推进的保障措施。

二、从规划编制入手，全盘谋划渔港经济区建设

规划是渔港经济区建设的龙头。台州在规划建设标准渔港的同时，对有条件的渔港，按照渔船避风和补给、水产品集散和加工、休闲渔业和海洋旅游、集镇建设和渔民转产转业等渔港经济区基本功能，以国民经济和社会发展规划为依据，运用市场经济的战略眼光，同步推进渔港经济区规划的编制。根据不同时期要求，相继推进渔港经济区概念性规划、控制性详细规则等编制，依据《全国沿海渔港建设规划（2018—2025年）》，编制完成了台州市及椒江、临海、温岭、玉环四大渔港经济区规划，温岭渔港经济区项目实施方案通过专家评审，具备大规模开发条件。

三、从渔港建设入手，创造渔港经济区建设条件

渔港经济区建设首先以渔港为依托。从2006年起，台州市认真落实《浙江省人民政府关于加快标准渔港建设的若干意见》（浙政发〔2007〕14号）精神，积极争取项目立项和资金支持，加大渔港建设投入，加快推进渔港防灾减灾设施建设。列入《浙江省标准渔港建设与布局规划》的建设项目已基本完成，在防灾减灾、保障渔民生命财产安全、服务渔业和渔区经济发展等方面发挥了重要作用。截至2019年，台州市标准渔港建设累计完成投资超过15亿元，建成13座标准渔港，建成防波堤6 520 m、护岸28 038 m、码头11 208 m、道路36 412 m、管理用房13 029 m²，形成有效避风安全锚泊水域面积1 643.6万m²，12级台风登陆时可实现95%以上海洋渔业船舶就近安全避风的目标。台州市标准渔港建设，整合优化了全市渔港资源，根据"突出重点、远近结合、区域统筹、优势互补"的原则，按照"一轴、三群、六区"的空间布局结构，强化渔港之间的有机协

同和资源共享，初步形成了以综合型渔港为核心、避风型渔港为补充、服务型渔港为基础的标准渔港体系，为渔港经济区建设奠定了坚实基础。

四、从陆域开发入手，积极推进渔港经济新发展

渔港的建设和发展带动了渔区水产品交易流通、冷藏加工、生产补给、休闲渔业等二三产业迅速发展，围绕渔港形成了多个产业集聚区，为渔民从事渔业加工、流通和服务业创造了条件和就业机会，极大促进了渔民转产转业。其中，坎门中心渔港、温岭中心渔港、椒江中心渔港、红脚岩渔港、路桥金清渔港、三门健跳渔港等周边区块的产业迅速聚集，渔港经济区雏形初显，已成为浙江沿海发展现代渔业和建设社会主义新渔区的重要载体，极大带动了渔区经济的发展。例如，占地 109 亩的台州兴旺水产有限公司 3 万 t 级冷库、年加工能力 7 万 t 水产品精深加工项目在椒江中心渔港形成产能；玉环坎门中心渔港 400 亩老港池的渔民新村和占地面积 380 亩、建筑面积 38 万 m^2 的"渝汇蓝湾国际小区"拔地而起，投资 2 863.97 万元完成环岛南路玉环坎门渔港段建设，使坎门中心渔港小里澳 600 亩建设用海项目具备了开发条件，A 标段 170 多亩的"渔港小镇"建设接近尾声，环港经济区的雏形已经显现。渔港经济区建设不仅解决渔港建设的部分资金缺口，还促进渔业产业集聚和渔民居住环境的改善，必将推动渔业产业转型升级和渔港经济新发展。

第三节　国内其他渔港经济区的建设经验

一、天津中心渔港

天津中心渔港位于天津市滨海新区，现有 17 个货运码头、1 000 个游艇泊位，年吞吐量 1 700 万 t，港区面积 10 km^2，水域面积 8 km^2，以发展水产品加工和游艇产业为主。这两项产业带动了港口物流、休闲旅游等其他相关产业的发展，使天津中心渔港发展成为一个现代化的综合渔港。

1. 水产品加工

天津中心渔港的海陆联运区域和后方陆域园区的配套优势，为水产品加工提供了发展机会。据中国产业网《2018 年天津市水产品加工行业名录》报告，天津市水产品加工行业排名前 50 的企业里，约有 20 家来自天津中心渔港园区，渔港已经成为一个综合的水产品加工的集散地。这为延续天津渔港渔业生产提供可能，也给当地养殖生产开辟了一个永久性的高速通道。

2. 游艇产业

为刺激游艇产业的发展，渔港海陆联运的休闲区内修建了约 1 000 个游艇泊位，为游艇下水、试航、停泊和运输提供了必要的水域条件，辐射了以京、津、冀三省市为主的北方游艇消费市场。目前园区内已经形成集游艇制造、游艇会展、游艇俱乐部、游艇培训学校等产业联合发展的游艇产业集群，成为北方游艇产业中心。

二、闽台中心渔港

闽台中心渔港位于福建省厦门市北部，重点对接两岸产业，发展两岸渔业服务、贸易

服务、金融服务、新型服务、滨海休闲服务等。拥有水域面积 4.3 km²，陆域面积 3 万 m²，码头及海岸线 2 300 m。

1. 水产冷库

已投入使用的 2 万 t 级水产冷库、2 万 m² 的水产品加工车间及贝类净化中心，具备冷藏及加工能力，为海洋渔业产品提供冷冻、保鲜、仓储、深度加工、冷链物流配送等服务。

2. 制冰、冷冻冷藏库

超低温冷藏库位于北堤码头腹地，与 2 万 t 级水产冷库形成差异化互补，满足各类船舶生产及渔获物上岸需求。

3. 鱼货储运中心

中心为水产品经营商提供入境监管暂养场所，也为上岸的活鲜鱼货提供暂养、包装、储运服务。

4. 农水产品物流中心

物流中心设有活鲜贝类、鱼类、冰鲜冻品、干货交易区以及装卸码头等功能区，同时配备海水供应系统。完善的配套设施和完整的功能区接轨国内外水产品集散和产业集群发展格局，成为渔业产业经济圈的核心运营实体。

三、石岛中心渔港

石岛中心渔港位于山东胶东半岛东南端，地属山东威海荣成市，是中国北方最大的渔港。码头泊位数 31 个，年吞吐量 200 万 t，港区面积 1.2 km²，渔港水域面积 136 km²。

石岛中心渔港的港湾是一座椭圆形的天然港湾，地处烟威（烟台、威海）、石岛、连青石（连云港、青岛、石臼所）三大渔场的中心，拥有得天独厚的海洋渔业资源。因石岛中心渔港处于特殊的地理位置，辐射范围极广，山东省内青岛沙子口渔港、文登埠口港等大型渔港都在其影响范围内。从石岛中心渔港出发，约 5 小时的船程即可到达山东省内其他渔港，完成渔获交易，形成捕捞、运输、贸易为一体的产业链。除山东省外，石岛中心渔港与粤、台、闽、浙、苏、沪、冀、津、辽等多个省市都有渔获交易，贸易往来频繁。

另外，石岛中心渔港作为国家一类开放口岸，港口还对朝鲜、韩国和日本等外籍渔船开放。港口进出船只密集且频繁，每年接待的渔船约 1.5 万余次，货运年吞吐量逾 20 万 t，卸货量逾 30 万 t。以此为优势，石岛中心渔港建立了我国北方最大的渔获物综合交易中心"北方鱼市"，是一个通达世界的国际化的鱼货交易市场。

第四节　渔港经济区建设总体思路

一、指导思想

以习近平新时代中国特色社会主义思想为指导，根据《全国沿海渔港建设规划（2018—2025 年）》总体要求，紧扣"六稳""六保""大循环""双循环"，对标"重要窗口"新定位新目标，立足台州沿海渔业产业、渔港周边经济社会发展状况，按照"政府牵头、统筹规划，市场运作、综合开发，依港养港、多业发展"的方针，重点突出现代渔业产业发展和渔区城镇化建设，把台州中心渔港、一级渔港建成"结构合理、功能齐全、设施配套、环境优美"的现代渔港，使其成为渔民转产转业的重要基地，成为体现渔业经济发展、展示渔区风貌和渔港城市特色的重要窗口，成为现代渔业管理的重要区域，助力新时代经济高质量发展和强市建设，努力让台州渔港经济区成为建设浙江海上"重要窗口"的标志性成果和亮丽风景线。

二、基本原则

（1）坚持生态保护、绿色发展。践行绿水青山就是金山银山的理念，以渔业可持续发展为前提，以绿色发展为引领，妥善处理好生产发展与生态保护的关系，把生态保护和绿色发展融入渔港经济区规划、建设、运营等各个环节。

（2）坚持问题导向、补齐短板。坚持问题导向、需求牵引，集中力量建设一批事关全局、保障性强、需求性强的公益基础工程，在要素配置上优先满足，在资金投入上优先保障，加快补齐渔港渔区短板。

（3）坚持产业融合、港城一体。突破传统渔港发展理念，因地制宜、突出特色，统筹规划、合理布局，政府引导、市场主导，延伸纵向产业链、整合横向配套产业，推进渔港经济区产城、港城融合发展。

（4）坚持市域统筹、分步实施。统筹考虑台州市渔港、渔业资源、渔业发展状况，根据资源、资金条件、各地发展特色及优势产业，突出重点、一次规划、分步推进，进一步落实开发时序和功能区块，做到近期开发与中远期发展相结合。

（5）坚持陆海联动、串港成群。立足功能定位，坚持陆海统筹，加快海域、岸线、陆域滚动开发，优化渔港和渔港经济区建设的空间布局，实现错位发展，避免千篇一律。依托沿海交通动脉，串港成群，做大做强渔港产业。

（6）坚持以人为本、共享发展。坚持尊重渔民意愿，切实发挥渔民在渔港经济区建设中的主体作用，调动渔民的积极性、主动性，以维护渔民权益与增进渔民福祉为出发点和落脚点，不断提升渔民获得感、幸福感、安全感。

三、发展思路

1. 渔港功能多元化，打造现代化综合渔港

生产性功能是渔港的基础性功能。随着渔业产业结构调整和渔区现代化建设，传统渔港在满足渔船避风停泊、渔民生命财产安全保障及渔业生产正常运行等基本功能外，与渔区产业发展和渔区城镇化发展紧密相连，渔港功能逐渐向多元化拓展，社会性功能逐渐增强。因此，在建设渔港经济区时，势必要考虑渔港的生活休闲娱乐、渔文化传承、生物多样性保护等多元化功能，鼓励旅游、餐饮、体验等业态与传统渔业融合，鼓励休闲渔业、科教宣传等产业协调发展。

2. 渔港渔村一体化，构建渔旅融合型渔港

渔港建设有助于提升渔区基础设施建设水平，能够有效推进渔业村镇的城镇化，加快现代化城镇建设步伐。同时，渔港产业链延伸发展可助推渔民转产转业、有效支撑渔村经

济发展，是渔民增收、渔村经济振兴与发展的重要力量。

将渔港经济区建设与当地村镇特色相结合，将地方特色发展成为渔港经济区的重要立足点。结合沿海传统渔业村镇产业基础、海滨海岛资源基础等条件，充分挖掘地方区域优势，如温岭的大奏鼓、小人节、渔鼓、渔耕、石屋文化，椒江大陈岛"垦荒精神"等颇具特色的海洋海岛红色文化，创新产业定位与渔区发展模式，打造具有地方特色的渔业小镇，增强渔区竞争力。

3. 渔业产业多业态，推动产业链健全发展

在近海渔业资源枯竭、休禁渔期政策紧缩和渔民转产转业大背景下，现代渔业经济要充分发挥渔业资源优势，引入市场经济要素，促进渔业产业从捕捞、养殖向水产品加工、海洋旅游等关联产业延伸发展。通过培植水产品加工、海洋药物开发、冷链物流、渔船智造、现代商业服务等龙头企业，拉长产业链，促进渔区产业集聚发展，打造现代渔业产业经济体系。

通过建设玉环坎门渔业产业园区、温岭礁山渔港小镇、白沙-黄礁渔旅融合发展核心带、椒江三山渔都小镇、红脚岩渔港综合体等项目，吸引和集聚各类生产要素，提升渔港多元化功能和现代化水平，以提高渔港资产自身的造血功能，盘活渔港资源资产，促进捕捞渔民转产转业，保护渔业资源，促进渔业产业转型升级。

4. 渔港管理新格局，深化管理改革新机制

积极推进渔业供给侧结构性改革，逐步建立"统一管理、联动处置"模式，打通渔船安全管理"最后一海里"。将渔业数字化信息平台运用到渔港综合管理改革中，通过信息化手段，有效解决一线管理存在的人手不足、覆盖面窄、管理方式滞后等问题。统筹强化渔业资源管理、渔船安全管理、渔港生态保护和渔港经营管理，全面构建依港管船新体制，使渔港成为渔船渔港综合管理改革的"桥头堡"。

四、发展定位

在统筹推进疫情防控和经济社会发展的关键时期，习近平总书记亲临浙江考察，赋予浙江"努力成为新时代全面展示中国特色社会主义制度优越性的重要窗口"的新目标新定位，为浙江省渔业经济发展确定了新坐标。台州市渔港经济区将对标"重要窗口"建设，打造浙江渔船安全生产引领区、全国渔船渔港综合管理改革示范区、全国渔业产业转型升级发展先行区、国家美丽渔村样板区，助力台州市渔业经济高质量发展实现新跨越。

1. 打造浙江渔船安全生产引领区

依托台州市现有渔港资源，开展渔船避强台风锚地建设，形成以玉环坎门中心渔港、玉环灵门渔港、温岭中心渔港箬山港区、温岭中心渔港石塘港区、温岭礁山渔港、路桥金清渔港、临海红脚岩渔港、三门健跳渔港、浦坝港等为核心的现代渔船安全避风体系，强化渔港综合服务功能，有效提高渔业生产的安全系数，有利于服务渔民、保障渔区可持续发展。

2. 打造全国渔船渔港综合管理改革示范区

创新渔港综合管理体制机制，构建"布局一体、管理标准、信息共享、全域覆盖"的

渔港管理新模式，实现"依港管船、依港管人、依港管渔"的目标，逐步形成绿色高效、安全规范、融合开放、资源节约、环境友好的现代渔业发展新格局，打造全国渔港综合管理改革示范区。

3. 打造全国渔业产业转型升级发展先行区

以渔业为主体，推进产业跨界合作，整合台州精深加工、交易物流、海洋生物医药、渔业装备制造等涉海产业，交叉融合、转型升级，构建以渔为核心、多产业聚合发展的经济链条，把台州市渔港经济区建成全国渔业产业转型升级发展先行区。

4. 打造国家美丽渔村样板区

依托台州渔港渔区独具特色的自然风光和民俗风情，发挥玉环、温岭、椒江、临海等地的资源优势和文化优势，凸显渔村特色，大力发展渔文化展览、体验式捕捞、渔港美食、渔家民宿等休闲渔业产业，加快美丽渔村建设，打造具有台州气息的国家美丽渔村样板区。

五、建设目标

1. 形成功能完备的渔港综合服务体系

进一步强化渔港基础设施建设，重点支持建设坎门中心渔港、温岭中心渔港、椒江中心渔港、路桥区金清渔港、临海市红脚岩渔港及三门健跳渔港。争取到 2030 年实现渔船可就近卸鱼，实施渔船分区有序锚泊，渔船避风锚地能满足台州市及周边县市渔船避风要求。台州市可避 13 级风有效水域面积由 94.3 km^2 增加至 118 km^2，可避 15 级风有效水域面积由 48.5 km^2 增加至 73 km^2。

2. 建成管理有序、监管到位的法治渔港

推行渔港建设、渔港维护、渔港管理、渔港经营等相关标准制度建设，全面推行港长制，基本建成标准化渔港管理制度体系，形成"依港管港、依港管船、依港管渔、依港管人"科学管理模式。通过渔港管理服务信息化建设项目，建立不少于 4 个集渔船、渔港、渔民、渔获物于一体的使用数字渔港管理系统的渔港，初步构建业务综合、上下贯通、开放高效的综合管理服务平台。

3. 实现渔业及周边产业的蝶变升级

通过将渔港建设为渔港陆域产业集聚的重要平台，带动民间投资和银行融资，推动港区城镇化和渔民转产转业，促进渔民增收，辐射带动沿海重要渔区经济的发展。着力调整渔业产业结构，推进产业融合发展，建设 10 个渔业产业提升项目、10 个渔旅融合项目，做大做强 8 家渔业龙头企业，打造 10 个渔业品牌（表 15-1）。

4. 打造物阜民康的台州美丽渔村品牌

按照"产业兴旺、生态宜居、乡风文明、治理有效、生活富裕"的总要求，从渔业文化、渔乡风情着手，重点开展海上垂钓、休闲旅游、渔村民宿、海鲜美食、渔耕文化建设，打造产业集聚、人文气息浓厚、生态环境优美的特色村镇。通过渔业特色小镇、美丽渔村建设，打造 10 个生态宜居、文旅深度融合的特色渔业村镇，实现渔民人均收入年增长 8% 以上，提升渔民获得感、幸福感，助力国家乡村振兴战略实施。

表 15 - 1　台州市渔港经济区建设规划目标

建设规划目标	至 2025 年	至 2030 年
有效避风水域面积	可避 13 级风有效避风水域面积由 94.3 km² 提升至 118 km²	可避 15 级风有效避风水域面积由 48.5 km² 提升至 73 km²
数字渔港管理系统	2 个	4 个
渔业产业提升项目	5 个	10 个
渔旅融合项目	5 个	10 个
重点渔业龙头企业	5 个	8 个
精品渔业品牌	6 个	10 个
特色渔业村镇	6 个	10 个
渔民人均收入年增长率	8%	8%

注：可避 13 级台风及 15 级台风有效避风面积指的是该等级台风影响下有效波高小于 1 m 的锚地避风面积。

六、总体布局

围绕玉环、温岭、路桥、椒江、临海和三门等沿海中心渔港、一级渔港，立足台州市沿海经济社会发展需要、区域产业基础、海洋渔业发展现状、城镇分布特点和渔港自身条件，规划建设 6 个渔港经济区，形成"一带两群六区"的总体布局。

1. "一带"

根据《全国沿海渔港建设规划（2018—2025 年）》《浙江省人民政府办公厅关于加强渔港建设管理推进渔港经济区建设的意见》等有关要求，以沿海国家级中心渔港、一级渔港为龙头，以二、三级渔港为补充，以传统渔业村镇为依托，形成沿海渔业经济产业带。

2. "两群"

台州市主要有 6 个沿海重点渔区，综合考虑地理位置、渔业基础设施条件、渔船避风条件、渔业总产值、水产品总产量及捕捞渔船数量等因素，划分为南部、中北部 2 个渔港群，力争充分发挥产业集聚效应，并促进区域产业结构平衡。

（1）台州南部渔港群。以玉环和温岭两市渔港为基础，发展方向为：完善渔港码头等基础设施，改善渔村人居环境，优化渔港产业结构，提升渔船避风能力，重点发展水产品集散、水产品精深加工、民俗旅游、美食体验、渔船智造等产业，建成以生产服务、旅游休闲、宜游宜居等为特色的渔港群。

（2）台州中北部渔港群。以路桥、椒江、临海、三门渔港为基础，发展方向为：合理安排渔民居住和集镇建设、渔船修造、渔船补给和避风、水产品集散中心、休闲旅游等用地，以水产品加工业为基础，做大做强休闲海钓、渔村民宿等产业，加快渔业三产融合发展，建成以冷链加工物流、渔业配套、海洋生物、海洋装备与渔业休闲产业等为特色的渔港群。

3. "六区"

根据各渔港经济区产业基础及功能定位，围绕中心渔港和一级渔港建设，重点建设玉环、温岭、路桥、椒江、临海、三门等六大现代渔港经济区。

（1）玉环渔港经济区——"东海渔仓，对台窗口"。立足于国家海洋公园建设、对台直航等本土优势，依靠海捕虾全产业链海上加工、延绳钓、甲壳素加工等当地特色产业，打造成集水产品精深加工、海洋生物医药、冷链新零售、精品休闲渔业于一体的渔港经济区。

（2）温岭渔港经济区——"山海港镇，渔韵温岭"。依托温岭渔港、礁山渔港，借助千年曙光园、七彩石塘、风情小镇、礁山天然避风港湾等，打造石塘特色小镇，探索渔港经济新模式，建设中国新型渔船智造中心，打造浙江"重要窗口"渔港经济展示区。

（3）路桥渔港经济区——"原质海岛，避风良港"。充分发挥金清一级渔港良好的避风条件，加强白沙岛与黄礁涂围区联动发展，延伸海岛旅游产业链，打造集休闲渔业、海滨游乐、田园农业等多功能为一体的渔港经济区。

（4）椒江渔港经济区——"都市渔港，湾区明珠"。在建设美丽渔港的基础上，密切结合台州湾区建设，以大黄鱼等特色产业链为纽带，发扬大陈岛垦荒精神，推动绿色深远海养殖发展，实现"港、产、城、湾"融合发展，打造高质量、以绿色生态发展为特色的渔港经济区。

（5）临海渔港经济区——"浙东门户，海钓之都"。依托休闲海钓之都、白对虾之乡、水库胖头鱼之乡等特点，重点发展休闲海钓、海岛旅游等特色产业，打造避风条件优越、港产融合充分、海岛风情明显、休闲海钓突出的渔港经济区。

（6）三门渔港经济区——"滩涂牧场，青蟹之乡"。依托国家级多功能综合渔港——健跳一级渔港，重点发展特色水产养殖、水产品冷藏加工、渔业生产相关配套及海洋服务业，打响全国小海鲜知名品牌，建设"全国青蟹之乡"。

第五节　渔港经济区建设主要内容

一、完善渔港基础设施

1. 提升渔船避风能力

渔港是渔船安全锚泊避风的"家"，是最重要的民生设施。要汲取渔船防御超强台风教训，立足于防大灾要求，以传统渔港的改造、扩容、升级为重点，以提高避超台能力为核心，加快推进渔船避风锚地建设。重点实施玉环坎门中心渔港、温岭中心渔港箬山港区、三门湾、三门浦坝港四大渔船避风锚地建设。

2. 改善渔港服务保障

码头、护岸、道路等渔港设施是渔区全面小康最重要的依托。借力新冠肺炎疫情防控对改善农村居住环境提出的新要求，以"三农"领域补短板项目为抓手，加快推进渔港服务性基础设施建设。深入谋划椒江区大陈渔港码头建设，重点推进温岭礁山渔港中心码头、温岭中心渔港箬山港区码头、玉环大麦屿渔港、玉环鸡山渔港升级改造工程和玉环坎门渔港码头优化改造，加快渔港环境整治和绿化亮化美化，建立起与渔区全面小康相适应的渔港基础设施，打造美丽渔港。

3. 强化渔港养护管理

渔船渔港综合管理改革是台州市一张亮丽的渔业"金名片"。要按照分级管理、属地负责的总体原则，健全县乡两级渔港港长制，配齐、配强港长队伍，深入推进综合型渔港管理站建设，完善渔获物定点上岸设施，优化执法力量驻港监管，着力构建"依港管船、依港管人、依港管渔、依港管安全、依港管环境"的新体制，促进渔港管护落实落地，充分发挥渔港服务保障和渔船安全锚泊功能。

二、渔获物精深加工

1. 推进加工产业集群发展

利用渔港经济区产业集聚优势，建设水产品加工集聚区，促进水产品加工集群发展，重点突破精深加工、加工副产物高效综合利用、水产品质量安全可追溯等技术壁垒，开发高附加值的功能性食品，提高水产资源利用效率，全面延伸渔业产业链，提高渔业第二产业的占比。

2. 深化渔获物精深加工

积极引导渔获物加工业转型升级，加强渔获物加工技术深度研发，开发低值鱼高值化利用加工、废水废弃物高值化利用、鱼粉环保生产等精深综合技术；开发海洋产品的超低温速冻技术与设备；低值海洋生物活性物质、新型海洋生物资源及水产品加工副产品的综合利用与研发；提高海藻类产品的综合高效加工技术；开发海洋保健品和多功能海洋食品、饮料、调味品等技术，形成以小包装、便利化、冷冻冷藏为主，功能保健食品、海洋药物等十多个种类为辅的水产品加工生产体系。

3. 打响水产品品牌

以现有农产品地理标志产品、国家驰名商标等为基础，积极扶持向渔港经济区集聚的水产品加工企业，打造浙江省乃至全国的著名品牌，形成品牌水产品生产群体。多渠道宣传注册商标、创建品牌的作用，扩大市场知名度和美誉度，增强各类主体的品牌意识和创牌能力。加强渔业品牌的管理和保护，积极创建"名牌产品""地理标志"等特色产品，发挥品牌在市场拓展、提质增效中的作用。

三、水产品交易物流

1. 建设特色水产品交易市场

挖掘水产品生产区域特质、工艺特点和文化底蕴，加强市场品牌建设，发展成为区域性品牌，建设现代综合型、区域性、特色化水产品交易市场，构建现代化水产物流体系。以温岭松门水产品交易市场为例，规划将其改扩建为集渔业文化、渔港美景、海鲜选购、海鲜烹饪体验等多种功能于一体的区域性大型渔港商贸旅游文化中心。

2. 打造渔港经济区冷链物流运输基地

开展水产品保鲜、保活、贮藏和运输等全程安全控制集成技术和设备研发，增强冷链物流服务能力。整合渔港经济区内独立的冷链物流运输车组成规模化公司化的物流联盟，同时引入大型物流集团，打造冷链物流运输基地，构建现代化水产物流体系。

3. 拓展电子商务等新业态、新模式

对水产品交易市场开展现代信息技术改造，培育新型多元的水产交易主体，对接盒马、顺丰、京东等大型互联网平台进行生鲜水产品售卖。在市场内设计海洋美食博物馆、网红餐饮门店、渔业周边商品集散区，引入相关互联网营销人才，帮助区域内的渔业企业进行线上营销。增加跨国贸易板块，快速高效精准广泛地依托互联网进行水产品贸易。

四、全产业链化发展

重点瞄准深水网箱设施化养殖和海洋牧场两大发展方向，研究、开发和示范设施化养殖关键技术，开展养殖新品种筛选、引进、推广，建立设施化养殖产业示范基地，全面推进海洋牧场建设，发展海水养殖装备研发制造，开发海上游钓产业，推进渔业品牌建设，实现渔业产业链式发展。

围绕大黄鱼养殖和大陈海岛特有元素，在"水"字上做文章，大力发展深水抗风浪网箱养殖和海区大型围栏养殖等设施化养殖，研究、开发和引进养殖设施和装备，提高设施化养殖的机械化、自动化、信息化、智能化水平；在"渔"字上寻乐趣，在"吃"字上图口福，打造集大黄鱼苗种生产、海区养殖、产品加工、市场销售、海上观光、渔事体验、海鲜餐饮、海岛民宿、科教渔俗于一体的大陈黄鱼特色休闲产业链。

五、海洋文旅融合发展

1. 打造休闲渔业观光黄金海岸带

依托渔港经济区内沿海岸线资源，突出渔文化内涵，有序发展黄金海岸型和生态型休闲渔业，强化产业引导和规范管理，培育沿岸精品休闲渔业示范基地，提升休闲渔业整体水平。在现有休闲渔业场所基础上，进一步将传统渔业与现代渔业、休闲、旅游、美食、购物、教育、科普等元素相融合，集中发展休闲垂钓、赛事节庆活动、渔事体验观光、鱼鲜餐饮、民居民宿、科普教育、赶海拾贝、潜水培训等。

2. 建设渔业特色小镇和美丽渔村

整合台州市渔村、渔港，以渔文化为主线，承袭传统渔业文化，通过节庆活动推进当地社会经济的发展。节庆活动以祭海仪式、开船仪式、妈祖巡安仪式为主要内容，以海鲜美食、渔船展示为特色，节日期间游客可以住渔家、吃渔家，参与、观看渔家的各种祭祀活动，领略渔家文化。

3. 统筹海岛渔旅融合发展

以临海市为例，充分利用东矶列岛独特的地质地貌和风光环境，从海钓运动基地、休闲观光、渔村体验等几个维度进行渔旅融合开发。利用东矶岛的海钓运动资源条件，打造精品海钓基地；利用田岙岛的海岛农业景观资源，开发海岛农业休闲、海岛农事体验等旅游活动，打造田岙海岛农庄；利用雀儿岙岛丰富的海防旅游资源，开发海防坑道观光、海岛真人CS、海防科技馆等旅游项目，开发雀儿岙海防文化乐园。

4. 发展海钓赛事基地

利用好临海市优越的休闲海钓资源和"中国休闲海钓之都"品牌，以东矶列岛的东矶岛为中心，注重特色休闲渔业品牌打造，注重渔旅融合发展，打造休闲海钓基地。加强新型休闲游钓船艇和设备设施的配套，满足各项国际海钓赛事的需求，创建国家（省）海钓赛事基地。

第六节　渔港经济区建设的保障措施

一、加强组织领导

台州市要从推进沿海经济高质量发展的大局出发，依照"政府主要领导要亲自抓、亲自过问"的原则，切实加强对渔港经济区建设工作的领导，加大对渔港基础设施建设的支持力度。成立由渔港经济区行政辖区政府主要领导任组长，发展改革、渔业、自然资源等部门及所涉及的乡镇等单位参与的渔港经济区领导小组，负责渔港经济区的谋划、建设和管理工作，认真履行各自职责，完善工作机制，落实工作责任，制定具体行动计划和专项推进方案，及时研究解决渔港经济区建设中的困难和问题，把规划确定的各项任务落到实处。将渔港经济区建设纳入当地政府和有关部门约束性指标进行目标责任考核，层层落实责任，加强督查指导，确保渔港经济区建设按时有序推进。

二、做好规划衔接

珍惜渔港资源，保护和合理利用传统渔港，强化政府空间管控能力，做好与《全国沿海渔港建设规划（2018—2025年）》《浙江省渔港和渔船避风锚地建设"十四五"规划》《浙江省海洋功能区划（2011—2020年）》《浙江省渔港经济区建设规划（2019—2030年）》《台州市国土空间总体规划（2020—2035年）》《台州市渔业高质量发展"十四五"规划》等规划的衔接。渔港经济区的规划建设，要与各级港口建设和海事管理相协调，依据自然条件和渔业生产发展的需要，立足当前、着眼长远、因地制宜、科学设计，确保渔港经济区功能充分发挥，促进渔港范围内陆域、岸线、海域集约、高效和可持续利用。

三、加大资金投入

台州市应积极创新投资机制，出台优惠政策，发挥好财政性资金的杠杆和引导作用，加强对渔港经济区重大项目的支持，利用投资主体多元化，吸引民间资本投资建设渔港、发展渔业产业。建议上级渔业部门在"十四五"期间，将渔港陆域基础设施建设列入中央财政资金补助范围，以推进渔港经济区建设。为加快补上"三农"领域突出短板，建议将渔港经济区中关于水产品仓储保鲜冷链物流建设、产业园区建设、沿海现代渔港建设、农村人居环境整治、智慧渔业等项目列入"三农"补短板重大工程项目列表，利用多渠道加大渔港经济区投资力度。

四、争取政策支持

加快台州渔港经济区接轨国家发展战略布局，加强渔港经济区建设与国家、省相关部门沟通衔接，努力在规划编制、体制创新、政策措施、用地用海、项目安排、重点领域改革试点等方面取得更多政策支持。积极谋划渔港发展新思路，制定相关渔业发展政策，发展现代化多功能渔港，使渔业与休闲、旅游等产业联系起来，进一步提升渔港综合实力、发挥渔港综合潜能。建立市场化、社会化推进机制，积极创新渔港建设模式，发展临港产业，引入智能化设施设备，努力营造环境优美、设施完备、功能完善、贸易畅通的渔港良好局面。

五、健全体制机制

渔港所在地的渔业行政主管部门应当会同有关部门制定渔港港章，明确港域港界，报县级以上人民政府批准实施。规范渔港规划、报批、建设、维护、经营等各个环节，强化渔港监督管理。加强体制机制创新，加大维护力度，加强机构、人员配备，强化渔港经济区的规范管理，逐步实现渔港经济区投资建设与管理的规范化、法制化，确保渔港经济区管理各项工作的正常运行。依法管理和维护渔港经济区各项合法权益，对渔港经济区建设项目进行专业化管理。

六、细化实施方案

加快推进渔港经济区落地实施，在规划的基础上，抓紧细化椒江、临海、温岭、玉环渔港经济区规划和编制建设实施方案，提高渔港经济区建设的可操作性。坚持以因地制宜、以人为本、改革创新、持续改进为基本原则，结合各县区实际情况，利用现有营商环境，不断推出新方法、新举措，加大公益项目建设和产业招商，持续推进渔港经济区建设进程。

第十六章

改革成效与展望

第一节 改革成效

2018 年 3 月，农业农村部正式批复台州建设国家渔船综合管理改革试验基地（农办渔函〔2018〕16 号）。近年来，台州贯彻新发展理念，以"渔船—渔港—渔业"综合管控为核心，按照"顶层设计与基层探索并进、全面推进与局部试点并行、生态治理与安全管理并举、管港管船与治渔兴渔并重"的总体思路，全面建设国家渔船渔港综合管理改革试验基地，圆满完成了综合管理改革设定的目标任务。台州被誉为新时代中国渔业改革的"小岗村"，先行先试变成了示范引领，探索创新成为创新引领，台州改革经验被《人民日报》点赞，"船港通""海洋云仓"双双评上浙江省政府"观星台"优秀应用项目，在改革中积累了创建国家渔船渔港综合管理改革示范区的显著优势。

一、工作格局

台州是中国渔业主产区、浙江渔业大市，台州市委、市政府高度重视综合管理改革试点，建立综合管理改革工作领导小组和办公室，多次召开专题会议，对改革工作进行深度谋划、系列部署、督促落实，总体形成"党政重视、市县联动、部门协同、齐抓共管、各负其责"的综合管理改革工作大格局。

二、港长治港

全域实施港长制，设立市级渔港港长制工作领导小组和总港长，按照渔港等级建立县乡两级港长组织架构和管理体系，建立了 17 个与渔港功能定位相匹配、各种职能全覆盖的渔港管理站，探索渔港管理政府购买服务机制，推进管理要素向渔港集聚，实现关口前移、队伍整合、阵地强化，构建"县域统筹、分级运行、综合管理、全域覆盖"的渔港管理新模式。

三、数字赋能

率先开发"船港通"系统，系统具备进出港报告、定人联船、动态干预、资源总量、安全记分、闭环管理、渔船审验、应急管理、环境管理、信息服务等功能，"船港通"成为浙江省政府数字化转型"观星台"优秀应用项目，并开始迭代升级 2.0 多跨场景。"船港通"的广泛运用，突破了渔业资源、安全、环境管理的难点、堵点，有效支撑国家渔船渔港综合管理改革试点，为实现依港一网管渔船、管船员、管资源、管环境、管安全提供了数字化支持。

四、依港管船

依托渔港推进依港管船改革，重点抓好资源、安全、环境管理三大领域改革。率先落实渔船动态干预、动态编组、违规记分等安全实招，实现渔船闭环管理，渔船安全形势稳中向好。率先实行渔船进出港电子报告，渔民办事"一次都不用跑"。率先开展渔获物可追溯管理、浙北渔场梭子蟹限额捕捞、定点上岸三大试点，实现"溯源管渔、限额管渔、定点管渔"的标准化控制、全流程监管模式。率先全域推广"物联网＋区块链"渔船水污染物处置，实现了信息化监测、网络化收集、联单化管理，渔船渔港污染数字化治理走在前列。

五、政策制度

相继创设渔船综合管理改革、港长制、安全管理记分、渔船进出港报告、渔港管理站建设、驻港协同监管、船籍港和靠泊港协同管理、渔获物溯源管理、限额捕捞、渔船北斗船载终端设备升级改造、渔船基层管理组织规范化建设、渔船应急管理、渔船安全管理"打非治违"、"三无"船舶联合清剿、渔船安全"百日攻坚"、船员全员持证上岗等意见或方案，出台"十条铁律""六个一律"等铁规铁律，建立"行刑衔接""行行衔接"机制，深化改革的"四梁八柱"基本搭建完成。

第二节　面临形势

党的十九届五中全会擘画新蓝图、开启新征程，与时俱进提出了乡村振兴、绿色发展、环境治理、安全生产等一系列新思想新论断新举措，是指引渔船渔港综合管理改革的总纲领和金钥匙。

一、共同富裕新阶段

我国从全面小康转入建设农业农村现代化的新阶段，乡村振兴战略成为新时代"三农"工作总抓手，促进农业农村发展被提到了前所未有的高度。台州市委坚持服务全国全省所需，突出台州所长所能，提出了走在前列的"七个先行"的目标任务和"九富"的特色路径，这是台州市委深入贯彻习近平总书记"七一"重要讲话精神和浙江省委十四届九次全会精神的具体实践。共同富裕的难点是区域均衡，重点在农业农村。没有农业农村的共同富裕，就不可能有全域的共同富裕。渔业是大农业的重要组成，高质量发展建设共同富裕示范区，渔业部门责无旁贷、渔区社会率先推进。

二、"重要窗口"新定位

习近平总书记亲临浙江考察，赋予浙江要建设新时代全面展示中国特色社会主义制度优越性重要窗口的新使命。台州渔业必须对标"重要窗口"新目标，拉高标杆、高点定位，通过质量兴渔、绿色兴渔和品牌强渔，提升渔业发展质量；通过保护渔业资源和减量增收，推进渔业结构调整；通过创新渔区社会治理、建设美丽渔村和渔港经济区，推进渔业渔村渔港振兴。

三、保稳保供新任务

新冠肺炎疫情在全球蔓延致使劳动力短缺和供应链中断，多国禁止出口粮食，粮食安全再次提上议事日程。习近平总书记对制止餐饮浪费行为作出重要指示。海洋水产品因其含有丰富的优质蛋白、脂肪和维生素等成分，对人体健康非常有益。水产品是粮食的重要组成部分之一，更是台州市及其他沿海地区人民主要优质蛋白食物来源。随着国民生活水平的提高和食物消费结构的变化，海洋水产品的消费将不断增加，水产品在食物供给体系中的重要性和健康价值将会持续提升，推进渔业发展可以满足人民群众对优质蛋白的需求。同时，新冠肺炎疫情在全球蔓延，水产品作为"菜篮子"的重要组成，稳产保供成为新任务。

四、城乡融合新机遇

《中共中央关于制定国民经济和社会发展第十四个五年规划和二〇三五年远景目标的建议》提出以工补农、以城带乡，推动形成工农互促、城乡互补、协调发展、共同繁荣的新型工农城乡关系。城乡要素互换、双向流动，为渔业高质量发展提供新的契机。台州海洋资源丰富，渔业资源得天独厚，立足现有产业基础，充分发挥区位优势、交通优势和海洋资源优势，借力城乡融合新机遇，大力发展海洋经济和渔港经济，推进传统渔业向现代绿色渔业转型升级，以绿色渔业发展推动产业兴旺，以渔业增效带动渔（农）民增收。

五、开放合作新优势

习近平总书记反复强调"全面开放"的极端重要性，发出"中国开放的大门不会关闭，只会越开越大"的时代强音。党的十九届五中全会提出，"加快构建以国内大循环为主体、国内国际双循环相互促进的新发展格局"。长三角一体化国家战略从顶层设计到加速推进，台州渔业有望在"大循环、双循环"中拓展新的发展市场。

六、数字经济新浪潮

随着云计算、大数据、人工智能、物联网等新一代技术被广泛应用，更广范围的行业变革、产业变革也在加快推进，突如其来的疫情和稳经济的需求成为以 5G 网络为基础的信息化建设的强烈催化剂，数字经济将成为中国创新增长的新蓝图。数字经济新浪潮将推进渔业生产方式和管理方式变革，数字赋能将成为渔业高质量发展的新动能。

进入新时代，我国渔业发展的主要矛盾已经转化为人民对优质安全水产品和优美水域生态环境的需求，与水产品供给结构性矛盾突出和渔业对资源环境过度利用之间的矛盾。对标新时代渔业发展主要矛盾，台州渔业发展不平衡不充分仍然突出，特别面临资源要素约束加剧、渔业产业链不够完善、科技创新动能不够强劲、渔业产业难以转型、渔民增收渠道变窄等困难短板，准确识变、科学应变、主动求变，善于在危机中育先机、于变局中开新局，用改革办法不断开创渔业高质量发展新局面。

第三节 改革展望

2021 年 9 月 26 日，农业农村部办公厅印发《关于原则同意浙江开展渔业综合管理改革试点的函》（农办渔函〔2021〕6 号），标志着浙江全域开展渔业综合管理改革国家试点。台州具有渔业改革的显著优势，要抓住新一轮赋予浙江渔业改革的历史性机遇，深化国家渔船渔港综合管理改革，推动试点"盆景"变为面上"风景"，打造国家渔船渔港综合管理改革示范区，助力渔业高质量发展和共同富裕示范渔区建设。

一、总体思路

1. 指导思想

以习近平新时代中国特色社会主义思想为指导，深入贯彻党的十九大及十九届三中、四中、五中全会精神，坚持新发展理念，以忠实践行"八八战略"、奋力打造"重要窗口"为主线，以渔业高质量发展和渔区共同富裕建设为主题，以满足渔民群众日益增长的美好生活需要为根本目的，全域开展渔船渔港综合管理改革，深入推进渔区治理体系和治理能力现代化，把渔港建设成为现代化湾区建设、安全资源管控和渔区乡村振兴的大平台，实现渔业高质高效、渔港宜居宜业、渔民富裕富足，为新时代中国渔业管理改革提供创新示范，为建设浙江海上"重要窗口"提供标志性成果和亮丽风景线。

2. 基本原则

（1）坚持以绿色为导向。践行"绿水青山就是金山银山"理念，贯彻渔船"双控"和海洋渔业总量控制制度，加快推进海洋捕捞作业结构调整，推进"千船示范、万船整治"工程，提升渔船装备和信息化水平，促进海洋捕捞强度与渔业资源可承载能力相适应。

（2）坚持以人民为中心。主动适应新时代渔业主要矛盾转化，充分发挥综合管理改革优势，增强绿色优质水产品有效供给，加强渔港环境保护，不断满足人民群众日益增长的美好生活需要，建设更高质量、更高水平的平安渔业。

（3）坚持以振兴为目的。适应新发展阶段，坚持扩大内需这个战略基点，把渔港经济区建设作为综合管理改革的重要内容，作为渔民创业就业的重要渠道，打造渔业构建新发展格局的重要节点。

（4）坚持以系统为方法。综合运用系统观念和系统方法，着力固根基、扬优势、补短板、强弱项，统筹推进渔业资源、安全、环境领域改革和渔港经济区建设，实现渔业发展质量、结构、速度、效益、安全相统一。

（5）坚持以法治为保障。正确处理好改革与法治的关系，把贯彻落实渔业法律法规贯穿于综合管理改革的全过程，提升渔业治理体系和治理能力现代化，完善渔区共建共治共享的社会治理体系，确保综合管理改革始终不偏离法治轨道。

3. 主要目标

（1）渔业经济实现新发展。水产品总产量维持在 150 万 t 左右，水产养殖面积稳定在 40 万亩左右，渔业产值增幅 1% 以上，渔民增收 8% 以上，渔业产业结构更趋合理，保供增收更加有力，渔业高质量发展走在浙江省前列。

（2）渔船治理取得新成效。渔业治理水平明显提高，打通渔船监管"最后一海里"，渔船安全生产事故起数、死亡人数下降 30% 以上，依港管船体制机制和模式基本成熟，创成 3 个全国平安渔业示范县和 3 个全国文明渔港。

（3）渔区生态得到新提升。渔船"双控"和海洋渔业资源总量控制取得突破，渔获物定点上岸、溯源试点和限额捕捞走在全国前列，数字治港全域推广，清洁渔港、美丽渔区焕然一新，渔民人居环境显著改善。

（4）渔港经济迈出新步伐。建设 5 座数字渔港、5 个渔业产业提升项目、5 个渔旅融合项目，做强 5 家渔业龙头企业，打造 6 个渔业精品品牌和 5 个特色渔业村镇，形成功能完备的渔港避风体系，实现渔业产业蝶变发展，创成温岭、玉环、椒江三大国家级沿海渔港经济区。

二、主要任务

（一）深化港长制改革

1. 创新渔港港长制管理模式

总结台州各地港长制实践经验，按照"港长负责依法依规落实地方监管主体责任"的功能定位，丰富完善港长制内容，完善县乡两级港长组织体系，完善港长履职清单、责任清单，明晰落实港长负责渔港整体发展，协调整合各方力量，切实做好牵头抓总，深入开展渔港及渔港经济区建设发展、综合管理、安全生产、生态保护及社会稳定等各项工作，压实渔港属地乡镇（街道）责任和依港管船责任。

2. 健全渔港管理站建设

完善渔港管理站管理、运行、督查和评价机制，深化与渔港功能定位相匹配、各种职能全覆盖的渔港管理站建设，统筹整合乡镇、渔业、公安、海防等力量实行驻港监管，不断推动各类管理要素向渔港集聚，全面做到渔船安全、渔港设施、资源环境监管关口前移、队伍整合、阵地强化。

3. 建立"港长""湾（滩）长"联动机制

坚持海陆统筹、港湾共治、区域协作，深化"港长""湾（滩）长"治理体系与治理能力的融合创新、整合提升，探索建立数据共享、定期通报和联勤执法制度，在港湾环境管理、资源管控、综合整治、风险管理和灾害处置等方面通力合作，实现同步部署、同步治理、同步督查、同步考评。

（二）打造全国数字治渔示范区

1. 迭代升级"船港通"系统和功能应用

抓住浙江省数字化改革历史性机遇，迭代升级"船港通"系统，融合公安、海事、交通、卫生等部门涉渔数据，加强"船港通"与"台海天网""精密智控"的协调对接，进一步加强数据融合、业务协同、政企协同，打造"船港通"海上安全智治多跨场景应用，建设服务渔业、渔船、渔区发展的基础性、功能性、创新性数据平台，有效推动定人联船、动态编组、违规记分、智能感知等措施落地，提高海上预警研判、网格管理、动态管控和应急处置能力，使"船港通"在推动高质量发展、建设共同富裕渔区、守护平安台州建设的海上安全底线和美丽台州建设的海上生态红线中发挥出更大作用。

2. 推进渔船精密智控工程建设

实施卫星宽带上船工程，建设海上 AIS 移动基站，加快渔船视频终端配置，构建海上天网，构建强有力的数字管船体系，保障渔船管控无死角、信息传递无盲区，实现海陆互联"全覆盖"、风险防控"全智能"、渔船监管"全闭环"、管理服务"全链接"。开展数字对讲机、AIS 升级、进出港报告身份认证和人脸识别终端等试点，创新解决船岸应急指挥通信保障、进出港报告真实性及渔船自主预警难等问题。

3. 开展智慧渔港建设

加强渔港视频、雷达等感知能力建设，提升港船无线电通信保障能力，开发智慧渔港管理平台，实现全面感知、智慧管理、智能服务，提高相关信息综合服务能力、港口资源优化配置能力、渔船安全和渔获物综合管理能力、港口环境智慧管理能力。

（三）健全依港管船机制

1. 常态化实施渔船进出港报告和动态干预

充分运用"船港通"系统，常态化开展渔船进出港电子报告、动态干预、动态编组、应急救援等安全实招落地，重点加强恶劣天气生产、单船作业生产、渔船海上离线、渔船夜间回港、超航区生产、敏感水域生产等六类事故易发多发渔船的动态监管，确保渔船进出港报告率、渔船动态掌控率、渔船编组生产落实率、渔船接警应急处置率均为 100%。

2. 制度化依港开展渔船安全执法检查

落实船籍港和靠泊港管理职责，建立联系沟通、共管机制，加强登临检查，提高检查频次，对已按规定进出港报告的渔船进行抽查，对未报告的渔船进行必查，把渔船安全隐患消除在渔港，坚决不让带"病"渔船出海生产。依托渔港突击检查、随机抽查、交叉检查等方式，深入开展渔船"海上安全月""净海"等专项行动，盯牢港岙口、交界处、重点海岛等开展"地毯式"清剿行动，保持对涉渔"三无"船舶、安全隐患渔船露头就打的高压态势。

3. 规范化推进渔船安全闭环管理

全面推行新"铁十条""渔安六率"等硬措施，打破渔船检验、渔民培训、渔政执法、行政审批等环节信息壁垒，充分运用安全记分、责令停航等惩戒措施，在证书换发、渔船改造、生产补贴等方面形成闭环，实现"一处违法（规）、处处受制"。发挥"渔业—海警"工作室桥梁纽带作用，联合公安、法院、检察院等部门，完善联席会议制度、案件移送接办制度、信息通报制度等，统一法律适用尺度，实现渔业行政执法与刑事司法、行政拘留精准衔接。

（四）深入推进依港管控渔获物

1. 完善渔获物定点上岸渔港设施

提升获农业农村部首批命名的玉环坎门、灵门，温岭中心渔港、礁山、钓浜，椒江中心渔港，三门健跳、洞港、路桥金清、临海红脚岩等 10 座渔获物定点上岸渔港建设水平，完善建设鱼货装卸、物资补给、市场交易、物流配送、冷藏加工、信息平台等设施条件，满足渔船综合补给、交易、管理和服务功能。

2. 全域推进渔获物定点上岸和溯源管理试点

总结温岭石塘、礁山、玉环坎门、椒江等 4 大试点渔港的渔获物定点上岸，温岭、玉环 120 艘试点渔船和温岭、玉环、临海 3 家水产品加工企业的渔获物溯源试点实践，完善"船港通"渔获物绿色标签可追溯管理模块，开发通过标识码可查询生产船舶、生产批次、捕捞时间、上岸时间等信息，全域开展渔获物定点上岸和溯源管理试点，实现"捕—运—销—加—贸"的全流程监管，提升渔获物质量安全和管控能力。

3. 深化和扩展限额捕捞试点

持续开展浙北渔场梭子蟹限额捕捞试点，探索总结总可捕量确定和配额分配、渔获物交易监管、渔捞日志和转载日志核实、奖惩机制等一整套限额捕捞的做法，为扩展限额捕捞积累经验。积极探索深水流网方头鱼、灯光围网上层鱼等单品种限额捕捞试点，从更多作业品种、更大渔场范围摸索限额捕捞做法。通过建立健全配额的确定、分配、管理、监督、执法检查、通报制度，探索建立一套符合中国实际的限额捕捞制度。

（五）推广数字渔港治污

1. 高标准建设渔船渔港防污染设施

严格执行《国内海洋渔船法定检验技术规则（2019）》，对新建渔业船舶严格按要求落实防污染结构与设备，对现有渔业船舶一律按《浙江省国内渔业船舶防污染配备指南》要求完成防止油污染、防止生活污水污染和防止垃圾污染设备的配备。按照《农业农村部办公厅关于开展沿海渔港污染防治工作的通知》（农办渔〔2019〕40 号）要求，依据《沿海渔港污染防治设施设备配备指导标准（试行）》，提升已配备的渔港含油污水、生活废水、垃圾收集等设施设备，扩建或升级改造的渔港要同步建设渔港防污染设施设备，一级以上渔港要实现"海洋云仓"建设全覆盖。

2. 全域推广"物联网＋区块链"数字治污技术

迭代升级海洋船舶水污染防治平台，实现与"船港通""台渔链"政企协同、业务协同、数据协同，打造"渔省心"场景应用基本架构。充分发挥"大数据＋物联网＋区块链"技术，全域建设海洋云仓、推广渔船污染数字治理，有效链接渔船水污染物产废端、运输端、处置端，对海洋船舶污染物的产生、收集、运输、处置全过程监管，对污染物收集船舶、贮存设备、转运车辆、处置单位等产业链资源进行统筹优化，全面实现监测信息化、收集网络化、运输统筹化、处置集中化、监管可视化、运作市场化，实现渔船危废处置低碳化、标准化和安全化的颠覆性革命。

3. 健全渔船渔港污染治理机制

加强部门合作，建立健全渔船污染物接收与处置船岸衔接机制，利用区块链技术数据不可篡改的特点和"海洋船舶水污染物防治平台"自动生成电子联单的优势，对渔船的污染物、废弃物接收、转运、处置实行闭环管理。建立渔船防污染应急机制，对渔港水域可能发生污染的情形、造成的损害程度进行风险评估，组织开展演练，做到发生事故后能快速反应、有效处置。发挥"一打三整治"协调办公室的作用，依法打击渔港内违规修造船舶行为、向海洋排放船舶垃圾等污染物行为，严厉查处渔船使用不符合规定要求的燃油，减少渔船大气污染物排放。

（六）做强渔港经济振兴

1. 全力建设渔船避风锚地

立足于防大灾要求，组织实施《台州渔船避风锚地规划》，以提高渔船避强台风等级以上能力为核心，进一步增加有效避风水域面积，进一步完善渔港航标、海洋水文、气象观测、导航通信、消防环保等配套设施，重点建设玉环坎门中心渔港、温岭中心渔港箬山港区等渔船避风锚地建设，争取台州市可避13级风有效水域面积由943万 m² 提升至1 180万 m²，可避15级风有效水域面积由485万 m² 提升至730万 m²，切实提升渔船避超强台风能力。

2. 实施渔港升级改造工程

适应渔业高质量发展要求，以传统渔港的改造、扩容、升级为重点，完善渔港服务保障功能，重点扩建提升椒江大陈渔港、临海红脚岩渔港、温岭中心渔港、温岭礁山渔港、玉环灵门渔港等工程。结合渔港建设，加快建设面积足额、设施设备完备的渔港综合管理站，配套建设渔政执法码头及扣船点，提升渔港视频监控网络，建设数字渔港，构建业务综合、上下贯通、开放高效的综合管理服务平台。

3. 打造四大特色渔港经济区

聚焦台州中北部、台州南部两大国家级渔港经济区，规划建设椒江、临海、温岭、玉环四大渔港经济区，重点推动椒江"渔都小镇"、温岭"台九鲜产业园"、玉环"渔港产业园"建设，合理安排渔民居住和集镇建设、渔船修造、补给和避风、水产品集散中心、休闲旅游等用地，做大做强冷链加工物流、渔业配套、海洋生物、海洋装备、旅游休闲、渔村民宿等产业，加快渔业三产融合发展和经济辐射，实现渔港产业蝶变升级，促进渔港渔区振兴。

三、保障措施

1. 加强组织领导

创建国家渔船渔港综合管理改革示范区，是台州渔业把握新发展阶段、贯彻新发展理念、构建新发展格局的一项重大改革，将深化改革、推动创建、创新示范摆到台州发展大局的"C"位，充实和健全台州渔船渔港综合管理改革工作领导小组和办公室，组织工作专班，实施靶向发力，善于用系统观念和创造性张力引领国家渔船渔港综合管理改革试验基地建设迭代升级。

2. 健全制度体系

加快渔港建设、渔港维护、渔港管理、渔港经营等标准制度建设，适时制（修）订渔港港章，出台依港管船意见，完善船籍港和靠泊港的渔船管理政策，健全渔港管理站建设、渔获物溯源管理、限额捕捞、渔船应急管理、基层管理组织规范化建设、渔船安全生产分类管理、应休渔船星级管理等依港管船配套制度，基本建成渔船渔港管理标准化制度体系，把制度优势转化为治理效能。

3. 落实资金保障

积极对接国家、浙江省的战略和规划，努力在体制创新、政策措施、用地用海、项目安排、重点改革等方面争取更多政策支持。整合台州市、县两级涉渔资金，重点支持渔船综合管理改革示范区软硬件建设。创新政策供给，完善投资机制，发挥好财政性资金的杠杆和引导作用，多渠道加大对渔船渔港综合管理改革示范区的投入。

4. 提升执行能力

营造唯实惟先、善作善成的团队文化，掌握综合集成、迭代升级、久久为功的方法，综合运用经济、行政、法治和现代科技等手段，健全渔业违法案件查处联席会议、派驻检察官、公安联络室等机制，推行"轻重分离、快慢分道"的分类处置，完善行政拘留、生态补偿、信用"黑名单"等机制，切实增强法治刚性，深化"减船转产"和失船渔民就业创业，确保渔船渔港综合管理改革的各项任务科学精准执行、高效闭环落实。

5. 注重氛围营造

渔民群众是国家渔船渔港综合管理改革示范区的建设者和成果的享有者。多形式、多渠道、全方位广泛宣传创建国家渔船综合管理改革示范区的重要性、必要性、创建内容和改革举措，吸引渔民群众参与示范区建设。发挥考核"指挥棒""风向标"的引领作用，树立参照系，明确新坐标，分解年度目标，明确时间节点，建立挂图作战，形成各县（市、区）"比学赶超"的氛围，在追赶中改革、在跨越中领先，奋力打造最佳实践、争做领跑者。

图书在版编目（CIP）数据

渔船渔港综合管理改革：台州实践与探索／上海海洋大学，台州市港航口岸和渔业管理局编 . —北京：中国农业出版社，2023.3
ISBN 978 - 7 - 109 - 30488 - 8

Ⅰ.①渔… Ⅱ.①上… ②台… Ⅲ.①渔业管理－研究－台州 Ⅳ.①F326.475.53

中国国家版本馆 CIP 数据核字（2023）第 037829 号

中国农业出版社出版

地址：北京市朝阳区麦子店街 18 号楼
邮编：100125
责任编辑：杨晓改 杨 春
版式设计：书雅文化 责任校对：吴丽婷
印刷：中农印务有限公司
版次：2023 年 3 月第 1 版
印次：2023 年 3 月北京第 1 次印刷
发行：新华书店北京发行所
开本：787mm×1092mm 1/16
印张：19.25
字数：460 千字
定价：168.00 元